SPORT
VERLAG
BERLIN

Beate und Hagen Boßdorf

100 HIGHLIGHTS TOUR DE FRANCE

1903–2003

Sportverlag Berlin

INHALT

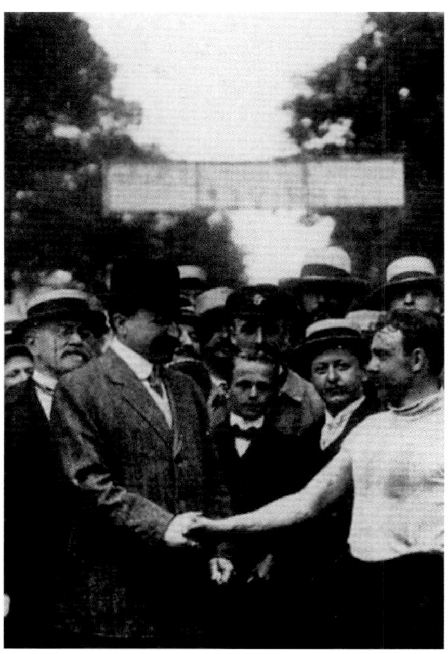

VORWORTE

Die Tour de France ist das schwerste Radrennen der Welt. Das sagt sich so leicht dahin. Am besten beurteilen kann das, wer dieses Abenteuer selbst einmal auf sich genommen hat. Ich war insgesamt siebenmal dabei. Auf den Straßen Frankreichs habe ich meine schönsten Siege, aber auch meine bittersten Niederlagen erlebt. Nie werde ich meine erste Tour 1969 vergessen, bei der ich als Neuling gleich sechs Etappen, das Grüne und das Bergtrikot gewann. In diesem Jahr siegte ich zum ersten Mal. Genauso unvergeßlich aber bleiben mir die Schmerzen von 1975. Ich stürzte schwer und hatte keine Chance mehr gegen Bernard Thevenet. Aber ich wollte meine Mannschaft nicht im Stich lassen und quälte mich bis nach Paris. Auch davon berichtet dieses Buch.

Es erzählt zugleich die Geschichten von Rennfahrern, die in keiner Sieger-Statistik auftauchen. Ohne sie wäre die Tour de France nie zu diesem Mythos geworden. Ich freue mich, daß die »100 Highlights der Tour de France« an die größten Sieger und die tragischsten Helden dieses faszinierenden Rennens erinnern und wünsche allen Lesern viel Vergnügen bei dieser spannenden Lektüre.

Eddy Merckx
Sieger 1969, '70, '71, '72 und '74

Als ich Radprofi wurde, habe ich niemals daran geglaubt, daß ich einmal die Tour de France gewinnen kann. Dieses Ziel lag außerhalb meiner Vorstellungen. Erst nachdem ich die ersten Rennen gewonnen hatte, wuchs nach und nach die Idee, eines Tages auch bei der Tour zu siegen, ein Traum für jeden Rennfahrer. Das schwierigste an der Tour de France ist, 21 Tage lang diesem ungeheuren Druck standzuhalten, durch die Gegner, durch die Zuschauer, durch sich selbst.

Als ich dann 1978 zum ersten Mal die Tour de France gewann, war ich mir ziemlich sicher, daß ich noch einige Male erfolgreich sein konnte, aber der Rekord von Anquetil und Merckx schien mir unerreichbar. Jedesmal war die Tour eine ganz besondere Herausforderung, deshalb sind mir auch alle fünf Siege gleich lieb. Sie waren alle schön und werden unvergessen bleiben. Am lebendigsten ist für mich aber die Enttäuschung, als ich 1984 gegen Laurent Fignon verloren habe. Ich war mir vorher so sicher, gerade diese Tour zu gewinnen. Deshalb tat diese Niederlage so weh.

Ich freue mich, daß in diesem Buch »100 Highlights der Tour de France« die größten Momente dieses einzigartigen Rennes festgehalten wurden.

Bernard Hinault
Sieger 1978, '79, '81, '82 und '85

Ich erinnere mich noch gut an meine erste Tour de France. 1989 sind wir in der Kinder- und Jugendsportschule in Berlin heimlich ins Fernsehzimmer geschlichen und haben uns im Westfernsehen das abschließende Zeitfahren nach Paris angesehen. Und als dann Greg LeMond mit nur acht Sekunden Vorsprung vor Laurent Fignon Gesamtsieger wurde – diese Spannung werde ich nie vergessen. Jetzt gehöre ich längst selbst zu den Rennfahrern, die die Tour de France unbedingt gewinnen wollen. Die drei Wochen in Frankreich sind für mich die wichtigsten im ganzen Jahr, monatelang arbeite ich hart für dieses eine Rennen. Als ich die Tour 1997 als erster Deutscher gewann, ging für mich ein Traum in Erfüllung. Natürlich will ich diesen Sieg wiederholen; mit diesem Ziel trete ich jedesmal von Neuem an.

Die Tour ist das größte und schwerste Radrennen der Welt. Das war früher so und wird wohl immer so bleiben. Wer das Buch »100 Highlights der Tour de France« gelesen hat, wird besser verstehen, warum diese Rundfahrt seit 1903 die Menschen fasziniert.

Jan Ullrich
Sieger 1997, Zweiter 1996, '98, 2000, '01 und '03

1902

HENRI DESGRANGE

Die verrückte Idee

Paris 1902. Zwei Zeitschriften konkurrieren erbittert um Leser und Werbekunden. Sie versuchen sich gegenseitig mit aufsehenerregenden Aktionen zu überbieten. Die eine – »L'Auto-Velo« – veranstaltet seit 1891 das Radrennen Bordeaux – Paris. Mit so großem Erfolg, daß der Chefredakteur der Konkurrenz, Henri Desgrange, verzweifelt nach einer Alternative sucht. Sie muß spektakulärer sein, abenteuerlicher, und vor allem muß sie die Auflage seiner Zeitschrift »L'Auto« in die Höhe treiben.
Geo Lefèvre, ein 26 Jahre junger Redakteur, stürmt schließlich mit einer völlig verrückten Idee ins Büro seines Chefs: Ein Etappenrennen durch ganz Frankreich soll das »Derby der Landstraße« Bordeaux – Paris in den Schatten stellen. Henri Desgrange war früher selbst französischer Straßenmeister und sogar Stundenweltrekordler, doch die Idee einer solchen Rundfahrt scheint ihm einfach zu verwegen und schlichtweg undurchführbar. Geo Lefèvre gibt nicht auf. Bei einem Mittagessen im Restaurant »Zimmer«, das heute noch als Künstlerkneipe »Le Madrid« am Boulevard Montmartre existiert, überredet er seinen Chefredakteur.
Am 20. Mai 1903 erscheint in »L'Auto« die Ausschreibung des Rennens über 2428 Kilometer. 20 000 Francs Preisgeld werden ausgeschrieben, davon 3000 Francs für den Sieger und fünf Francs Taschengeld für die ersten 50 der Gesamtwertung. Das Interesse ist gering. In den nächsten zehn Tagen gehen nur 27 Anmeldungen ein. Die Länge der Tour schreckt offenbar ab.
Am 5. Juni startet der Chefredakteur deshalb einen erneuten Aufruf: »Die Konkurrenten der Tour de France können versichert sein, daß sie unterwegs nicht mehr Geld brauchen werden, als wenn sie zu Hause blieben. Die Hoteliers bieten Sonderpreise an, und die Zuschüsse der Organisation sind großzügig. Und vergeßt nicht, daß jeder, der etwas leistet, für seine 10 Francs Startgeld hohe Preise gewinnen kann. Zauderer, gebt euere Meldungen ab!« Dieser Appell hat Erfolg. Es melden sich weitere 50 Fahrer. 25 Nachzügler müssen sogar abgelehnt werden. Die erste Tour de France kann beginnen.

1903

MAURICE GARIN

Die riskante Premiere

Am 1. Juli 1903 versammeln sich einige hundert Zuschauer vor dem Café »Reveille Matin« im Pariser Vorort Villeneuve-St. Georges. Sie sehen 60 wagemutige Männer vor dem Start der ersten Etappe. Die führt über – für heutige Verhältnisse unglaubliche – 467 Kilometer nach Lyon. Erst 19 Tage später werden die »Ritter der Landstraße« zurückerwartet, nachdem sie auch noch Marseille, Toulouse, Bordeaux und Nantes erreicht haben. Nur 21 von 60 Fahrern werden ins Ziel kommen.
Schon nach drei Kilometern der erste Sturz. Hippolyte Aucouturier gibt auf, aber er darf am nächsten Tag wieder starten und gewinnt sogar zwei Etappen. Gesamtsieger wird Maurice Garin, der wegen seines Berufes »der kleine Kaminfeger« genannt wird. Der 32jährige Garin ist ganze 1,63 Meter groß

1903

JOSEPH FISCHER, LUDWIG BARTHELMANN

Die erfolglosen Deutschen

und 61 Kilogramm schwer. Zudem ist er Kettenraucher und hat immer eine Flasche Rotwein im Gepäck. Er ißt nie während des Rennens, denn Helfer kochen ihm an den Zeitkontrollen Unmengen von Suppe. Schon nach der ersten Etappe übernimmt Garin die Führung. Als er in Ville d'Avray am Stadtrand von Paris jubelnd empfangen wird, ist sein Vorsprung auf zwei Stunden 59 Minuten angewachsen – bis heute ein Rekord.
Die französischen Blätter reagieren zurückhaltend auf die neue Attraktion im Radsport. Auch die Auflage von »L'Auto« steigt zunächst nicht. Dabei bleibt Chefredakteur Desgranges extra in Paris, um von hier aus die Berichterstattung zu koordinieren. Sein Redakteur Lefèvre ist Rennleiter, Zielrichter und Quartiermeister in Personalunion – und natürlich Reporter. Die Fahrer sollen jeweils am Nachmittag das Ziel erreichen, bei der Länge der Etappen bedeutet das, sie müssen mitten in der Nacht losfahren. Begleitet von Autos, deren Scheinwerfer notdürftig den Weg weisen. Trotzdem sind die Veranstalter auf die Ehrlichkeit der Rennfahrer angewiesen. Eine Tatsache, die schon ein Jahr später zum ersten großen Skandal der Tour de France führen wird.

Links: Henri Desgrange, Chefredakteur von »L'Auto«
Mitte: Maurice Garin, der erste Sieger der Tour
Rechts: Der Münchner Joseph Fischer erreicht das Ziel in Paris als 15.

Auch zwei Münchner gehören zu den tapferen Abenteurern bei der ersten Tour de France. Ludwig Barthelmann beendet die erste Etappe als 35. mit elfeinhalb Stunden Rückstand. Beim nächsten Abschnitt gibt er das Rennen entkräftet auf. Joseph Fischer dagegen erreicht das Ziel in Paris als 15. und kassiert eine Prämie von 25 Francs. Ein Brot kostete damals 0,40 Francs.
Fischer gehörte Ende des 19. Jahrhunderts zu den besten Rennfahrern der Welt, er gewann u. a. Wien – Berlin (1893), Mailand – München (1894), Paris – Roubaix (1896) und Bordeaux – Paris (1900). Berühmt wurde er auch durch seinen Sieg gegen das Trabrennpferd »Flora I« 1893 in New York. Doch seine beste Zeit war leider schon vorbei, als die Tour de France 1903 entstand. Der 38jährige Fischer hatte nicht mehr die Kondition früherer Tage. Zehn Jahre zuvor hätte er die Tour durchaus gewinnen können.
Auch in den nächsten Jahren spielen deutsche Rennfahrer keine Rolle bei der Tour de France. Bis zum ersten Weltkrieg versuchen sich nur noch fünf weitere Fahrer. Keiner erreicht das Ziel in Paris: Kurt Breidenbach (1904, nach der ersten Etappe ausgeschieden), der Frankfurter Hans Scholl (1906, nach der ersten Etappe ausgeschieden), Franz Duelberg aus Hamburg (1908, nach der vierten Etappe ausgeschieden), August Joos aus Mühlhausen (1909, nach der dritten Etappe ausgeschieden) und Adolf Böhm aus Breslau (1913, nach der siebten Etappe ausgeschieden) – sie alle beenden das Rennen vorzeitig. Joseph Müller, von dem es in einigen Bücher heißt, er sei ein deutscher Fahrer gewesen, und der zwischen 1920 und 1924 fünfmal die Tour de France beendete, stammte aus Straßburg im Elsaß, wo er 1923 sogar eine Etappe gewann. Er wird in der französischen Literatur folgerichtig als Franzose geführt.
In Deutschland hielt sich das Interesse an der Tour de France in Grenzen. Zwischen 1919 und 1929 startete überhaupt kein deutscher Rennfahrer. Wenn auch die Deutschland-Rundfahrt erst 1911 gegründet wurde, gab es genügend andere Startmöglichkeiten bei Radfernfahrten, wie etwa Rund um Berlin (seit 1896) etc. In vielen Städten traten Firmen als finanzielle Träger der Radrennen auf, so daß es auch etwas zu verdienen gab. Erst mit der Einführung von Nationalmannschaften kehrten deutsche Rennfahrer 1929 an den Start der Tour de France zurück.

1904

HENRI CORNET

Der jüngste Sieger

Die zweite Auflage der Tour de France dauert vom 2. bis zum 24. Juli 1904. Zu Ende aber geht sie erst am 30. November. An diesem Tag disqualifiziert die Jury die ersten vier der Gesamtwertung wegen grober Unsportlichkeit. Einer von ihnen ist auch der Sieger von 1903, Maurice Garin. Ihm, seinem Bruder Cèsar, Hippolyte Aucouturier und Lucien Pothier wird Betrug nachgewiesen. Sie hatten sich detaillierte Landkarten besorgt und die Strecke nachts einfach abgekürzt. Manchmal hatten sie sich auch kilometerweit von Autos ziehen lassen. Lucien Pothier, Etappensieger in Bordeaux, wird sogar auf Lebenszeit gesperrt. Er war im Schutz der Dunkelheit in einen Zug gestiegen und vorgefahren. Tour-Sieger Garin hat die Vorwürfe immer bestritten. Verärgert erscheint er auch nach zwei Jahren Sperre zunächst nicht wieder zu einem Radrennen. Erst 1911 startet er noch einmal bei Paris – Brest – Paris und wird Zehnter. Danach zieht er sich zurück und betreibt in Lens eine Tankstelle.

Zum Sieger der Tour 1904 wird Henri Cornet erklärt. Zum Zeitpunkt seines Triumphes war er 19 Jahre und elf Monate alt und gilt damit bis heute als jüngster Tour-Sieger. In diesem Jahr quält sich übrigens auch der älteste Starter über die Strecke: Henri Paret soll bereits 50 gewesen sein, und er erreicht Paris immerhin als Elfter. Sein Rückstand: 32 Stunden, 18 Minuten und 29 Sekunden.

Cornet gewinnt, obwohl er Opfer eines Anschlags geworden war. Aus zunächst unerklärlichen Gründen schlief er auf dem Rad ein und stürzte in den Straßengraben. Später wurde ermittelt, daß die Hähnchenkeulen, die er gegessen hatte, vergiftet waren.

Auch andere Fahrer werden Opfer höchst seltsamer Wettkampfmethoden. Jean-Baptiste Dortignacq zum Beispiel wird fast wahnsinnig, weil ihm jemand Juckpulver ins Renntrikot gestreut hat. Zerschnittene Bremszüge und angesägte Rahmen gehören mittlerweile zum Sabotage-Alltag.

Henri Cornet konnte seinen Sieg später nie bestätigen. Er nahm noch siebenmal an der Tour de France teil, 1908 erreichte er als Achter seine beste Plazierung. Von den Fahrern enttäuscht und von der Disqualifikation der Besten erschüttert, schreibt Henri Desgrange: »Die Tour ist tot!« Dann aber spürt er den Werbeeffekt des Skandals und beginnt unverzüglich mit der Vorbereitung der nächsten Tour.

Henri Cornet ist bis heute der jüngste Tour-Sieger.

Graf Zeppelin gratuliert dem Sieger Louis Trousselier.

1905

LOUIS TROUSSELIER

Der glücklose Spieler

Die Skandale des Vorjahres haben Konsequenzen: Die Etappen werden verkürzt und nur noch am Tage ausgefahren. Die Gesamtwertung wird nicht mehr anhand der Zeit, sondern nach Punkten ermittelt. Für jeweils sechs Minuten Rückstand gibt es einen Strafpunkt. Außerdem verlegt Renndirektor Henri Desgrange die Zielankünfte aus den Stadtzentren an den Stadtrand. Er will Streit mit radsportfeindlichen Zuschauern vermeiden. Aber das gelingt ihm nicht. Schon bei der ersten Etappe haben einige fanatische Zuschauer zwischen Meau und Chalons-sur-Marne 125 Kilogramm Schuhnägel gestreut. Diese Nägel mit besonders schweren Köpfen stehen senkrecht in die Höhe. Stürze sind vorprogrammiert. Die Fahrer protestieren mit dem ersten Streik der Tour-Geschichte. Nur 15 von 60 Fahrern bleiben im Zeitlimit. Desgranges rettet die Tour mit einem Kompromiß: Die Streikenden erhalten Strafpunkte, dürfen das Rennen aber fortsetzen.
Die »Nagelaffäre« bringt die Tour jedoch endgültig ins Bewußtsein der Franzosen. Die Mehrheit fühlt mit den ungerecht behandelten Fahrern. Die Zeitungen berichten jetzt ausführlich, vor allem »L'Auto« ist oft ausverkauft. Chefredakteur Henri Desgrange hat sein Ziel erreicht.
Sieger der dritten Tour de France wird Louis Trousselier, ein Draufgänger, den alle »Trou-Trou« nennen. Er dient im 101. Regiment in Saint-Cloud und muß seinen Kommandanten erst um eine Freistellung bitten. Die erhält er jedoch nur, wenn er bis 24 Uhr wieder in der Kaserne ist. Aber »Trou-Trou« gewinnt gleich die erste Etappe und wird daraufhin natürlich für den Rest der Rundfahrt beurlaubt. Trousselier siegt insgesamt fünfmal, muß sich aber hart mit Aucouturier, »dem Schrecklichen«, und Dortignacq auseinandersetzen, die je drei Etappen gewinnen. Der Kampf tobt vor allem in den Bergen, denn zum ersten Mal wird der Ballon d'Alsace in den Vogesen überquert. Ein kleiner Vorgeschmack auf das, was fünf Jahre später in den Pyrenäen auf die Fahrer zukommt. Trousselier erhält in Paris die Siegprämie von 4000 Francs. Unmittelbar nach der Zielankunft betritt er eine Kabine der Buffalo-Rennbahn und spielt dort mit drei Betreuern auf einer Massagepritsche Karten. Als er den Raum wieder verläßt, hat er all sein Geld verloren.

1906

RENÉ POTTIER

Der verzweifelte Liebhaber

René Pottier bringt der Tour-Sieg kein Glück.

Der Sieger in diesem Jahr heißt René Pottier. Er gewinnt fünf Etappen und ist der Stärkste in den Bergen.
Bei der Abfahrt vom Ballon d'Alsace überholt er sogar das Auto der Rennleitung. Seine Überlegenheit schreibt Legenden: Bei der Etappe von Grenoble nach Nizza soll er schon nach der Hälfte der Strecke eine Stunde Vorsprung gehabt haben. Was lag da näher, als ein Café aufzusuchen und einen Krug Wein zu bestellen? Erst als die Verfolger vorüberfahren, steigt Pottier wieder aufs Rad, und tatsächlich gewinnt dieser Verrückte auch die Etappe. In Paris hat er einen riesigen Vorsprung.
Doch der Sieg sollte ihm kein Glück bringen. Das Leben des Franzosen endet tragisch: Ein halbes Jahr später, am 25. Januar 1907, begeht er in Levallois-Perret Selbstmord – aus Liebeskummer. Seine Frau hatte ihn während der Tour mit einem anderen betrogen. Neben dem Leichnam findet man säuberlich aufgereiht seine Medaillen und Siegerschleifen. 1908 wird für René Pottier auf dem Ballon d'Alsace ein Monument errichtet.
Die Tour hat inzwischen die beachtliche Länge von 4637 Kilometern erreicht. Das sind fast 1000 Kilometer mehr, als heute gefahren werden.
Durch neue Etappenziele wie Lille im Norden, Dijon im Osten, Nizza und Bayonne im Süden und Brest im Westen, ist die Tour de France nun eine richtige Rundfahrt geworden.
Ein Durchfahrtsort dieses Sommers ist Metz, die lothringische Garnisonsstadt, die nach dem Krieg 1870/71 deutsch wurde. Wenn die Tour heute die Nachbarländer Frankreichs besucht, dann bringt das Geld in die Kassen und erhöht vor allem die europaweite Popularität des Rennens. Davon kann 1906 im Fall Metz keine Rede sein. Im Gegenteil. Henri Desgrange ist erklärter Deutschland-Feind und will den Deutschen eins auswischen: Zum ersten Mal seit 1871 werden in Metz wieder Plakate in französischer Sprache ausgehängt.
Die Grenzpassage gelingt trotzdem ohne Probleme, denn die Gendarmen haben die Anweisung, keinen der Rennfahrer wegen überhöhter Geschwindigkeit anzuhalten. Und daran halten sie sich auch. Desgranges' zynischer Kommentar: »Wenn der Deutsche einen Befehl aus Berlin kriegt, dann steht er stramm!« Als allerdings fünf Jahre später, 1911, bei der Ankunft der Fahrer Tausende spontan die »Marseillaise« anstimmen, reicht es dem deutschen Gouverneur: Die Tour de France wird in Metz verboten.

1907

EMILE GEORGET

Der bestrafte Radwechsel

Alle großen Tageszeitungen Frankreichs berichten inzwischen auf der ersten Seite über die Tour de France. Über einen gibt es diesmal besonders viel zu schreiben: Emil Georget. Die Konkurrenz ist verzweifelt – nach acht Etappen hat er bereits fünfmal gewonnen. Sein Vorsprung ist beachtlich. Doch das neunte Rennen wird ihm zum Verhängnis. Es ist drückend heiß auf der Fahrt von Toulouse nach Bayonne. An der Zeitkontrolle in Auch stürzt Georget. Sein Rad ist nur noch Schrott. Schnell borgt er sich die Rennmaschine von seinem Teamkollegen Gonzague Privat, aber dadurch verstößt er gegen das strenge Tour-Reglement. Damals mußten vom Start bis zum Ziel die gleichen Räder benutzt werden, und damit nicht geschummelt werden konnte, wurden sie plombiert. Man ging sogar so weit, die Räder in der Nacht von Polizisten bewachen zu lassen. Georget muß also büßen.

Er bekommt so viele Strafpunkte aufgebrummt, daß auch ein sechster Etappensieg am Ende nicht ausreicht. In Paris steht ein anderer ganz oben – Lucien Petit-Breton. Emile Georget wird immerhin noch Dritter. Zu denen, die unterwegs aufgeben haben, gehört übrigens auch Georgets Bruder Léon. Ein ausgezeichneter Bahnradsportler, der insgesamt neunmal den begehrten Goldpokal »Bol d'Or« gewonnen hat. Das verrückte, abenteuerliche Rennen durch Frankreich übt mittlerweile eine immer größere Anziehungskraft aus. Auch auf Fahrer, die gar keine Aussicht haben, die Tour zu überstehen. Der reiche Adlige Henry Pépin de Gontaud will dennoch zu den Rittern der Landstraße gehören. Er verpflichtet zwei Rennfahrer und später sogar noch einen dritten, die ihn über die staubigen Wege schieben. Doch nach der fünften Etappe ist er trotz aller Hilfe mit seinen Kräften am Ende. Er gibt auf und fährt mit dem Zug nach Hause. Immerhin war er damit der erste, der sich sogenannter »Domestiken« bediente. Heute kommt kein Star mehr ohne sie aus.

Von der Strafe für Emile Gorget (links) profitiert der spätere Sieger Lucien Petit-Breton.

1908

LUCIEN PETIT-BRETON

Der kleine Argentinier

Paris, 13. Juli 1908. 172 Fahrer warten auf dem Place de la Concorde auf den Start. Unter ihnen auch ein Mann mit besonders korrekt gestutztem Bärtchen und stark pomadisiertem Haar. Es ist der Vorjahressieger Lucien Petit-Breton, den alle den »kleinen Argentinier« nennen. Sein richtiger Name ist Lucien Marzan, den hat er allerdings in Buenos Aires zurückgelassen, wo er seine Jugend verbrachte. Wenn es nach seinem Vater gegangen wäre, hätte er dort auch eines Tages das Optikergeschäft der Familie übernommen. Lucien aber, der leidenschaftlich gern Tango tanzte, träumte von einer Karriere als Radrennfahrer. Unter dem Decknamen Lucien Petit-Breton wurde er argentinischer Meister auf der Bahn.

Mit 20 Jahren kehrte er in seine Heimat Frankreich zurück und machte sich umgehend an die Erfüllung seines Traumes. 1905 stellte Lucien Petit-Breton auf der »Buffalo-Rennbahn« in Paris mit 41,110 Kilometern einen neuen Stundenweltrekord auf. Außerdem gewann er verschiedene Eintagesrennen: 1906 Paris – Tours, 1907 Mailand – San Remo und 1908 Paris – Brüssel.

Seine größten Erfolge feiert er jedoch bei der Tour de France. Im dritten Anlauf, 1907, erringt der »kleine Argentinier« den Gesamtsieg. Ein Jahr später kommt es dann auf der fünften Etappe von Lyon nach Grenoble zu einem unglaublich spannenden Duell. Am Fuße des Col de Porte haben Lucien Petit-Breton und Georges Passerieu 15 Minuten Vorsprung vor dem starken Luxemburger François Faber. Petit-Breton kämpft verbissen. Aber Passerieu ist einfach der beste Kletterer in diesem Jahr. Er ist der einzige, der bis zur Paßhöhe von 1326 Metern nicht vom Rad steigt. Alle anderen müssen an den steilsten Stellen schieben – auch Petit-Breton. Sein Rückstand vergrößert sich bei der Abfahrt, auf der ihn auch noch der athletische Faber einholt. Passerieu gewinnt die Etappe – die Tour aber gewinnt erneut Petit-Breton. Er ist der erste Fahrer in der Geschichte der Tour de France, der seinen Sieg wiederholen kann.

Lucien Petit-Breton hieß eigentlich Lucien Marzan.

1909

FRANÇOIS FABER

Der hungrige Luxemburger

François Faber schiebt die letzten Meter bis ins Ziel.

»Der Riese von Colombes« macht seinem Namen alle Ehre. François Faber ist ein kraftvoller, muskulöser Athlet, 1,86 Meter groß und 91 Kilogramm schwer. Der Luxemburger lebt im französischen Colombes und ist deshalb im Mutterland der Tour besonders beliebt. Nach jeder Tour erhält er bis zu 300 begeisterte Fanbriefe. In einigen stehen sogar Gedichte. 1906, da war er gerade 19, fuhr er seine erste Tour. 1908 schon Zweiter, scheint er in diesem Jahr unbesiegbar. Besonders bei schlechtem Wetter, wenn andere sich nur noch quälen, fühlt er sich wohl. Dann ist er kaum zu schlagen. Und bei dieser Tour gibt es Regen und Schlamm im Überfluß. Sechs Etappen hat Faber schon gewonnen, fünf davon hintereinander. Die Krönung soll die Abschlußfahrt zum Pariser Parc des Princes werden. François Faber erreicht die Stadt als Erster. Doch auf dem letzten der 4507 Kilometer passiert es: Kettenbruch! »Der Riese von Colombes« schultert sein kaputtes Rad und trägt es ins Ziel. Die Massen toben. Er wird noch Dritter, mit einem Rückstand von 6:30 Minuten. Sein Gesamtsieg ist durch den unfreiwilligen Fußmarsch nicht in Gefahr geraten – Faber ist eindeutig der stärkste Fahrer der Tour. Und offenbar auch der hungrigste. 168 Koteletts soll er während der vergangenen vier Wochen gegessen haben. Das sind sechs pro Tag!
Sein »gesunder« Appetit soll ihm zwei Jahre später fast zum Verhängnis werden. Und seinen Stiefbruder Ernest Paul beinahe das Leben kosten. Am Ruhetag in Marseille verspeisen die beiden im Restaurant »Vieux Port« Berge von Austern, Langusten und Muscheln. Dann räumen sie noch das Käsebuffet ab und trinken mehrere Flaschen Wein. Kurz darauf wird Paul von furchtbaren Krämpfen geschüttelt. Er hat eine schwere Fischvergiftung. Ärzte, die die Tour begleiten, gibt es 1911 noch nicht, so wird ein Doktor aus der Stadt herbeigeholt. Dieser gibt dem todkranken Radfahrer keine Überlebenschance. Mit unbändiger Energie bekämpft Paul die Vergiftung – und geht tatsächlich am nächsten Morgen an den Start, wenn auch auf wackligen Beinen. In Paris wird Ernest Paul am Ende Achter, François Faber hatte nach der zwölften Etappe aufgegeben.

1910

ALPHONSE STEINES

Der mörderische Plan

Im Frühjahr diesen Jahres geschieht etwas Unglaubliches. Alphonse Steines, ein junger Mitarbeiter von Henri Desgrange, schlägt seinem Chef vor, die Tour de France durch die Pyrenäen zu führen. Die Pässe dieses wilden Gebirges im Süden Frankreichs gelten damals als unpassierbar. Kein Wunder, daß Desgrange zunächst zurückhaltend reagiert. Aber er genehmigt einen Artikel über diesen verwegenen Plan und, was noch wichtiger ist, eine Erkundungsreise in die Berge. Erste Station ist der Aubisque, 1709 Meter hoch. Hier überredet Alphonse Steines den Leiter des örtlichen Hoch- und Tiefbauamtes, Monsieur Blanchet, für 3000 France den Holzfällerweg zum Paß als Straße für Radfahrer herzurichten. Als das geschafft ist, will Steines vom kleinen Gebirgsort Saint-Marie-de-Campan aus den Tourmalet im Automobil überqueren. Doch 19 Kilometer vor dem Gipfel streikt der Chauffeur – bis hierher und nicht weiter. Es liegt Schnee, und außerdem tummeln sich hier noch jede Menge Bären. Also geht Steines alleine weiter. Völlig erschöpft erreicht er gegen drei Uhr morgens Barèges auf der an-

deren Seite. Von dort sendet er folgendes Telegramm an den Tour-Direktor in Paris: »Gut über den Tourmalet gekommen + stop + Straße in gutem Zustand + stop + keine Schwierigkeiten für die Fahrer«.
Die Entscheidung, die Pyrenäen in das Tour-Programm aufzunehmen, stellt sich im wahrsten Sinne des Wortes als goldrichtig heraus. Jedenfalls für die Veranstalter – über die Tour wird mehr geredet und geschrieben als je zuvor. Desgrange verdoppelt in diesen Tagen die Auflage von »L'Auto« auf 300 000 Exemplare. Die Fahrer sind allerdings nicht halb so begeistert. Sie sind es schließlich, die sich die Berge hochquälen müssen. »Mörder, ihr verdammten Mörder!« schreit Octave Lapize in Richtung Tour-Leitung, als er sich am 21. Juli 1910 als Erster in 2115 Meter Höhe den Tourmalet hinaufschleppt. Und er muß es wissen. Sechs der sieben Pyrenäengipfel überquert er vor allen anderen. Damit ist Lapize der erste echte Hochgebirgs-Kletterer der Tour de France. Mit nur 1,65 Metern hat er eine ideale Größe für die steilen Anstiege. Der Arbeitersohn aus Paris, der wegen seiner schwarzen Locken »Le Frise« genannt wird, klettert sechsmal mit der Tour durch Frankreich. Fünfmal scheidet er aus, nur ein einziges Mal erreicht er Paris. 1910 – als Sieger.

1911

PAUL DUBOC

Die vergiftete Trinkflasche

Sage und schreibe 16 Gipfel galt es 1911 zu stürmen – und nicht nur in den Pyrenäen und den Vogesen wie bisher, sondern diesmal auch in den Alpen, deren höchste Berge auch im Sommer von Schnee bedeckt sind.
Und das alles ohne Gangschaltung!
Es waren zwar schon einfache Nabenschaltungen auf dem Markt, bei der Tour waren sie jedoch noch bis 1936 verboten. Aber nicht die Überquerung des Alpen-Riesen Galibier (2645 Meter) sollte das spektakulärste Ereignis dieser Tour sein, sondern das Drama am Aubisque in den Pyrenäen.
Paul Duboc aus Rouen liegt in Führung. Der kleine Franzose ist ein ausgezeichneter Bergfahrer und fährt mit riesigem Vorsprung vor seinen Verfolgern über den Tourmalet. Bei der Verpflegungsstelle in Argèles trägt er sich in die Kontrolliste ein und greift nach einer Flasche, die ihm ein Unbekannter reicht. Das sollte ihn fast das Leben kosten. Schon nach wenigen Metern auf dem Anstieg zum Aubisque bricht Duboc zusammen. Ein Begleitfahrzeug kann gerade noch bremsen, bevor es den Gestürzten überrollt. Über eine Stunde liegt Duboc im Straßengraben und krümmt sich unter gräßlichen Schmerzen. Immer wieder muß er sich übergeben. Es grenzt an ein Wunder, daß er sich wieder in den Sattel hievt. Wie in Zeitlupe und in abenteuerlichen Schlangenlinien quält er sich zum Gipfel hoch. 3:47 Stunden ist sein Rückstand im Etappenziel in Bayonne, der Traum vom Gesamtsieg ist ausgeträumt. Das Getränk war vergiftet.
Jetzt ist der Weg frei für Gustave Garrigou, doch freuen kann der sich darüber nicht. Die aufgebrachten Zuschauer halten ihn für den Giftmischer und wollen ihn lynchen. Daß Garrigou ein Alibi hat, interessiert sie nicht. In Dubocs Heimatort Rouen ruft ein gefälschtes Plakat gnadenlos zu Gewalt auf: »Bürger von Rouen, wenn man mich nicht vergiftet hätte, wäre ich heute der Spitzenreiter. Ihr wißt, was ihr zu tun habt, wenn die Karawane durch Rouen rollt!« Die Tour-Leitung greift zu einer List: Spitzenreiter Garrigou wird mit Sonnenbrille, falschem Trikot und einem umgespritzten Rad getarnt. So bleibt er am Leben und gewinnt die Tour vor – Duboc.

Links: Für Octave Lapize hat sich die Quälerei gelohnt.
Rechts: Paul Duboc wird von einem Rennkommissar kontrolliert.

1912

ODILE DEFRAYE

Der erste Belgier

Die Franzosen betrachteten die Tour de France als ihr Rennen, als einen Teil ihres Nationalstolzes. Zumal seit 1903 nur französische Rennfahrer die Tour gewonnen hatten. Das sollte sich 1912 ändern.

Odile Defraye kommt nur über Umwege an den Start. Das übermächtige Alcyon-Team, dem Vorjahressieger Garrigou und Pechvogel Duboc angehören, will den Belgier eigentlich nicht mitnehmen. Erst auf Druck des Sponsors, der sich dadurch bessere Geschäfte in Defrayes Heimat erhofft, wird die Mannschaftsaufstellung geändert. Schon auf der zweiten Etappe von Dunkerque nach Longwy läßt Defraye erkennen, daß er sich mit der Rolle des uneigennützigen Helfers nicht abfinden will. Er besiegt im Spurt seinen eigenen Kapitän Gustave Garrigou. Aber noch akzeptiert Odile Defraye die Hackordnung im Team.

Auf der sechsten Etappe, als es zwischen Nizza und Grenoble über die Berge geht, hat Garrigou eine Reifenpanne. Wieder einmal liegen die gefürchteten Schuhnägel auf der Straße. Defraye ist diszipliniert und wartet

auf seinen Kapitän. Bei der verzweifelten Aufholjagd zeigt sich aber, daß der Helfer viel stärker ist als sein Chef. Und endlich bekommt er das Zeichen: »Fahr los!« Darauf hat der Belgier nur gewartet. Meter um Meter kämpft sich Defraye an die Spitze heran und wird tatsächlich noch Zweiter. Garrigou aber verliert 40 Minuten.
Über Teamgrenzen hinweg entbrennt ein belgisch-französischer Länderkampf. Am Col Aravis gerät Defraye in ernsthafte Schwierigkeiten. Sein Landsmann Firmin Lambot bleibt an seiner Seite, spricht ihm unaufhörlich Mut zu und »schiebt« ihn über den Berg. Aber Lambot gehört der konkurrierenden Le-Globe-Mannschaft an und hätte Defraye eigentlich bekämpfen sollen. So bleibt seine patriotische Geste nicht ohne Folgen. Aus Protest gegen die belgische Allianz verläßt die Mannschaft »La Française« nach der neunten Etappe die Tour. Unter den Aussteigern ist auch Octave Lapize, der zu diesem Zeitpunkt Zweiter der Gesamtwertung ist.
Doch Odile Defraye beweist noch, daß er in diesem Jahr wirklich der Beste ist. Insgesamt drei Etappensiege gehen auf sein Konto. Sein Meisterstück ist die schwere Pyrenäenetappe von Perpignan nach Luchon. Odile Defraye widmet seinen Sieg allen Belgiern. Er wird in seiner westflämischen Heimat triumphal empfangen. 10 000 begeisterte Menschen feiern den ersten belgischen Tour-Sieger.

1913

EUGÈNE CHRISTOPHE

Der verhängnisvolle Gabelbruch

Auch 1913 hat die Tour de France wieder ihren tragischen Helden. Er heißt Eugène Christophe, genannt »Cricri«. Auf der sechsten Etappe von Bayonne nach Luchon plant er den großen Angriff auf den führenden Belgier Odile Defraye, der das Rennen im letzten Jahr gewann. Christophe liegt auf Platz zwei. Die Etappe durch die Pyrenäen geht über 326 Kilometer, das war damals eine völlig normale Länge. Der tapfere Gallier fährt so entfesselt, daß Defraye entnervt und entkräftet aufgibt. Auf dem Tourmalet hat Eugène Christophe einen beruhigenden Vorsprung von 18 Minuten. Wenig später ist er keinen Sou mehr wert: Gabelbruch! Und das auf der rasend schnellen Abfahrt nach Saint-Marie-de-Campan. Nur mit Mühe und Steuerkunst kann Christophe einen furchtbaren Sturz verhindern.
Zu dieser Zeit ist ein Materialschaden besonders verhängnisvoll, denn es gibt keine Ersatzräder, nicht einmal Ersatzteile. Wenn ein Rad in die Brüche geht, sind die Fahrer ganz auf sich allein gestellt. Fremde Hilfe ist verboten. Eugène Christophe macht sich also auf die Suche nach einer Schmiede – zu Fuß wohlgemerkt und das Rad über der Schulter. 14 schier endlose Kilometer trabt er die Serpentinen hinab. In der Dorfschmiede von Saint-Marie-de-Campan angekommen, macht er sich sofort an die Arbeit. Tour-Direktor Desgrange und drei Kommissare achten mit Argusaugen darauf, daß er auch tatsächlich alles selbst repariert. Und sie sind wirklich gnadenlos. Ein kleiner Junge bedient den Blasebalg für Christophe – und Kommissar Mousset hat nichts Besseres zu tun, als dem armen Kerl dafür eine weitere Strafminute aufzubrummen. Egal. Es ist sowieso alles zu spät. Mit 3:50 Stunden Rückstand fährt der Pechvogel schließlich noch als 29. durchs Etappenziel.
In der Gesamtwertung in Paris landet er schließlich sechs Plätze hinter dem Sieger, dem Belgier Philippe Thys, auf Rang sieben. Eugène Christophe hat die Tour nie gewonnen, dafür war er unter anderem siebenmal französischer Meister im Radcross. Berühmt geworden aber ist er durch dieses tragische Erlebnis während der Tour de France. Immerhin wurde nach ihm ein Restaurant in Paris benannt. Das »Vieux Gaulois« – Alter Gallier – in der Rue du Faubourg, Montmartre.

Links: Auf Odile Defraye ist Verlaß.
Rechts: Die Rennkommissare überwachen die Schmiedearbeit von Eugène Christophe.

1914

CONSTANTE GIRARDENGO

Der entnervte Italiener

Am Start sind in diesem Jahr nicht weniger als sieben frühere Sieger der Tour de France. Doch es ist ein Neuling, der mit besonderer Neugier beobachtet wird: Constante Girardengo aus Italien. Ihm eilt ein legendärer Ruf voraus. In den letzten beiden Jahren hat er überlegen die italienische Meisterschaft gewonnen. Berühmt ist er aber vor allem wegen seiner Siege bei Mailand – San Remo. Für die Italiener ist die traditionelle »Fahrt in den Frühling« jedes Jahr im März eine kleine Weltmeisterschaft. Girardengo gewinnt dieses Rennen sechsmal, so oft wie kein anderer. Er ist der erste Rennfahrer, dem die italienischen Radsportfans den ehrenvollen Titel »campionissimo« – »Meister der Meister« – verleihen.

Die bisherige Bilanz der Italiener bei der Tour de France fällt mager aus. Pavesi wird 1907 Sechster, Borgarello gewinnt 1912 zwei Etappen. Das war's auch schon. Und dafür gibt es einen Grund: Der Giro d'Italia konkurriert mit der Tour de France seit 1909 um den Ruf als härteste Radrundfahrt der Welt. Für die Italiener ist es keine Frage, daß nur der Sieger des Giro der »König der Radfahrer« sein kann. Um so erstaunlicher, daß mit Constante Girardengo der »campionissimo« bei der Tour de France auftaucht.

Er wird von der Mannschaft »Automoto« verpflichtet, der mit Lucien Petit-Breton und Louis Trousselier zwei ehemalige Tour-Sieger angehören. Deshalb läßt sich Girardengo in seinen Vertrag schreiben, daß er seine eigene Chance suchen und nicht für Domestiken-Dienste eingespannt werden kann – wenn seine Form es zuläßt. Aber Constante Girardengo erkennt schnell die Grenzen seiner Möglichkeiten. Auf der ersten Etappe unterliegt er nur knapp im Spurt und wird Vierter. Schon auf dem nächsten Abschnitt verliert er 1:12 Stunden nach mehreren Stürzen und Defekten. Diese Tour wird für seine Mannschaft zur kompletten Katastrophe: Trousselier ist am Ende nur 38., und der große Favorit Petit-Breton steigt nach neun Etappen aus. So weit ist Constante Girardengo gar nicht gekommen. Auf der sechsten Etappe war er wieder mehrere Male gestürzt und lag meilenweit hinter der Spitze, von seinen Helfern keine Spur. Girardengos Moral ist am Ende, er gibt das Rennen auf und wird nie wieder zur Tour de France zurückkehren. Sein Rennen wird der Giro d'Italia, den er 1919 und 1923 gewinnt und bei dem er insgesamt 30 Etappen für sich entscheidet.

1914–

Das Ende der heroischen Epoche

Der Erste Weltkrieg zwingt die Tour de France zu einer langen Unterbrechung. Die Flandern-Rundfahrt in Belgien ist das einzige Sportereignis, das auch in den Kriegsjahren stattfindet. Als die Waffen endlich ruhen, ist eine Reihe von Fahrern nicht mehr am Leben. Unter ihnen Emile Engel, der 1914 in Brest eine Etappe gewann, der Weltmeister im Bahnsprint Emile Friol oder der mehrfache französische Sprintmeister Léon Hurlier. Besonders schmerzhaft für den Radsport ist der Tod von drei Tour-de-France-Siegern vergangener Jahre.

Octave Lapize, der Sieger von 1910, meldete sich nach Ausbruch des Krieges sofort als Freiwilliger an die Front. Er wird erst als Motorradkurier eingesetzt, dann als Pilot. Die Fliegerei war schon immer seine heimliche Leidenschaft. Der Held unvergessener Bergetappen stirbt im Luftkampf bei

1919

1919

EUGÈNE CHRISTOPHE

Das Gelbe Trikot

Pont-á-Mousson am 14. Juli 1917, ausgerechnet am französischen Nationalfeiertag.
Lucien Petit-Breton, der Sieger von 1907 und 1908, dient im 11. Infanterieregiment. Der »kleine Argentinier« ist dort Meldefahrer und Chauffeur. Bei einer wilden Verfolgungsjagd in der Nähe von Troyes verunglückt Petit-Breton am 19. Dezember 1917, als er mit seinem Auto frontal gegen ein entgegenkommendes Fahrzeug prallt. Mit seinem Sohn Yves kehrt 1947 ein Petit-Breton zur Tour de France zurück. Allerdings nicht als Fahrer, sondern als sportlicher Leiter eines Rennstalls.
Auch François Faber kämpft als Luxemburger an der Front. Der Sieger von 1909 stirbt den Tod eines Helden. Er versucht während der Offensive von Garrency, einen verwundeten Kameraden aus dem Kugelhagel der Deutschen zu retten. Dabei wird er selbst getroffen. Faber war erst 28 Jahre alt und hatte bereits 19 Etappen gewonnen. Seine besten Jahre als Rennfahrer lagen noch vor ihm ...
Am 29. Juni 1919 beginnt die erste Tour de France nach dem Krieg – mit drei Schweigeminuten für Octave Lapize, Lucien Petit-Breton und François Faber.

Links: Constante Girardengo gewinnt zweimal den Giro aber nie dieTour.
Mitte: Auch François Faber überlebt den Krieg nicht.
Rechts: Eugène Christophe auf dem Tourmalet unter den strengen Blicken eines Rennkommissars.

Noch nicht einmal ein Jahr ist vergangen seit dem Ende des Ersten Weltkrieges. 67 Fahrer sind am Start, weniger waren es nur bei der allerersten Tour de France. Schon nach den ersten beiden Etappen sind 40 Männer ausgeschieden, nur zehn Rennfahrer werden das Rennen beenden.
Berühmt aber wird die Tour 1919 nicht wegen dieser eher traurigen Tatsachen. In diesem Jahr gibt es das erste Gelbe Trikot der Geschichte. Erfunden hat es Henry Desgrange, der immer noch Tour-Direktor ist. Die Idee, die dahintersteckte, ist einfach: Der in Führung liegende Mann soll für alle gut erkennbar sein. Abgesehen davon, daß es natürlich eine Ehre war, das gelbe Hemd überstreifen zu dürfen. Warum es ausgerechnet ein gelbes Trikot wurde, ist bis heute nicht restlos geklärt, und vermutlich wird es ein ewiges Geheimnis bleiben. Zwei Erklärungen sind immerhin denkbar: Das Papier der Sportzeitung von Desgrange, »L'Auto«, war gelb. Ein gelbes Trikot wäre somit ein zusätzlicher Reklametrick gewesen. Weitaus wahrscheinlicher ist jedoch dies: Desgrange bestellte bei einem Pariser Schneider einfarbige Trikots in einer möglichst grellen Farbe. Und der gute Mann hatte einfach nur gelben Stoff am Lager.
Das Paket mit den Trikots erreicht Desgrange am 19. Juli. Die zehnte Etappe von Nizza nach Grenoble ist eben zu Ende gegangen. Die Überreichung des Gelben Trikots dürfte allerdings kaum sehr feierlich gewesen sein. Sie findet in einem Hotelzimmer statt, und der erste Mann in Gelb ist Eugène Christophe.

Der Mann ist sich treu geblieben. Er ist noch ein genauso exzellenter Radfahrer wie vor dem Krieg. Aber leider auch genauso ein Pechvogel. Seit der vierten Etappe liegt Christophe in Führung, da passiert auf dem vorletzten Abschnitt das Unglaubliche. Wie schon 1913 verliert er den sicher geglaubten Sieg durch einen Gabelbruch. 2:30 Stunden Rückstand kann er so kurz vor Ende der Tour natürlich nicht mehr aufholen, er wird Dritter in der Gesamtwertung.
Wenigstens ein Gutes hat sein Pech: eine Regeländerung. Künftig dürfen Fahrer aus einer Mannschaft untereinander die Räder auswechseln, auch Hilfe durch Fremde wird nun zumindest teilweise zugelassen. Paul Duboc aber nutzt das gar nichts. Er wird noch nach der letzten Etappe disqualifiziert. Nach einem Sturz hatte er sich von einem Motorrad ziehen lassen.

1920

PHILIPPE THYS

Der überlegene Spießbürger

Philippe Thys gewinnt als erster die Tour zum dritten Mal.

1921

LÉON SCIEUR

Der wallonische Bauer

Sie sind ein dekadenter Spießbürger geworden, der die Liebe zum Radsport verloren hat und sein großes Talent verschleudert«, schreibt ein maßlos enttäuschter Henri Desgrange im Herbst 1919 in einem Brief. Der »Spießbürger« ist Philippe Thys aus Anderlecht, der Sieger der Tour de France von 1913 und 1914. Beim ersten Rennen nach dem Krieg hatte sich der siegverwöhnte Belgier in außergewöhnlich schlechter Form präsentiert. Schon auf der ersten Etappe mußte ihn sein Landsmann Jean Rossius anschieben, kassierte dafür 30 Strafminuten und errang trotzdem noch den Tagessieg. Thys aber gab erschöpft auf, ohne das Ziel der Etappe zu erreichen. Er war übergewichtig und hatte kaum trainiert. Das ärgert den strengen Tour-Direktor. Der Schmähbrief zeigte Wirkung. Philippe Thys besinnt sich auf seine Stärken und beginnt mit einem unmenschlich harten Training. Er gilt als Perfektionist. Um den Luftwiderstand zu verringern, schneidet er sich sogar die Haare ab. Beim Rennen Bordeaux – Paris stürzt Philippe Thys und bricht sich das Schlüsselbein. Trotz vieler Schürfwunden am ganzen Körper übersteht er die letzten 50 Kilometer bis ins Ziel. Eine reine Willensleistung. Bei der Tour 1920 präsentiert sich der inzwischen 30jährige in bestechender Form. Er gewinnt vier Etappen und kommt an allen Tagen unter den ersten fünf ins Ziel. Der Gesamtsieg mit 57 Minuten Vorsprung ist ein Beweis seiner Überlegenheit. Die Belgier sind in diesem Jahr ohnehin eine Klasse für sich. Sie belegen die ersten sieben Plätze. Nur der tapfere Eugène Christophe hätte den übermächtigen Belgiern gefährlich werden können. Aber diesmal sind es fürchterliche Rückenschmerzen, die einen Toursieg des »alten Galliers« verhindern.
Philippe Thys gewinnt als erster Rennfahrer die Tour zum dritten Mal. Die wegen des Ersten Weltkrieges ausgefallenen Rennen zwischen 1914 und 1920 haben vermutlich eine einmalige Siegesserie verhindert. Jahre später wird der Zweite Weltkrieg den phantastischen Rennfahrern Gino Bartali und Fausto Coppi ebenfalls die besten Jahre ihres Sportlerlebens rauben.

Léon Scieur und sein Rivale erklimmen die Berge noch ohne Gangschaltung.

Das kleine Dorf Florennes liegt im wallonischen Teil von Belgien. Hier lebt Firmin Lambot, der Sieger der Tour de France von 1919. Beim Training auf den staubigen Feldwegen beobachtet ihn ein Bauernsohn aus der Nachbarschaft. Er ist so begeistert, daß er mit 22 Jahren noch das Radfahren erlernen möchte. Firmin Lambot hilft ihm dabei. Der Name seines Schülers: Léon Scieur.
Deswegen kennt Lambot den jungen Burschen sehr gut, der sich am 26. Juni 1921 in Paris in die Startlisten einträgt. Aber die anderen Favoriten haben keine Ahnung, wer er ist. Schon nach der zweiten Etappe darf Léon Scieur in Cherbourg das Gelbe Trikot überziehen. Er verteidigt die Führung mit seiner kraftvollen Fahrweise, die ihm den Spitznamen »Lokomotive« einbringen wird. Seine Fähigkeit, über viele Kilometer, alleine im Wind, ein hohes Tempo zu treten, rettet Léon Scieur den Sieg auf der spannendsten Etappe. Sie führt über 333 Kilometer von Nizza nach Grenoble. Beim Anstieg zum Col d'Allos, einem 2250 Meter hohen Alpengipfel, hat Léon Scieur eine Reifenpanne. Als er mit der Reparatur beginnt, erkennt der zweitplazierte Hector Heusghem seine Chance. Er greift an – und verstößt damit gegen das ungeschriebene Gesetz des Radsports, daß nicht attakkiert wird, während der Gegner einen Defekt hat. Wütend und aufgebracht rast Scieur dem Feld hinterher, überholt Fahrer um Fahrer und stellt den Ausreißer Heusghem einige Kilometer vor dem Ziel. Nachdem er seinen Landsmann laut und deftig beschimpft hat, zieht er an ihm vorbei.
Léon Scieur gewinnt die Etappe, und die Reporter haben ihre Story. Vor allem aus Belgien und Italien entsenden inzwischen alle großen Tageszeitungen eigene Redakteure zur Tour de France. Aber nicht nur die Reporter, auch die Fahrer diskutieren tagelang über Anstand und Moral im Profiradsport. Schließlich wird ein »Waffenstillstand« zwischen den Mannschaften von Scieur und Heusghem vereinbart, der das Rennen allerdings völlig lahmlegt. So bleibt der Abstand zwischen den beiden Führenden bis Paris unverändert.

1922

FIRMIN LAMBOT

Die glücklichen Zufälle

Firmin Lambot umringt von Gratulanten.

Die Geschichte der Tour de France kennt große, heldenhafte Sieger, die bis in die Gegenwart von ihren Fans verehrt werden. Sie kennt aber auch stille, unscheinbare Typen, an die man sich heute kaum noch erinnert. Zu denen gehört Firmin Lambot aus Antwerpen. Niemals genoß er die Popularität anderer belgischer Rennfahrer, obwohl er die Tour de France zweimal gewonnen hat. Sein Glück war das Pech seiner Gegner.

1919 brach Eugène Christophe die Radgabel. Er verlor über drei Stunden, dadurch gewann Firmin Lambot die Tour. In den darauffolgenden Jahren beendete der unauffällige Belgier die Rundfahrt als Dritter und Neunter.

Dann die Tour von 1922: Eugène Christophe, der tragische Liebling der Franzosen, erobert nach der vierten Etappe das Gelbe Trikot. Das Pech bleibt ihm jedoch auch diesmal treu. Er stürzt in den Pyrenäen und verliert 47 Minuten. Sein Landsmann Jean Alavoine übernimmt die Führung, hat aber in den Alpen einen Schwächeanfall, so daß er chancenlos auf den dritten Platz zurückfällt.

Überraschend liegt nun Firmin Lambot vorn. Nur drei Minuten hinter ihm lauert der starke Hector Heusghem, der vor einem Jahr schon Zweiter war. Auf der Etappe von Genf nach Strasbourg sucht der athletische Belgier mutig die Entscheidung. Er fährt wie entfesselt und holt fünf Minuten Vorsprung vor Lambot heraus. Das Gelbe Trikot scheint ihm sicher. Doch dann ist er einen Augenblick unaufmerksam, übersieht ein Schlagloch und stürzt. Sein Rad ist völlig demoliert und nicht mehr zu gebrauchen. Er besteigt ein anderes, fährt ins Ziel und verteidigt drei Minuten Vorsprung. Am Abend meldet sich die Jury zu Wort: Hector Heusghem bekommt 60 Strafminuten aufgebrummt, eine ganze Stunde. Der Tausch des kompletten Rades ist streng verboten.

So ist Firmin Lambot selbst am meisten überrascht, als ihm die Kommissare nach der Etappe das Gelbe Trikot ins Hotelzimmer bringen. Er wird es bis Paris nicht mehr ausziehen. Hector Heusghem hat am Ende 44 Minuten Rückstand. Ohne die Strafe hätte er die Tour gewonnen.

1923

DIE PELISSIERS

Die geliebten Skandalbrüder

Henri (links) und Francis Pelissier, die ersten beiden in Brest.

Es ist eine harte Zeit für die stolzen Franzosen. Sie können ihr ureigenstes Radrennen einfach nicht mehr gewinnen. Gustave Garrigou war 1911 der letzte französische Triumphator. Nach zwölf Jahren ist ein neuer Sieg längst überfällig. Und die Hoffnung der Franzosen hat einen Namen: Pelissier. Die Brüder stammen aus dem Pariser Vorort Passy. Henri, der älteste der Bauernsöhne, fuhr 1913 das erste Mal die Tour und gewann gleich eine Etappe. Ein Jahr darauf wurde er Zweiter der Gesamtwertung. Doch dann beendete vorerst der Krieg die Höhenflüge des jungen Franzosen. Henri und seine Brüder Jean und Francis werden in die Armee eingezogen. Jean fällt in der Schlacht am Argonnerwald.

Gleich nach Kriegsende werden Henri und Francis Pelissier, der auch ein begabter Radfahrer ist, für einen der neu entstehenden Rennställe verpflichtet. Eine gute Wahl von Manager Alfred Baugé. Zwar gehen die Pelissiers keinem Streit aus dem Weg und sind unheimliche Dickschädel, aber sie sind eben auch erstklassige Fahrer. Als Baugé erfährt, daß die beiden noch einen Bruder Charles haben, ist er begeistert: »Bringt ihn her. Ein Bruder von Kerlen, wie ihr es seid, kann überhaupt nicht schlecht sein. Außerdem ist es für die Reklame gut. Stellt euch diese Plakate vor: ›Am Start die drei Brüder Pelissier!‹« Nun zieht auch Charles von Rennen zu Rennen. Seine große Zeit kommt aber erst Ende der 20er Jahre.

1923 ist sein großer Bruder Henri dran. Mit Hilfe von Francis, der stets uneigennützig an seiner Seite ist, bricht er tatsächlich die Siegesserie der starken Belgier. Der Jubel der 25 000 im Prinzenpark von Paris ist unbeschreiblich, und Francis Pelissier wird als 23. genauso euphorisch gefeiert wie der Sieger. Wer weiß, wie viele Pelissier-Erfolge es in diesen Jahren noch gegeben hätte, wenn die beiden nicht so aufbrausend und stur gewesen wären. 1924 steigen sie unter Protest aus der Tour aus und schaffen es auch danach nie wieder bis zum Ziel in Paris.

So stürmisch wie das Leben von Henri Pelissier war, so stürmisch endet es auch. 1936, im Alter von nur 46 Jahren, tötet ihn seine Frau in einer Eifersuchtsszene durch einen Revolverschuß mitten ins Herz.

1924

ALBERT LONDRES

Der schreibende Zeuge

Mittlerweile gibt es als Belohnung für einen Etappensieg drei Bonusminuten. Der Italiener Ottavio Bottecchia macht von dieser Regelung reichlich Gebrauch – er gewinnt vier Etappen. Bottecchia war eigentlich als Wasserträger für Henri Pelissier vorgesehen, aber es sollte anders kommen. Zum einen hat der Italiener ganz offensichtlich eigene Ambitionen.
Er streift das Gelbe Trikot gleich nach der ersten Etappe über, und er gibt es bis zur letzten in Paris nicht mehr her. Dieses Meisterstück gelingt nach ihm nur noch drei weiteren Fahrern: Nicolas Frantz (1928), Romain Maes (1935) und Jacques Anquetil (1961). Doch es gibt noch einen Grund, warum Bottecchia als Wasserträger nicht so recht zum Einsatz kommt.
Henri Pelissier, für den er ja fahren soll, bringt es fertig, gleich am ersten Tag einen heftigen Streit vom Zaun zu brechen. Schon am Start beleidigt er einen Rennkommissar, der lediglich sein Material überprüfen will. Während der gesamten ersten Etappe kann sich Pelissier nicht beruhigen, er flucht, was das Zeug hält, und hat am Ende wohl nicht mehr genug Luft – der Vorjahressieger wird nur Tagesvierter. Auf der zweiten Etappe kassiert er dann zwei Strafminuten. Er hat eines seiner Trikots weggeworfen, und das ist verboten. Jetzt platzt dem ohnehin impulsiven Bauernsohn der Kragen. Das läßt ein Pelissier nicht mit sich machen! Von diesem familiären Ehrenkodex überzeugt er auch seinen Bruder Francis. Mit ihm und Maurice Ville, der aussichtsreich an zweiter Stelle liegt, beendet er auf der dritten Etappe das Rennen. Aus Protest gegen die schikanösen Regeln der Rennleitung.
Berühmt geworden ist diese Geschichte vor allem durch eine äußerst anschauliche Beschreibung des Pariser Schriftstellers und Journalisten Albert Londres. Unmittelbar nach Bekanntwerden des Boykotts trifft Londres die drei im Café de la Gare von Coutances, wo sie vor drei großen Tassen Kakao sitzen. Während Francis Pelissier und Ville die Sache eher gelassen betrachten, schäumt Henri noch immer vor Wut: »Wenn mir ein Kommissar unters Hemd greift, mache ich nicht mehr mit. Eines Tages werden uns diese Herren die Taschen noch mit Blei vollstopfen, weil sie beweisen wollen, daß Gott den Menschen zu leicht erschaffen hat.«
Über den Titel für seinen Artikel muß Londres nicht lange grübeln: »Les Forcats de la Route« – »Die Sträflinge der Landstraße«. Später räumte Henri Pelissier ein, an jenem Nachmittag etwas übertrieben zu haben. Londres hatte eben einen dramatischen Bericht schreiben sollen. Und das hat er ja auch getan.

Die Brüder Pelissier und Maurice Ville (links) im Café de la Gare von Coutances.

1925

OTTAVIO BOTTECCHIA

Der aufrechte Sozialist

Vom Wasserträger zum Tour-Sieger – Ottavio Bottecchia hat diesen seltenen Sprung geschafft. Es ist immer etwas Besonderes, wenn junge, unbekannte Fahrer aus dem Schatten der großen Idole heraustreten und selbst zu Stars werden. Bottecchia war 1923 der erste Italiener im Gelben Trikot. Ein Jahr später gewann er die Tour. Trotzdem hat es Bottecchia ausgerechnet in seiner Heimat am schwersten, anerkannt zu werden. Normalerweise feiern die italienischen Fans ihre Helden geradezu überschäumend. Bei ihm reagieren sie kühl.
In diesen Jahren wird die Macht der Faschisten in Italien immer größer, Bottecchia aber ist ein bekennender Sozialist. Immer wieder fordert er in leidenschaftlichen Interviews die Bevölkerung auf, sich nicht länger unterdrücken zu lassen. Das Volk aber fühlt sich nicht unterdrückt, der Faschismus ist populärer als der verrückte Rennfahrer mit seinen linken Ideen. Der erste Tour-Sieger Italiens verprellt sogar seine Sponsoren, indem er sie immer wieder als Ausbeuter beschimpft.
1925 ist Bottecchia genauso überlegen wie im Jahr zuvor, in dem er von Anfang bis Ende das Gelbe Trikot trug. Er kann sich in seinem Team auf prominente Unterstützung verlassen: Die Belgier Philippe Thys und Lucien Buysse und der Franzose Henri Pelissier haben schließlich selbst schon die Tour gewonnen. Bottecchia ist als Kapitän trotzdem unumstritten, er gewinnt vier Etappen, darunter die letzte nach Paris. Hier hat er 54:20 Minuten Vorsprung vor seinem Teamgefährten Lucien Buysse. Doch auch sein zweiter Tour-Sieg soll dem Italiener letztlich kein Glück bringen.
Am 11. Juni 1927 wird Ottavio Bottecchia von Bauern bewußtlos aufgefunden. Er liegt mit schrecklichen Kopfverletzungen im Straßengraben einer Landstraße bei Peonis, nur wenige Kilometer von seinem Heimatort entfernt. Obwohl die Ärzte alles tun, um ihn zu retten, stirbt er drei Tage später im Krankenhaus von Genua. Lange Zeit vermutete man, daß Bottecchia das Opfer eines Trainingssturzes wurde. 21 Jahre später jedoch beichtete ein Bauer auf seinem Sterbebett etwas Unglaubliches: Ottavio Bottecchia habe in seinem Weinberg Trauben gestohlen. Und da habe er ihn mit einem Feldstein erschlagen.

1926

LUCIEN BUYSSE

Der trauernde Familienvater

Lucien Buysse will nicht zu dieser Tour. Es ist erst zwei Wochen her, daß seine älteste Tochter gestorben ist. Da hat ein Vater andere Sorgen, als ein Radrennen zu gewinnen. Aber seine Familie überredet ihn. Nach dem dritten Platz 1924 und dem zweiten Rang im letzten Jahr soll Lucien diesmal als Sieger heimkehren. Der Buysse-Clan hat insgesamt elf Rennfahrer hervorgebracht. Achiel hat dreimal die Flandern-Rundfahrt gewonnen, Albert siegte bei neun Sechs-Tage-Rennen, Marcel war 1913 Dritter der Tour de France. Aber einen Sieg beim wichtigsten Rennen der Welt hat die radsportverrückte Familie noch nicht errungen.
Die Entscheidung fällt auf der zehnten Etappe zwischen Bayonne und Luchon. Es ist eine der dramatischsten Etappen der Tour-Geschichte. Schon früh startet Lucien Buysse zu einem Soloritt,

Links: Ottavio Bottecchia auf dem Tourmalet.
Rechts: Lucien Buysse ist von den Strapazen der Tour gezeichnet.

dem am Aubisque auch sein Bruder Jules nicht mehr folgen kann, der in der Gesamtwertung auf dem dritten Platz liegt. Doch oben auf dem Tourmalet erwartet die Fahrer der Winter. Es schneit und stürmt, der Wind peitscht die Kälte in die Gesichter. Lucien Buysse friert und zittert am ganzen Körper, aber er fährt weiter. Im Ziel hat er 35 Minuten Vorsprung. Nur 16 Fahrer bleiben im Zeitlimit, alle anderen fehlen noch, als die Dunkelheit über Luchon hereinbricht. Henri Desgranges telefoniert verzweifelt und sucht Autobesitzer, die die Strecke in den Bergen nach den Rennfahrern absuchen sollen. Sie finden sie in Kneipen und Hütten, wo sie Zuflucht vor der furchtbaren Kälte gesucht haben. Erst gegen Mitternacht erreicht der Troß wieder Luchon.
Henri Desgrange, der von den Rennfahrern wegen seiner Unerbittlichkeit schon als »Mörder« beschimpft wurde, zeigt sich diesmal von seiner menschlichen Seite. Vor der nächsten Etappe legt er einen zusätzlichen Ruhetag ein. 24 Fahrer werden das Rennen trotzdem nicht mehr aufnehmen. Buysse übersteht die Strapazen von allen am besten. In Paris hat er 1:22 Stunden Vorsprung vor Nicolas Frantz aus Luxemburg. Die ganze Familie von Lucien Buysse ist aus Flandern angereist, um ihren Tour-Helden voller Stolz zu begrüßen. Er widmet den Sieg seiner Tochter mit den Worten: »An dich habe ich in den schwersten Stunden des Rennens gedacht!«

1927/28

NICOLAS FRANTZ

Das rettende Damenfahrrad

Es ist noch dunkel, als die elfte Etappe der Tour de France 1927 gestartet wird. Auf dem Weg nach Luchon warten wieder einmal die gigantischen Bergriesen Tourmalet, Aubisque und Peyressourde. Im Gelben Trikot geht der Belgier Hector Martin ins Rennen, der sich zeitweise über 23 Minuten Vorsprung freuen kann. Die Etappe hat kaum begonnen, da entwischt in der Finsternis der Nacht der Italiener Michele Gordini dem Feld – ohne daß es jemand bemerkt. Er hat schnell einen riesigen Vorsprung herausgefahren. Die Verfolger wollen es ruhig angehen lassen im Schatten der Berge. So zuckelt das ahnungslose Peleton im Bummeltempo hinter ihm her. Bis auf dem Aubisque ein Zuschauer den Favoriten zuruft: »Vor einer Stunde ist hier bereits ein Italiener vorbeigekommen.« Sofort eröffnet das Alcyon-Team mit dem starken Luxemburger Nicolas Frantz eine verwegene Verfolgungsjagd. Ausreißer Gordini aber hat Pech. Seine Kette reißt, er muß sie flicken und wird beim Anstieg zum Tourmalet wieder eingefangen. Der 80 Kilogramm schwere Frantz klettert kraftvoll am schnellsten über die Berge und gewinnt die Etappe in Luchon. Erst zwei Stunden und zwei Minuten später erreicht Hector Martin im Gelben Trikot das Ziel. Er hat die Tour verloren. Später wird Martin seine Karriere beenden müssen, nachdem ihn im Training ein Pferd vom Rad reißt und er sich schwer verletzt.
Nach François Faber hat das kleine Luxemburg also bereits seinen zweiten Tour-Sieger. Und 1928 kann Nicolas Frantz seinen Triumph sogar wiederholen. Er führt vom ersten bis zum letzten Tag, gewinnt fünf Etappen und hat in Paris 1:15 Stunden Vorsprung. Nur auf der 19. Etappe wird es einmal richtig spannend: Der Rahmen des Rades von »Schwergewicht« Frantz bricht. Verzweifelt sucht er nach einer Rettung. Sein Blick fällt auf das Damenfahrrad einer Zuschauerin. Noch drei Jahre zuvor wurden dem Belgier Heusghem für so einen Radwechsel 60 Strafminuten verpaßt. Inzwischen sind die Regeln der Tour nicht mehr ganz so erbarmungslos. 100 Kilometer bleiben noch bis zum Ziel. Nicolas Frantz wird Achter und verliert nur sechs Minuten – auf einem Rad mit Klingel, Schutzblech und Damensattel. Vielleicht war das sein größtes Rennen.

Links: Die Frauen bringen Nicolas Frantz Glück.
Rechts: Auf dem Galibier verausgabt sich Maurice Dewaele bis zur totalen Erschöpfung.

1929

MAURICE DEWAELE

Der bewußtlose Sieger

Ein weiteres Beispiel für den unbeugsamen Willen und die Wettkampfhärte belgischer Rennfahrer gibt 1929 Maurice Dewaele, wegen seiner gleichmäßigen und eleganten Fahrweise auch »das Metronom« genannt. Bereits auf der fünften Etappe trägt er das Gelbe Trikot und hat es drei Tage später in Bordeaux schon wieder verloren – an drei Fahrer. Nicolas Frantz, André Leducq und Victor Fontan liegen zeitgleich an der Spitze. Tour-Direktor Henri Desgrange weiß sich nicht anders zu helfen und verteilt am nächsten Morgen gleich drei gelbe Hemden. Ein einmaliges Bild.
Doch die Einigkeit währt nicht lange. Victor Fontan will das Gelbe Trikot für sich allein und startet seinen Angriff in den Pyrenäen. Mit Erfolg, denn nach der neunten Etappe geht er in Führung. Trotzdem jagt er am nächsten Tag wieder davon. Aber diesmal verläßt ihn das Glück. Erst reißt seine Kette,

1930

BUSE & CO.

Die ersten Nationalmannschaften

dann ist ein Reifen platt. Und zu allem Unglück stürzt Fontan bei der Abfahrt vom Tourmalet in eine Schlucht. Zwar überlebt er den Sturz, aber er muß das Rennen aufgeben. So kehrt Maurice Dewaele ins Gelbe Trikot zurück. Auf der 15. Etappe erlebt er am gefürchteten Galibier seine dramatischsten Stunden. Die letzten Tage haben viel Kraft gekostet. Dewaele quält sich über den Berg, er fällt weit zurück. Ihm ist schwindelig, und ihm wird schwarz vor Augen. Er verteidigt das Gelbe Trikot, aber er hat sich total verausgabt. Todkrank steigt er vom Rad.
Am Morgen darauf soll im Badeort Evian die nächste Etappe beginnen. Kurz vor dem Start ist Maurice Dewaele immer noch bewußtlos. Sein Masseur bittet Henri Desgrange um die Verschiebung des Starts. Der Tour-Direktor gibt ihm eine Stunde Zeit.
Es gleicht einem Wunder, daß Dewaele sich tatsächlich aufrafft und mitfährt. Nur vier Minuten hinter Etappensieger Charles Pelissier erreicht Dewaele mit allen anderen Favoriten das Ziel. Selbst seine größten Gegner sind begeistert von der Willensstärke des Belgiers. Charles Pelissier dagegen sorgt für negative Schlagzeilen. Er fährt heimlich im Windschatten eines Autos, das nicht zur Tour-Karawane gehört. Daraufhin wird er im Gesamtklassement vier Plätze nach unten gestuft. Er wäre sonst auch der einzige Pelissier gewesen, der nicht für einen Skandal bei der Tour gesorgt hätte.

Ende der 20er Jahre ist die Tour de France vor allem ein Duell der Firmenteams, wie das auch heute üblich ist. Doch die Franzosen sind damit ganz und gar nicht glücklich, seit 1923 gibt es wieder nur ausländische Sieger. Sollte es daran liegen, daß die starken französischen Fahrer, die es ohne Zweifel gibt, in den gemischten Mannschaften nicht so recht zum Zuge kommen? Henri Desgrange will dem Elend nicht länger tatenlos zusehen. 1930 lädt er deshalb nur noch Nationalmannschaften zur Tour ein. Belgien, Italien, Spanien, Deutschland und natürlich Frankreich schicken ihre Teams an den Start in Paris. Jeweils acht Fahrer gehören ihnen an. Ergänzt wird das Feld durch 60 individuelle Fahrer, sogenannte »touristes-routiers«, die in Regionalmannschaften aufgeteilt werden.
Die Teilnahmekosten übernehmen die Organisatoren der Tour, außerdem stellen sie für alle einheitliche Rennräder. Sie sind knallgelb und tragen die Aufschrift »L'Auto«. Solch eine kostspielige Austattung verschlingt Unsummen und kann nicht einfach aus der Portokasse bezahlt werden. Desgrange wendet sich also an zahlreiche Firmen und schlägt ihnen ein Geschäft vor: »Die Tour de France ist ein Werbeträger, wie ihn die Welt überhaupt noch nicht gesehen hat. Zehn bis 15 Millionen Menschen jubeln den Fahrern auf Frankreichs Landstraßen zu, und alle diese Menschen können Sie erreichen, wenn Sie dem Rennen ein originelles Werbefahrzeug vorauslaufen lassen.« Das Echo ist gewaltig. Die Werbekolonne ist geboren.
Eine Nationalmannschaft wird besonders neugierig beäugt. Wer sind diese Deutschen? Sie sind zum ersten Mal bei der Tour, und Desgrange kümmert sich besonders aufmerksam um sie. Der Berliner Hermann Buse hat in diesem Jahr schon den Klassiker Lüttich – Bastogne – Lüttich gewonnen. Die anderen Deutschen sind eher unerfahren. Sie reißen auch bei ihrer ersten Tour de France keine Bäume aus, werden aber immerhin Dritte in der Mannschaftswertung, und Adolf Schön aus Wiesbaden belegt am Ende einen beachtlichen zehnten Platz. Das dürfte allerdings den wenigsten Franzosen aufgefallen sein. Sie haben nur Augen für ihre eigenen Fahrer. Desgranges Plan hat funktioniert.

Die deutsche Nationalmannschaft 1930 (von links nach rechts): Buse, Schön, Manthey, Siegel, Nebe, Wolke, Tietz und Thierbach.

1930

ANDRÉ LEDUCQ, CHARLES PELISSIER

Die neuen Publikumslieblinge

Was waren die Franzosen – und vor allem die Französinnen – in die beiden verliebt! Charles Pelissier, der würdige Nachfolger seiner Skandalbrüder Henri und Francis, ein phantastischer Sprinter, dem kein Gerangel zu groß und keine Lücke zu klein ist. Er kämpft mit allen Mitteln: Nach der sechsten Etappe wird ihm der Sieg in Les Sables d'Olonne aberkannt, weil er in einem turbulenten Sprint seinen italienischen Konkurrenten Alfredo Binda am Trikot festgehalten hat.
Und dann dieser André Leducq: intelligent, gutaussehend und erfolgreich. Der Mann aus Marseille ist einer der populärsten Sportler Frankreichs in dieser Zeit. Schon mit 20 Jahren Amateur-Weltmeister, gewann er 1928 Paris – Roubaix. Insgesamt bringt er es auf 25 Etappensiege bei der Tour de France, nur Eddy Merckx und Bernard Hinault schaffen später mehr.
1930 ist André Leducq der Kapitän der französischen Nationalmannschaft. Er enttäuscht seine Landsleute nicht und übernimmt nach der neunten Etappe von Pau nach Luchon das Gelbe Trikot. Mit seinen Domestiken hat er vor allem die Angriffe von Learco Guerra abzuwehren. Der Italiener gewinnt die 15. Etappe in den Alpen und attakkiert am nächsten Tag am Galibier. Bei der Abfahrt vom 2645 Meter hohen Bergriesen stürzt André Leducq. Er verliert kostbare 14 Minuten, bevor er weiterfahren kann. Doch an seiner Seite sind seine treuen Helfer Pelissier, Magne und Bidot. Vorn hat Guerra in dem Spanier Trueba und dem Belgier Demuysere starke Begleiter gefunden. 70 Kilometer lang jagen die Franzosen dem Feld hinterher und bringen André Leducq tatsächlich an die Spitze zurück. Er gewinnt die Etappe nach 333 Kilometern in Evian. André Leducq bedankt sich auf sportliche Weise. Er unterstützt Charles Pelissier bei den übrigen vier Etappen bis Paris, die der Freund alle gewinnt. Pelissiers Etappen-Bilanz bei dieser Tour ist einmalig in der Geschichte: achtmal Erster, sechsmal Zweiter, dreimal Dritter.
Die Rundfahrt aber gewinnt André Leducq – nach sieben ausländischen Siegern endlich wieder ein Franzose.

1931

ANTONIN MAGNE

Der bescheidene Tour-Weise

Die mitreißende Vorstellung von Leducq und Pelissier im Jahr zuvor ist noch nicht vergessen. Und so erreicht die Begeisterung der Franzosen für die Tour de France 1931 noch einmal neue Dimensionen. Nach dem Sieg von Publikumsliebling Charles Pelissier auf der Schlußetappe nach Paris sind die jubelnden Zuschauer nicht mehr aufzuhalten. Sie stürmen die Strecke und überrennen die Zielrichter. Bis heute gibt es kein genaues Ergebnis. Im Trubel um den fünfmaligen Etappensieger Pelissier geht der Sieger dieser Tour fast unter. Aber das ist ihm ganz recht.
Antonin Magne ist kein Mann der lauten Sprüche, und der lauten Feiern schon gar nicht. Er kommt vom Lande, aus Livry-Gargan bei Paris. Sein Vater ist Bauer und wollte seinen Hof eigentlich dem Sohn übergeben. Aber der interessiert sich nicht für Kühe und Feldarbeit. Eine Enttäuschung, die auch Vater Pelissier erlebte. Er hatte sogar vier Söhne und fand keinen Nachfolger für seine Landwirtschaft.
Antonin Magne wird als Radprofi bald nur noch der »Tour-Weise« genannt. Wie kein anderer durchdenkt er die Rennen vorher, teilt seine Kräfte ein und kalkuliert jeden Angriff bis ins kleinste. Im Frühjahr war Magne wochenlang unterwegs gewesen, um sich die Landstraßen und Feldwege der Tour-Strecke genau einzuprägen. Das hat ganz offensichtlich geholfen. In den Pyrenäen übernimmt der rechnende Radfahrer das Gelbe Trikot. Angriffe der Belgier Rebry und Demuysere können ihn nicht gefährden. Schnell kapitulieren alle Gegner vor der souve-

ränen Rennübersicht und der Taktik des Franzosen.
Antonin Magne wird 1934 noch ein zweites Mal die Tour gewinnen. 1935 aber stürzt er schwer auf dem Col du Telegraph in den Alpen, weil er von einem Auto umgefahren wird. Magne steigt auf eine Bauernkarre und läßt sich unter großen Schmerzen in die nächste Stadt bringen. Ein Jahr später wird er Weltmeister. Seine »Weisheit« hat er später an andere weitergegeben, als Sportlicher Leiter des Tour-Siegers Louison Bobet und des Weltmeisters Rik van Steenberghen. In seinem Heimatdorf Livry-Gargan ist heute eine Straße nach Antonin Magne benannt.

Links: Nach seinem Sturz führen die Mannschaftskameraden André Leducq (links) wieder ans Feld heran.
Rechts: Antonin Magne im Gespräch mit Tour-Reporter Jacques Goddet

1932

KURT STÖPEL

Der Berliner in Gelb

Kurt Stöpel, der erste Deutsche im Gelben Trikot

Erst in allerletzter Minute kommt der Berliner Kurt Stöpel in die deutsche Mannschaft für 1932. Er hat in diesem Frühjahr beim Giro d'Italia bereits einen ausgezeichneten fünften Platz belegt, bei der Tour aber sind vor allem seine Qualitäten als Sprinter gefragt. Schon auf der zweiten Etappe ist es soweit. Sie führt über 300 Kilometer von Caen nach Nantes. Ausreißversuche sind auf den langen Abschnitten der Tour nichts Ungewöhnliches, doch meistens werden die Ausreißer weit vor dem Ziel wieder eingefangen. Die vier Fahrer, die an diesem Tag das Weite suchen, meinen es allerdings verdammt ernst. Mit Oskar Thierbach ist auch ein Deutscher dabei, doch leider ist er kein guter Sprinter. Deshalb macht sich Kurt Stöpel an die Verfolgung. Acht Athleten biegen schließlich fast gleichzeitig auf die überfüllte Radrennbahn von Nantes ein. Klarer Favorit ist der Franzose André Leducq, der alte Haudegen, der allein bei der Tour schon 15 Etappen gewinnen konnte. Kurt Stöpel gelingt es irgendwie, sich an das Hinterrad des starken Belgiers Frans Bonduel zu hängen, er nutzt dessen Windschatten und übersprintet mit letzter Kraft auf der Zielgeraden alle anderen. Der erste deutsche Etappensieg bei der Tour de France ist perfekt! Und da es in diesem Jahr für einen Sieg eine Zeitgutschrift von sage und schreibe vier Minuten gibt, kann sich der Berliner auch noch das Gelbe Trikot überziehen.

Stöpel ist außer sich vor Glück und hochmotiviert für die nächsten Tage. Er will das Gelbe Trikot um jeden Preis verteidigen. Die Hitze macht ihm nichts aus, auch die 387 Kilometer von Nantes nach Bordeaux schrecken ihn nicht. Und doch fährt Stöpel erst als 57. über die Ziellinie. Er hat 13 Minuten verloren. Nicht weniger als sechsmal mußte er seine Reifen wechseln! Anfangs führen ihn seine Mannschaftskameraden Geyer und Sieronski wieder an das Feld heran, aber sechs Pannen sind einfach zuviel. Dabei erweist es sich als besonders verhängnisvoll, daß die Deutschen keinen eigenen Mechaniker dabei haben und Kurt Stöpel jedesmal lange auf den neutralen Materialwagen warten muß. So verliert er das Gelbe Trikot, aber er schafft es, bis zum Ende in Paris Zweiter zu bleiben. Ein phantastisches Ergebnis, das 64 Jahre unerreicht bleiben sollte, bis zu Jan Ullrich. Dessen zweiten Platz hat Kurt Stöpel in einem Altenheim in Berlin-Spandau miterlebt. Er starb im Juni 1997.

1933

VICENTE TRUEBA

Die ersten Bergwertungen

Jahr für Jahr sucht Direktor Henri Desgrange nach Neuerungen, um die Tour de France noch attraktiver und noch spektakulärer zu machen. Sein Herz schlägt dabei besonders für die kleinen Kletterer. Mit ihren großen Duellen im Gebirge, mit bravourösen Soloritten und letztlich auch mit furchtbaren Stürzen haben die Bergspezialisten die Tour berühmt gemacht. Sie werden bewundert und locken Zigtausende an die Strecke. Ihnen zu Ehren führt Desgrange 1933 eine besondere Bergwertung ein. Die schnellsten Gipfelstürmer werden seitdem mit Punkten prämiert.

In diesem Jahr geht es für die Rennfahrer zum ersten Mal seit 1913 zuerst über die Alpen und dann über die Pyrenäen. Der Spanier Vicente Trueba ist der Schinderei in den Bergen dabei am besten gewachsen. Bisher ist er nicht besonders aufgefallen. Er fährt seine dritte Tour, 1930 wurde er an der Seite seines Bruders José 24. Zwei Jahre später belegte er als einziger Spanier im Rennen den 27. Platz. Der »Floh aus Torrelavega« ist ein Typ, der ständig angreift, sobald es bergauf geht. Dann hält es ihn nicht mehr im Sattel, je steiler, desto besser.

In den Alpen ist er als Erster auf dem Galibier, dem Lautaret und dem Telegraph. In den Pyrenäen kann ihm bei den Anstiegen zum Aspin, Aubisque, Peyresourde und Tourmalet keiner folgen. Und auch in den Vogesen rollt er als Erster über den Ballon d'Alsace. Vicente Trueba ist der erste Bergkönig der Tour de France. Kein anderer Fahrer erreicht auch nur annähernd seine Punktzahl. Gewonnen hat Trueba trotzdem keine einzige Etappe. Bei den Abfahrten ist er einfach zu vorsichtig und zu zaghaft, er wird immer wieder eingeholt. Bergankünfte wie in Alpe d'Huez oder Sestriere werden bei der Tour de France erst 1952 eingeführt. Den Gipfel des Galibier beispielsweise erreicht er 12:50 Minuten vor seinen Verfolgern. Unten im Tal ist er fast wieder eingefangen.

Vor allem Georges Speicher ist bergab nicht aufzuhalten. Bei den rasenden Abfahrten erweist er sich als wahrer Steuerkünstler. Die mühsam herausgefahrenen Minuten der Bergfahrer holt er unverschämt schnell wieder auf. Mit Georges Speicher gewinnt wieder ein Franzose die Tour. Zwei Monate später wird er in Monthlery auch noch Weltmeister. Ein Kunststück, das erst Louison Bobet 21 Jahre später wieder gelingt.

Der kleine Spanier Vicente Trueba ist ein ausgezeichneter Kletterer.

1934

RENÉ VIETTO

Der falsche Verlierer

René Vietto ist erst 20 Jahre alt und noch völlig unbekannt, als die Tour de France 1934 beginnt. Kaum jemand weiß, daß er noch bis vor kurzem sein Geld als Liftboy in einem Nobelhotel in Cannes verdient hat.
Er ist der Neuling in der überlegenen französischen Equipe, die in diesem Jahr 19 von 23 Etappen gewinnen wird. Seit der zweiten Etappe fährt Antonin Magne, der unumstrittenene Kapitän des Teams, in Gelb. Das Publikum aber schließt einen anderen ins Herz.
In den Alpen dominiert keiner der großen Favoriten, sondern der kleine René Vietto, der die schweren Etappen nach Grenoble und Digne über die Bergriesen Izoard, Vars und Allos mit verblüffender Leichtigkeit gewinnt. Zwei Tage später sorgt er in seiner vornehmen Heimatstadt Cannes für einen bisher nie erlebten Jubel, als er auch hier als Erster über den Zielstrich fährt. Zugleich verliert Spitzenreiter Antonin Magne drei Minuten auf seinen Verfolger Giuseppe Martano aus Italien. Hinter vorgehaltener Hand heißt es bereits: »Von den Franzosen kann nur der Vietto gewinnen.«
Den aber scheren solche verlockenden Aussichten überhaupt nicht. Er ist stolz, in dieser Mannschaft fahren zu dürfen und ahnt noch nicht, daß in den Pyrenäen seine Disziplin und Loyalität auf eine harte Probe gestellt werden. Zuerst bricht bei der Abfahrt vom Col de Puymorens Magnes Vorderrad. Sekunden später erklärt René Vietto seinem Kapitän: »Hier, Antonin, nimm mein Rad. Ich werde auf den Materialwagen warten.« Magne rast davon, und Vietto verliert kostbare Zeit. Nur einen Tag später hat der Träger des Gelben Trikots am Portet d'Aspet wieder einen Defekt. René Vietto bemerkt sein Fehlen als erster. Wieder wechseln sie ihr Rad, und der Kapitän kann den Angriff des Italieners Martano abwehren. Sein treuer Helfer aber sitzt im Straßengraben und weint.
Antonin Magne entscheidet auf dem Weg zum Gesamtsieg auch das erste Einzelzeitfahren der Tour-Geschichte für sich, das über 90 Kilometer nach Nantes führt. René Vietto aber ist der Sieger der Herzen. Er gewinnt noch in Pau, wird Erster der Bergwertung und ist am Ende Fünfter. Mehr Aufsehen hat nie ein Debütant erregt. Auch Antonin Magne vergißt seinen treuen Helfer nicht. Auf die Ehrenrunde für den Tour-Sieger in Paris nimmt er René Vietto mit. Der Beifall kennt keine Grenzen – und er gilt beiden.

1935

FRANCESCO CEPEDA

Die tödliche Abfahrt

Der Spanier Francesco Cepeda quält sich über die Alpen. Seine vierte Tour wird seine letzte werden. Cepeda stürzt bei der Abfahrt vom Galibier in der Nähe von Bourg d'Oisans. Als das Unglück geschieht, liegt der Spanier schon so weit zurück, daß keiner in seiner Nähe ist und nie genau ermittelt werde konnte, wie es zu diesem furchtbaren Sturz kam. Ein Rennkommissar findet Cepeda zufällig im Straßengraben. Mit einem Schädelbasisbruch wird er ins Krankenhaus nach Grenoble gebracht. Drei Tage lang kämpfen die Ärzte um Cepedas Leben. Doch der Spanier stirbt.
Schon 1910 war der Franzose Alphonse Hiliere tödlich verunglückt, aber das war an einem Ruhetag in Nizza gewesen. Hiliere hatte im Meer baden wollen und ertrank. Francesco Cepeda ist deshalb der erste Fahrer, der tatsächlich im Rennen der Tour de France stirbt. Aber 1935 gibt es noch eine Reihe weiterer gefährlicher Stürze. Schlimm erwischt es den großen Favoriten Antonin Magne. Beim An-

1936

JACQUES GODDET

Der neue Direktor

stieg zum Col du Telegraph in den Alpen stürzt er schwer. Mit letzter Kraft klettert er auf das Fuhrwerk eines Bauern, der ihn in die nächste Stadt mitnimmt.
So ist der Weg frei für den Belgier Romain Maes, der damit die Serie französischer Siege seit 1930 beendet. Er trägt zwar das Gelbe Trikot von der ersten bis zur letzten Etappe, muß aber trotzdem dramatische Augenblicke auf dem Weg nach Paris überstehen. Auf der zweiten Etappe verliert er nach einem Defekt viele Minuten und überlegt sogar aufzugeben, aber er überwindet sich und kehrt an die Spitze des Feldes zurück. In den Alpen hat Maes wieder einen Reifenschaden. Ausgerechnet sein Teamkollege Vervaecke attackiert ihn – natürlich gibt es einen Riesenkrach in der belgischen Mannschaft. Und schließlich reißt beim Zeitfahren nach La Rochelle der Bowdenzug seiner Bremse. Romain Maes muß ihn mit einer Hand festhalten und kann nur noch mit der anderen lenken. Trotzdem wird er Zweiter. Im Ziel in Paris fällt ihm seine Mutter weinend um den Hals. Ein Bild, das in ganz Europa bekannt wird. Die Tochter von Romain Maes versteigerte 1993 sein Siegerfahrrad. Zwei US-Amerikaner erwarben es für 22 000 DM.

Links: René Vietto hat das Vorderrad seinem Kapitän Antonin Magne überlassen und wartet sehnsüchtig auf den Materialwagen.
Mitte: Romain Maes mit seiner Mutter
Rechts: Jacques Goddet, Tour-Direktor von 1936 bis 1988.

Zum ersten Mal seit 33 Jahren fehlt Henri Desgrange. Eine Tour ohne ihn – den Gründer, den Direktor, den Vater des Rennens – scheint undenkbar. Nun ist es soweit. Bereits Wochen vor dem Start erkrankt er schwer, trotzdem begleitet Desgrange liegend in einem für diese Zwecke umgebauten Wagen die ersten beiden Etappen. In Charleville muß er schließlich aufgeben. Aber der schlaue Desgrange hat vorgesorgt: Mit Jacques Goddet, der schon seit fünf Jahren sein Nachfolger als Chefredakteur von »L'Auto« ist, steht ein neuer Direktor der Tour de France bereit. Er eilt sofort aus Paris herbei.
Jacques Goddet wuchs gewissermaßen auf der Radrennbahn von Paris-Ost auf, weil sein Vater Victor dort viele Wochenenden als Kampfrichter verbrachte. Victor Goddet, ein enger Freund von Henri Desgrange, war Buchhalter von »L'Auto« und verwaltete in der Pionierzeit der Tour de France die Finanzen. Sohn Jacques erlebte seine erste Tour de France 1929 als Reporter. Sieben Jahre später ist er ihr Direktor.
Schon bei seiner Premiere muß sich Goddet mit verschiedenen Problemen herumschlagen. Die ersten Etappen werden fast weggespült. Es regnet ununterbrochen, vor allem zwischen Paris und Lille versinken die Räder bis zu den Naben im Wasser. Es muß für trockene Kleidung gesorgt und ein überdachter Platz für die Mechaniker gefunden werden. Dem Improvisationstalent von Jacques Goddet ist es zu verdanken, daß die Tour nicht abgebrochen wird. Aber auch seine Konsequenz wird auf eine harte Probe gestellt. Der Belgier Félicien Vervaecke benutzt in den Pyrenäen eine Gangschaltung, die erst ein Jahr später erlaubt werden wird. Also verpaßt ihm Goddet zehn Minuten Strafe. Teilweise entscheidet die Jury unter dem neuen Chef jedoch willkürlich und unberechenbar. Davon betroffen sind auch Karl Heide aus Hannover und Otto Weckerling aus Magdeburg. Sie werden nach der 14. Etappe einfach vom Rennen ausgeschlossen, weil sie als die beiden letzten Deutschen keine Mannschaft mehr bilden können. Das wäre bei »Vater« Degranges wohl nicht passiert.
1936 gewinnt wieder ein Belgier, der Maes heißt. Diesmal aber nicht Romain. Der verliert auf der sechsten Etappe in den Alpen 15 Minuten und gibt einen Tag später auf. Sein Nachfolger heißt Sylvère und ist mit ihm weder verwandt noch verschwägert. In Belgien ist er ein Volksheld, aber das liegt weniger an seinem Sieg 1936, sondern vielmehr an seinem Ausstieg 1937.

1937

SYLVÈRE MAES

Der verhinderte Sieger

Die Belgier sind stolz auf ihre zehn Tour-de-France-Sieger. Zwei davon verehren sie ganz besonders: den großen Eddy Merckx und Sylvère Maes, den Sieger von 1936 und 1939. Er wird vor allem wegen jener skandalösen Tour 1937 geliebt, die er gar nicht beendet hat.
Als der junge Gino Bartali in den Alpen stürzt, übernimmt Sylvère Maes das Gelbe Trikot. Sein gefährlichster Gegner ist jetzt der Franzose Roger Lapébie, der den Belgier mit allen Mitteln und Tricks angreift. So läßt er sich beim Anstieg zum Col du Telegraph von einem Auto ziehen, ohne daß es jemand bemerkt. Auf den Tourmalet schieben ihn dann sogar die Fans, diesmal allerdings von einem Kommissar beobachtet. Die Strafe von 1:30 Minuten empfinden die Belgier als viel zu mild und sind empört. Der Streit überträgt sich sofort auf die französischen Fans. Sie beschimpfen Sylvère Maes nicht nur, sie bewerfen ihn auch mit Steinen und faulen Tomaten, und streuen ihm sogar Pfeffer in die Augen.
Der Konflikt eskaliert auf der 16. Etappe nach Bordeaux. Sylvère Maes hat einen Defekt, und sein Landsmann Gustav Deloor hilft ihm mit seinem Rad aus. Die Jury verhängt unverständliche Strafen: 15 Sekunden für Maes wegen Windschattenfahrens, 60 für Deloor wegen unerlaubter Hilfe. Davon unbeeindruckt jagt der Mann im Gelben Trikot seinem Herausforderer Lapébie hinterher. Als er bis auf 75 Meter heran ist, schließen französische Bahnwärter unmittelbar hinter der Spitzengruppe die Schranken. Sylvère Maes ist zwar schockiert, doch geistesgegenwärtig klettert er über die Bahnschranke und hetzt weiter. Im Ziel in Bordeaux, der Heimatstadt Lapébies, werden die Belgier wieder von fanatischen Zuschauern angegriffen. Jetzt reicht es den Männern um Sylvère Maes endgültig. Sie verlassen die Tour, Roger Lapébie gewinnt.
In Brüssel gibt es für die Aussteiger einen triumphalen Empfang. Bei der Zeitung »Sportwereld« gehen in kürzester Zeit 20 000 Protestbriefe ein. Der Belgische Radverband sammelt Geld zur Unterstützung der Tour-Fahrer. Sogar die diplomatischen Beziehungen zwischen Belgien und Frankreich kühlen in den folgenden Monaten ab.
In den 50er Jahren betreute Sylvère Maes bei der Tour de France die belgische Nationalmannschaft. Später eröffnete er in seiner Heimatstadt Gistel bei Brügge ein Restaurant. Es ist heute das Lieblingscafé von Johann Museeuw, des besten belgischen Rennfahrers der 90er Jahre. Es heißt: »Tourmalet«.

1937

ERICH BAUTZ

Die deutsche Überraschung

Im Juni 1937 wird Erich Bautz Deutscher Straßenmeister. Die Siegesfeier fällt aus, denn der Nachtzug nach Paris wartet schon. Bautz will drei Tage später seine zweite Tour de France in Angriff nehmen.
Die vierte Etappe führt von Metz quer durch die Vogesen nach Belfort. 40 Kilometer vor dem Ziel löst sich Erich Bautz aus einer Gruppe, die den Italiener Carini verfolgt. Am Fuß des Ballon d'Alsace hat der Dortmunder den Ausreißer eingeholt. Dieser Anstieg ist mit seinen steilen Rampen ein gnadenloser Test für die Form der Rennfahrer. Erich Bautz besteht ihn bravourös. Dabei hört er immer wieder seinen Namen, viele Fans sind aus dem nahen Deutschland herübergekommen.
Seinen Etappensieg beschreibt er so: »Eine riesige Menschenmenge jubelt mir zu, als ich die Ziellinie überfahre. Ich bin so umringt, daß ich keine Bewegung mehr machen kann. Aber einen Kuß von einer Schönheitskönigin gibt es auch noch.« Fast drei Minuten ver-

1938

WILLI OBERBECK

Die falschen Kameraden

Die ersten Tage einer Tour de France sind immer wieder eine Einladung für namenlose Außenseiter, durch mutige Attacken von sich reden zu machen. Gut möglich, daß Willi Oberbeck auf der ersten Etappe der Rundfahrt von 1938 genau solche Schlagzeilen im Sinn hat. Er startet zum zweiten Mal beim schwersten Radrennen der Welt, 1937 hat er aber nur bis zur fünften Etappe durchgehalten, war also schon auf dem Heimweg nach Hagen, als Erich Bautz noch sein Gelbes Trikot verteidigte.
Ein Jahr später will es Willi Oberbeck besser machen. Die erste Etappe führt über 215 Kilometer von Paris nach Caen. Ein furchtbares Unwetter tobt an diesem Tag, es regnet unaufhörlich auf die Fahrer herab. Vielleicht will Oberbeck auch nur schneller als die anderen unter der Dusche sein, als er sich zu einer waghalsigen Solofahrt vom Feld absetzt. Jeder Zipfel seiner Rennbekleidung ist längst durchnäßt. Aber je näher Willi Oberbeck dem Ziel der Etappe kommt, desto weniger stört ihn das Wetter. In Caen wird er belohnt. Er gewinnt die Etappe mit 2:10 Minuten Vorsprung. Wieder zieht ein deutscher Rennfahrer das Gelbe Trikot über. Der zufällig anwesende deutsche Botschafter platzt fast vor Stolz, weil er für den blonden Westfalen die Siegerehrung vornehmen darf und sich im Erfolg seines Landsmanns sonnen kann. Doch schon am nächsten Tag, auf dem Abschnitt nach Saint-Brieuc, wird der dritte Deutsche im Gelben Trikot in die harte Realität zurückgeholt. Mehrere Reifenschäden werfen ihn weit zurück. Gleichzeitig entlarvt sich die deutsche Nationalmannschaft als ein Haufen egoistischer Einzelkämpfer. Mutterseelenallein steht der Spitzenreiter der Tour de France auf der Landstraße und wartet auf Hilfe. Seine Mannschaftskameraden denken überhaupt nicht daran, Willi Oberbeck uneigennützig und selbstlos zu helfen. Offizielle und Journalisten schütteln nur ungläubig den Kopf, und selbst Rennfahrer anderer Teams sind empört über das zerstrittene Gehabe der Deutschen, die das Gelbe Trikot somit kampflos wieder abgeben. Auch wenn Otto Weckerling auf der 17. Etappe nach Straßburg wenigstens ein Tagessieg gelingt, zeugt der achte Platz in der Mannschaftswertung von der desolaten Vorstellung des Nationalteams.

gehen, bevor Gino Bartali als Zweiter eintrifft. Aber damit nicht genug. Der Betreuer der deutschen Nationalmannschaft, der Berliner »Matze« Schmidt, hat blitzschnell die Zeitgutschriften für den Etappensieg addiert und verbreitet jubelnd die Nachricht: »Erich Bautz hat das Gelbe Trikot!«
In den nächsten Tagen erhält der Deutsche Berge von Fanpost, sogar Heiratsanträge junger Französinnen sind darunter. Auf den folgenden fünf Etappen und Halbetappen vergrößert er seinen Vorsprung auf 10:22 Minuten. Dann kommen die Alpen, und das Glück verläßt ihn. Auf der achten Etappe zwischen Grenoble und Briançon überrumpelt Erich Bautz die Bergspezialisten mit einem Angriff. Den ersten Paß überquert er tatsächlich vor den anderen. Aber am Galibier hat er gleich drei Reifenschäden – das Gelbe Trikot ist dahin. Nur einen Tag später läßt ihn ein Zahnkranzschaden sogar bis auf den 14. Platz zurückfallen. Doch der Westfale beweist Moral. Er gewinnt die 17. Etappe nach Royan, wird Zweiter im Zeitfahren und belegt in der Gesamtwertung den neunten Rang. Im Abschlußbericht von Jacques Goddet wird er mit Komplimenten überhäuft: »Ohne sein Pech in den Alpen wäre der Deutsche Meister Erich Bautz ganz vorne gelandet, denn er hat bewiesen, daß er sowohl in den Bergen als auch in der Ebene zu den Besten gehört.«
Einen Preis gewinnen die Deutschen bei dieser Tour übrigens doch noch: Der Bielefelder Heinz Wengler wird als »elegantester Fahrer« ausgezeichnet.

Links: Auf dem Tourmalet führt Sylvère Maes vor seinem Landsmann Vervecke und dem Franzosen Marie.
Mitte: Pechvogel Erich Bautz bei seiner dritten Reifenpanne am Galibier.
Rechts: Willi Oberbeck ist ganz auf sich allein gestellt.

1938

GINO BARTALI

Die demütigende Alleinfahrt

Gino Bartali ist eigentlich kein Mann der großen Worte. Aber 1938 spuckt er große Töne: »Ich werde die Tour gewinnen!«, sagt der Sohn eines Maurers aus Ponta a Ema bei Florenz. Ein Jahr zuvor trug er bereits das Gelbe Trikot, stürzte aber in den Alpen von einer kleinen Holzbrücke in einen Gebirgsbach und mußte das Rennen schwerverletzt aufgeben. Diesmal lockt Bartali gleich eine ganze Schar italienischer Reporter an. Schließlich ist es schon 13 Jahre her, daß mit Ottavio Bottecchia ein Italiener die Tour gewann. Bartali verzichtet für die Tour-Vorbereitung sogar auf den Giro d'Italia, den er 1936 und 1937 als triumphaler Sieger beendete.

In den Pyrenäen, zwischen Pau und Luchon, startet er seinen ersten Angriff. Am Col d'Aspin entwischt er dem Feld, aber ein Reifenschaden verhindert eine frühe Entscheidung. Félicien Vervaecke gewinnt die Etappe und das Gelbe Trikot. Als der Belgier auch noch im Zeitfahren siegt und damit 3:45 Minuten vor dem Italiener liegt, werden die Journalisten unruhig. Gino Bartali bleibt die Ruhe selbst: »Was soll ich so früh mit dem Gelben Trikot

anfangen«, fragt er seine Landsleute, »in den Alpen werde ich es übernehmen, und wenn ich angreife, dann könnt ihr den Belgier mit der Lupe suchen!«
Der Kampf wird immer verbissener. Auf der 13. Etappe behindert Vervaecke auf dem Col de Braus Bartali und erhält 90 Strafsekunden. Einen Tag später führt die Königsetappe die Tour über die Gipfel von Allos, Vars und schließlich Izoard. Diese 219 Kilometer werden zu einer einzigartigen Demonstration der Kletterkünste von Gino Bartali – beeindruckend für neutrale Beobachter, demütigend für chancenlose Kontrahenten. Im Ziel ist die Siegerehrung längst vorbei, als die Nächsten eintreffen. Der Belgier Vervaecke hat jetzt 17:45 Minuten Rückstand – und er gilt als ausgemachter Bergspezialist. Die Solofahrt von Bartali ist bis heute eine der herausragenden Leistungen des Radsports.
Sicherlich hat es elegantere Kletterer als Bartali gegeben. Schönheitspreise kann er nicht gewinnen. Er arbeitet auf dem Rad, meistens im Stehen. Er schaukelt hin und her, wechselt ständig das Tempo und zermürbt so seine Gegner. »Scalattore« nennen ihn die Italiener ehrfurchtsvoll. Gino Bartali übernimmt das Gelbe Trikot in Briançon, genau an der Stelle, die er sich ausgesucht hat. Und er wird es bis Paris nicht wieder hergeben.

Links: Gino Bartali dreht eine Ehrenrunde. Rechts: René Vietto kann das Gelbe Trikot nicht halten.

1939

RENÉ VIETTO

Das verflixte Knie

Der Krieg wirft bereits seine Schatten voraus. Die Nationalmannschaften von Italien, Spanien und Deutschland sind nicht mehr dabei. Um das Feld aufzufüllen, wird eine zweite belgische Auswahl eingeladen, die am Ende überraschend den ersten Platz in der Teamwertung belegen wird.
Und René Vietto ist wieder da. Nach seinem begeisternden Debüt 1934 war es ruhig geworden um »René, le roi«. Ein König ohne Thron. 1936 und 1938 erreichte er das Ziel in Paris nicht, und zwischen diesen beiden Jahren hatte er gar nicht teilgenommen. Immer wieder haben furchtbare Knieschmerzen seine Siegesträume zunichte gemacht. Im Frühjahr 1939 entschließt er sich deshalb zu einer komplizierten Meniskusoperation. Danach sind die Schmerzen weg, die Tour kann kommen.
Am Tag der vierten Etappe holt er sich tatsächlich das Gelbe Trikot, doch am Abend muß er sich behandeln lassen: Das Knie schmerzt wieder. Vietto fährt weiter, nur sechs Sekunden hinter ihm der Luxemburger Mathias Clemens. Das Publikum hält den Atem an. Tag für Tag quält sich Vietto über die Landstraßen. Aber im Gelben Trikot gibt man nicht auf. Schon gar nicht, wenn ein Film alles für die Nachwelt festhält. Der Regisseur Jean Stelli nutzt die Tour als Kulisse für sein Werk »Pour le maillot jaune« – »Für das Gelbe Trikot«. Vietto will darin nicht Statist sein, er strebt nach der Hauptrolle. In den Pyrenäen kann er seinen Vorsprung sogar auf mehr als drei Minuten ausbauen. Der Belgier Sylvère Maes ist inzwischen sein hartnäckigster Gegner.

Aber Vietto leidet, jeder Tritt treibt ihm die Tränen in die Augen. Auf der Königsetappe zwischen Digne und Briançon wird der König gestürzt, Sylvère Maes startet in den Alpen seinen großen Angriff. Dem hat Vietto am Col d'Izoard nichts entgegenzusetzen, zu sehr kämpft er mit sich selbst. Am Abend hat er 17 Minuten Rückstand. Seinen zweiten Platz kann er bis Paris verteidigen. Wieder Zweiter. Nur Zweiter?
Vier Wochen später liegt René Vietto in einem Schützengraben der Maginot-Linie im Nordosten Frankreichs. Er hat Glück und überlebt den Krieg. 1947 wird er noch einmal versuchen, die Tour de France zu gewinnen. Drei Tage vor dem Ende führt er, dann kommt ein Zeitfahren, und mit ihm kommen die Knieschmerzen. Er behandelt sie mit Kokainspritzen, die sein Knie gefühllos, aber auch kraftlos machen. Auch dieser Angriff René Viettos auf den Thron des Radsports scheitert. Eugène Christophe hat seinen Nachfolger als tragischer Held gefunden.

1940 – 1946

Der Kampf ums Überleben

Nur 31 Tage nach der letzten Etappe der Tour de France 1939 beginnt der Zweite Weltkrieg. An Radsport ist vorerst nicht mehr zu denken. Henri Desgranges hat sich in seine Villa in Beauvallon zurückgezogen. Hier stirbt er im Alter von 75 Jahren am 16. August 1940 nach langer, schwerer Krankheit. Der Vater der Tour ist tot. Und niemand weiß, ob sein Kind überleben wird.

Aber noch während der verheerende Krieg in Europa tobt, finden sich in Frankreich Männer zusammen, die an eine Zukunft des Radsports glauben. Tour-Direktor Jacques Goddet startet in seiner Zeitung »L'Auto« mehrfach Aufrufe an die Leser, er sucht Fahrer für eine französische Nationalmannschaft. Goddet organisiert 1943 und 1944 einen »Grand Prix du Tour de France«. 1942 gibt es sogar eine Rundfahrt »Circuit de France« über sechs Etappen. Weil er für diese Rennen Genehmigungen der deutschen Besatzer benötigt, wird ihm später Kollaboration vorgeworfen. Ein Verdacht, den er entkräften kann. Jacques Goddet ist und bleibt ein erbitterter Feind der Deutschen und weigert sich seit dieser Zeit, deutsch zu sprechen.

Das erste Radrennen nach Kriegsende heißt »La Course du Tour de France« und führt 1946 über fünf Etappen von Monaco nach Paris. An der Spitze bekannte Namen: Apo Lazarides, René Vietto, Jean Robic.

Alle Pariser Zeitungen haben inzwischen als Zeichen des Neubeginns ihre Namen geändert. Und weil sich die alte Redaktionsmannschaft fast komplett wieder einfindet, schlägt Jacques Goddet »L'Equipe« vor – die Mannschaft. Im Redaktionsgebäude in der Rue du Faubourg wird eine ganze Etage für das »Dezernat du Tour de France« freigeräumt.

Goddet ist die prägende Persönlichkeit dieser Jahre. Er hat nach dem Tod seines schwerreichen Vaters dessen Firmenanteile an der Zeitung geerbt und ist nun Miteigentümer, Chefredakteur und Tour-Direktor in einer Person. Jacques Goddet perfektioniert die Organisation der Tour und vergrößert das Team der Mitarbeiter. Sein Ehrgeiz soll bald belohnt werden: Schon 1947 starten Rennfahrer zu einer neuen Tour de France.

1947

ALBERT BOURLON

Die längste Alleinfahrt

Links: 1940 stirbt Henri Desgrange, der Vater der Tour.
Unten: 253 Kilometer kämpft Albert Bourlon alleine vor dem Feld.

Die 14. Etappe der ersten Nachkriegs-Tour verspricht eigentlich Ruhe und Gemütlichkeit. Einen Tag darauf wartet wieder einmal die Quälerei über die Pyrenäengipfel Aubisque, Tourmalet und Peyresourde auf die Fahrer. Dafür wollen sie sich schonen. Am frühen Morgen des 8. Juli 1947 liegen 253 Kilometer vor ihnen. Der Weg von Carcassonne bis ins Ziel nach Luchon ist weit. Aber noch sind keine 300 Meter zurückgelegt, da erhöht ein Fahrer plötzlich das Tempo. Schnell löst er sich vom Feld und vergrößert seinen Vorsprung.
Es ist Albert Bourlon, der bei dieser Tour einen Platz im kleinen französischen Regionalteam Centre-Sud-Ouest gefunden hat. 1938 beendete er die Rundfahrt als 35. Diesmal liegt er noch weiter zurück. Die Favoriten verständigen sich kurz mit ihren Helfern: Kein Grund zur Unruhe, der Mann ist ungefährlich. Albert Bourlon sucht inzwischen ein gleichmäßiges hohes Tempo, er ißt viel, und vor allem trinkt er Unmengen, denn es ist brütend heiß im Schatten der Pyrenäen. Vor ihm liegen die ersten Berge. Bourlon klettert alleine über den Col des Ares (797 m), den Col de Port (1249 m) und den steilen Portet d'Aspet (1069 m). Er quält sich, aber sein Vorsprung macht ihm Mut. Er ist auf mehr als eine halbe Stunde angewachsen.
Acht Stunden, zehn Minuten und eine Sekunde – einen ganzen Arbeitstag lang ist er allein auf der Landstraße. Total erschöpft rollt Albert Bourlon ins Ziel. 253 Kilometer – eine längere Alleinfahrt hat es in der Geschichte der Tour de France bis heute nicht gegeben. Der 30jährige ist dabei ein erstaunliches Tempo von 30,978 km/h gefahren. Erst 16 Minuten nach ihm trifft mit dem Belgier Norbert Callens der Etappenzweite in Luchon ein. Weitere sechs Minuten vergehen bis zur Ankunft des Peletons mit allen Favoriten.
Albert Bourlon verbessert sich in der Gesamtwertung, in der er am Ende trotzdem nur den 21. Platz belegen wird. Denn sein gigantischer Soloritt hat zuviel Kraft gekostet. Auf der nächsten Etappe über die gefürchteten Gipfel der Pyrenäen wird er 42. Sein Rückstand: eine dreiviertel Stunde.

1947

JEAN ROBIC

Der gelblose Sieger

Jean Robic ist kein reicher Mann, er ist ein Radprofi, der sich mit mageren Preisgeldern durchs Nachkriegsleben schlägt. Mit kostbaren Hochzeitsgeschenken kann er seine junge Frau im Sommer 1947 nicht beglücken. »Ich habe wenig«, gesteht er ihr, als er am 25. Juni in Paris aufs Rennrad steigt, »aber ich werde dir den ersten Preis der Tour de France holen.« Ernsthaft hat Madame Robic mit den 500 000 Francs Preisgeld wohl nicht kalkuliert, und bis 146 Kilometer vor dem Ziel tat sie daran auch recht.

Am Morgen vor der letzten Etappe schlüpft der Italiener Pierre Brambilla in sein Gelbes Trikot. Er trägt es seit dem längsten Einzelzeitfahren der Tour-Geschichte über 139 Kilometer von Vannes nach Saint-Brieuc. Vor der Schlußfahrt nach Paris hat Brambilla 53 Sekunden Vorsprung vor seinem Teamkollegen Ronconi und fast drei Minuten vor Jean Robic. Schon damals ist die letzte Etappe eigentlich eine »Tour d'honeur«, eine Ehrenfahrt für alle, die das Ziel der Tour erreichen. Ein Nichtangriffspakt gehört dazu, der nirdendwo geschrieben steht, aber meistens akzeptiert wird. Diesmal nicht.

146 Kilometer vor dem Ziel startet der kleine Bretone Jean Robic einen völlig überraschenden Angriff. Drei Etappensiege, darunter die schweren Bergabschnitte nach Grenoble und Pau, haben ihm viel Respekt eingebracht. Nun nutzt er die allerletzte Chance, doch noch an sein »Hochzeitsgeschenk« zu kommen. Und es klappt. Brambilla ist vom Angriff auf der Schlußetappe derart überrascht, daß er ganze 13 Minuten verliert und noch auf den dritten Platz zurückfällt. In Paris dreht einer eine Ehrenrunde, der das Gelbe Trikot nie getragen hat. Jean Robic.

Er wird bis 1959 noch neunmal die Tour bestreiten, ohne den Erfolg dieses Jahres auch nur annähernd wiederholen zu können. In seinem Rennfahrerleben hat er sich so ziemlich alles gebrochen, was zu brechen ist in einem Körper: Arme, Beine, Schlüsselbein, beide Schultern. In den 70er Jahren begleitete er die Tour im Reklametroß und hatte viel Freude daran, wenige Kilometer vor dem Ziel aufs Rad zu steigen und unter dem Jubel der Zuschauer ins Ziel zu fahren.

Der Verlierer von 1947 hat Jean Robic seinen Angriff auf der Schlußetappe sehr übel genommen. Erst Jahrzehnte später reichte Pierre Brambilla ihm die Hand. Am 6. Oktober 1980 kam es bei einem Sportlerempfang zur Versöhnung. Der alte Streit war endlich vergessen. Auf dem Heimweg prallt Jean Robics Auto frontal gegen einen Lieferwagen. Er ist sofort tot.

Auf dem Weg nach Straßburg liegt Jean Robic in Führung. In seinem Windschatten Ferdi Kübler.

1948

GINO BARTALI

Der radelnde Mönch

Den Alten nennen ihn die Italiener – »il vecchio«. Mit 34 Jahren will Gino Bartali noch einmal das Glücksgefühl eines Siegers erleben. Gleich die erste Etappe nach Trouville gewinnt er im Spurt einer zwölfköpfigen Spitzengruppe. Einen Tag später verliert er das Gelbe Trikot jedoch an einen jungen talentierten Franzosen. Sein Name: Louison Bobet. Die siebte Etappe in den Wallfahrtsort Lourdes gewinnt wieder Bartali. Seinen Sieger-Blumenstrauß legt er in der Grotte der heiligen Bernadette nieder, die er bei jeder Tour de France zum Gebet aufsucht. Das muß geholfen haben, denn am nächsten Tag klettert Bartali wie »ein junger Gott« über die Pyrenäen-Riesen und entscheidet die Königsetappe über 261 Kilometer nach Toulouse für sich. In der Gesamtwertung verbleibt aber ein gehöriger Rückstand von 10 Minuten auf Bobet.
In den Alpen kommt dann dem frommen Italiener der Wettergott zu Hilfe. Die 13. Etappe führt von Cannes nach Briançon, von der Sonne in den Schnee. Ein Eisregen peitscht auf die Fahrer nieder, heftige Windböen reißen das Feld schnell auseinander. Das ist Bartali-Wetter. Nur seine eigene Überheblichkeit wird ihm fast zum Verhängnis. Die letzte Verpflegungsstation ignoriert er einfach. Ein »Hungerast« droht. Die rettenden Engel sind Zuschauer, die ihm drei Bananen geben. Bartali gewinnt die Etappe, Bobet verliert 18 Minuten und das Gelbe Trikot. Am nächsten Tag tobt das Unwetter weiter, diesmal mit taubeneigroßen Hagelkörnern. Bobet greift am Galibier trotzdem mutig an. Bartali schleppt ihn noch über den Col de la Croix de Fer, aber am Col de Porte hängt er ihn gnadenlos ab. Wieder erreicht Bartali sechs Minuten vor allen anderen das Ziel.
Bis nach Paris hat sich Bartalis Vorsprung auf 26 Minuten ausgedehnt, und er hat sieben Etappen gewonnen. Der Italiener fährt göttlich, und das wird belohnt. »Gino Nazionale« wird vom Staatspräsidenten und vom Papst empfangen. Und als Pius XII. sich an das Volk wendet, verkündet er eine glorreiche Zukunft mit den Worten: »Ihr werdet siegen wie Bartali!« Der zweimalige Tour-de-France-Sieger ist praktizierender Katholik, der seinen Glauben ernst nimmt, und trägt immer ein Amulett der heiligen Therese bei sich. Die ersten drei Fahrräder seiner eigenen Produktion liefert er im Vatikan bei Kardinalsstaatssekretär Monsignore Montini ab – falls der Papst mal einen Runde drehen will. Nur mit dem Sakrament der Ehe nimmt er es nicht so genau. 1980 hat Gino Bartali mit 66 Jahren zum siebten Mal geheiratet.

Gino Bartali (Zweiter von links) gewinnt nach zehn Jahren ein zweites Mal die Tour.

1949

BIAGIO CAVANNA

Der blinde Masseur

Gino Bartali will auch 1949 wieder gewinnen. Sein gefährlichster Gegner fährt diesmal in der eigenen Mannschaft. Er heißt Fausto Coppi, ist fünf Jahre jünger als er und hat im Frühjahr den Giro d'Italia mit 23:47 Minuten Vorsprung gewonnen. Vor Bartali! Zwei Könige für einen Thron, das kann nur Streit geben, einen erbitterten Kampf zweier genialer, aber verfeindeter Rennfahrer. Auf der fünften Etappe von Rouen nach St. Malo greift Coppi an, aber ein Defekt am Vorderrad stoppt ihn. Sofort reißt Bartali aus, während Coppi quälend lange auf den Materialwagen warten muß. Sein Elan ist am Ende, er will aufgeben. Alfredo Binda redet auf ihn ein: »Aufgeben willst du? Kein Hund wird in Italien noch ein Stück Brot von dir nehmen.« Coppi bleibt im Rennen, hat im Ziel aber fast 30 Minuten verloren. Wieder denkt er an Aufgabe.
Da erscheint Biagio Cavanna auf seinem Zimmer. Er ist Trainer, Masseur, Ernährungsberater – und Seelsorger von Coppi. Cavanna ist auf einem Auge völlig und auf dem anderen fast blind. Er besitzt die magische Gabe, am Puls, an den Nackenmuskeln und am Bau der Lenden das Talent eines Rennfahrers zu erkennen. So prophezeite Cavanna seinem jungen Schützling Fausto schon früh eine große Karriere. Er wurde zum großen Lehrmeister des Bauernjungen aus Castellania. Cavanna spricht lange mit Fausto Coppi, bis tief in die Nacht. Er packt ihn bei seiner Ehre und hat damit Erfolg. Coppi fährt weiter. Bartali und Coppi haben für die Pyrenäen ein Friedensabkommen vereinbart. Die Entscheidung muß also in den Alpen fallen. Auf der Etappe von Cannes nach Briançon setzen sich die beiden überlegenen Italiener früh vom übrigen Feld ab, es kommt zum Duell Mann gegen Mann. Bartali greift wild und entschlossen am Col de Vars an. Aber Coppi hat immer eine Antwort. Bartali bittet ihn: »Du weißt, daß heute mein 35. Geburtstag ist, schenk mir die Etappe, denn die Tour gehört dir.« Die nächste Etappe führt über den Col d'Iseran (2770 Meter) und den Petit Saint-Bernard (2188 Meter). Wieder liegen beide Italiener vorn, doch dann fällt Bartali zurück. Endlich meldet sich Teamchef Binda: »Hau ab, Fausto, Gino ist eingeholt, du brauchst keine Rücksicht mehr zu nehmen«, erteilt er ihm die Erlaubnis zum Siegen. Am Ende seiner ersten Tour hat Fausto Coppi elf Minuten Vorsprung vor Gino Bartali. Zum ersten Mal hat ein Rennfahrer in einem Jahr den Giro und die Tour gewonnen. Der Mann, den Fausto Coppi im Ziel in Paris als Ersten dankbar in die Arme schließt, heißt Biagio Cavanna, der Vater dieses Sieges.

1950

FERDI KÜBLER

Der Adler von Adliswil

In diesem Jahr hat die Tour keinen ausgesprochenen Favoriten. Fausto Coppi liegt mit einem Beckenbruch im Krankenhaus. Und die große Zeit seines Erzrivalen Gino Bartali ist vorbei. Es ist furchtbar heiß in diesem Jahr, an einigen Tagen steigt die Quecksilbersäule auf 45 Grad im Schatten.
Ferdi Kübler hat schon zweimal vorzeitig das Rennen beendet, 1947 und 1949, noch einmal soll ihm das nicht passieren. Kübler ist ein unglaublich vielseitiger Fahrer. Ob in den Bergen, beim Sprint, bei Klassikern oder Etappenrennen, auf der Bahn oder sogar als Querfeldeinfahrer – überall ist er ausgesprochen erfolgreich. Dabei hatte er als Anfänger nicht gerade ideale Trainingsbedingungen: Um vier Uhr, in aller Herrgottsfrühe, saß er in seinem Heimatort Adliswil schon auf dem Rennrad, um bereits etliche Kilometer in den Beinen zu haben, wenn er zur Arbeit ging.
In diesem Sommer kann Kübler auf der sechsten Etappe beweisen, daß er auch im Kampf gegen die Uhr in ausgezeichneter Form ist. Er gewinnt das 78-Kilometer-Zeitfahren von Dinard nach Saint-Brieuc. Fünf Renntage später passiert etwas, das den weiteren Verlauf des Rennens ganz entscheidend beeinflußt. Die Tour ist am Fuß der Pyrenäen angekommen, Ferdi Kübler hat sich bisher an den großen alten Gino Bartali gehalten und ist in aussichtsreicher Position. Doch auf dem Gipfel des Aspin streift der Italiener versehentlich seinen französischen Konkurrenten Jean Robic, der dadurch ins Straucheln gerät. Bartali selbst stürzt und weiß gar nicht, wie ihm

geschieht, als er von fanatischen Fans getreten und geschlagen wird. Zwar kann er die Etappe noch gewinnen, aber für ihn wie für seine Mannschaft ist es eine »Frage der Ehre«, sich das nicht gefallen zu lassen. Die Italiener reisen auf der Stelle ab, auch der bisherige Spitzenreiter Fiorenzo Magni. So fällt Ferdi Kübler das Gelbe Trikot praktisch kampflos zu, aber so will er es nicht. Also »verdient« er sich das *Maillot Jaune* durch zwei weitere Etappengewinne und hat am Ende in Paris einen beachtlichen Vorsprung von 9:30 Minuten auf Stan Ockers. Kübler ist der erste Schweizer, der die Tour de France gewinnt, und das haben ihm die Eidgenossen nicht vergessen. »Ferdi National« wird 1983 in seiner Heimat zum populärsten Sportler der letzten 50 Jahre gewählt.

Links: Teamkollege Luciano Pezzi erfrischt den völlig erschöpften Fausto Coppi. Rechts: Die mörderische Hitze macht auch Ferdi Kübler zu schaffen.

1950

ABDELKADER ZAAF

Der verirrte Weintrinker

Es ist drückend heiß auf der 13. Etappe von Perpignan nach Nimes. 40 Grad werden selbst im Schatten gemessen. Alle Fahrer suchen durstig und ausgezehrt nach Getränken, die sie im Vorbeifahren am Straßenrand schnappen können. Das Angebot ist äußerst vielfältig: Wasser, Faßbrause, sogar Bier. Das ist der richtige Moment für einen Angriff der nordafrikanischen Fahrer. 200 Kilometer vor dem Ziel fahren Marcel Molinès und Abdelkader Zaaf los. Sie sind keine Gefahr für die Favoriten, denn Zaaf liegt als 40. in der Gesamtwertung weit zurück. So haben sie schnell 20 Minuten Vorsprung.

Bald werden aber auch die beiden Algerier vom Durst gequält. Abdelkader Zaaf stoppt an einem Getränkebus. Er leert eine gutgekühlte Flasche Wein in einem Zug. Und weil das so gut tut, gleich noch eine zweite. Dann klettert er wieder auf sein Fahrrad, obwohl ihm plötzlich schwindlig wird. Die Zuschauer trauen ihren Augen nicht: Zaaf braucht im Zickzackkurs die ganze Breite der Straße und fällt schließlich vom Rad. Helfer legen den erschöpften Algerier unter einen Baum, wo er augenblicklich einschläft. Sein Landsmann Marcel Molinès fährt weiter und gewinnt tatsächlich die Etappe. Ihn kennt heute kein Mensch mehr, Abdelkader Zaaf aber wird berühmt.

Nach ungefähr einer Stunde wird er von zwei Rennkommissaren geweckt. Sie rümpfen die Nase, denn der Algerier riecht wie ein ganzes Gasthaus. Abdelkader Zaaf steigt wieder aufs Rad und fährt weiter – aber leider in die falsche Richtung. Er kommt nie im Ziel an. Am Abend bittet er die Jury,

1951

HUGO KOBLET

Der schöne Hugo

die letzten 25 Kilometer noch einmal fahren zu dürfen. Diese Bitte wird abgelehnt, Zaaf solle erst einmal seinen Rausch ausschlafen. Alle wollen jetzt den weintrinkenden Radfahrer sehen. Er wird zu Rennen in ganz Europa eingeladen und kassiert dort das Zehnfache seiner bisherigen Startgelder. Cafés machen Reklame mit einem Zaaf-Wein. »Jeder wollte ein Glas mit mir trinken«, erzählt der Tour-Held wider Willen, »aber ich habe damit sehr viel Geld verdient.«
Zwei Monate später kehrt er in sein Heimatdorf Chebli zurück, und in Europa wird man 32 Jahre lang nichts mehr von Abdelkader Zaaf hören. Nach einem Streit mit einem algerischen Soldaten wird er für zwei Jahre im berüchtigten Baroughia-Gefängnis eingesperrt. Danach ist er ein gebrochener, alter Mann. Am 27. Januar 1982 erscheint Abdelkader Zaaf überraschend in Paris und bittet um eine Spezialbehandlung für seine Augen, die in Algerien nicht möglich ist. Nur so erfährt man hier doch noch den zweiten, den traurigen Teil seiner Lebensgeschichte.

Links: Abdelkader Zaaf schläft seinen Rausch aus.
Rechts: Wenn genügend Zeit ist, kämmt sich Hugo Koblet sogar noch vor der Ziellienie.

Ferdi Kübler, der Gewinner von 1950, ist diesmal nicht dabei. Er will sich ganz auf die Weltmeisterschaft konzentrieren und läßt die Tour aus. Eine Entscheidung, die ihm viel Ärger einbringt, aber letztlich wohl richtig ist, denn Kübler wird tatsächlich Weltmeister. Für ihn kommt Hugo Koblet in die Mannschaft der Schweizer, ein gutaussehender junger Mann, der bald nur noch »der schöne Hugo« genannt wird. Koblet aber glänzt durchaus nicht nur durch seine gepflegte Erscheinung – schon im Vorjahr hatte der 26-jährige eine heilige Kuh geschlachtet: Er gewann als erster Nicht-Italiener den Giro d'Italia.
1951 ist er also das erste Mal bei der Tour. Die siebte Etappe ist ein Einzelzeitfahren über 85 Kilometer. Hugo Koblet fährt als Schnellster über die Ziellinie in Angers, und doch wird ein anderer zum Sieger erklärt, nämlich der Franzose Louison Bobet. Die Schweizer Mannschaft protestiert, und das Ergebnis wird nachträglich geändert. Einem der Zeitnehmer war ein Fehler unterlaufen. Wenige Tage später nähert sich die Tour den Pyrenäen. Auf der elften Etappe greift Koblet schon nach 40 Kilometern an, und keiner der Favoriten – Coppi, Bartali, Magni, Ockers und Robic – hat auch nur den Hauch einer Chance gegen ihn. Der Schweizer fährt wie entfesselt, was ihn freilich nicht daran hindert, sich im Ziel sorgfältig zu kämmen, bevor er die Glückwünsche entgegennimmt. »Wenn der so weiterfährt, verkaufe ich mein Rad«, stöhnt der schnelle Italiener Raphael Geminiani. Und Fausto Coppi schwört: »Das einzige Mittel, ihn zu schlagen, ist zu hoffen, daß er morgen einbricht.«
Koblet bricht nicht ein, im Gegenteil, auf der 14. Etappe, die über den gefürchteten Tourmalet führt, besiegt er den als unschlagbar geltenden Coppi im direkten Duell, trotz Reifenschadens wohlgemerkt. Fausto Coppi allerdings ist in diesem Jahr nicht wiederzuerkennen – von der alten Leidenschaft keine Spur. Kurz vor der Tour ist sein Bruder gestorben, und Coppi hatte eigentlich gar nicht an den Start gehen wollen, ließ sich dann aber doch überreden. Der »schöne Hugo« jedenfalls schlüpft ins Gelbe Trikot und zieht es bis Paris nicht mehr aus.
Wiederholen kann Hugo Koblet diesen Triumph nie, in den folgenden Jahren hatte er oft gesundheitliche Probleme. Sein früher Tod am 2. November 1964 ist bis heute mysteriös. Koblet raste mit seinem weißen Alfa Romeo in der Nähe von Zürich gegen einen Baum – es gab keine Bremsspur.

1952

FAUSTO COPPI

Die ersten Bergankünfte

Nach seinem denkwürdigen Sieg im Duell mit Gino Bartali 1949 hatte Fausto Coppi harte Schicksalsschläge zu überstehen. Ein Jahr danach stürzte er beim Giro auf der ersten Dolomitenetappe so schwer, daß ihn ein Beckenbruch wochenlang ans Bett fesselt. 1951 verunglückte sein Bruder Serse bei der Piemont-Rundfahrt. Er wurde drei Tage vor Beginn der Tour auf dem Friedhof in Castellania neben seinem Vater beerdigt.

1952 kehrt Fausto Coppi gestärkt zur Tour de France zurück. Wieder hat er bereits im Frühjahr den Giro d'Italia gewonnen. Eine Neuerung lockt ihn nach Frankreich: Zum ersten Mal gibt es echte Bergankünfte in den Alpen und im Zentralmassiv. Eine Einladung für Kletterspezialisten, die Fausto Coppi gerne annimmt. In Alpe d'Huez erobert er als Etappensieger das Gelbe Trikot, einen Tag danach in Sestriere kommt er acht Minuten vor seinen Verfolgern auf dem Gipfel an. Und auch beim Anstieg zum Puy de Dôme sind alle Gegner chancenlos, darunter so großartige Kletterer wie Jean Robic, Stan Ockers oder Gino Bartali. Aber auch der erbitterte Feind früherer Jahre erkennt Coppis Überlegenheit an. Bei einem Defekt überläßt ihm Bartali ohne zu Zögern sein Rad. Der »campionissimo« gewinnt mit unglaublichen 58 Minuten Vorsprung vor dem Niederländer Stan Ockers. Ein Abstand wie zu Zeiten der »heroischen Epoche«. Fausto Coppi beschäftigt die Menschen wie kaum ein anderer Rennfahrer. Einerseits durch seine sportliche Klasse als Weltmeister, Stunden-Weltrekordler, fünfmaliger Giro-Sieger und vor allem als großer Gegenspieler von Gino Bartali. Andererseits sorgt er mit einer Liebesaffäre mit einer verheirateten Frau für Schlagzeilen. Ein unverzeihlicher Skandal im katholischen Italien der 50er Jahre. Für Giulia Occhini-Locatelli, die Frau eines Arztes, verläßt Coppi seine Ehefrau Bruna und Tochter Marina.

1959 startet Fausto Coppi mit Geminiani, Anquetil und Rivière bei einem Einladungsrennen in Burkina Faso in Westafrika. Er infiziert sich mit einer bis dahin unbekannten Art der Malaria, wird von den Ärzten falsch behandelt und stirbt im Alter von 40 Jahren am 2. Januar 1960. Gino Bartali hält die Grabrede. Er ist inzwischen Sportlicher Leiter, hat sich gerade mit Coppi versöhnt und ihn für sein Team verpflichtet. Deshalb sagt er: »Wenn der Tod dich verschont hätte, stünden wir jetzt Schulter an Schulter vor unserer ersten gemeinsamen Aufgabe. Wir würden eine begierige Jugend mit dem Feuer beseelen, mit dem du und ich Italien zu einer neuen Radrennzukunft verholfen haben. Fausto, nie war mein Herz schwerer von Trauer!«

Fausto Coppi am Crois de Fer weit vor dem Fahrerfeld

1953

FRITZ SCHAER

Das erste Grüne Trikot

Die Tour de France wird 50 Jahre alt. Direktor Jacques Goddet überlegt lange, mit welcher Attraktion er dieses Jubiläum würdigen kann. Schließlich hat er die Idee zu einer neuen Punktwertung, die den besten Sprinter auszeichnen soll. In diese Wertung kommen zunächst nur die Etappenankünfte. Erst später werden Prämiensprints auf der Strecke eingeführt, um das Rennen noch interessanter zu machen. Diese Sprints werden »point chaud« – heißer Punkt – genannt und entsprechen den heute üblichen Bonifikationssprints.
Goddet und sein geschäftstüchtiger Assistent Felix Levitan bieten den Sponsoren ein Sondertrikot für diese Sprintwertung an, auf dem sie sich präsentieren können. Das Trikot ersteigert schließlich eine französische Gartenbaufirma. Deshalb erkennt man bis heute den besten Sprinter des Feldes am grünen Trikot.
Der Schweizer Fritz Schaer ist der erste Gewinner dieser neuen Punktwertung. Er siegt gleich am Anfang auf den ersten beiden Etappen nach Metz und Lüttich. Natürlich trägt er zunächst das wertvollere Gelbe Trikot. Erst als er es auf der fünften Etappe an den Franzosen Roger Hassenforder verloren hat, zieht am 7. Juli 1953 zum ersten Mal in der Tour-Geschichte ein Fahrer das Grüne Trikot an. Fritz Schaer verteidigt es bis nach Paris, obwohl er keine weitere Etappe mehr gewinnen kann. Der Schweizer ist auch kein ausgesprochener Sprintspezialist wie die späteren Träger des Grünen Trikots Sean Kelly oder Erik Zabel. 1954 wird Schaer sogar Dritter der Tour de France. Auch den deutschen Radsport-Fans war er gut bekannt durch seine zweiten Plätze bei der Deutschland-Rundfahrt 1951 und bei der Weltmeisterschaft 1954 in Solingen.
Der beste Sprinter des Feldes wird in der Gesamtwertung der Tour de France 1953 Sechster. Auf dem Weg nach Paris erobert der Franzose Jean Robic, Tour-Sieger von 1947, zum ersten Mal in seiner Karriere das Gelbe Trikot. Im Gebirge hat er aber keine Chance gegen einen Mann, der in den nächsten Jahren die Tour de France dominieren wird: den Bretonen Louison Bobet. Im Ziel im Pariser Prinzenpark gibt es eine große Jubiläumsfeier. Es erscheinen viele Sieger früherer Jahre: Garin, Garrigou, Buysse, Thys, Romain und Sylvère Maes, Leducq, Magne, Speicher, Lapébie und Kübler. Sie alle bilden ein Spalier zur Begrüßung ihres würdigen Nachfolgers.

Fritz Schaer kann sich als Erster das Grüne Trikot überziehen.

1954

LOUISON BOBET

Der bretonische Bäckersohn

Im Jahr 1954 fällt der Startschuß zur Tour de France in Amsterdam. Zum ersten Mal startet das Rennen der Franzosen im Ausland. Aber ansonsten scheint es nicht sonderlich spannend zu werden, viele Hauptdarsteller der Vergangenheit fehlen. Bartali ist im letzten Jahr seine letzte Tour gefahren, Coppi sogar schon vor zwei Jahren. Magni hat mächtig zugenommen und ist offenbar zu schwer geworden für die hohen Berge, auch er ist nicht am Start. Robic fährt zwar mit, aber er hat seinen Zenit längst überschritten, und auch der »schöne Hugo« Koblet hat einfach keine Kraft mehr und wird das Ziel in Paris nicht erreichen. Das ist die Chance für Louison Bobet, seinen Sieg vom Vorjahr zu wiederholen, denn er ist in der Form seines Lebens.

Der Sproß einer bretonischen Bäckerfamilie begann relativ spät, sich ernsthaft mit dem Radsport zu befassen. Doch der 18jährige war begabt und ehrgeizig und schon bald ein erfolgreicher Amateur. Sein großes Ziel aber war, wie das aller französischer Straßenfahrer damals wie heute, die Tour de France. Bobet brauchte sechs Anläufe, um sich den Traum vom Sieg zu erfüllen. 1953 hatte er es endlich geschafft.

Auch im Juli 1954 läuft alles nach Plan: Bobet gewinnt gleich die zweite Etappe von Antwerpen nach Lille und übernimmt nach der vierten Etappe das Gelbe Trikot. Zwar muß er es vier Tage später an den Holländer Wout Wagtmans abgeben und hat Mühe, sich der heftigen Attacken von Ferdi Kübler zu erwehren. Aber mit seinem Sieg beim Zeitfahren zwei Tage vor Ende der Tour macht der Franzose alles klar. Auch in diesem Jahr ist niemand besser als er. Das unterstreicht er ein-

1955

HEINZ MÜLLER, GÜNTHER PANKOKE

Die deutschen Rückkehrer

drucksvoll, als ihm wenige Wochen später in Solingen das begehrte Doppel gelingt: Der Tour-Sieger wird Weltmeister.
1955 kann Bobet noch immer niemand das Wasser reichen. Die Zuschauer beginnen sich zu langweilen und wünschen sich einen anderen Sieger. Ja, sie drücken sogar einem Luxemburger die Daumen. Der kleine Kletterkünstler Charly Gaul jagt Bobet gnadenlos durch die Berge. Aber Gaul ist einfach zu ängstlich bei den Abfahrten. Zu zaghaft für einen Louison Bobet, der in halsbrecherischem Tempo die Berge hinunterschießt. In Paris ist er nach dem Belgier Philippe Thys der Zweite, der die Tour dreimal gewonnen hat, und der Erste, der einen echten Hattrick landen kann. Das versöhnt auch die französischen Fans, die den bretonischen Bäckersohn nun feiern wie selten einen Tour-Sieger zuvor.

Seit 17 Jahren fehlen nun schon deutsche Rennfahrer bei der Tour de France. Mehrere Sportlergenerationen dürfen die wichtigste Bühne des internationalen Radsports nicht betreten. Zwar gehen schon 1952 westdeutsche Sportlerinnen und Sportler bei den Olympischen Spielen in Oslo und Helsinki an den Start, und die Fußball-Nationalmannschaft wird 1954 Weltmeister in Bern, aber es dauert noch bis 1955, bis wieder deutsche Rennfahrer von Jacques Goddet zur Tour eingeladen werden. Der Tour-Direktor wehrte sich lange gegen Rennfahrer aus dem Land der ehemaligen Besatzer. Dabei hat vor allem Heinz Müller aus Schwenningen mit seinem völlig überraschenden Weltmeistertitel 1952 dem deutschen Radsport zu neuem Ansehen verholfen. Für die Tour de France 1955 wird er gemeinsam mit dem Bielefelder Günther Pankoke einer internationalen Mannschaft zugeteilt, deren Kapitän der Luxemburger Charly Gaul ist. Der stets freundliche Schwarzwälder Müller ist ein exzellenter Sprinter, aber er kann seinen Weltmeistertitel nie bestätigen. Nach vier Tagen gibt er entkräftet und enttäuscht auf. Auch bei der Spanien-Rundfahrt 1956 und beim Giro d'Italia 1958 erreicht er nie das Ziel dieser schweren Rundfahrten.
So bleibt Günther Pankoke als einziger Deutscher einsam im Rennen zurück. Er hilft Charly Gaul, so gut er kann. Der Luxemburger gewinnt zwei Bergetappen und wird Dritter. Pankoke hält tapfer bis Paris durch, ohne Betreuer, immer auf sich allein gestellt. Auch beim Transfer der ganzen Tour-Karawane von Poitiers nach Chatellerault, übrigens dem ersten seit 1906, muß er

sich selbst um seine Sachen kümmern. Als 37. läßt er immerhin internationale Spitzenfahrer wie André Darrigade, Rik van Steenberghen und Apo Lazarides hinter sich. Günther Pankoke kann zufrieden sein.
Auch in den nächsten Jahren bleiben die deutschen Radprofis Randerscheinungen der Tour de France. Lothar Friedrich aus Völklingen ist der Beste von ihnen und erreicht 1958 einen guten 12. Platz. Bis 1960 kommt keine eigene deutsche Mannschaft zusammen, sondern es werden gemischte Teams mit Luxemburger oder Schweizer Rennfahrern gebildet.

Links: Louison Bobet wird von den Fans versorgt.
Oben: Günther Pankoke schlägt sich bis Paris durch.

1956

ROGER WALKOWIAK

Der vergessene Tour-Sieger

Die Favoriten heißen in diesem Jahr Charly Gaul, Stan Ockers und Gastone Nencini. Kein Experte hat Roger Walkowiak auf der Rechnung, diesen stillen und unauffälligen Rennfahrer polnischer Abstammung, der in Montlucon aufgewachsen ist. »Walko« ist erst in letzter Minute für ein kleines Regionalteam nominiert worden, weil sein Freund Gilbert Bauvin in die französische Nationalmannschaft aufgerückt ist. Bei seinen drei bisherigen Tour-Starts schaffte es Walkowiak nie in die Schlagzeilen. 1951 beendete er die Tour als 57., zwei Jahre später wurde er 47., und 1955 gab er auf.

Kein Wunder also, daß ihn keiner ernst nimmt, als sich auf der siebten Etappe eine Spitzengruppe bildet. Die Favoriten können unter den Ausreißern keinen gefährlichen Konkurrenten erkennen und verzichten auf eine Verfolgung. Die Gruppe erreicht das Ziel nach 244 Kilometern mit mehr als 20 Minuten Vorsprung. Als Roger Walkowiak im Ziel das Gelbe Trikot übergezogen wird, ist er selbst am meisten überrascht. Niemand traut ihm zu, daß er das Trikot verteidigen kann. Er verliert die Führung auch bald wieder, und alles scheint normal zu verlaufen.

In den Alpen, zwischen Turin und Grenoble, startet Charly Gaul seine große Offensive. Und zur Überraschung aller Beobachter offenbart der wackere Walkowiak durchaus Kletterqualitäten. Der Vorsprung von Gaul im Etappenzeil reicht nicht aus, Walkowiak trägt plötzlich wieder das Gelbe Trikot. Beim Zeitfahren über 74 Kilometer nach Lyon kommt er nicht unter die besten zehn, aber noch immer zehrt er von seinem Polster. Einen Tag später fährt er im *Maillot Jaune* in seine Heimatstadt Montlucon. Seine Familie darf sogar auf der Zieltribüne des Bürgermeisters Platz nehmen. Roger Walkowiak rettet 1:25 Minuten Vorsprung bis Paris. Er gewinnt vor Gilbert Bauvin, dessen Ersatzmann er doch eigentlich nur war. Der Tour-Sieger hat es auf keiner Etappe unter die ersten drei geschafft. Ein schmuckloser Sieger, meint deshalb das Publikum. »Der Applaus der Zuschauer während seiner Ehrenrunde klang wie ein Klagelied«, schreibt Jacques Goddet in seinem Abschlußbericht in der »L'Equipe«.

Für Roger Walkowiak wird es der einzige große Sieg seines Lebens bleiben. 1957 gewinnt er zwar noch eine Etappe der Spanien-Rundfahrt, aber zwei Jahre später verschwindet er aus der Profiszene, ohne daß es jemandem auffällt.

Roger Walkowiak (vorne): Ihn hat niemand auf der Rechnung.

1957

JACQUES ANQUETIL

Monsieur Chrono

Jacques Anquetil ist im Zeitfahren kaum zu schlagen.

»Wenn man Anquetil heißt, kommt man nicht, um die Tour de France kennenzulernen, sondern um sie zu gewinnen.« An mangelndem Selbstbewußtsein scheint der schmächtige Bauernsohn aus der Normandie jedenfalls nicht zu leiden, als er im Sommer 1957 zu seiner ersten Tour de France aufbricht. Nur wenige Wochen später wird man ihm für diese vorlaute Äußerung vielleicht Großmäuligkeit vorwerfen können, aber übertrieben hat er ganz sicher nicht.
Schon den 23jährigen zeichnet eine unglaubliche Harmonie mit seinem Fahrrad aus – auf diese Einheit von Mensch und Maschine werden bald Lobeshymnen ohnegleichen gesungen. Jacques Anquetil macht sich darüber im Moment freilich keine Gedanken. Noch in den Pyrenäen übernimmt er tatsächlich das Gelbe Trikot. Am Tourmalet und am Aubisque kann er dann zwar die erfahrenen Bergspezialisten um den Italiener Gastone Nencini nicht halten, aber seine ärgsten Konkurrenten Jean Forestier und François Mahé verlieren kostbare Minuten auf den ungestümen Tour-Neuling. Seine große Stunde schlägt auf der 20. Etappe von Bordeaux nach Libourne. Bei dem Einzelzeitfahren über 66 Kilometer kann Anquetil seiner wahren Berufung nachgehen: dem gnadenlosen Kampf gegen die Uhr. Nicht umsonst wird man ihn bald »Monsieur Chrono« nennen. Mit kraftvollen und doch geschmeidigen, beinahe eleganten Tritten schießt er förmlich über die Landstraßen. Er fährt fast unmenschliche Übersetzungen, von denen andere Fahrer nicht einmal zu träumen wagen. Auf dieser Etappe hat niemand auch nur die Spur einer Chance gegen ihn. Jacques Anquetil siegt auf eine ganz neue Art, die Jahre später vom Spanier Miguel Indurain perfektioniert werden wird: Er ist im Zeitfahren überlegen und läßt sich in den Bergen nicht abhängen.
Dem Tour-Sieg von 1957 folgen zwei Jahre, in denen die Stars der französischen Mannschaft sich gegenseitig schachmatt setzen. Anquetil, Bobet und Rivière sind so damit beschäftigt, einander zu belauern, daß keiner von ihnen Erster wird. Bis Mitte der 60er Jahre gewinnt Jacques Anquetil die Tour de France jedoch fünfmal, das hat noch keiner vor ihm geschafft. Doch er begeistert die Fans nicht nur, er beginnt sie auch zu langweilen. 1961 zieht er sich das Gelbe Trikot gleich nach der zweiten Halbetappe über – natürlich einem Zeitfahren – und trägt es bis Paris ununterbrochen. Eine zweifellos fantastische Leistung, aber dem Publikum, und natürlich seinen Gegnern, sind dramatische Zweikämpfe lieber.

1958

CHARLY GAUL

Der Kletterer aus Luxemburg

Luxemburg ist ein kleines Land. So klein, daß es beim besten Willen keine eigene Tour-Mannschaft zusammenbringt. Und deshalb muß Charly Gaul, immerhin der Gewinner der Bergwertung von 1955 und 1956, auch in diesem Jahr wieder in einem gemischten Team fahren. Ein reines Vergnügen ist das nicht, denn hier fährt meistens jeder für sich, und der Zusammenhalt dieser »Zufallsbekanntschaften« ist nicht besonders ausgeprägt.

Doch diesmal hat Gaul Glück. Der kleine Kletterer aus dem luxemburgischen Pfaffenthal findet in den starken Holländern Wim Van Est und Gerrit Voorting wertvolle Hilfe. Sie schaffen es, Gaul gut durch die Mühen der Ebene zu bringen. Auf der achten Etappe, einem Zeitfahren über 48 Kilometer, besiegt er sogar »Monsieur Chrono«, das Zeitfahrwunder Jacques Anquetil. Zehn Tage später kann Charly Gaul dann auch das Bergzeitfahren auf den Mont Ventoux für sich entscheiden. Doch auf dem Weg von Carpentras nach Gap verliert er überraschend zwölf Minuten auf die Spitze und rutscht auf den sechsten Platz ab. Später entdeckt man, daß an Gauls Rad manipuliert worden ist. Irgend jemand gönnt ihm offenbar die Lorbeeren nicht. Wer das war, konnte nie geklärt werden.

Das Gelbe Trikot ist also in weiter Ferne, als es auf die 21. Etappe von Briançon nach Aix-les-Bains geht. Der Anstieg zum Luitel-Chamrousse ist der dickste Brocken auf dieser Tour, 16 Prozent beträgt die Steigung an manchen Stellen. Hier will der Kletterer Gaul aufs Ganze gehen. Und wirklich: Als er mit

1959

FEDERICO BAHAMONTES

Der Adler von Toledo

unwiderstehlicher Kraft angreift, kann ihm bald niemand mehr folgen. Die komplette französische Mannschaft fällt weit zurück. Geminiani hat im Ziel der Etappe 14 Minuten auf den Luxemburger verloren, Bobet 19 und der Spanier Bahamontes sogar eine halbe Stunde. Zwar hat Charly Gaul noch immer nicht das Gelbe Trikot, aber auf der vorletzten Etappe, einem Zeitfahren, macht er alles klar. Er wird der dritte Mann aus dem kleinen Luxemburg, der die Tour gewinnt. Zu Hause sind die Fans aus dem Häuschen, mit großem Vorsprung wird er zum vierten Mal Sportler des Jahres. Außerdem erhält Charly Gaul bald darauf die »Trophäe Gentil«, die damals höchste Radsportauszeichnung der Welt.

Charly Gaul ist der beste Bergfahrer der 50er Jahre (Bild links). Er wird abgelöst von Federico Bahamontes (Bild rechts).

Federico Martin wuchs in Santo Domingo-Caudilla in der Nähe von Toledo auf, als Sohn eines Bauern. Schon in seiner Kindheit mußte er auf dem Hof mithelfen. Für den kleinen Federico hieß das nicht selten, zentnerschwere Kartoffelsäcke mit dem Rad die steilen Berge hochzufahren. Er mag es oft verflucht haben, aber ein besseres Training konnte es eigentlich nicht geben. Wegen seiner besonderen Leidenschaft für das Klettern nahm er sogar den Namen seiner Mutter an: Bahamontes – »über die Berge«. So ist es kein Wunder, daß Bahamontes sich auch bei der Tour de France auf den steilen Anstiegen zu den Gipfeln der Alpen, Pyrenäen und Vogesen am wohlsten fühlt.

Insgesamt sechsmal wird er Sieger der Bergwertung. Berühmt ist Bahamontes aber auch wegen einer Geschichte aus dem Jahr 1954, die ebenso komisch wie bezeichnend für den Spanier ist. Mit unglaublicher Leichtigkeit klettert Bahamontes den Col de Romeyere hinauf und kommt mit beachtlichem Vorsprung oben an. Hier kriegt er heftigen Durst. Da sieht er einen fliegenden Eisverkäufer, der seinen Karren in diese Höhe geschleppt hat. Bahamontes kauft sich eine Portion Vanilleeis und setzt sich hin, um die schöne Aussicht zu genießen. Mittlerweile kommen die ersten Fahrer vorbei, und er entschließt sich, den anderen hinterher ins Tal zu rollen. Rollen ist tatsächlich das richtige Wort, denn so ungestüm der Spanier auf dem Weg nach oben ist, so zurückhaltend und fast ängstlich ist er, wenn es wieder abwärts geht. Auf diese Weise hat er eine ganze Reihe von Etappensiegen verschenkt.

Aber trotzdem schafft er es, die Tour de France einmal zu gewinnen. 1959 profitiert er vom Gerangel im französischen Team. Noch immer sind hier die Stars hauptsächlich damit beschäftigt, sich gegenseitig aus dem Weg zu räumen. Diese Chance läßt sich Bahamontes nicht entgehen. Schon am Ende der zehnten Etappe hat er Anquetil hinter sich gelassen, und auch Bobet liegt aussichtslos zurück. Sein furioser Sieg beim Bergzeitfahren auf den Puy de Dôme zermürbt die Franzosen endgültig. Federico Bahamontes trägt das Gelbe Trikot nach Paris und wird gefeiert. Jacques Anquetil und Roger Rivière aber, die am Ende nur Dritter und Vierter sind, werden vom enttäuschten Publikum im Prinzenpark gnadenlos ausgepfiffen.

Roger Rivière nach dem schrecklichen Sturz bei der Abfahrt vom Perjuret

1960

ROGER RIVIÈRE

Das furchtbare Ende

In den beiden vorangegangenen Jahren hat die französische Mannschaft durch Streit und Gezänk in den eigenen Reihen die Tour-Siege praktisch verschenkt. 1960 scheinen diese Probleme gelöst: Louison Bobet ist nicht mehr dabei, Jacques Anquetil gibt dem Giro den Vorzug, also bleibt nur noch ein Kapitän übrig. Das ist Roger Rivière, ein Junge aus Saint Etienne, der mit seinen 24 Jahren endlich beweisen will, daß er zu den ganz großen Rennfahrern seiner Generation gehört. Sein außergewöhnliches Talent hat er bereits mit zwei Stunden-Weltrekorden gezeigt, nun soll der Tour-Sieg folgen.

Es läuft wirklich alles auf seinen Triumph hinaus. Drei Etappen hat Rivière schon gewonnen, nur 1:38 Minuten liegt der Franzose hinter dem Italiener Gastone Nencini. Mit der beruhigenden Gewißheit, diesen Rückstand leicht im nächsten Zeitfahren aufholen zu können, geht Roger Rivière in die 14. Etappe von Millau nach Avignon. Es ist Sonntag, und es ist sehr heiß. Die Strecke führt über den eher harmlosen Col de Perjuret, der 1028 Meter hoch ist. In dieser menschenleeren Gegend werden nur wenige Zuschauer Zeugen des Dramas um Roger Rivière.

Bei der Abfahrt vom Perjuret quietschen in einer Rechtskurve plötzlich die Bremsen. Ein französischer Fahrer ruft voller Entsetzen: »Roger!« Direkt neben der Straße geht es 30 Meter in die Tiefe, zwischen den Felsen wuchert dichtes Gestrüpp – und mittendrin liegt Roger Rivière. Er ist über die ungefähr 50 Zentimeter hohe Straßenbegrenzung geflogen und in den Abgrund gestürzt. Fotografen leisten Erste Hilfe, bis der Tour-Arzt Dr. Dumas eintrifft. Inzwischen wird über Funk ein Rettungshubschrauber gerufen, der Rivière ins Krankenhaus nach Montpellier bringt. An seinem Hinterkopf klafft eine offene Wunde. Aber viel schlimmer ist die Verletzung der Wirbelsäule. Roger Rivière, die große Hoffnung des französischen Radsports, wird für immer an den Rollstuhl gefesselt bleiben.

Gastone Nencini, »der Löwe von Mugello«, hat seinen großen Gegenspieler verloren. Er hat nun keine Mühe, die Tour zu gewinnen und darf sogar Frankreichs Staatspräsident Charles de Gaulle die Hand schütteln. Der verläßt extra seine Villa in Colombey-les-Deux-Eglise, als der Tour-Troß vorbeikommt. Die französischen Fahrer erholen sich nicht mehr vom Schock nach Roger Rivières Sturz. Henri Anglade wird als ihr Bester am Ende Achter. So schlecht waren die Gastgeber seit 35 Jahren nicht mehr.

1960

HANS JUNKERMANN

Der verschenkte Sieg

Zum ersten Mal seit 1938 schiebt wieder eine deutsche Nationalmannschaft ihre Räder an den Start. Allerdings sind nur acht Fahrer zugelassen und nicht 14 wie bei den großen Radsport-Nationen. Der beste deutsche Profi ist Hans Junkermann aus Köln. Seit seinem beeindruckenden Sieg bei der Tour de Suisse wenige Wochen zuvor wird er sogar zu den Favoriten für die Tour de France gezählt. Vor allem seine Fähigkeiten in den Bergen haben sich herumgesprochen. »Hennes« hat genügend Muskeln, aber hat er auch die Moral?

Auf der siebten Etappe von St. Malo nach Lorient hat Hans Junkermann erst einmal den richtigen Riecher. Er erwischt den Anschluß an eine Spitzengruppe mit den Favoriten Rivière, Nencini und Adriaenssens. Das Quartett harmoniert so gut, daß der Vorsprung bis ins Ziel auf sagenhafte 14 Minuten anwächst. Junkermann verbessert sich in der Gesamtwertung vom 33. auf den 4. Platz. Seine Chancen steigen, weil er allgemein als bester Bergfahrer der vier Spitzenreiter eingeschätzt wird. Nach dem Unglück von Roger Rivière rechnen schließlich alle mit einem Angriff des Deutschen. Aber er wartet ab, beeindruckt von der italienischen Übermacht. An Junkermanns Seite sind in den Alpen nur noch Lothar Friedrich und Emil Reinecke übriggeblieben, die fünf anderen Teamkollegen sind schon ausgestiegen. Der Kölner Junge zaudert und zögert. Er begnügt sich schließlich damit, am Hinterrad von Gastone Nencini über die Alpen zu rollen. Ohne eine ernsthafte Attacke bleibt Hennes Junkermann bis nach Paris auf dem vierten Platz hängen. Viele Beobachter sprechen von einem »verschenkten Sieg«.

Ein Jahr später wird Hennes Junkermann Fünfter der Tour de France. Wieder bemängelt er die schwache Unterstützung seiner Mannschaftskameraden. 1962 sieht es besser aus, er geht als Kapitän des belgischen Wiels-Groene-Leeuw-Teams ins Rennen. Doch in Luchon müssen 14 Fahrer aufgeben, unter ihnen Junkermann. Sie haben alle im gleichen Hotel gewohnt und sich dort eine Fischvergiftung zugezogen.

Hennes Junkermann hat nie das Gelbe Trikot getragen und auch nie eine Etappe gewonnen. Trotzdem war er 1960 dem Tour-Sieg so nah wie kein anderer deutscher Rennfahrer vor ihm. Nur er selbst hat es vielleicht am wenigsten bemerkt.

Hans Junkermann war dem Tour-Sieg so nahe, wie kein anderer deutscher Rennfahrer vor ihm.

1961

ANDRÉ DARRIGADE

Der geliebte Sprinter

Das Besondere an der ersten Etappe einer Tour ist, daß der Sieger in jedem Fall das Gelbe Trikot bekommt. Wer wüßte das besser als der Franzose André Darrigade – zwischen 1956 und 1961 schaffte er diesen Coup fünfmal, öfter als jeder andere.

Auch 1961 gewinnt er wieder die erste Halbetappe und zieht sich das begehrte *Maillot Jaune* über. Lange kann er sich allerdings nicht daran erfreuen. Noch am gleichen Tag, nach der zweiten Halbetappe, muß er das Trikot an seinen Mannschaftskameraden Jacques Anquetil weitergeben. Der ist zwar unangefochtener Kapitän des Teams und gewinnt die Tour, aber der Liebling der Franzosen ist André Darrigade. Mit seinen unwiderstehlichen Schlußspurts versetzt er das Publikum immer wieder in helle Begeisterung. Seine Spezialität sind die langgezogenen Sprints, auf den letzten Metern ist er einer der Schnellsten seiner Zeit. Darrigade gehört zu den wenigen, die noch mit kleineren Gängen und dafür höherer Trittfrequenz dem Ziel entgegenfliegen. Erfolgreiche Sprinter späterer Jahre wie Rik van Looy sind meist Kraftpakete, die deutlich größere Übersetzungen fahren.

André Darrigade hat nicht weniger als 22 Etappen bei der Tour de France gewonnen. Bis heute waren nur drei Männer noch erfolgreicher: Eddy Merckx mit 34, Bernhard Hinault mit 28 und André Leducq mit 25 Siegen.

Schon 1958 lief es hervorragend für den schnellen Franzosen. Fünfmal war er als Erster über die Ziellinie gefahren, und der sechste Sieg schien greifbar nah. Doch auf der Bahn im Pariser Prinzenparkstadion passierte etwas Furchtbares. Wenige Meter vor dem Ziel, bei einem Tempo von über 60 km/h, prallte Darrigade mit einem Streckenposten zusammen. Der Ordner wollte noch im letzten Moment vor dem heranstürmenden Feld die Bahn überqueren. Er überlebte diesen Zusammenstoß nicht, am nächsten Tag starb er im Krankenhaus. André Darrigade blieb für Minuten ohnmächtig auf der harten Zementbahn liegen. Er hatte schwere Kopfverletzungen und unzählige Prellungen. Doch der Franzose erholte sich erfreulich schnell. Wenige Wochen später wurde er Dritter bei der Weltmeisterschaft im eigenen Land.

1962

RUDI ALTIG

Der freche Neuling

Oben: Gleich nach der ersten Etappe zieht sich Rudi Altig das Gelbe Trikot über; einen Tag später verliert er es allerdings wieder.
Links: Wenige Meter vor dem Ziel im Pariser Prinzenparkstadion prallt André Darrigade mit einem Ordner zusammen.

Noch bevor die Tour begonnen hat, steht fest: 1962 ist ein guter Jahrgang für den deutschen Radsport. Hans Junkermann gewinnt in diesem Frühjahr zum zweiten Mal die Tour de Suisse, und Rudi Altig siegt bei der Spanien-Rundfahrt. Der blonde Mannheimer wird in seiner Heimat eine wahre Radsport-Euphorie auslösen. Er ist ein fröhlicher Draufgänger, der im Sturm gleichermaßen seine Siege und die Herzen der Zuschauer erringt – genau darauf haben die Fans gewartet.

Die erste Etappe führt in den belgischen Badeort Spa. Frech und respektlos besiegt Tour-Neuling Altig in einem packenden Sprint Rik van Looy und André Darrigade. Er verliert das Gelbe Trikot zwar einen Tag später, holt es sich aber auf dem vierten Abschnitt noch einmal zurück. An diesem Tag gewinnt er in Amiens zum zweiten Mal. Wieder wehrt sich Altig so gut er kann, doch umsonst: Drei Tage später muß er die Führung endgültig abgeben. Er tröstet sich mit dem Grünen Trikot für den besten Sprinter. Immer wieder stürzt er sich mutig ins Getümmel der Massenankünfte, auch wenn das Glück dabei oft nicht auf seiner Seite ist.
Auf der elften Etappe nach Bordeaux bemerkt Rudi Altig wenige Kilometer vor dem Ziel plötzlich einen Riß in seiner Vorderradgabel. Um sein Sprintertrikot zu verteidigen, geht er das Risiko ein und fährt trotzdem weiter. Im Ziel schütteln seine Gegner ungläubig den Kopf, als sie die angebrochene Gabel sehen. Am nächsten Tag lösen sich drei Kilometer vor Bayonne Speichen seines Hinterrades. Er steigt auf das Fahrrad eines französischen Teamkollegen um, der allerdings viel kleiner ist als der 1,85 Meter große Altig. So sitzt er schlecht auf dem Rad und wird nur Dritter im Sprint. In Montpellier reißt er im Vorgefühl des sicheren Sieges bereits die Arme in die Höhe – da huscht der Belgier Willy Vannitsen noch an ihm vorbei.
Rudi Altig entschädigt sich mit seinem dritten Etappensieg im Stadion von Antibes. Er klettert tapfer über alle Berge, selbst über den Col de la Bonnette, der mit 2802 Metern der höchste je überfahrene Punkt der Tour-Geschichte ist. Paris erreicht er zwar nur als 31., aber er trägt das Grüne Trikot. Sein beachtliches Debüt bringt ihm nicht weniger als 40 lukrative Verträge für Bahnrennen ein. Die deutschen Fans freuen sich bereits auf neue Ruhmestaten von Rudi Altig bei der nächsten Tour – und werden enttäuscht. In einem Pariser Hotel stürzt er unmittelbar vor dem Tour-Start 1963 eine Treppe hinunter und verletzt sich am Rücken. Das Rennen ist für Rudi Altig zu Ende, bevor es begonnen hat.

1963

RIK VAN LOOY

Der gescheiterte Weltmeister

Der Belgier Rik van Looy gehört zu Beginn der 60er Jahre zu den besten Fahrern der Welt. Er ist der erste, der alle klassischen Frühjahrsrennen gewinnen kann, und vor allem wird er zweimal Weltmeister. 1960 auf dem Sachsenring und ein Jahr später in Bern. Sein großes Vorbild ist Rik van Steenberghen, der sogar viermal Weltmeister war. Van Looy erzählt auf die Frage nach seinem größten sportlichen Erlebnis immer wieder folgende Episode: »Als junger Amateurmeister ging ich 1953 in Brüssel einmal zum großen van Steenberghen, der dort ein Rennen bestritt. Ich zeigte ihm stolz meine Siegerurkunde, und van Steenberghen sagte zu Fausto Coppi: ›Merk Dir den Jungen, Fausto, das wird ein ganz Großer!‹«

Nur die Tour de France hat Rik van Looy 1963 immer noch nicht gewonnen. Zum wichtigsten Rennen des Jahres werden nach wie vor Nationalmannschaften eingeladen. Deshalb hat van Looys Rennstall Faema gar kein Interesse daran, seinen Star zur Tour zu schicken, wo er ihr Firmenlogo nicht präsentieren darf. Die Firmenbosse von Faema wollen sogar Jacques Anquetil unter Vertrag nehmen, um auch dessen Tour-Start zu verhindern und damit die Veranstalter unter Druck zu setzen. Tour-Direktor Jacques Goddet sieht die Qualität seines Rennens in Gefahr und gibt nach. Ab 1962 sind wieder ausschließlich Fabrikteams dabei.

Jetzt darf auch Rik van Looy mit seinen Domestiken starten. Bei seiner ersten Tour scheidet er nach einem Massensturz aus, den ein Motorradfahrer verursacht hat. Der Weltmeister hat sich erst Monate später von einer Nierenquetschung erholt. 1963 will van Looy nun endlich der erste belgische Tour-Sieger nach dem Krieg werden.

Schon auf dem zweiten Abschnitt nach Jambes feiert er seinen ersten Etappensieg. Auch in Bordeaux und Aurillac ist van Looy der Schnellste. Seine größte Leistung aber ist der dritte Platz auf der Alpenetappe nach Chamonix. Nur Anquetil und Bahamontes läßt er im Hochgebirge den Vortritt, das haben die Kritiker dem Spezialisten für flache Klassiker nicht zugetraut. Doch auch wenn Rik van Looy die letzte Etappe nach Paris gewinnt, spielt er in der Gesamtwertung nur eine Nebenrolle. Sein Rückstand im Zeitfahren ist viel zu groß, und auch in den Bergen verliert er letztlich Zeit. Van Looy muß sich eingestehen, daß er im Alter von 30 Jahren das Abenteuer Tour de France viel zu spät begonnen hat.

Vier große Tour-Favoriten (von links nach rechts): Jean Stablinski, Jacques Anquetil, Raymond Poulidor und Rick Van Looy.

1964

JACQUES ANQUETIL

Das Duell mit »Poupou«

Viermal hat Jacques Anquetil inzwischen die Tour gewonnen, und der Jubel der Zuschauer ist längst gähnender Langeweile gewichen. In diesem Frühjahr hat »Monsieur Chrono« nun schon wieder beim Giro triumphiert, Frankreich aber gibt die Hoffnung auf eine Wachablösung nicht auf. Raymond Poulidor, den alle »Poupou« nennen, ist zu einer ernstzunehmenden Konkurrenz herangewachsen. Er kommt als Sieger der Spanien-Rundfahrt zur Tour.

Wird es der Altmeister noch einmal schaffen, oder entthront ihn der Jüngere? Zwar trennen die beiden nur drei Jahre, aber an Erfolgen und Erfahrung ist Anquetil Poulidor meilenweit überlegen. Der wiederum ist mittlerweile zum Publikumsliebling der Franzosen aufgestiegen und hat große Pläne. Anquetil läßt sich seine Unruhe nicht anmerken, aber er weiß, daß es diesmal ganz eng werden wird. Diese Tour geht als eine der spannensten in die Geschichte ein.

Die 20. Etappe führt in 1415 Meter Höhe, auf den Gipfel des Puy de Dôme, den berühmt-berüchtigten Vulkanberg im Zentralmassiv. Die Spanier Julio Jimenez und Federico Bahamontes streiten sich wieder einmal darüber, wer von beiden der bessere Bergfahrer ist. Doch gleich hinter ihnen fahren Seite an Seite die beiden, die den Tour-Sieg unter sich ausmachen werden: Nur 56 Sekunden liegt Anquetil in der Gesamtwertung vor Poulidor, in den Bergen kann solch ein Vorsprung leicht dahinschmelzen.

Anquetil ist am Ende seiner Kräfte, er kann nicht mehr. Poulidors Problem ist nur – er merkt es nicht. Der alte Fuchs gaukelt ihm mit seinem unvergleichlichen Selbstbewußtsein vor, daß er prächtig in Form sei, und Poulidor fällt tatsächlich darauf rein. Er hat einfach nicht den Mut, sich von Anquetil zu lösen und allein weiterzufahren. Wenn er nur auch nur ahnen würde, wie schwach sein Gegner in Wirklichkeit ist ... So ächzen beide nebeneinander die steilen Serpentinen des Puy de Dôme nach oben, mitunter berühren sich sogar ihre Arme. Erst am roten Teufelslappen, dem Zeichen für den letzten Kilometer, wacht Poulidor endlich auf und rast davon. Er nimmt dem völlig entkräfteten Anquetil auf diesem kurzen Stück noch 42 Sekunden ab. Doch das reicht weder für das Gelbe Trikot nach dieser Etappe noch für den Gesamtsieg in Paris.

Ein letztes Mal kann Jacques Anquetil die Tour gewinnen. Fünf Siege sind ein neuer Rekord. Zwei Jahre später wird er zum Ritter der Ehrenlegion geschlagen.

Jacques Anquetil und Raymond Poulidor Schulter an Schulter am Puy de Dôme

1965

FELICE GIMONDI

Der versnobte Italiener

In diesem Jahr will Raymond Poulidor endlich gewinnen. Seit 1962 wurde er schon Dritter, Achter und Zweiter der Tour. 1965 ist es ein junger Italiener, der ihm einen Strich durch die Rechnung macht.
Felice Gimondi wurde 1942 in Sedrina geboren, und seine Familie war, wie damals in Italien üblich, in zwei Lager geteilt: in die Bartali-Gruppe und in den Coppi-Clan. Zu letzterem zählte sich auch Gimondis Vater, ein kleiner Fuhrunternehmer, der geradezu vom Radsport besessen war. Im Gegensatz zu vielen anderen Vätern, die für ihre Söhne »anständige« Arbeit erträumen, sorgte der alte Gimondi dafür, daß sein Junge in Ruhe trainieren konnte. Mit 14 bekam Felice sein erstes Rennrad, und wenig später fuhr er sein erstes Rennen. Es war eine einzige Katastrophe, aber das stachelte seinen Ehrgeiz nur noch weiter an.
Nach den beiden Giganten Bartali und Coppi in den legendären 40er und 50er Jahren gibt es in Italien nun endlich einen würdigen Nachfolger. Felice Gimondi gewinnt in seiner Laufbahn etliche Klassiker und Rundfahrten wie Mailand – San Remo oder Paris – Rou-

baix und gleich dreimal den Giro d'Italia. 1965 bei seiner ersten Tour de France kann er drei Etappen für sich entscheiden, fährt den größten Teil des Rennens im Gelben Trikot und hat letztlich einen mit 2:40 Minuten zwar knappen, aber völlig ausreichenden Vorsprung vor dem »ewigen Zweiten« Raymond Poulidor. Die Basis seines Sieges ist der Erfolg beim Bergzeitfahren auf dem Mt. Revard.

Gimondi genießt das Leben, das ihm seine Siege bei hochdotierten Rennen ermöglichen. Mit seiner Frau und zwei Töchtern wohnt er in der Nähe von Bergamo in einer schloßähnlichen 18-Zimmer-Villa, deren Wände mit wertvollen Bildern und Wandteppichen behängt sind. Seine Fahrerkollegen nennen ihn deshalb auch den »Aristokraten«.

August 1998. Nach 33 Jahren wird in Paris wieder ein Italiener geehrt. Marco Pantani hat gerade die Tour de France gewonnen. Durch die Menschenmenge tritt ein älterer Mann mit grauem Haar, der einen eleganten blauen Anzug trägt. Als Pantani ihn erkennt, geht er ehrfurchtsvoll auf ihn zu und bittet ihn zu sich auf das Siegerpodest. Der Mann ist Felice Gimondi.

Felice Gimondi (links) 1965 mit seinem Landsmann Lebaude, einem seiner stärksten Konkurrenten auf der Tour, und 1998 in Paris mit Marco Pantani (Bild rechts).

1966

KARL-HEINZ KUNDE

Der gelbe Bergfloh

Karl-Heinz Kunde ist nur 1,59 Meter groß und 49,5 Kilogramm schwer. Deshalb ist er für die Fans der »Bergfloh«. Ein unermüdlicher Kletterer, der seinen Gewichtsvorteil ausspielt, wenn es steil hinaufgeht. Bei der Tour de France 1966 gehört der kleine Kunde zu den ganz Großen.
Rudi Altig gewinnt wieder einmal die erste Etappe und verteidigt das Gelbe Trikot diesmal elf Tage lang. So lange hat es kein deutscher Rennfahrer vor ihm getragen. Die 13. Etappe führt über 218 Kilometer von Luchon nach Revel. Wieder gewinnt Rudi Altig im Spurt einer Spitzengruppe. Das *Maillot Jaune* aber wird in der kleinsten Konfektionsgröße benötigt, denn es muß dem »Bergfloh« Karl-Heinz Kunde passen. Der Kölner ist zum dritten Mal bei der Tour dabei, in den beiden vorangegangenen Jahren wurde er 16. und 11. Damit empfiehlt er sich im starken Peugeot-BP-Team als zuverlässiger Helfer. Als Kapitän war er natürlich nicht vorgesehen. Die Stars seiner Mannschaft wie Weltmeister Tom Simpson aus England, Roger Pingeon, der 1967 die Tour gewinnen wird, oder der Belgier Ferdinand Bracke helfen ihrem Kollegen in Gelb keinen einzigen Meter. Teamgeist kennen sie nicht. Auch von den anderen deutschen Rennfahrern im Feld kann Karl-Heinz Kunde keine Unterstützung erwarten, denn sie stehen bei anderen Teams unter Vertrag: die Altig-Brüder bei Molteni und Rolf Wolfshohl bei Mercier.
Um so höher ist die Tatsache einzuschätzen, daß Karl-Heinz Kunde vier Tage lang das Gelbe Trikot verteidigen kann. Die 16. Etappe ist ein 20 Kilometer langes Zeitfahren in Vals-les-Bains. Raymond Poulidor gewinnt vor Jacques Anquetil und Rudi Altig. Immer noch heißt der Spitzenreiter Karl-Heinz Kunde, aber zwei Tage später ist es soweit: Die 18. Etappe führt von Bourg d'Oisans nach Briançon, ein harter Brocken in den Alpen. Der Spanier Jimenez demonstriert eindrucksvoll seine Kletterkünste. Kunde versucht das Hinterrad der guten Bergfahrer zu halten, aber die letzten Tage in Gelb haben den kleinen Kölner zuviel Kraft gekostet. Er verliert die Führung, doch Jacques Goddet schreibt in der »L'Equipe« bewundernd: »Karl der Kurze hat sich prima geschlagen!«. Das Ende der Tour erreicht er als Neunter und ist damit bester Deutscher in diesem Jahr. Der fünfmalige Sieger Jacques Anquetil ist in Paris nicht mehr dabei. Er steigt während der 19. Etappe nach St. Etienne aus und verabschiedet sich für immer von der Tour de France.

Karl-Heinz Kunde allen voran am Crois de Fer

Kurz nach dem Start in Bordeaux streiken die Fahrer gegen unangemeldete Dopingkontrollen.

1966

LUCIEN AIMAR

Die nächtliche Überraschung

Die Tour de France 1966 gewinnt Lucien Aimar. Er ist ein Kraftpaket, das beim Zeitfahren die gigantische Übersetzung von 55:13 treten kann. Zweiter wird Jan Janssen, der als erster Niederländer auf dem Podium steht. Doch zu dieser Tour gehört auch die erste offizielle Doping-Kontrolle bei der Tour de France. Gerüchte gab es schon lange. Der französische Zoll beschlagnahmte 1959 leistungssteigernde Pillen, die an den Luxemburger Charly Gaul adressiert waren. Als 1962 in Luchon mit dem Kölner Hans Junkermann 13 Fahrer das Rennen verließen, glaubte ihnen Tour-Direktor Jacques Goddet ihre Fischvergiftung nicht. Er schrieb in der »L'Equipe« einen Leitartikel und sprach seinen Doping-Verdacht offen aus: Die 14 Aussteiger hätten sich mit Morphinen vergiftet. Beweisen konnte Goddet diese Vermutung nicht.

1966 wird die neunte Etappe in Bordeaux gestartet. In Gelb fährt Rudi Altig. Aber schon nach fünf Kilometern stoppt das ganze Feld. Die Fahrer streiken! Ihr Sprecher ist der belgische Weltmeister Rik van Looy. Er protestiert gegen »Eingriffe in die individuelle Freiheit der Sportler.« Auslöser dieses Streiks sind Doping-Kontrollen, die in der vergangenen Nacht zum ersten Mal in der Geschichte der Tour in Bordeaux durchgeführt wurden. Ärzte des französischen Gesundheitsministeriums rissen die Rennfahrer aus dem Schlaf und verlangten Urinproben. Auch diese Kontrollen haben eine Vorgeschichte.

Am 4. Mai dieses Jahr war Jacques Anquetil der Sieg beim Klassiker Lüttich – Bastogne – Lüttich aberkannt worden, weil er sich der Dopingkontrolle entzogen hatte. Auch die ersten drei des Wallonischer Pfeils, Michele Dancelli, Lucien Aimar und Rudi Altig, waren aus demselben Grund disqualifiziert worden. Aber alle Urteile wurden unmittelbar vor Beginn der Tour wieder aufgehoben.

Die Fahrer fühlen sich nun zu Unrecht verdächtigt. Als Jacques Goddet ihnen verspricht, nächtliche Dopingkontrollen zu unterlassen, wird die neunte Etappe doch noch zu Ende gefahren. Aber am nächsten Tag setzen die Fahrer ihren Protest mit einem Bummelstreik zwischen Bayonne und Pau fort. Sie lassen den unbekannten Italiener Tommaso de Pra enteilen, der mit zehn Minuten Vorsprung gewinnt und für einen Tag das Gelbe Trikot tragen darf. Vor der 13. Etappe werden die Fahrer dann doch noch einmal kontrolliert – und gleich sechs Dopingsünder erwischt. Nach dem Tod von Tom Simpson im nächsten Jahr werden alle begreifen, wie notwendig diese Kontrollen sind.

1967

TOM SIMPSON

Tod am Mont Ventoux

Es ist furchtbar heiß, und es ist Freitag, der 13. Natürlich ist es Zufall, daß es an diesem Tag von Marseille aus ausgerechnet auf die 13. Etappe geht, aber irgendwie liegt von Anfang an Unheil in der flirrenden Luft. Bereits nach wenigen Kilometern rennt ein Hund zwischen den Fahrern über die Straße und verursacht einen Massensturz. Als sich das Knäuel der Gestürzten wieder entwirrt hat, geht es weiter über endlose Landstraßen, deren Belag zu schmelzen beginnt. Alle haben nur das eine Ziel: Sie wollen dieser Hölle entkommen und sich endlich im Schatten ausruhen. Doch vorher müssen sie den Mont Ventoux überwinden. Wie ein steinerner Riese ragt er fast 2000 Meter aus der ansonsten völlig ebenen Landschaft heraus. Im unteren Teil bieten vereinzelte Pinien, Eichen und Zedern notdürftigen Schutz gegen die sengende Sonne. Wenig später aber geht die mühevolle Fahrt nur noch dem kahlen Gipfel entgegen, der von schmutzigem Geröll bedeckt ist. Das

Tom Simpson unmittelbar vor seinem Kollaps (Bild oben). Vor Beginn der 14. Etappe gedenken die Fahrer ihres toten Kollegen.

Feld ist in viele kleine Gruppen zersplittert, die sich im Schneckentempo die Serpentinen hochquälen. Auch Tom Simpson geht es nicht gut. Vier Kilometer vor dem Gipfel ist der Brite am Ende seiner Kräfte, er schert aus und fällt wie ein Stein vom Rad.
Tom Simpson ist knapp 30 Jahre alt und einer der Beliebtesten im Peleton. Er spricht englisch, französisch und flämisch, hat immer gute Laune und ist ein leidenschaftlicher Sänger. 1965 wurde er vor Rudi Altig Weltmeister, auch Mailand – San Remo und die Flandern-Rundfahrt hat er schon gewonnen.
Der schmächtige Simpson ist dafür bekannt, daß er kein Risiko scheut und bis an die Grenzen seiner körperlichen Belastbarkeit geht.
Auch diesmal versucht Simpson sich wieder aufzurappeln. Er läßt sich von seinem Mannschaftsleiter zurück auf sein Rad heben, aber es hat keinen Sinn mehr. Nach wenigen Metern im Zickzackkurs stürzt er erneut, und diesmal verliert er das Bewußtsein. Weder Tour-Arzt Dr. Pierre Dumas noch die Ärzte im Krankenhaus von Avignon können das Leben des jungen Engländers retten. Tom Simpson stirbt. Sein Tod gibt viele Rätsel auf, doch wenig später wird bekannt, daß der Engländer gedopt war. In den Taschen seines Trikots werden Amphetamine gefunden, ebenso in seinem Gepäck. Außerdem wird bei der Autopsie Alkohol im Blut festgestellt. Die Hitze, der Berg, das Doping und der Alkohol haben den Weltmeister Tom Simpson getötet. Heute erinnert am Mont Ventoux der Simpson-Stein an das schreckliche Ereignis von 1967.

1968

ROLF WOLFSHOHL

Der ungeduldige Wolf

Es ist ein Jahr ohne Stars. Jacques Anquetil ist nicht mehr dabei, und Eddy Merckx fühlt sich noch nicht stark genug für die Tour. So gewinnt mit Jan Janssen zum ersten Mal ein Niederländer. Sein Vorsprung vor Herman van Springel beträgt winzige 39 Sekunden, der bis zu diesem Zeitpunkt knappste Sieg. Aber auch ein Deutscher schreibt Schlagzeilen bei der Tour de France 1968.
Rolf Wolfshohl wurde vom Chef der Dortmunder Radrennbahn Otto Weckerling entdeckt, der 1937 selbst eine schwere Alpenetappe gewonnen hatte. Weckerling wollte aus Wolfshohl einen guten Bahnfahrer machen, aber den zog es von Anfang an nach draußen. Zu Beginn der 60er Jahre errang der Kölner in Schnee und Matsch drei Weltmeistertitel im Radcross. Seinen größten Sieg als Straßenfahrer errang er 1965 bei der Spanien-Rundfahrt. 1968 nimmt er seine sechste Tour de France in Angriff.
Die 16. Etappe führt von Albi nach Aurillac. Rolf Wolfshohl ist in prächtiger Form und wird nach diesem schweren Rennen im Zentralmassiv Zweiter hinter dem Italiener Bitossi. Vorjahressieger Roger Pingeon hat nicht weniger als neun Minuten verloren, und Raymond Poulidor gibt das Rennen sogar auf. Wolfshohl freut sich über das Gelbe Trikot und hat durchaus berechtigte Chancen auf den Tour-Sieg. Sein Problem sind seine schwachen Begleiter. Wie im Vorjahr sind bei der Tour wieder einmal Nationalteams am Start. Von den zehn deutschen Rennfahrern sind aber nur noch Dieter Puschel (Köln) und Herbert Wilde (Schwerte) als Helfer übriggeblieben. Es erweist

Die französische Schönheitskönigin Christiane Lillio gratuliert Rolf Wolfshohl zum Gelben Trikot.

sich als Fehler, daß Wolfshohl so früh das Gelbe Trikot erobert hat.
Auf der 18. Etappe stehen zwischen St. Etienne und Grenoble nur Berge der zweiten Kategorie auf dem Programm, die für den guten Bergfahrer Wolfshohl eigentlich kein Problem sein sollten. Am Col de Porte greift ausgerechnet Lucien Aimar an, der normalerweise wie Wolfshohl im BIC-Team sein Geld verdient. Bei der kurvenreichen Abfahrt stürzt der Kölner. Minutenlang muß er auf den Materialwagen warten. Auf diese Art das Gelbe Trikot zu verlieren, tut besonders weh.
In Paris wird Rolf Wolfshohl Sechster. Ihm fehlen 3:46 Minuten zum Tour-Sieg.

1969

RUDI ALTIG

Der kletternde Sprinter

Nach drei Jahren Pause ist Rudi Altig noch einmal bei der Tour de France dabei. In seiner Heimat ist er inzwischen der unumstrittene Star im Radsport. Unvergessen ist sein Weltmeistertitel 1966 auf dem Nürburgring, 1968 erfüllt er sich einen weiteren Traum und siegt bei Mailand – San Remo.
Schon beim Prolog in Roubaix fährt Rudi Altig Bestzeit, drei Sekunden schneller als ein junger Belgier namens Eddy Merckx. Altig trägt das Gelbe Trikot zwei Tage, dann muß er es nach einem Mannschaftszeitfahren wieder abgeben. Auf der sechsten Etappe geht die Fahrt über den Ballon d'Alsace, und es beginnt ein bewundernswerter Kampf, den man dem 32jährigen Rudi Altig vielleicht gar nicht mehr zugetraut hat.
Es ist furchtbar heiß an diesem Tag in den Vogesen. Erinnerungen an 1937 werden wach, als Erich Bautz an gleicher Stelle bei genauso großer Hitze die Etappe gewann. Und vielleicht wäre 32 Jahre später mit Rudi Altig wieder ein Deutscher ins Gelbe Trikot gefahren, wenn er es nicht mit Eddy Merckx zu tun gehabt hätte. Der hat kein Erbarmen mit seinen Gegnern und treibt schon auf den ersten, ganz flachen Kilometern sein Team rücksichtslos nach vorn. Viele Fahrer können das mörderische Tempo nicht mithalten.
So beginnen nur noch rund 60 Mann gemeinsam den Anstieg zum Ballon d'Alsace mit seinen gefürchteten engen Kurven und steilen Rampen. Merckx forciert das Tempo derart, daß bei der Hälfte des Berges nur noch 25 Fahrer an seiner Seite sind. Noch einmal beschleunigt er. Einen Kilometer vor dem Gipfel sind nur zwei Verfolger übriggeblieben. Mit dem einen, dem spanischen Bergspezialisten Galera, hat Eddy Merckx gerechnet, von Rudi Altig aber ist er total überrascht.
An der steilsten Stelle greift der nimmermüde Belgier wieder an, Galera fällt zurück, aber Altig kämpft verbissen und bleibt dran. Der Sieger vieler Flachetappen erweist sich an diesem Tag als hervorragender Kletterer. Daran ändert auch die Tatsache nichts, daß der Mannheimer kurz vor dem Gipfel Eddy Merckx davonziehen lassen muß. Er hat sich bis zur Erschöpfung verausgabt und beendet die Etappe als Dritter.
In diesem Jahr erreicht Rudi Altig das Ziel in Paris nicht. Aber er trägt das Gelbe Trikot insgesamt 18 Tage lang und gewinnt acht Etappen – zwei Rekorde für einen deutschen Rennfahrer, die bestehen bleiben bis zu den Tagen von Jan Ullrich und Erik Zabel.

Rudi Altig (links) bleibt Eddy Merckx (Zweiter von rechts) dicht auf den Fersen.

1970

EDDY MERCKX

Der Kannibale

Gut möglich, daß aus Eddy Merckx ein Profifußballer geworden wäre, ein Basketballspieler oder auch ein Schwimmer. Der junge Belgier interessierte sich für viele Sportarten und wollte sich lange nicht festlegen. Dann aber entschied er sich doch für den Radsport – zu sehr hatte ihm Stan Ockers aus Antwerpen imponiert, der in den 50ern sensationell Weltmeister geworden war.

Im Frühjahr 1966 gewann der damals 20jährige Merckx zum ersten Mal den Klassiker Mailand – San Remo. Das war der Beginn einer einzigartigen Karriere als Profi-Radsportler. Niemand vor ihm hatte auch nur annähernd soviel Rennen gewonnen, und vermutlich wird auch keiner jemals auf eine ähnliche Bilanz kommen wie Merckx. In seinen besten Zeiten begnügte er sich nie mit weniger als 50 bis 60 Siegen pro Saison. Die Liste seiner Erfolge ist einfach umwerfend: fünfmal Tour de France, fünfmal Giro d'Italia, dreimal Profi-Weltmeister, 32 Siege bei großen Eintagesrennen, darunter allein siebenmal Mailand – San Remo und fünfmal Lüttich – Bastogne – Lüttich. Außerdem gewann er alle bedeutenden Zeitfahren und brach den Stundenweltrekord. Bei der Tour de France erkämpfte er 34 Etappensiege und fuhr 96 Tage im Gelben Trikot. Unterm Strich sind das sage und schreibe 525 Siege – ein Rekord für die Ewigkeit.

Eddy Merckx ist ein unglaublich vielseitiger Fahrer und fühlt sich bei anspruchsvollen Rennen wie der Tour de France am wohlsten. Hier kann er seine Überlegenheit als Sprinter, Kletterer und Zeitfahrer richtig ausspielen. 1969 kam er mit einer gehörigen Portion Wut im Bauch zu seiner ersten Tour. Wochen vorher hatte man ihn beim Giro des Dopings bezichtigt und aus dem Rennen geworfen. Der gereizte Merckx war nicht zu schlagen – sechs Etappensiege gingen auf sein Konto, und am Ende hatte er in Paris fast 18 Minuten Vorsprung vor Raymond Poulidor.

Ein Jahr später gewinnt Eddy Merckx den Prolog und zeigt gleich am ersten Tag, wo es langgeht. Dabei ist der Belgier alles andere als ein Taktiker, er fährt immer auf Sieg. 1970 beendet er noch sechs weitere Etappen als Erster. Nie genügt es ihm, einfach nur sein Gelbes Trikot zu verteidigen, was er leicht mit weniger Aufwand tun könnte. Sein unstillbarer Hunger nach Erfolg bringt ihm den wenig schmeichelhaften Namen »der Kannibale« ein. Jacques Anquetil spricht das aus, was viele denken: »Nur er selbst kann sich schlagen.« Die nächste Tour sollte zeigen, wie recht er hatte.

Der Kannibale gewinnt auch das Zeitfahren in Bordeaux.

1971

LUIS OCANA

Der depressive Pechvogel

Luis Ocana hat in diesem Jahr bereits die Baskenland- und die Katalonien-Rundfahrt gewonnen. Wenn also einer dem nahezu unschlagbaren Eddy Merckx gefährlich werden könnte, dann er.
Auf der Königsetappe in den Alpen, die von Grenoble nach Orcières-Merlettes führt, passiert es: Der Spanier greift 57 Kilometer vor dem Ziel an, und keiner kann ihm folgen. Eddy Merckx schon gar nicht, er verliert fast neun Minuten – so ein Fiasko hat der Belgier in seiner Karriere noch nicht erlebt. Die Fans aber sind begeistert. Sie wünschen sich, daß die Zeit des übermächtigen »Kannibalen« vorbei ist. Merckx jedoch antwortet mit einer wilden Fahrt hinunter nach Marseille. Sein Team macht solch ein höllisches Tempo, daß das Feld eine geschlagene Stunde schneller im Ziel ist, als die kühnsten Marschtabellen prophezeit haben. Wegen der schrecklichen Hitze kommen viele Zuschauer und Journalisten erst im letzten Moment an den Quai des Cannabières, den Endpunkt der Etappe. Da ist die Siegerehrung längst vorbei, und Eddy Merckx steht bereits unter der Dusche. Er holt zwar nur zwei Minuten auf, aber er kann noch kämpfen, das hat er allen gezeigt.
Auf der 14. Etappe von Revel nach Luchon ist Schönwetterfahrer Ocana zunächst zufrieden. Es ist heiß, und die Sonne scheint. Doch plötzlich geht ein schreckliches Gewitter nieder. Durch Regen und Hagel verwandelt sich die Straße in eine Rutschbahn, kaum ein Fahrer, der nicht wenigstens einmal hinfällt. Luis Ocana aber stürzt im dichten Nebel bei der Abfahrt vom Col de Mente am schwersten. Er muß mit einem Hubschrauber ins Krankenhaus geflogen werden. Das ist für ihn das traurige Ende dieser Tour.
Eddy Merckx ist noch einmal davongekommen. Am Tag nach dem Unglück verzichtet er darauf, das Gelbe Trikot zu tragen. Und als die Tour wenig später an Ocanas Heimatort Mont-de-Marsan vorbeiführt, besucht er seinen Rivalen im Krankenhaus. Zu einem Aufeinandertreffen der beiden wird es bei der Tour nicht mehr kommen. Mal fehlt der eine, mal der andere. 1973 gewinnt Luis Ocana in Abwesenheit von Merckx.
Nach seiner Karriere fand der Spanier kein Glück. Zwei schwere Autounfälle, eine mißglückte Bluttranfusion und wirtschaftliche Sorgen als Weinbauer ließen ihn depressiv und lebensmüde werden. Am 19. Mai 1994 nahm er sich das Leben.

Luis Ocana ist nach seinem schweren Sturz bei der Abfahrt vom Col de Mente am Ende aller Siegträume.

1972

CYRILLE GUIMARD

Der respektlose Herausforderer

Die Franzosen sind ratlos. Sie wissen einfach nicht, wer Eddy Merckx von seinem Thron stoßen könnte. Weit und breit ist kein Kronprinz in Sicht. Sie hoffen auf einen jungen Burschen aus Nantes. Sein Name ist Cyrille Guimard. 1971 gewann er die Flandern-Rundfahrt, wurde Dritter der Weltmeisterschaft und Siebter der Tour. 1972 nimmt er mutig den Kampf gegen den übermächtigen Belgier auf.
Cyrille Guimard gewinnt die vierte Etappe von Merlin nach Plage-Royan und knöpft Merckx das Gelbe Trikot ab. Es entwickelt sich ein Duell, in dem der junge Franzose erstaunlich lange mithält. Der »Kannibale« stillt seinen Hunger zunächst mit einem Sieg im Zeitfahren in Bordeaux, aber Guimard bleibt an der Spitze. Auf der ersten Bergetappe nach Pau baut er seinen Vorsprung sogar aus. Jetzt genügt es Eddy Merckx. Ohne Rücksicht auf Verluste demontiert er zwischen Pau und Luchon das ganze Feld, darunter auch Guimard, der am Abend das Gelbe Trikot verloren hat.
Die elfte Etappe führt schließlich auf den Mont Ventoux. Cyrille Guimard ist erschöpft vom Kampf der letzten Tage. Sein Knie schmerzt bei jedem Tritt. Abends bauen die Mechaniker sein Rad um, Guimard wechselt die Sitzposition, um sein Knie zu entlasten. Mit unglaublichem Willen überwindet er den Schmerz, wird hinter dem Belgier van Impe Zweiter der Bergetappe nach Orcieres-Merlette und nähert sich in der Gesamtwertung überraschend dem Führenden Eddy Merckx.
Den Ruhetag verbringt Cyrille Guimard im Bett, und sein Knie erholt sich für kurze Zeit. Selbstbewußt greift er am nächsten Tag am Galibier an und besiegt Eddy Merckx. Von dort geht es dann auf den Mont Revard. Eine unheimlich harte Etappe, obwohl sie nur 28 Kilometer lang ist. Merckx fährt wie entfesselt. Er sucht die Entscheidung, aber was er auch anstellt, er kann Guimard nicht abschütteln. Der Franzose vergißt noch einmal den Schmerz in seinem Knie. Im Ziel reißt Merckx den Arm in die Höhe, aber das Zielfoto beweist: Guimard hat seine vierte Etappe gewonnen.
Arzt und Masseur von Cyrille Guimard streiten sich über die Behandlungsmethode für sein Knie. Auch das andere Bein hat sich inzwischen entzündet. Er hält die Schmerzen nicht mehr aus. Nur einen Tag nach seinem Sieg über den übermächtigen Eddy Merckx muß Cyrille Guimard in Pontarlier das Rennen aufgeben. Der Franzose wurde später einer der erfolgreichsten Sportlichen Leiter; mit van Impe, Hinault, Lemond und Fignon führte er vier Rennfahrer zum Tour-Sieg.

Cyrille Guimard am Hinterrad von Eddy Merckx. Doch er muß er das Rennen aufgeben und überläßt seinem Rivalen schweren Herzens das Gelbe Trikot (Bild oben).

1973

RAYMOND POULIDOR

Der ewige Zweite

Am 15. Juli 1973 unterbricht der französische Rundfunk sein laufendes Programm: »Wir bringen eine Sondermeldung von der Tour de France ...« Was folgt, ist die Nachricht von einem neuerlichen Schicksalsschlag, der den Publikumsliebling Raymond Poulidor ereilt hat. Auf der Abfahrt vom Col de Portet d'Aspet ist er einen Abhang hinuntergestürzt und hat sich dabei tiefe Fleischwunden zugezogen. Wie durch ein Wunder ist nichts gebrochen, Poulidor wird sofort ins Krankenhaus von Saint Gaudens geflogen. An diesem Tag ist »Poupou« wichtiger als alle Meldungen der Weltpolitik.

Natürlich bejubeln die Franzosen ihre Sieger, doch ihre tragischen Helden lieben sie. Vor dem Ersten Weltkrieg war das Eugène Christophe, dem gleich zweimal im entscheidenen Moment die Radgabel brach. Dann kam René Vietto, den erst sein Gehorsam und später sein kaputtes Knie um den Tour-Sieg brachten. Einen aber vergöttern die Franzosen bis heute – ihren »Poupou«. Raymond Poulidor wurde 1936 als Kind einer armen Bauernfamilie geboren und verließ bereits mit 14 die Schule, um in der Wirtschaft zu helfen. Seine Radsport-Karriere begann 1961 äußerst verheißungsvoll. Er wurde auf Anhieb französischer Meister und gewann den Frühjahrsklassiker Mailand – San Remo. Berühmt und vor allem geliebt wurde Poulidor aber nicht für seine Siege, sondern für die Rennen, die er nicht gewinnen konnte. 14mal war er insgesamt bei der Tour de France dabei, achtmal stand er in Paris auf dem Siegerpodest – dreimal als Zweiter und fünfmal als Dritter. Eine unglaubliche Bilanz, die für die absolute Klasse des Franzosen spricht. Und doch gewann er keine einzige Tour, es gelang ihm nicht einmal, auch nur einen einzigen Tag im Gelben Trikot zu fahren.

Anquetil, Gimondi, Merckx, van Impe – immer gab es einen, der besser war. Nur einmal war das Geschlagenwerden nicht unangenehm, ganz im Gegenteil: 1972 wurde Poulidor zum Ritter der Ehrenlegion geschlagen. Und ein Jahr später gar von 48 Prozent der Bevölkerung zum beliebtesten Bürger Frankreichs gewählt. Am aufschlußreichsten aber ist wohl das Geständnis, das Jacques Anquetils Tochter Sophie 1990 in einem Fernsehinterview machte: »Als Baby konnte ich eher Poupou sagen als Papa.«

Links: Tour-Direktor Jacques Goddet hilft »Poupou« nach seinem Sturz am Portet d'Aspet wieder Eauf die Beine.
Rechts: Eddy Merckx (rechts) auf dem Weg zu seinem fünften und letzten Tour-Sieg.

1974

EDDY MERCKX

Die komplette Sammlung

»Man sollte Merckx dafür bezahlen, in Zukunft nicht mehr beim Giro zu starten«, stöhnte der Italiener Dancelli schon 1970. Diesen frommen Wunsch hatten wohl viele Fahrer, und er galt sicherlich auch für die Tour, die Merckx inzwischen viermal gewonnen hatte. Die Gefräßigkeit des »Kannibalen« ist durchaus zu einem Problem geworden. Manche Rennen mit ihm sind regelrechte Langweiler, viele Gegner sind entmutigt. Sponsoren anderer Rennställe fragen sich, warum sie Geld in Unternehmen investieren sollen, die ohnehin zum Scheitern verurteilt sind. Es ist paradox: Eddy Merckx macht den Radsport weltweit berühmt und stürzt ihn gleichzeitig in eine Krise.

1974 hat Eddy Merckx den Giro d'Italia schon wieder gewonnen und nimmt auch noch die Tour de Suisse in seine Titel-Sammlung auf. Am Start der Tour de France fehlt Vorjahressieger Ocana, und es ist keiner zu sehen, der dem großen Belgier gefährlich werden könnte. Allein der inzwischen 38jährige Poulidor bietet ihm die Stirn. Und hätte »Poupou« nicht den Schwächeanfall am Galibier erlitten, der ihn wertvolle sechs Minuten auf Merckx kostet – vielleicht wäre es doch noch einmal spannend geworden. So aber macht Merckx bei den Zeitfahren von Bordeaux und Orleans alles klar und gewinnt mit acht Minuten Vorsprung auf Poulidor, der wieder einmal Zweiter wird.

Wie nebenbei geht der Belgier auch noch auf Rekordjagd. Mit seinem fünften Tour-Sieg stellt er die Bestmarke von Anquetil ein. Auch acht Etappensiege in einem Jahr schaffte vor ihm nur Charles Pelissier. Doch selbst für den erfolgverwöhnten Eddy Merckx gibt es noch unerreichte Superlative: Siege bei Giro, Tour und Weltmeisterschaft in einem Jahr – das gelingt ihm erst 1974. Der Belgier wird Weltmeister in Montreal.

Zu einem sechsten Tour-Sieg aber reicht es nicht. Zunächst sieht auch 1975 wieder alles nach einem Erfolg von Merckx aus, doch auf der Alpenetappe von Nizza nach Pra Loup über fünf schwere Pässe kann Merckx einem fulminanten Angriff von Bernard Thevenet nicht mehr folgen. Der »Kannibale« bricht völlig ein. Und jetzt geschieht etwas, womit viele nicht gerechnet haben. Merckx weiß, daß er verloren hat und fährt trotzdem weiter. Auch ein schwerer Sturz, bei dem er sich das Jochbein bricht, kann ihn nicht davon abhalten, sich bis Paris durchzukämpfen. Er wird Zweiter hinter Thevenet, weil er seine Mannschaft nicht im Stich lassen will. Diese Loyalität bringt dem »Kannibalen« mehr Sympathie ein als all die Siege der letzten Jahre. »Merckx est mort, vive Eddy!« rufen die begeisterten Franzosen.

1975

BERNARD THEVENET

Der lang-ersehnte Sieg

Henri Thevenet wollte seinem Sohn Bernard seinen Bauernhof im Burgund überlassen und schickte ihn daher auf die Landwirtschaftsschule in St. Julien. Bernard aber hatte ganz anderes im Sinn und zum Glück die Großmutter auf seiner Seite. Sie schenkte ihrem Enkel sein erstes Rennrad. Schon bald wurde Bernard Thevenet französischer Jugendmeister. 1970 erhielt er seinen ersten Profivertrag bei Peugeot-BP – für magere 700 Mark im Monat.

1975 gilt Eddy Merckx immer noch als unantastbar. Kaum jemand zweifelt am sechsten Tour-Sieg des unersättlichen Belgiers. Und deswegen wundert sich auch keiner über den Rennverlauf während der ersten zwei Wochen: Merckx hat schon wieder beide Zeitfahren gewonnen, zeigt keine Schwäche und fährt souverän in Gelb.
Auf der 15. Etappe degradiert er in den Alpen die Konkurrenten zu Statisten, als er wild entschlossen auf der Abfahrt vom Col d'Allos ausreißt. In den letzten Anstieg zum Wintersportort Pra-Loup geht er 18 Sekunden vor Gimondi und 1:10 Minuten vor Thevenet. Dann geschieht etwas Unvorstellbares: Eddy Merckx hat einen Schwächeanfall. Plötzlich sieht Bernard Thevenet den Belgier wieder vor sich. Das verleiht ihm Flügel, unerbittlich zieht er an Merckx vorbei. Im Ziel hat Thevenet 1:58 Minuten Vorsprung und das Gelbe Trikot.
24 Stunden später, am Nationalfeiertag, folgt die nächste schwere Alpenetappe über die Gipfel des Col de Vars und des Izoard. Bernard Thevenet ist nicht mehr aufzuhalten. Er vergrößert seinen Vorsprung um weitere 2:23 Minuten, der fünfmalige Tour-Sieger Merckx ist körperlich und seelisch schwer angeschlagen. Der Jubel der Franzosen kennt keine Grenzen. Acht Jahre sehnsüchtigen Wartens sind vorbei, endlich gibt es wieder einen Sieger aus dem eigenen Land. In Paris warten Hunderttausende und Staatspräsident Valery Giscard d'Estaing auf Bernard Thevenet.
1977 kann Thevenet seinen Tour-Sieg wiederholen. Aber er lernt auch die Schattenseiten des Lebens als Radprofi kennen. Nach weniger erfolgreichen Jahren feuert ihn sein Peugeot-Team, dem er zehn Jahre treu gedient hat. 1981 tritt er von der Bühne ab, still und leise, vor leeren Rängen beim Sechs-Tage-Rennen in Grenoble. Doch der Tour de France ist Bernard Thevenet bis heute treu geblieben: als Kommentator des französischen Fernsehens.

Der Verlierer Eddy Merckx (rechts) gratuliert seinem Bezwinger Bernard Thevenet.

1975

WALTER GODEFROOT

Die berühmte Prachtstraße

Die Champs-Elysées sind ein Heiligtum. Hier werden nur die ganz großen Feste gefeiert. Seit 1975 wird die Pariser Prachtstraße an zwei Tagen im Jahr abgeriegelt: am 14. Juli, dem Nationalfeiertag Frankreichs, und am letzten Tag der Tour de France. Jahrelang haben sich die Organisatoren ausdauernd und penetrant um eine Erlaubnis für diese Zielankunft bemüht. Erst in diesem Jahr hat Bürgermeister Jacques Chirac, der spätere Staatspräsident, endlich nachgegeben.

Die erste Tour ging 1903 noch vor dem Restaurant »Père Auto« in Ville d'Avray am Stadtrand von Paris zu Ende. Seit 1905 empfing dann der Prinzenpark die Fahrer am Ende ihrer dreiwöchigen Strapazen. Aber das ehrwürdige Velodrom wurde morsch und war zu klein, so daß die Renndirektion seit 1968 ins nahe gelegene Vincennes ausweichen mußte. Sie war ohnehin schon lange der Meinung, daß eine würdige Kulisse für die »Ritter der Landstraße« nur die Champs-Elysées im Herzen von Paris seien. Die Allee zwischen Place de la Concorde und Arc de Triomphe ist 70 Meter breit und 1910 Meter lang. Als die Tour 1975 erstmals auf diesem historischen Pflaster zu Ende geht, steht bereits fest, daß mit Bernard Thevenet ein Franzose die Rundfahrt gewinnen wird. Die Stimmung der 500 000 Zuschauer ist unbeschreiblich. Gleich bei der ersten Ankunft auf den Champs-Elysées kommt es zu einem »sprint royal«, einem königlichen Sprint des ganzen Feldes. Der Belgier Rik van Linden stürmt im Grünen Trikot auf die Zielgerade. Er hat bereits drei Etappen gewonnen, aber auf der ungewöhnlich breiten Straße verschätzt er sich. Den Sprint gewinnt im letzten Augenblick sein Landsmann Walter Godefroot.

Für Godefroot ist dieser Sieg eine besondere Genugtuung. Er fährt die Tour de France zum siebten Mal und hat sich in jedem Jahr mindestens einmal in die Liste der Etappensieger eingetragen. 1975 hätte er es beinahe nicht geschafft. Doch auf der allerletzten Tour-Etappe seiner aktiven Laufbahn macht er so seinen zehnten Etappensieg perfekt. Walter Godefroot errang als Profi rund 150 Siege, gewann Klassiker wie die Flandern-Rundfahrt und Paris – Roubaix. Aber dieser Sieg in Paris wird immer zu seinen schönsten gehören. Über 20 Jahre später feierte Walter Godefroot auf eben diesen Champs-Elysées seine größten Triumphe als Sportlicher Leiter: mit den Tour-Siegen von Bjarne Riis und Jan Ullrich.

Seit 1975 endet die Tour de France auf den Pariser Champs-Elysées.

Lucien van Impe ist einer der talentiertesten Kletterer der Tourgeschichte: 22 verschiedene Berge überfährt er als erster.

1976

LUCIEN VAN IMPE

Der befohlene Sieg

Lucien van Impe hat lange gewartet. Seit 1969 ist er jedes Jahr dabei, noch nie hat er aufgegeben. Unermüdlich klettert er immer wieder wieselflink die Berge hinauf. 1975 hat er zwar als erster Rennfahrer das rotgepunktete Bergtrikot übergezogen, zu einem Tour-Sieg hat es für den kleinen Belgier aber bisher nicht gereicht. Dennoch: ein anderes Ziel gibt es für ihn nicht. An den klassischen Eintagesrennen hat er kein Interesse, andere Rundfahrten sind nur Training für ihn. Lucien van Impe hat die gesamte Saisonplanung auf die Tour de France ausgerichtet. Eine Strategie, die Rennfahrer wie Greg Lemond, Miguel Indurain und Jan Ullrich später perfektionieren werden.

So versucht van Impe es auch 1976 wieder. Eddy Merckx ist nicht dabei, und Bernard Thevenet, der Sieger vom letzten Jahr, scheidet aus. Zum großen Gegenspieler wird Joop Zoetemelk, der genau wie van Impe seit Jahren vergeblich versucht, die Tour zu gewinnen. Der alte Holländer entscheidet die beiden Alpenetappen in Montgenevre und Alpe d'Huez für sich. Nun soll der nächste Angriff in den Pyrenäen folgen, aber diesmal kommt ihm Lucien van Impe zuvor.

Die 14. Etappe führt von Saint Gaudens nach Saint-Lary-Soulan. Früh bildet sich eine Spitzengruppe mit dem Spanier Ocana, aber ohne van Impe und Zoetemelk. Beim Anstieg nach Pla d'Adet treibt Teamchef Cyrille Guimard seinen Schützling lautstark aus dem Auto an und fordert die Verfolgung der Ausreißer. Lucien van Impe gehorcht und stürmt los. Wenige Kilometer später erreicht er den Spitzenreiter Ocana. Am Col de Portillon erscheint sein Sportlicher Leiter noch einmal an seiner Seite und befiehlt geradezu einen weiteren Angriff. Die Gruppe fliegt auseinander, auf dem Peyresourde ist nur noch Luiz Ocana als Begleiter übriggeblieben. Viel wichtiger aber ist für Lucien van Impe, daß sein gefährlichster Gegner weit zurückgefallen ist. Joop Zoetemelk verliert an diesem Tag die Tour.

Der Sieg gehört van Impe. Er gewinnt in seiner langen Karriere nur diese eine Rundfahrt, aber es ist die Erfüllung seines Lebenstraums. Er wird belohnt für zahllose Kletterpartien: 22 verschiedene Berge überfährt er bei der Tour als Erster, sechsmal ist er Bergkönig, so oft wie Federico Bahamontes.

Nach Beendigung seiner Laufbahn hat Lucien van Impe allerdings keine Lust mehr aufs Radfahren. Er zieht sich aufs Land zurück und eröffnet einen Partyservice.

Dietrich Thurau fährt 15 Tage in Gelb und löst einen Radsport-Boom in Deutschland aus.

1977

DIETRICH THURAU

Der blonde Engel

Am Anfang ist Dietrich Thurau für die Franzosen vor allem ein sprachliches Problem. »Türoo« sprechen sie ihn aus. Aber dieser Name, so falsch er auch über die Lippen kommt, ist bald in aller Munde. Dabei ist Thurau erst 22 Jahre alt und ein Tour-Neuling, als er im TI-Raleigh-Team von Peter Post an den Start geht.

Die Streckenplaner haben sich diesmal etwas Besonderes ausgedacht und lassen die Tour in Fleurance beginnen, am Fuße der Pyrenäen. Dietrich Thurau gewinnt überraschend den Prolog, aber schon die zweite Etappe führt über Bergriesen, die der junge Frankfurter nur vom Hörensagen kennt. Es verwundert deshalb niemanden, daß er auf dem Tourmalet schon 2:30 Minuten Rückstand auf eine prominent besetzte Spitzengruppe mit Kuiper, Zoetemelk und Thevenet hat. Da kommt von hinten Eddy Merckx: »Los, da fahren wir jetzt hin!« An der Seite des großen Belgiers will sich Thurau natürlich nicht blamieren, und nach der Überfahrt des Aubisque gelingt es ihnen tatsächlich, die Gruppe zu erreichen. Der »blonde Engel« gewinnt sogar den Spurt in Pau. Erst vier Tage später gerät sein Gelbes Trikot wieder in Gefahr. Vor dem Zeitfahren in Bordeaux liegt Eddy Merckx nur acht Sekunden hinter dem Deutschen. Aber Thurau übertrifft sich selbst. Auf 30 Kilometern nimmt er Merckx 50 Sekunden ab, Thevenet und Zoetemelk verlieren sogar mehr als eine Minute.

Dietrich Thurau versetzt Deutschland in einen nie erlebten Tour-Taumel. Magazine, die noch keine einzige Zeile über Radsport gedruckt haben, schikken plötzlich ihre Reporter zur Tour de France. Der Ruhetag in Freiburg ist für Thurau anstrengender als jede Bergetappe, Tausende Fans belagern sein Hotel. Deutschland träumt vom Tour-Sieg. Aber noch liegen die Alpen vor den Fahrern. Von Morzine nach Avoriaz führt ein Bergzeitfahren. 15 Tage in Gelb haben Thurau ausgezehrt, sein eleganter Stil weicht müden Tritten. Er wird nur 15., und zwei Tage später gibt ihm der brutale Anstieg nach Alpe d'Huez den Rest. Thurau verliert 12 Minuten. Er kann die Tour nicht gewinnen, erreicht Paris aber immerhin im Weißen Trikot des besten Jungprofis. Als Zugabe für seine Fans gewinnt er das abschließende Zeitfahren auf den Champs-Elysées.

Jacques Chirac, damals Bürgermeister von Paris, glaubt historische Dimensionen zu erkennen: »Seit Konrad Adenauer hat keiner mehr für die deutsch-französische Freundschaft getan als Dietrich Thurau!« Das Sprachproblem hat sich längst erledigt. Bei den Franzosen heißt er nur noch »Didi«.

1978

KLAUS-PETER THALER

Der zufällige Spitzenreiter

Als Jan Ullrich unmittelbar nach seinem Tour-Sieg 1997 in Hamburg bei den HEW-Cyclassics startet, da entdeckt er unter den Teilnehmern des Volkssport-Rennens einen Mann in einem leuchtenden Gelben Trikot. Es ist aus Baumwolle und viel zu dick für diesen heißen Tag. Das Trikot ist schon 19 Jahre alt, sein stolzer Träger heißt Klaus-Peter Thaler.

Der sorgt im Sommer 1978 dafür, daß in Deutschland im Jahr eins nach Thurau schon wieder das Tour-Fieber ausbricht. Klaus-Peter Thaler gewinnt nämlich die dritte Etappe nach Saint-Germain-en-Laye im Sprint und schiebt sich in der Gesamtwertung weit nach vorn. Und als einen Tag danach sein TI-Raleigh-Team mit den Stars Kuiper, Raas und Knetemann im Mannschaftszeitfahren siegt, fällt für Thaler – sozusagen als Nebenprodukt – das Gelbe Trikot ab. Die Hoffnung auf eine Wiederholung der »15 gelben Tage« von Dietrich Thurau aber schwindet schnell. Am nächsten Tag kann Klaus-Peter Thaler seine Führung zwar verteidigen, doch die notwendige Unterstützung durch sein hochkarätiges Team bleibt aus. So ist es auf der sechsten Etappe nach Poitiers ausgerechnet sein Teamkollege Gerrie Knetemann, der ihm das Gelbe Trikot wieder auszieht.

Thaler wird respektabler 37. der Gesamtwertung. Bis 1982 fährt er die Tour noch dreimal und erreicht jedesmal das Ziel in Paris. Damit ist der Gevelsberger bis Mitte der 80er Jahre der zuverlässigste deutsche Radprofi beim schwersten Rennen der Welt.

Vor allem das begnadete Talent Dietrich Thurau erfüllt die in ihn gesetzten Hoffnungen nicht. Er zieht das

1979

BERNARD HINAULT

Der schlaue Dachs

schnelle Geld der Sechs-Tage-Rennen einer langfristig angelegten Karriere vor. 1978 ist Thurau gar nicht dabei, ein Jahr später kommt er in Paris mit 45 Minuten Rückstand ins Ziel. 1980 kann auch Teamleiter Rudi Altig seinen Schützling nicht zum Weiterfahren überreden, weil die Dopinggerüchte um Thurau nicht verstummen. 1985 verprügelt der »blonde Engel« einen Kommissar und wird ausgeschlossen, bei seiner letzten Tour kapituliert er vor den Pyrenäen. Eine magere Bilanz für einen Mann mit seinen Möglichkeiten.
Klaus-Peter Thaler dagegen wird immerhin viermal Weltmeister im Radcross, je zweimal als Amateur und als Profi. Im Bewußtsein der Radsportfans aber bleiben seine zwei tollen Tour-Tage in Gelb – die letzten eines deutschen Profis für 19 lange Jahre.

Links: Klaus-Peter Thaler bei seinem Etappensieg in Saint-Germain-en-Laye. Rechts: Bernard Hinault ist ein brillanter Zeitfahrer. Hier bei seinem Sieg in Dijon.

Bernard Hinault ist einer von vielen jungen Männern, die sich 1978 zum ersten Mal auf das Abenteuer Tour de France einlassen. In diesem Jahr hat er bereits die Spanien-Rundfahrt gewonnen und geht als französischer Straßenmeister an den Start. International ist sein Name eher ein Geheimtip, einige französische Experten glauben allerdings schon jetzt, in ihm ein neues Riesentalent entdeckt zu haben. Der Sohn einer Bauernfamilie aus Yffiniac in der Bretagne war 16 Jahre alt, als er das allererste Rennen seines Lebens auf Anhieb gewann. Ein gutes Omen, wie sich herausstellen sollte.
Von Anfang an spielt der Bretone seine größte Stärke aus – das Zeitfahren. Sein Einstand ist der Sieg auf der neunten Etappe von Saint Emilion nach Sainte-Foye-La-Grande. Doch sechs Tage später, beim Bergzeitfahren auf den Puy de Dôme, stockt den Fans der Atem. Hinault gerät völlig aus dem Tritt und verliert wertvolle 1:40 Minuten auf den starken Belgier Michel Pollentier. Doch er bügelt seine Schlappe gleich auf der nächsten Etappe aus. In Saint Etienne fährt »der Dachs«, wie Hinault wegen seiner Gerissenheit schon bald genannt wird, als Erster über die Ziellinie. Zwei Tage vor Paris hat er nur noch einen ernstzunehmenden Gegner: Joop Zoetemelk versucht seinen hauchdünnen Vorsprung ins Ziel zu retten. Doch das dritte und letzte Zeitfahren der Tour, von Metz nach Nancy, entscheidet Hinault so souverän für sich, daß er bis zum Schluß im Gelben Trikot fahren darf. Der »ewige Zweite« Zoetemelk aber macht seinem Namen wieder einmal alle Ehre. Sein Rückstand auf Hinault beträgt am Ende fast vier Minuten.
Natürlich ist Bernard Hinault 1979 der absolute Favorit, als das Fahrerfeld gleich nach dem Start in die Pyrenäen klettert. Die Berge meistert er auch dieses Mal ohne Probleme, allerdings wird ihm das berüchtigte Kopfsteinplaster zwischen Amiens und Roubaix beinahe zum Verhängnis. Ausgerechnet als Dietrich Thurau vorne Tempo macht, hat Hinault eine Panne. Die Minuten, die er auf den Materialwagen warten muß, werden zur Ewigkeit. Zoetemelk nimmt ihm für sechs Tage das Gelbe Trikot ab. Doch Bernard Hinault gewinnt alle drei Zeitfahren und zwei weitere Etappen und erreicht Paris als überlegener Sieger. 13:30 Minuten beträgt sein Vorsprung. Nun haben die Franzosen endgültig einen neuen Helden.

1980

RUDY PEVENAGE

Der Mann aus Geraardsbergen

Zum ersten Mal seit 25 Jahren beginnt die Tour de France auf deutschen Straßen. Diesmal aber nicht am Rhein, in Köln, sondern am Main, in Frankfurt. Die Stadt hat sich das dreitägige Spektakel ungefähr eine Million Mark kosten lassen. Eine Investition, die sich nicht hundertprozentig auszahlt, denn die Stadtväter haben vergeblich gehofft, daß ein berühmter Sohn die Mainmetropole im Gelben Trikot verlassen wird: Dietrich Thurau. Der aber wird im Prolog nur Fünfter und beobachtet neidisch, wie sich Bernard Hinault das begehrteste Kleidungsstück des Radsports überzieht. Auch die erste Etappe nach Wiesbaden und ein Mannschaftszeitfahren zurück nach Frankfurt ändern nichts an der Führung von Hinault.

Auf dem vierten Abschnitt kehrt die Tour in ihre Heimat zurück. Auf der Etappe nach Metz bildet sich eine neunköpfige Spitzengruppe, der auch der kräftige Belgier Rudy Pevenage angehört. Er kommt aus Geraardsbergen, wo die berühmte Mauer steht – der mörderische Anstieg, der schon so oft die Flandern-Rundfahrt entschieden hat. Pevenage ist ein explosives Kraftpaket, das seine Schnelligkeit im Spurt überzeugend zu nutzen versteht. Der Belgier gewinnt die Etappe vor dem Italiener Bazzo und Yvon Bertin aus Frankreich, der das Gelbe Trikot erobert. Am nächsten Tag geht die Fahrt nach Belgien, in Pevenages Heimat. Er sammelt fleißig Zeitgutschriften und bekommt am Abend in Lüttich das Trikot des Führenden übergestreift. Für Rudy Pevenage bricht eine schwere Zeit an, die zugleich seine schönste als Rennfahrer wird – er hat das Gelbe Trikot bei der Tour de France zu verteidigen. Mit viel Rennübersicht und der zuverlässigen Unterstützung seines Teams gelingt ihm das neun Tage lang. Erst auf der 14. Etappe, einem Einzelzeitfahren über 51,7 Kilometer nach La Plume, verliert er das Gelbe Trikot. Bernard Hinault übernimmt es, muß jedoch einen Tag später vor seinen Knieschmerzen kapitulieren und aufgeben. Rudy Pevenage aber fährt seine beste Tour. Auch wenn er keine Etappe mehr gewinnen kann, erreicht er Paris im Grünen Trikot.

Pevenage wurde später Sportlicher Leiter der belgischen Mannschaft La William. 1994 folgte er dem Ruf seines früheren Konkurrenten und Freundes Walter Godefroot zum Team Telekom. Pevenage kümmert sich dort um die Trainingsmethodik und entscheidet über die Trainingspläne und Renneinsätze. Dadurch hatte er großen Anteil am ersten Tour-Sieg eines deutschen Rennfahrers, am Sieg von Jan Ullrich 1997.

Rudy Pevenage (Mitte) im Gelben Trikot fährt 1980 seine beste Tour.

1980

JOOP ZOETEMELK

Der älteste Sieger

Dr. Rolink ist ein erfahrener Arzt. Er betreute bereits den erfolgreichen Radprofi Peter Post und die berühmte Fußballmannschaft von Ajax Amsterdam. 1965 hat er wieder einmal das richtige Gespür für ein großes Talent. Damals überredet Dr. Rolink einen 18jährigen zum Radsport, trotz seines für einen Anfänger »hohen« Alters. Dieser Junge ist Gerardes Zoetemelk, den bald alle nur noch »Joop« nennen. Schon drei Jahre nach seinem Einstieg wurde Zoetemelk 1968 in Mexico-City Olympiasieger im 100-Kilometer-Mannschaftsfahren. Danach wechselte er zu den Profis, fuhr 1970 seine erste Tour und wurde auf Anhieb Zweiter hinter Eddy Merckx. Vier Jahre später jedoch schien seine Karriere beendet, bevor sie richtig beginnen konnte: Bei der Rundfahrt Midi Libre stürzte Zoetemelk so schwer, daß bei einem Schädelbruch und einer Rückenmarkentzündung sein Leben in Gefahr war. Dieses Trauma mag ein Grund dafür sein, daß Joop Zoetemelk nie als großer Draufgänger und Angreifer für Schlagzeilen sorgte.

Seine Stärke ist die Zuverlässigkeit. 16mal startet er bei der Tour de France, so oft wie kein anderer. Immer erreicht er das Ziel. 15 Jahre lang vereinigt er alle Holländer in ihren Sommerferien. »Was macht Joop bei der Tour?«, lautet die meistgestellte Frage, auch unter Leuten, die sich sonst nicht für den Radsport interessieren. Bis 1979 ist Zoetemelk schon viermal Zweiter der Tour geworden, doch diesmal kündigt er ungewohnt selbstbewußt an: »Wenn man so oft Zweiter war, kann man auch gewinnen!« Zoetemelk wird wieder Zweiter, und im Tour-Troß lächelt man schon über den ewigen Verlierer.

1980 rechnen alle mit einem Duell Hinault gegen Zoetemelk. Aber der Franzose muß als Träger des Gelben Trikots in den Pyrenäen mit Knieproblemen aufgeben. Endlich scheint der Weg frei für Zoetemelks ersten Sieg bei seiner zehnten Tour. Der mittlerweile 33jährige gewinnt zwei Zeitfahren in La Plume und Saint Etienne und reagiert souverän auf alle Angriffe in den Alpen – das reicht. Am Ende hat er 6:55 Minuten Vorsprung vor seinem Landsmann und Freund Hennie Kuiper. Deshalb flaggt Paris am 21. Juli orange. 350 holländische Reisebusse parken an den Champs-Elysées, 10 000 Fans sind mit Privatautos in die französische Hauptstadt gekommen. Selbst in der Metro sind die Pariser in der Minderheit. Die Niederländer feiern den ältesten Tour-Sieger der Geschichte.

Joop Zoetemelk (hinten) läßt sich in den Alpen nicht abhängen.

COLNAGO

1981

FREDDY MAERTENS

Der überraschende Rückkehrer

Manch einer ist überrascht, als Freddy Maertens 1981 am Start der Tour de France in Nizza auftaucht. Die Karriere des 29jährigen Belgiers gleicht der Berg- und Talfahrt einer Achterbahn. Großartigen Siegen folgten abgrundtiefe Skandale.
1974 zum Beispiel verlor Freddy Maertens den Sieg bei der Belgien-Rundfahrt, weil er des Dopings überführt wurde. Doch er kam wieder, und wie: Bei der Tour de France 1976 gewann Maertens nicht weniger als acht Etappen und stellte damit den Rekord von Charles Pelissier und Eddy Merckx ein. Außerdem errang er den Weltmeistertitel. Ein Jahr später war er wieder fällig: Sein zweiter Platz bei der Flandern-Rundfahrt und der dritte Rang beim Wallonischen Pfeil waren wertlos, weil ihm erneut Doping nachgewiesen wurde. Es zeigten sich typische Folgeerscheinungen des Cortison-Mißbrauchs: Einem Jahr mit großen Leistungen folgte eine schwache, kraftlose Saison. 1978 kehrte er zur Tour zurück und verließ sie als zweimaliger Etappensieger. Dann jedoch schien eine Verletzung seine Karriere zu beenden; er zog sich zur Behandlung in die USA zurück. Lange war nichts vom schnellen Belgier zu hören.
Bei seinem Tour-Comeback 1981 braucht Freddy Maertens nur einen Tag, um seinen Ruf als einer der besten Sprinter seiner Zeit zu bestätigen. In Nizza gewinnt er gleich die erste Etappe vor dem starken Iren Sean Kelly. Auch am Ende der vierten Etappe hat Maertens wieder die schnellsten Beine. Besonders bedeutsam für ihn sind dann seine Siege in der Heimat; er gewinnt sowohl in Brüssel als auch in Hasselt. Und auf den Champs-Elysées in Paris ist Freddy Maertens ebenfalls nicht zu schlagen. Die Gesamtwertung interessiert ihn nicht. Da wird er nur 66., 1:47:34 Stunden hinter Bernard Hinault. Aber wie bei seinen beiden vorherigen Tour-Starts gewinnt er auch diesmal die Sprintwertung um das Grüne Trikot. 15 Etappensiege auf drei Touren. Nach dem Zweiten Weltkrieg waren nur Merckx, Hinault, Darrigade und Anquetil erfolgreicher.
Im Sommer 1981 startet Freddy Maertens bei der Weltmeisterschaft in Prag. Geschickt nutzt er die Konkurrenz zwischen Hinault und dem Italiener Saronni aus und gewinnt sein zweites Regenbogentrikot. Danach verschwindet er wieder in der Versenkung. Auch zur Tour de France kehrt Maertens nicht mehr zurück.

In Paris ersprintet Freddy Maertens (links) seinen fünften Etappensieg.

Bernard Hinault vor dem Australier Phil Anderson.

1982

BERNARD HINAULT

Das zerstrittene Erfolgsteam

Zwei Stunden vor Beginn der Tour in Basel hat Bernard Hinault nicht übel Lust, seinen Koffer zu packen. Die Streitigkeiten im Team Renault-Gitane sind einfach nicht auszuhalten. Aber dann reist er doch nicht ab und gewinnt statt dessen den Prolog. Und auch die Mannschaft um seine Edelhelfer Didier und Madiot hat sich bald halbwegs wieder zusammenrauft. Vorerst aber gilt die Aufmerksamkeit ohnehin einem anderen. Phil Anderson ist ein Exot unter den Fahrern, denn er kommt aus dem fernen Australien. Im vergangenen Jahr hat er in den Pyrenäen bereits einmal das Gelbe Trikot getragen. Der erste Australier in Gelb übrigens. Offenbar ein so angenehmes Gefühl, daß er es 1982 unbedingt wieder erleben will. Er gewinnt die zweite Etappe nach Nancy und trägt danach acht lange Tage das *Maillot Jaune*. Doch dann schwingt Bernard Hinault wieder das Zepter. Ihm reicht ein zweiter Platz beim Einzel-Zeitfahren in Valence d'Agen. Schon drei Tage später steht erneut ein Zeitfahren auf dem Tour-Plan. 32,5 Kilometer nach Martigues hören sich harmlos an, aber die Hitze macht den meisten schwer zu schaffen. Auch Hinault kommt völlig ausgepumpt ins Ziel und ringt verzweifelt nach Luft. Egal, alle anderen sind wieder einmal langsamer als er.Eigentlich läuft es prächtig für den »Dachs«, ungefährdet liegt er in Führung. Trotzdem hören die Journalisten nicht auf zu sticheln. Hinault hat schließlich »nur« den Prolog und ein Zeitfahren gewonnen, aber noch keine normale Etappe. Doch der läßt sich nicht aus der Ruhe bringen und hebt sich das Beste für den Schluß auf. Auf den Champs-Elysées besiegt er die gesamte Garde der Sprinter und feiert den, wie er selbst sagt, schönsten Etappensieg seiner Karriere. Es ist auch sein letzter Tour-Sieg für Renault-Gitanes. Die Zwistigkeiten in jüngster Zeit machen ihm den Abschied nicht allzu schwer, zumal das Angebot des ehrgeizigen Geschäftsmannes Bernard Tapie einfach zu verlockend ist. Er bietet Hinault für die nächsten drei Jahre die damals gigantische Summe von 3,5 Millionen.

1983

PASCAL SIMON

Der tapfere Aussteiger

Pascal Simon stammt aus einer Rennfahrerfamilie aus Troyes. Drei seiner Brüder gingen ebenfalls bei der Tour de France an den Start, Jerôme und Regis gewannen sogar Etappen. Aber im Gelben Trikot fuhr nur ein Simon, und das war Pascal. Die Geschichte wie er dieses Trikot verteidigte und schließlich wieder verlor, wird in Frankreich immer noch oft und gerne erzählt
Als neunte Etappe steht wieder einmal der Ritt durch die Pyrenäen auf dem Programm. Keiner der gefürchteten Gipfel wird ausgelassen: Tourmalet, Aubisque, Aspin, Peyresourde – sie alle stehen den Fahrern zwischen Pau und Luchon im Weg. Bald setzt sich eine Spitzengruppe ab, nur die besten Kletterer können dem hohen Tempo folgen. Nach 200 schweren Kilometern gewinnt schließlich der Schotte Millar vor dem Spanier Delgado. Aber der eigentliche Sieger des Tages kommt als Dritter ins Ziel: Pascal Simon übernimmt das Gelbe Trikot.
Am nächsten Tag geht es weiter nach Fleurance, wo sechs Jahre zuvor die Triumphfahrt von Dietrich Thurau begann. Für Pascal Simon beginnt eine Fahrt durch die Hölle. Ein Augenblick der Unaufmerksamkeit wird dem Träger des Gelben Trikots zum Verhängnis, er stürzt in den Straßengraben. Als Simon wieder aufstehen will, verspürt er einen stechenden Schmerz – das Schulterblatt ist gebrochen. Notdürftig wird er vom Rennarzt behandelt, dann steigt der Franzose aufs Rad und fährt tapfer weiter. Von seinen Helfern angefeuert, kehrt er ins Feld zurück und verteidigt tatsächlich seine Führung. Pascal Simon fährt eine »Tortour« de France, und ganz Frankreich leidet mit. Tag für Tag berichten die Medien ausführlich darüber, wie sich Simon gegen das drohende Schicksal wehrt, im Gelben Trikot aufgeben zu müssen. Noch sechs Tage hält er durch, mit einem dicken Verband um die Schulter und fürchterlichen Schmerzen. Beim Anstieg nach Alpe d'Huez kapituliert Pascal Simon schließlich, zutiefst enttäuscht, daß er den Weg für Laurent Fignon freimachen muß.
Simon ist der zehnte Fahrer in der Geschichte der Tour, der im Gelben Trikot aufgeben muß. Der erste war Francis Pelissier, der 1927 während des Rennens schwer krank wurde. Nach Pascal Simon erwischt es noch drei Fahrer: Rolf Sörensen, der 1991 in einem Kreisverkehr stürzt und sich das Schlüsselbein bricht, Stephane Heulot, der 1996 mit Kniebeschwerden und Magenschmerzen zusammenbricht und Christopher Boardman, der 1998 auf einer Flachetappe gegen eine Mauer prallt.

Pascal Simon wird von Tour-Arzt Dr. Roste an der verletzten Schulter behandelt.

1984

LAURENT FIGNON

Der intellektuelle Sieger

Laurent Fignon läßt Bernard Hinault (rechts) nicht entkommen.

Dieser Mann ist anders als andere Rennfahrer. Er trägt eine Nickelbrille und hat einen blonden Pferdeschwanz. Er studiert Veterinärmedizin an der Pariser Sorbonne und liest ausländische Zeitungen. Er verrät nichts über sein Privatleben und distanziert sich kühl von Reportern und Fans. Laurent Fignon ist der Philosoph unter den Radprofis: »Man lebt nicht, man vegetiert. Man ist ein Mensch, der fährt, ißt, schläft, sich erholt, sich aber intellektuell nicht weiterentwikkelt.« Es ist kein Wunder, daß so einer sich nur schwer bei den Zuschauern durchsetzen kann.
Laurent Fignon kommt hoch motiviert zur Tour 1984. Sein Sieg vom letzten Jahr wird als »Wenn-Erfolg« heruntergespielt: Wenn Hinault am Start gewesen wäre ..., wenn Simon sich nicht die Schulter gebrochen hätte ..., wenn Zoetemelk nicht beim Doping erwischt worden wäre ..., wenn van Impe in den Bergen nicht versagt hätte ... Sein überragender Sieg beim abschließenden Zeitfahren in Dijon wird kaum gewürdigt. Deshalb will es Laurent Fignon allen beweisen, vor allem Bernard Hinault, dessen Helfer er einmal war und dessen größter Gegner er diesmal sein wird.
Fignons Form ist von Anfang an beeindruckend. In den Pyrenäen zeigt er keine Schwäche, auf den Flachetappen fährt er mit viel Übersicht. In Le Mans und La Ruchere läßt er seinem Gegenspieler Hinault in zwei Zeitfahren nicht die Spur einer Chance. Dessen letzter Versuch ist ein verzweifelter Angriff beim Aufstieg nach Alpe d'Huez. Es wird sein Untergang. Hinault erhöht zwar immer wieder das Tempo, aber Fignon läßt sich nicht abschütteln, und zehn Kilomter vor dem Ziel attakkiert er den viermaligen Tour-Sieger. Am schnellsten klettert Luis Herrera, der aber in der Gesamtwertung keine Rolle spielt. 49 Sekunden hinter dem Kolumbianer folgt schon Fignon, der dem entkräfteten und demoralisierten Hinault ganze drei Minuten abgenommen hat. Die Tour 1984 ist entschieden.
In den nächsten Tagen wird Laurent Fignons Überlegenheit erdrückend. Er gewinnt im Zwei-Tages-Takt noch vier Etappen, darunter auch das dritte Zeitfahren. In Paris hat er 10:32 Minuten Vorsprung vor Bernard Hinault. Jetzt lieben und verehren ihn die Franzosen. Ohne Wenn und Aber. Und für eine Boulevardzeitung ist der intellektuelle Rennfahrer sogar: »Der Sonnenkönig!«.

1985

HINAULT, LEMOND

Das Duell der Generationen

Wird Bernard Hinault in diesem Jahr noch einmal gewinnen, oder ist seine Zeit abgelaufen? Hinaults Bezwinger aus dem Vorjahr, Laurent Fignon, ist diesmal zwar nicht dabei, doch der Amerikaner Greg LeMond möchte ihn nur gar zu gerne beerben. Er hat nur ein Problem: Er fährt wie Hinault für den Rennstall »La Vie Claire«, und hier ist eindeutig »der Dachs« der Chef.

Alles läuft nach Plan. Hinault gewinnt standesgemäß den Prolog und zieht sich schon früh das Gelbe Trikot über. Alle Zweifel über LeMonds Rolle scheinen damit beseitigt. Er ist der Diener des »Königs«, nicht mehr und nicht weniger. Doch auf der 14. Etappe passiert das Malheur. Nur noch lächerliche 200 Meter sind es bis zum Ziel in Saint Etienne, da reißt ein Sturz gleich mehrere Fahrer auf den Asphalt. Einer der Männer, die sich mit schmerzverzerrten Gesichtern wieder aufrichten, ist Bernard Hinault. Ihn hat es besonders schlimm erwischt: doppelter Nasenbeinbruch, Platzwunden am Kopf und Quetschungen am Oberschenkel. Blutüberströmt und wie von Sinnen schafft er es irgendwie, doch noch über die Ziellinie zu fahren. Wenigstens verliert er bei dem Sturz so kurz vor dem Ziel keine Zeit, aber er ist schwer angeschlagen. Gerade jetzt muß sich Hinault auf seine Leute verlassen können, doch der junge Amerikaner wird immer ungeduldiger. Beim Aufstieg nach Luz Ardiden kann er der Verlockung nicht länger widerstehen – während sein Chef nach Luft schnappt, zieht er davon. Womöglich wäre die Tour auf dieser 17. Etappe zugunsten von LeMond entschieden worden, hätte sein Sportlicher Leiter Paul Köchli den ungehorsamen Helfer nicht zurückgepfiffen. Noch am gleichen Abend findet eine Krisensitzung statt. Der umtriebige und allmächtige Rennstallbesitzer Bernard Tapie zahlt LeMond 300 000 DM »Schmerzensgeld«, wenn er seinen Kapitän in diesem Jahr noch einmal gewinnen läßt. Im Gegenzug muß sich Hinault bereit erklären, im nächsten Jahr für den US-Amerikaner zu fahren. Also kehrt der »Kronprinz« ins Glied zurück. Eines läßt er sich allerdings nicht nehmen: Beim letzten Zeitfahren am Lac de Vassiviere schlägt er den Spezialisten Hinault um die Winzigkeit von fünf Sekunden. 1:42 Minuten Rückstand hat er in Paris auf Bernard Hinault, der jetzt wie Anquetil und Merckx fünffacher Sieger der Tour de France ist. Nicht wenige bezweifeln, daß sich Hinault ein Jahr später noch an den Handel mit LeMond erinnern wird.

Zum letzten Mal kann Hinault (Mitte) seinen Thron gegen LeMond (links) verteidigen.

1986

GREG LEMOND

Ein Amerikaner in Paris

Es ist völlig unklar, ob Bernard Hinault wirklich auf die einmalige Chance verzichten wird, als erster Rennfahrer zum sechsten Mal zu gewinnen. Eigentlich hat er seinem Teamkollegen Greg LeMond versprochen, ihm 1986 zu helfen. Aber vom Deal der letzten Tour ist nichts mehr zu hören. Zumal sich Greg LeMond nicht gerade empfohlen hat für die Rolle des Kapitäns, mit seinen kraftlosen Vorstellungen beim Giro d'Italia und der Tour de Suisse. Hinault dagegen fühlt sich stark wie noch nie. Die Situation erinnert verdächtig an Fausto Coppi und Gino Bartali in den 50er Jahren. Bei zwei ehrgeizigen Kapitänen in einem Team sind Konflikte abzusehen.

Greg LeMond geht trotzdem mit dem festen Vorsatz in die Tour, sie diesmal zu gewinnen. Er hat bisher eine Musterkarriere hinter sich. Schon 1976 hatte der frühere belgische Radprofi Noël Dejonckheere nach einer Reise in die USA berichtet: »Ich glaube, ich habe einen kleinen Merckx gesehen.« Drei Jahre später wurde dieser »kleine Merckx« aus Lakewood/New Jersey überraschend Junioren-Weltmeister, und als er 1983 als jüngster Profi-Weltmeister das Regenbogentrikot anzog, wunderte das niemanden mehr. Nun fühlt er sich reif für den Sieg bei der Tour de France.

Greg LeMond hält sich zwei Wochen lang zurück. Erst in den Alpen, auf der 17. Etappe nach Serre Chevalier, holt sich der Sunnyboy das Gelbe Trikot. Aber noch kann er sich nicht sicher sein, denn Hinault klettert wie in seinen besten Tagen. Es folgt die Königsetappe: über den 2600 Meter hohen Galibier und dann hinauf nach Alpe d'Huez. Bernard Hinault bleibt an der Seite des US-Amerikaners, aber er greift ihn nicht an. Alle Gegner sind längst zurückgefallen, als LeMond und Hinault mit einer großen Geste einen Generationswechsel vollziehen. Hand in Hand rollen sie über die Ziellinie. Einen winzigen Vorsprung läßt der Jüngere dem »alten Dachs« und verkündet voller Überzeugung: »Hinault hält sich an die Verabredung. Ich gewinne die Tour.«

Dennoch: Vor dem langen Zeitfahren in Saint Etienne liegt der Franzose aber nur 2:45 Minuten hinter LeMond. Auf 58 Kilometern ist das ein aufholbarer Rückstand für einen, der bei der Tour schon 14 Zeitfahren gewonnen hat. Und im einsamen Kampf gegen die Uhr gibt es keine Stallorder. Für Greg LeMond beginnt die entscheidende Etappe dramatisch. Er stürzt in einer Kurve und verliert kostbare Zeit. Um so bemerkenswerter, daß er nur 25 Sekunden langsamer ist als Hinault. Der Rest ist Formsache. Ein Amerikaner in Paris – zum ersten Mal als Sieger der Tour de France.

LeMond (links) und Hinault auf der denkwürdigen Etappe nach Alpe d'Huez.

1987

LECH PIASECKI

Die feiernden Berliner

Das Spektakel Tour de France beginnt am 1. Juli 1987 in Berlin. Köln und Frankfurt waren bereits Startorte des Rennens gewesen, aber sie lagen nur eine Tagesfahrt von Frankreich entfernt. Für den Start in Berlin muß für Fahrer, Betreuer und Material eine Luftbrücke in den Westteil der Stadt eingerichtet werden. Denn die Idee, eine Etappe quer durch die DDR zu führen, hatte sich schneller zerschlagen, als sie ausgesprochen werden konnte. Beinahe kommt es trotzdem zu innerdeutschen Verwicklungen. Übermütige Tour-Starter üben auf der Heerstraße Richtung Potsdam Sprints über die Grenzlinie. Sie können froh sein, daß die verdutzten Grenzposten nicht eingreifen.

Schuld an dem ganzen Rummel ist die 750-Jahr-Feier der Stadt. Die ersten drei Etappen des größten Radrennens der Welt sollen der Höhepunkt der Feierlichkeiten werden. Aber die Vorfreude der Berliner hält sich durchaus in Grenzen. Die Polizei beklagt den größten Einsatz nach dem Krieg, die Verkehrsbetriebe jammern über massenhafte Fahrplanänderungen, und eine Bürgerinitiative versucht sogar, den Tour-Start zu verhindern. Auch im Senat der Stadt streiten die Parlamentarier erbittert, ob die Kosten von 4,5 Millionen Mark rausgeschmissenes Geld sind oder nicht. Aber als die bunte, schrille Karawane dann endlich da ist, sind doch fast alle froh. Frankreichs Ministerpräsident Chirac ist pünktlich angereist, um dem deutschen Außenminister Genscher und Berlins Regierendem Bürgermeister Diepgen beim Durchschneiden des Startbandes zu helfen. Der Prolog findet auf dem noblen Kurfürstendamm statt. Es gewinnt der Niederländer Jelle Nijdam vor dem Polen Lech Piasecki. Der gehört zu den ersten Fahrern, die aus den sozialistischen Ländern kommen und zum Geldverdienen im Westen in die Pedale treten dürfen. Einen Tag später ist er sogar der erste Pole im Gelben Trikot – nach einem 105 Kilometer langen Volksfest durch alle zwölf Westberliner Bezirke. Mit einem Mannschaftszeitfahren verabschiedet sich der Tour-Troß von der Stadt.Lech Piasecki hat in Berlin schon einmal ein Gelbes Trikot getragen. Das ist zwei Jahre her – als Amateur war er Gewinner der Friedensfahrt im Ostteil der Stadt.

Der Pole Lech Piasecki verläßt Berlin im Gelben Trikot.

Erfrischende Dusche für Stephen Roche.

1987

STEPHEN ROCHE

Der irre Ire

Der Sohn eines irischen Milchmanns träumte schon früh davon, ein erfolgreicher und berühmter Radrennfahrer zu werden. Aber seine Eltern waren zu arm, um ihm diesen Traum zu erfüllen. Da wurde im Einkaufsladen des Dorfes eine Sparbüchse aufgestellt, damit sich der kleine Junge von dem gesammelten Geld ein Rennrad kaufen konnte.

Ein modernes Märchen, das Mitte der 60er Jahre im Örtchen Dundrum bei Dublin wahr wurde. Stephen Roche trainierte fleißig, und dann gab es Jahre später noch einmal eine Sammlung: 400 Pfund überreichten ihm seine Kollegen in der Molkerei, als er sich von ihnen verabschiedete, um Radprofi zu werden.

Roches Karriere ist wechselhaft wie irisches Wetter. 1985 entschied er zwar zum ersten Mal eine schwere Bergetappe auf den Aubisque für sich, aber ein Jahr später hat er kein einziges Rennen gewinnen können. Kniebeschwerden und Mineraldefizite im Körper hatten ihn geschwächt. 1987 aber ist er stark wie nie zuvor. Im Mai hat er schon den Giro d'Italia gewonnen, jetzt folgt bei der Tour de France das Duell des Zeitfahrers Roche gegen den Kletterer Delgado.

Auf der 19. Etappe wird der Kampf um den Tour-Sieg eröffnet. In Villard-de-Lans hat der Spanier Pedro Delgado seinen Ruf als ausgezeichneter Bergfahrer bestätigt. Er gewinnt, doch schon kurz nach ihm erreicht Stephen Roche das Ziel, der die Führung übernimmt. Am nächsten Tag greift Delgado wieder an und erobert in Alpe d'Huez tatsächlich das Gelbe Trikot. Aber der Vorsprung reicht ihm noch nicht, auf der 21. Etappe versucht es »Perico« nochmals, dem irren Iren zu entwischen. Der kämpft sprichwörtlich bis zum Umfallen und findet sich im Ziel in einem Sauerstoffzelt wieder. Das irische Fernsehen überträgt live und schockiert die Fans in Dublin.

Dann kann Roche endlich seine Stärke ausspielen: Beim Zeitfahren über 38 Kilometer in Dijon wird er Zweiter hinter dem Franzosen Jean-François Bernard, aber was viel wichtiger ist: Er holt sich mit 40 Sekunden Vorsprung vor Delgado das Gelbe Trikot zurück. Im Ziel erwartet ihn seine Frau Lydia, eine Pariserin. Eine Million Menschen empfangen den ersten irischen Tour-Sieger dann in Dublin. Der schafft, was vor ihm nur Eddy Merckx gelang: Er wird im Jahr seiner Siege bei Giro und Tour auch noch Weltmeister. Irland ehrt ihn mit der Ernennung zum »Ehrenbürger von Dublin«. Ein Titel, den zu Lebzeiten nur noch John F. Kennedy und Nelson Mandela erhielten.

1988

PEDRO DELGADO

Der positive Sieger

Pedro Delgado verspürte lange keine große Lust, Berufsradfahrer zu werden. Der junge Mann aus Segovia nördlich von Madrid war sehr bodenständig. »Perico« hing an seiner Familie, das Zigeunerleben der Radfahrer schreckte ihn ab. Sein Mentor José-Miguel Echavarri konnte ihn schließlich überreden. Er war dafür bekannt, als Sportlicher Leiter junge Fahrer geduldig und behutsam aufzubauen. 1987, Pedro Delgado fuhr schon seine fünfte Tour de France, brachte er den Iren Roche an den Rand einer Niederlage. Ein Jahr später schlägt in den Alpen endlich seine große Stunde. Er erreicht Alpe d'Huez als Zweiter hinter dem Niederländer Steven Rooks und übernimmt dadurch nach der zwölften Etappe die Führung in der Gesamtwertung. Sein treuester Helfer heißt übrigens Miguel Indurain. Leicht und locker übersteht Delgado am nächsten Tag das schwere Bergzeitfahren nach Villard-de-Lans, eine 38 Kilometer lange Schinderei. Er gewinnt so souverän, daß niemand mehr an seinem Tour-Sieg zweifelt.

Wenige Tage später platzt eine schlechte Nachricht in Delgados heile Welt. Im Dopinglabor von Professor Lafargue wird eine verbotene Substanz im Urin von Pedro Delgado nachgewiesen. Es handelt sich um das Rheumamittel Provenicid, das verwendet wird, um die Einnahme von Anabolika zu vertuschen. Der ehemalige Medizinstudent Delgado rechtfertigt sich mit hilflosen Ausreden, bevor er die Einnahme des Mittels endlich zugibt. Bestraft wird er trotzdem nicht. Provenicid steht zwar auf der Dopingliste des IOC, wurde aber vom zuständigen Radsport-Weltverband noch nicht verboten. Die UCI plant das Verbot im August, unmittelbar nach der Tour, auszusprechen. Eine juristische Lücke, durch die der kleine Spanier schlüpft.

Delgado gewinnt die Tour mit deutlichem Vorsprung vor Steven Rooks. Aber sein Sieg hat den faden Beigeschmack des Dopings. Die Siegerehrung in Paris wird zur Farce, denn der damalige französische Sportminister Lionel Jospin weigert sich, Pedro Delgado zu beglückwünschen. In Spanien wird »Perico« trotzdem wie ein Volksheld verehrt. König Juan Carlos gratuliert, in seiner Heimatstadt Segovia erwartet ihn ein triumphaler Empfang. Ein Jahr später bereichert Pedro Delgado die Tour-Geschichte um eine ihrer tragikomischsten Anekdoten: Zum Prolog in Luxemburg erscheint er zu spät am Start und verliert 2:48 Minuten. Die Tour ist für ihn verloren, bevor sie beginnt.

Der umstrittene Sieger Pedro Delgado dreht eine Ehrenrunde.

1989

LEMOND, FIGNON

Die knappste Entscheidung

Die Teilnahme von Greg LeMond an der Tour de France 1989 gehört zu den unglaublichsten Auferstehungen der Sportgeschichte. Zwei Jahre zuvor, am 21. April 1987, war LeMond in Lincoln bei Sacramento mit seinem Schwager auf Truthahnjagd gewesen. Es raschelte im Gebüsch, der Schwager legte sein Gewehr an, schoß – und traf den Tour-Sieger von 1986. Über 30 Schrotkugeln drangen in seinen Körper ein, einige bis zwei Millimeter vor sein Herz. »30 Zentimeter hohe Blutfontänen schossen bei jedem Herzschlag aus meinem Rücken«, erinnert er sich.

Acht Sekunden zwischen Sieg und Niederlage: Greg LeMond (rechts) und Laurent Fignon.

Ein Wunder, daß Greg LeMond überlebt hat.
Er versucht ein Comeback, aber es fällt ihm schwer. Beim Giro d'Italia quält er sich mit mehr als einer Stunde Rückstand auf den Sieger Laurent Fignon und denkt an das Ende seiner Karriere. Doch der »Sunnyboy« kann auch erbarmungslos kämpfen. Auf der fünften Etappe der Tour überrascht er mit einem Sieg im Zeitfahren nach Rennes. Es beginnt eine erbitterte Auseinandersetzung zwischen ihm und Laurent Fignon, der nach zwei schwachen Jahren auch noch einmal in Top-Form ist. Das Gelbe Trikot wechselt hin und her. Erst LeMond, in den Pyrenäen Fignon, nach dem nächsten Zeitfahren wieder LeMond, in Alpe d'Huez wieder Fignon. Alle Beobachter sind absolut begeistert von diesem Duell zweier Rennfahrer, denen man dieses hohe Niveau gar nicht mehr zugetraut hat. Doch als Laurent Fignon in den Alpen die 18. Etappe nach Villard-de-Lans gewinnt, scheint die Tour zu seinen Gunsten entschieden. Mit 50 Sekunden Vorsprung geht er in das abschließende Zeitfahren nach Paris.
Der Weg von Versailles auf die Champs-Elysées ist nur 24,5 Kilometer lang, eigentlich zu kurz, um diesen Rückstand aufzuholen. Aber Greg LeMond will seine letzte Chance nutzen, sei sie auch noch so klein. Er startet mit einem aerodynamischen Helm, hat für eine bessere Sitzposition einen Triathlonlenker montiert und den großen 54x12-Gang aufgelegt. Fignon dagegen geht mit wehendem Pferdeschwanz und einem normalen Rad ins Rennen. Als der siegessichere Franzose die ersten Zwischenzeiten hört, rutscht er nervös auf dem Rad hin und her und beginnt zu verkrampfen. Greg LeMond fährt ein unglaubliches Tempo, mit 54,454 km/h wird die schnellste Geschwindigkeit bei einem Zeitfahren der Tour-Geschichte gemessen. Fignon ist zwei Minuten später gestartet, und kommt 2:58 nach dem Amerikaner ins Ziel. Winzige acht Sekunden entscheiden nach 3285 Kilometern über den Tour-Sieg. Von dieser Niederlage wird sich Laurent Fignon nie wieder erholen. Greg LeMond dagegen wird einen Monat später auch noch Weltmeister und gewinnt 1990 seine dritte Tour.

1990

OLAF LUDWIG

Der grüne Debütant

Olaf Ludwig ist 1990 der beste Sprinter.

Im Jahr 1990 steht die halbe DDR-Nationalmannschaft am Start zur Tour de France. Zum ersten und zum letzten Mal, denn nur wenige Monate später gibt es den ostdeutschen Staat nicht mehr. Uwe Ampler, Jan Schur, Mario Kummer, Uwe Raab und Olaf Ludwig sind erfahrene und erfolgreiche Straßenradfahrer, aber auf dem harten Pflaster der Profis sind sie absolute Neulinge.

Vor allem Olaf Ludwig ist in der Szene schon seit etlichen Jahren ein Begriff. Der Weltradsportler des Jahres 1983 hat zweimal das damals größte Amateurrennen der Welt gewonnen, die Friedensfahrt. Er war Sieger der Tour de l'Avenir und holte 1988 Olympiagold im Straßen-Einzel. Nun ist der sprintstarke Ludwig eine willkommene Verstärkung für das holländische Panasonic-Team.

Olaf Ludwig findet sich schnell zurecht. Vier Tage nach einem dritten Platz in Mont-Saint-Michel gelingt ihm der große Wurf. In einer neunköpfigen Spitzengruppe biegt er in die Zielgerade von Besançon ein. Sein belgischer Teamkamerad Erik van Lancker zieht den Spurt für ihn an, und Ludwig schießt an allen vorbei ins Ziel. Der Jubel bei den deutschen Fans ist riesig. Berge von Telegrammen und zahllose Anrufe erreichen Ludwig aus der Heimat. Doch lange kann er sich in seinem Erfolg nicht sonnen, denn jetzt geht es in die Alpen, und der Tour-Neuling hat immerhin das Grüne Trikot zu verteidigen. Teamchef Peter Post stellt ihm zwei Belgier zur Seite, die ihn halbwegs unbeschadet über die Berge bringen sollen. Ein fast unmögliches Unterfangen, denn Olaf Ludwig ist zwar ein exzellenter Sprinter, aber ein lausiger Bergfahrer. Die elfte Etappe ist die Königsetappe. Vor Ludwig bauen sich die gefürchteten Alpengipfel Col de la Madelaine, Col du Glandon und Alpe d'Huez auf, die mit dem heimischen Thüringer Wald nun wahrlich nicht zu vergleichen sind. Schon am ersten Anstieg fällt Ludwig hoffnungslos zurück, über dem einsamen Kämpfer die glühende Sonne und das Damoklesschwert des Zeitlimits. Je nach Durchschnittstempo dürfen die Letzten etwa zehn Prozent mehr Zeit benötigen als der Etappensieger. Wer später ankommt, kann seine Sachen packen. Am Ende hat sich Ludwig völlig verausgabt, aber 43 Sekunden vor dem Ausscheiden fällt er seinem Masseur in die Arme. Geschafft! Er schleppt sich ins Hotel und schläft in Rennbekleidung ein. Beim Spurt auf den Champs-Elysées wird Ludwig noch einmal Dritter, und auch wenn er in der Endabrechnung nur 141. ist – sein Einstand kann sich sehen lassen. 29 Jahre nach Rudi Altig gewinnt erstmals wieder ein deutscher Sprinter das Grüne Trikot.

Miguel Indurain trägt das Gelbe Trikot die nächsten fünf Jahre nach Paris.

1991

MIGUEL INDURAIN

Der Außerirdische

Im Anschluß an die achte Etappe der Tour de France 1991 passiert etwas, das den Radsport für die nächsten Jahre verändern wird. Miguel Indurain hat gerade das 74 Kilometer lange Zeitfahren von Argentan nach Alençon gewonnen. Am Abend trifft sich das Banesto-Team, um ein bißchen zu feiern und die Taktik für die nächsten Tage zu besprechen. Dabei erklärt Kapitän Pedro Delgado, Tour-Sieger von 1988, daß er seinem jüngeren Teamkollegen ab sofort als treuer Helfer zur Verfügung steht. Der Weg ist frei für Miguel Indurain, der bereit ist, die Verantwortung zu übernehmen.
Ganz vorsichtig hat ihn José-Miguel Echavarri auf diesen Augenblick vorbereitet. Er lernte den baskischen Bauernsohn Miguel schon vor zehn Jahren kennen. Ein ruhiger, bescheidener, in sich gekehrter Junge aus Villava, der eigentlich Fußballer werden sollte. Es gab sogar schon ein Angebot von einem Verein aus Pamplona. Der großgewachsene Indurain war auch ein talentierter 400-Meter-Läufer und Weitspringer. Doch er entschied sich für Echavarri und damit für den Radsport. Schon 1983 wurde er spanischer Amateurmeister. Echavarri ließ den jungen Indurain zwar bei allen großen Rennen an den Start gehen, aber ohne Erfolgsdruck, nur so zum Kennenlernen. So fiel es kaum auf, daß Miguel Indurain 1985 und 1986 die Tour gar nicht beendete und ein Jahr später das Ziel in Paris als 97. erreichte. Aber er wurde immer besser, wie ein guter Wein, der erst reifen muß. 1989 gewann er seine erste Bergetappe in Cauterets, ein Jahr später die nächste in Luz Ardiden. Für seinen Kapitän Delgado war Miguel Indurain zum ergebenen, selbstlosen Helfer geworden. Jetzt ist er 27 Jahre alt und will endlich auf eigene Rechnung fahren. Die 14. Etappe über den Tourmalet nach Val Louron wird Indurains Meisterstück. Er läßt Claudio Chiappucci zwar knapp den Vortritt, nimmt aber dem großen Favoriten Greg LeMond ganze sieben Minuten ab. Sein Sieg beim Zeitfahren in Mâcon am vorletzten Tag ist nur noch Formsache. Indurain gewinnt die Rundfahrt mit mehr als dreieinhalb Minuten Vorsprung vor den Italienern Bugno und Chiappucci. Sein Rezept wird während der nächsten Jahre unverändert bleiben: Miguel Indurain dominiert im Zeitfahren und läßt sich trotz seiner Größe von 1,89 Meter im Hochgebrige nicht abhängen. Auf der Basis unglaublich günstiger organischer Werte wie Ruhepuls, Lungenkapazität und Herzvolumen vollbringt er seine phantastischen Leistungen. Und das mit einer Eleganz und scheinbaren Leichtigkeit, für die er jeden Schönheitspreis verdient hätte.

1992

C. CHIAPPUCCI

Die verwegene Alleinfahrt

Auch 1992 ist Miguel Indurain nicht zu schlagen. Der Spanier gewinnt überlegen die beiden Zeitfahren und zeigt in den Bergen keine Schwäche. Ausgerechnet am Tag, als Indurain das Gelbe Trikot erobert, feiern die Fans allerdings einen ganz anderen Rennfahrer. Am 18. Juli führt die 13. Etappe von Saint Gervais am Mont Blanc vorbei ins italienische Sestriere. Unterwegs muß auf dem Col d'Iseran mit 2770 Meter auch noch der höchste Punkt der ganzen Tour überwunden werden. 254 Kilometer durch die Alpen, da sollte man sich seine Kräfte gut einteilen. Einer hält sich nicht daran. Das Rennen hat noch gar nicht richtig begonnen, da greift Claudio Chiappucci an. Der Italiener fährt schnell einen passablen Vorsprung heraus und sucht dann einen gleichmäßigen Rhythmus, um das hohe Tempo möglichst lange durchzustehen. Er ist als guter Kletterer bekannt, aber bis ins Ziel sind es noch 200 Kilometer. Chiappucci kommt aus der Kleinstadt Uboldo bei Mailand. Sein Vater Ardunio hatte im Zweiten Weltkrieg zusammen mit Fausto Coppi in Afrika gekämpft, seit der gemeinsamen Kriegsgefangenschaft verband sie eine tiefe Freundschaft. Vater Chiappucci verehrte Fausto Coppi sehr und tat später alles dafür, daß sein Sohn Claudio ebenfalls Rennfahrer wurde. 1990 war Chiappucci nach 18 langen Jahren der erste Italiener, der bei der Tour de France unter die ersten drei kam. Im Jahr danach wurde »Il diablo« – der Teufel – Bergkönig und Dritter der Gesamtwertung.

Die Sonne brennt, die Hitze flimmert über den Asphalt, aber Claudio Chiappucci fährt tapfer weiter. Tausende Fans sind für diese 13. Etappe aus dem nahen Italien angereist, sie haben Chiappuccis Namen mit Abstand am häufigsten auf den dunkelgrauen Asphalt gepinselt. Er hat noch sechs Minuten Vorsprung, als der abschließende Anstieg nach Sestriere beginnt. Erster Etappensieger war dort vor 40 Jahren Fausto Coppi. Ihm eifert Claudio Chiappucci nach, als er unter dem hysterischen Geschrei der Zuschauer das Ziel erreicht – erschöpft und glücklich.

Miguel Indurain wird Dritter und übernimmt die Führung in der Gesamtwertung. Chiappucci tröstet sich am Ende mit Platz zwei und dem Titel des Bergkönigs. Indurain sei er nie gewachsen gewesen; seine Duelle mit dem Spanier beschrieb Chiappucci so: »Du rackerst dich ab, greifst immer wieder an. Du mobilisierst die letzten Kräfte und könntest vor Erschöpfung glatt vom Rad fallen. Dann schaust du ihm ins Gesicht und entdeckst nicht die geringste Spur von Ermattung. Das gibt dir den Rest.«

Claudio Chiapucci gewinnt die Etappe nach Sestriere.

1993

TONY ROMINGER

Der Schweizer Buchhalter

Für Tony Rominger zeichnete sich eine prima Karriere als Buchhalter ab. Mit 21 Jahren machte sich der Sohn eines Schweizers und einer Dänin immer noch mehr Gedanken über Wirtschaftsberechnungen und sein Violaspiel als über den Radsport. Dann aber schlug ihm sein Bruder Lars eine Wette vor. Es ging darum, herauszufinden, wer von beiden der bessere Radfahrer wäre. Tony willigte ein. Das ist der Beginn der beeindruckenden Karriere des Schweizer Radprofis.

Als Tony Rominger 1993 bei der Tour de France erscheint, will er sich seinen größten sportlichen Wunsch erfüllen. Er hat im Frühjahr zum dritten Mal in Folge die Spanien-Rundfahrt gewonnen, führt in der Weltrangliste und scheint endlich in der Lage zu sein, auch die Tour zu gewinnen. Bisher hat die von seinem Großvater geerbte hartnäckige Pollenallergie Rominger alle Jahre wieder alle Siegchancen bei der Tour vermasselt. Jetzt ist Rominger immun und bereit zum Kampf mit dem zuletzt unschlagbaren Miguel Indurain.

Aber der Schweizer hat Pech. Auf der vierten Etappe schieben sich zwei seiner Mannschaftskameraden beim Teamzeitfahren nach Avranches gegenseitig an. Alle neun Fahrer des Clas-Teams werden mit einer Strafminute belegt. Weil er deshalb in der Gesamtwertung weit zurückfällt, muß Tony Rominger auf der neunten Etappe sehr früh an den Start zum Einzelzeitfahren. Es ist noch kalt, und es hagelt. Später wird das Wetter besser, und beim Start von Miguel Indurain scheint sogar die Sonne. Rominger verliert weitere 2:42 Minuten. Die Tour ist praktisch schon verloren.

In den Alpen zeigt der Schweizer dann doch noch seine Klasse. In Serre Chevalier und Isola 2000 gewinnt er zwei schwere Bergetappen, allerdings mit Indurains Gnaden. Dessen Credo ist es nämlich, seine Gegner zu schlagen, sie aber nicht zu vernichten. Rominger besiegt den Spanier am vorletzten Tag der Tour in Monthlery sogar in dessen Spezialdisziplin, dem Zeitfahren. Aber in der Gesamtwertung bleibt er chancenlos. Fünf Minuten hinter Indurain wird er Tour-Zweiter.

Tony Rominger hat auch in den nächsten Jahren kein Glück bei der Tour de France. 1994 gibt er von einem Virus geschwächt auf, in den Jahren danach belegt er die Plätze acht und zehn. Die vierte Etappe der Tour 1997 wird seine letzte: Wenige Kilometer vor dem Ziel in Plumelec stürzt er und bricht sich das Schlüsselbein. Etappensieger wird an diesem Tag Erik Zabel, Rominger aber fährt entäuscht nach Hause.

Tony Rominger (links) beim Anstieg nach Serre Chevalier vor Miguel Indurain.

1994

DSHAMOLIDIN ABDUSHAPAROW

Der gefährliche Usbeke

Die erste Etappe der Tour de France 1994 endet in Armentieres. Die kleine Stadt ist zum ersten Mal Zielort dieses großen Rennens. Zigtausende warten seit Stunden dichtgedrängt, als die große Meute endlich zur finalen Jagd auf die breite Zielgerade hetzt. Alle bekannten Sprinter kämpfen in der ersten Reihe: Ludwig, Jalabert, Museeuw, Nelissen, Abdushaparow und Svorada. Es sind nur noch wenige Meter bis ins Ziel, da tritt ein französischer Gendarm auf die Straße, um ein besonders schönes Foto fürs Familienalbum zu knipsen. Plötzlich fliegt er durch die Luft, Fahrer und Räder hinterher. Der Franzose Laurent Jalabert kauert verstört mit blutendem Kopf auf der Straße, Wilfried Nelissen aus Belgien und Fabio Fontanelli aus Italien liegen zusammengekrümmt neben ihm. Im gleichen Augenblick reißt Dshamolidin Abdushaparow die Arme in die Höhe. Vor Olaf Ludwig gewinnt der Usbeke die Etappe. An dem Sturz trifft ihn ausnahmsweise keine Schuld. Denn dieser Mann ist doppelt gefährlich. Er bedroht die Siegeshoffnungen seiner Gegner, aber auch deren Gesundheit. Mit seinem rauhbeinigen Fahrstil, dem ruckartigen Hin- und Herreißen des Lenkers und rücksichtslosen Sprints ist er bei seinen Kollegen gefürchtet wie kein anderer. Auch 1994 wurde ihm wieder einmal ein Sieg aberkannt: Beim Eintagesrennen Het Volk bedrängte er den Belgier Nelissen auf unzulässige Art und Weise. »Abdu« kämpft sich durch, das hat er in frühester Kindheit gelernt.

Dshamolidin Abdushaparow ist in Taschkent in Usbekistan aufgewachsen, wo seine Familie heute noch lebt. Der frühere Korporal der sowjetischen Armee war Mitte der 80er Jahre bei der Friedensfahrt der Amateure der große Gegenspieler Olaf Ludwigs. 1989 wurde er des Dopings mit dem Aufputschmittel Ephedrin überführt. Nachdem er die Strafe abgesessen hatte, wechselte er zu den Profis und gehörte bald zu den bestbezahlten Radfahrern der Welt. Nebenbei züchtete er seltene Papageienarten und eröffnete in Taschkent den ersten Jeansladen des Landes. Bei der Tour de France begeisterte Abdushaparow die Fans immer wieder. Nach seinem Sieg in Armentieres muß er 1994 zwar bis zur vorletzten Etappe auf seinen zweiten Etappensieg warten, aber in Paris gewinnt er zum dritten Mal die Sprintwertung um das Grüne Trikot. Bis 1997 gewinnt »Abdu« insgesamt sieben Etappen. Dann wird er in Marennes erneut beim Doping mit Ephedrin erwischt. Nach einjähriger Sperre kehrt Dshamolidin Abdushaparow nicht mehr zum Radsport zurück.

Dshamolidin Abdushaparow gewinnt die Schlußetappe nach Paris.

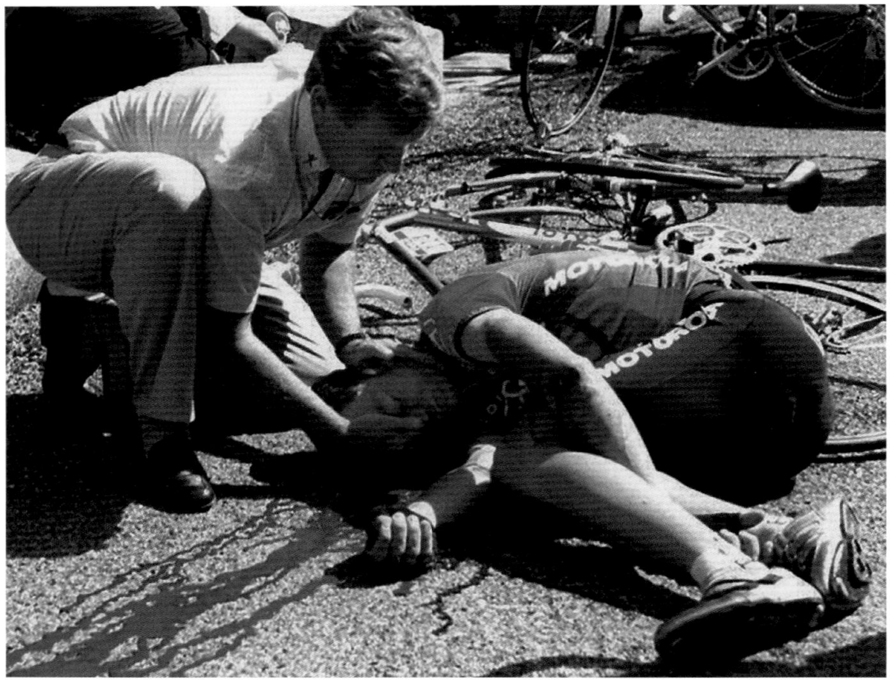

Fabio Casartelli verunglückt tödlich bei der Abfahrt vom Portet d'Aspet.

1995

FABIO CASARTELLI

Der Todessturz am Portet d'Aspet

Miguel Indurain gewinnt 1995 zum fünften Mal in Folge. Das ist neuer Rekord und eigentlich ein Grund zum Feiern. Aber diese Tour bleibt traurig, weil sie sich nie von dem Schatten lösen kann, den der 18. Juli auf sie geworfen hat. An diesem Tag führt die 15. Etappe von Saint Girons nach Cauterets. Der Portet d'Aspet wird als einer der ersten Berge überfahren. Bei der rasenden Abfahrt hört man plötzlich Bremsen quietschen, Fahrräder fliegen durch die Luft, Staub wird aufgewirbelt. Das Feld hetzt weiter, aber drei Fahrer bleiben auf der Straße liegen. Darunter Dirk Baldinger aus Merdingen, der sich das Becken gebrochen hat. Neben ihm liegt Fabio Casartelli, Blut fließt aus seinem Kopf und färbt die Straße rot.

Der Italiener hat in einer Kurve die Kontrolle über sein Rad verloren und ist frontal mit dem Gesicht gegen einen Begrenzungsstein geprallt. Der Olympiasieger von Barcelona 1992 wird von Tour-Arzt Dr. Gerard Porte medizinisch versorgt und sofort mit einem Hubschrauber ins nächste Krankenhaus geflogen. Vergeblich. Fabio Casartelli stirbt noch während des Rennens. Die Nachricht von seinem Tod verbreitet sich wie ein Lauffeuer im Fahrerfeld. Casartellis Kollegen sind schockiert und erwarten den Abbruch der Etappe. Zur gleichen Zeit läßt sich der Franzose Richard Virenque im Ziel als Etappensieger feiern. Eine sportlich einwandfreie Leistung, moralisch aber bleibt sie umstritten, auch wenn Virenques Teamchef beteuert, sein Fahrer hätte von Casartellis Tod nichts gewußt. Nicht zu entschuldigen ist, daß die Tour-Organisatoren die Siegerehrung durchführen, als wäre nichts geschehen.

Erst die Fahrer demonstrieren am nächsten Tag ihr Mitgefühl. Die Etappe nach Pau wird eine Trauerfahrt für Fabio Casartelli. Sein Motorola-Team fährt geschlossen vor allen anderen ins Ziel, als Erster der Italiener Andrea Peron. Er war Casartellis bester Freund. Alle Preisgelder werden dessen Frau Annalisa und dem anderthalbjährigen Sohn Marco gespendet. Die Tour-Direktion gibt noch einmal die gleiche Summe dazu. Zwei Tage danach erreicht Casartellis Teamkollege Lance Armstrong mit sicherem Abstand das Ziel. Auf den letzten Metern richtet er sich auf und zeigt in den Himmel. Jeder weiß, wem der Amerikaner seinen Sieg widmet.

Fabio Casartelli ist in den 90er Jahren der erste Rennfahrer, der im Rennen ums Leben kommt. Er wird in Albese bei Como beerdigt. Fast alle der 400 Einwohner seines Heimatdorfes sind gekommen.

1996

BJARNE RIIS

Der dänische Perfektionist

Die neunte Etappe von Val d'Isere nach Sestrieres ist eigentlich mit einer Länge von 189 Kilometern vorgesehen. Aber dann greift der Wettergott ins Renngeschehen ein. Auf den Gipfeln des Iseran und des Galibier tobt ein kräftiger Schneesturm, die Pässe sind unbefahrbar. Darüber ärgert sich besonders der Däne Bjarne Riis, der genau für diesen Tag seinen großen Angriff geplant hat. Aber statt der Attacke auf dem Rad gibt es jetzt eine gemütliche Fahrt im Bus, das Rennen wird auf 46 Kilometer verkürzt. Übriggeblieben ist nur der schwere Anstieg nach Sestrieres.

Doch Bjarne Riis will nicht hinnehmen, daß dieser Tag für ihn gelaufen sein soll. Kaum steigt die Straße steiler an, macht sich der Däne aus dem Staub. Obwohl alle wissen, daß Riis an diesem Tag angreifen will, kann ihm keiner folgen: weder Virenque noch Indurain und auch nicht Berzin im Gelben Trikot. Der großgewachsene Däne macht seine Ankündigung wahr, Miguel Indurain ausgerechnet im Hochgebirge zu entthronen. Die 46 Kilometer reichen ihm, das Gelbe Trikot zu erobern und die Ära des Spaniers zu beenden. In seiner Heimatstadt Herning veranstalten die Taxifahrer an diesem Nachmittag spontan einen stundenlangen Autokorso.

Bjarne Riis hat sich auf diesen Tag lange vorbereitet. Er galt nie als großes Talent und hatte seine Fähigkeiten immer maximal ausnutzen müssen, um erfolgreich zu sein. Zur Entwicklung seines runden Trittes wie zur Mobilmachung letzter Reserven nutzte er immer auch alle technischen Möglichkeiten, wie zum Beispiel hochentwickelte Meßgeräte. So diente er sich langsam, aber sicher nach oben. Jahrelang schuftete der Däne als Domestike im Schatten von Stars wie Laurent Fignon. 1995 wechselte er zum Team Telekom und wurde endlich unumstrittener Chef.

Die Saison 1996 hat Riis geradezu minutiös geplant – nicht mit seinen Sportlichen Leitern, sondern mit seinem Vater Preben und Dr. Luigi Cecchini, den er aus Italien kennt. Er hat sogar durchgesetzt, daß sein eigener Akkupunkteur dabei sein darf. Auf der 17. Etappe greift Bjarne Riis dann beim Anstieg nach Lourdes-Hautacam noch einmal an, obwohl ihm das Gelbe Trikot bereits gehört. Indurain hätte das für reine Verschwendung gehalten. Bjarne Riis gewinnt auch diese Etappe in den Pyrenäen. Sein Gesamtsieg ist ungefährdet, auch wenn sein junger Teamkollege Jan Ullrich beim letzten Zeitfahren in Saint Emilion noch bis auf 1:40 Minuten herankommt. In Paris erwarten 15 000 Dänen ihren neuen Volkshelden.

Bjarne Riis verteidigt in Lourdes-Hautacam sein Gelbes Trikot.

Erik Zabel mit Sohn Rik bei der Ehrung als bester Sprinter.

1997

ERIK ZABEL

Der schnellste Berliner

Erik Zabel ist wahrscheinlich der Retter des Teams Telekom. Als die Organisatoren der Tour de France 1995 ihre Einladungen verschickten, blieb der Briefkasten der einzigen deutschen Mannschaft leer. Das Team Telekom erschien Tour-Direktor Jean-Marie Leblanc nicht attraktiv genug für das bedeutendste Radrennen der Welt. Erst die verzweifelten Bemühungen des Sportlichen Leiters Walter Godefroot bewirkten einen Kompromiß: Zusammen mit dem italienischen Rennstall ZG Mobili durfte das Team Telekom eine Mannschaft bilden. Obwohl er dadurch nur wenige Helfer an seiner Seite hatte, gewann Erik Zabel zwei Flachetappen. Die Zukunft seines Teams sah nun ganz anders aus.

Zabel ist ein waschechter Berliner. Der kleine Erik sollte zunächst Ringer werden, später trainierte er Fußball beim BFC Dynamo, bevor er sich bei den Radsportlern der Betriebssportgemeinschaft Rotation anmeldete. Das war der Verein seines Vaters Detlef, der in den 50er Jahren ein treuer Helfer des Amateurweltmeisters Täve Schur gewesen war. Mit einem vierten Platz bei den Olympischen Spielen 1992 verabschiedete sich Zabel von den Amateuren und unterschrieb beim Bonner Team Telekom.

Obwohl er im Frühjahr den Klassiker Mailand – San Remo gewonnen hat, befindet sich Erik Zabel vor der Tour 1997 in einer schwierigen Lage. Die Mannschaft hat den Tour-Sieg von Bjarne Riis zu verteidigen, für die aufwendige Vorbereitung der Massensprints darf nicht zuviel Kraft verschleudert werden. Doch auf der vierten Etappe nach Plumelec zieht dann Riis höchstpersönlich den Spurt für ihn an. Auch in Marennes ist Erik Zabel Sieger, aber nur für eine Stunde. In einem der wildesten Sprints der Tour-Geschichte drängelt der Franzose Moncassin derart, daß er bei Tempo 70 vom entnervten Belgier Steels mit einer Trinkflasche beworfen wird. Die Rennleitung bleibt stumm. Erik Zabel hingegen wird für einen Kopfstoß gegen den Franzosen Nazon bestraft, sein Sieg wird ihm aberkannt. Er selbst kennt die beste Antwort darauf: An den nächsten beiden Tagen gewinnt er in Bordeaux und Pau. Außerdem trägt er wieder das Grüne Trikot nach Paris, das er ein Jahr später sogar zum dritten Mal in Folge gewinnen kann.

Sprinter wie Erik Zabel faszinieren ihr Publikum durch ihre Kraft, Gewandtheit und Riskobereitschaft. Auch sein vierjähriger Sohn Rik ist davon nicht unbeeindruckt. Aber wenn der mit seinen Freunden »Sprinter« spielt, heißt er »Cippollini« – wie der gefährlichste Gegner seines Vaters.

1997

JAN ULLRICH

Der erste Deutsche

Das Team Telekom hat ein Luxusproblem: Mit Vorjahressieger Bjarne Riis und Jan Ullrich können gleich zwei Fahrer die Tour 1997 gewinnen. Teamchef Walter Godefroot verhält sich geschickt, indem er allen Fragen nach seinem Kapitän ausweicht und auf eine Antwort auf der Straße wartet. Er bekommt sie auf der zehnten Etappe.
Die 252 Kilometer lange Königsetappe führt in den Pyrenäen über die Berge Portet d'Aspet, Col de Port, Port d'Envalira und Col d'Ordino. Nach einer endlosen Berg-und-Tal-Fahrt wartet dann der mühsame Aufstieg nach Andorra in eine Höhe von 2270 Metern. Am Fuß dieses Berges ist Bjarne Riis noch Kapitän im Telekom-Team. Doch der junge Ullrich strotzt vor Kraft. Souverän reagiert er auf jede Attacke der Bergfahrer wie Virenque und Pantani und kümmert sich nebenbei noch um Riis, der verzweifelt um den Anschluß kämpft. Elf Kilometer vor dem Ziel vollzieht sich der Generationswechsel, unauffällig, unspektakulär, mit wenigen Worten. »Fahr los!«, gibt Bjarne Riis seinem 23jährigen Kronprinzen das Zeichen. Kurz danach greift Jan Ullrich unwiderstehlich an: kraftvoll und elegant, mit großem Gang und ohne aus dem Sattel zu gehen. »Der neue Gigant«, wird die »L'Equipe« am nächsten Tag schreiben. 19 Jahre nach Klaus-Peter Thaler ist wieder ein deutscher Profi im Gelben Trikot.
Zwei Tag später offenbart Jan Ullrich in Saint Etienne seine ganze Überlegenheit mit dem klarsten Zeitfahr-Sieg der Tour-Geschichte. Richard Virenque ist zutiefst gedemütigt, als ihn der drei Minuten nach ihm gestartete Ullrich überholt. Was Boris Becker mit seinem ersten Wimbledon-Sieg gelang, erreicht auch Jan Ullrich: Er entfacht in Deutschland eine unglaubliche Begeisterung für seine Sportart. Auf der Etappe nach Colmar in der Nähe von Ullrichs Heimatort Merdingen pilgern Tausende Fans an den Ballon d'Alsace. Ausgerechnet hier hat Jan Ullrich seinen schwächsten Tag. Udo Bölts treibt ihn mit Worten, die bald in aller Munde sind: »Quäl dich, du Sau!« In Paris hat der erste deutsche Tour-Sieger 9:09 Minuten Vorsprung vor Richard Virenque.
Jan Ullrich ist nun ein Superstar – seine Verehrer verfolgen ihn bis vor den Weinbauernhof, auf dem er mit seiner Freundin Gabi lebt. Vom Sportler des Jahres bis zum Bundesverdienstkreuz bekommt er alle nur erdenklichen Titel. Und auch international wird er geehrt: In Uruguy erscheint sogar eine Briefmarke mit seinem Abbild.

Jan Ullrich auf dem Weg zum ersten deutschen Tour-Sieg.

1998

VIRENQUE, MASSI & CO

Die Tour de Farce

Der Skandal beginnt mit einer kleinen, unauffälligen Meldung. Am Abend vor dem Tour-Start in Dublin wird bekannt, daß Willy Voet, ein Betreuer der Festina-Mannschaft, verhaftet worden ist. In seinem Auto findet die Polizei 250 Ampullen des Blutgerinnungsmittels Epo und 150 Ampullen Anabolika. Bei der Durchsuchung der Teamzentrale von Festina in der Nähe von Lyon fallen den Dopingfahndern weitere Präparate und Disketten mit Anleitungen zur Einnahme von Dopingmitteln in die Hände. Masseur Voet belastet jetzt das gesamte Festina-Team um die Tour-Favoriten Virenque und Zülle sowie Weltmeister Brochard. Nach der vierten Etappe wird der Sportliche Leiter Bruno Roussel vorläufig festgenommen. Einen Tag später verkündet Tour-Direktor Jean-Marie Leblanc den Ausschluß der ganzen Mannschaft.

Die Doping-Kontrollen werden verschärft. Allein Erik Zabel muß während der ersten zehn Etappen achtmal zum Test. Nach den Verhören der Festina-Leute gibt es neue Enthüllungen: Teamarzt Dr. Ryckaert bestätigt ein systematisches Doping der Mannschaft, vier Festina-Fahrer gestehen die Einnahme verbotener Mittel. Nach der neunten Etappe gerät auch das niederländische TVM-Team unter Verdacht. In einem Mannschaftswagen waren bereits am 4. März 104 Epo-Ampullen entdeckt worden. Bis zum Ruhetag werden 23 Personen in Untersuchungshaft genommen. Der Weltranglisten-Erste Laurent Jalabert ruft zum Streik gegen die diskriminierenden Berichte in den Medien auf. Die zwölfte Etappe beginnt erst mit 82 Minuten Verspätung.

Der Skandal spitzt sich weiter zu: Im Team-Wagen der kleinen Mannschaft Big Mat findet man massenweise Medikamente, die untersucht werden müssen. TVM-Fahrer werden vorübergehend festgenommen und einer strengen Leibesvisitation unterzogen. Auf der 17. Etappe streiken die Fahrer wieder, diesmal gegen die rüden Methoden der Polizei. Jalabert und das Once-Team steigen auf Weisung ihres Sponsors aus. Vier weitere Mannschaften beenden das Rennen. Bjarne Riis wird Fahrersprecher und rettet durch seine Vermittllung mit der Tour-Direktion den Fortgang der Tour.

Dann wird der Träger des Bergtrikots, Rudolfo Massi, verhaftet. In seinem Hotelzimmer werden zwei Koffer mit Medikamenten und Geld gefunden. Sofort nach Überschreiten der Schweizer Grenze steigt auf der 18. Etappe Jeroen Blijlevens vom TVM-Team aus. Nur 96 Fahrer erreichen das Ziel in Paris. Die deutsche Telekom AG dankt ihren Fahrern mit dem Slogan: »Saubere Leistung!«

Der Sportliche Leiter des Festina-Teams Bruno Roussel (links) wird verhaftet.

Marco Pantani stürmt hinauf nach Plateau de Beille.

1998

MARCO PANTANI

Der Pirat aus Cesenatico

Er will diese Tour de France eigentlich gar nicht gewinnen. Marco Pantani ist der frischgebackene Sieger des Giro d'Italia und nur bei der Tour, um sich in den Bergen seinen Etappensieg abzuholen. Doch dann kommt alles ganz anders.
In Plateau de Beille endet die zehnte Etappe mit einer Bergankunft. Zehn Kilometer lang zieht sich die Straße hinauf bis über die Baumgrenze der Pyrenäen. Eine große Gruppe um Jan Ullrich im Gelben Trikot beginnt den Anstieg. Ullrich hat einen Defekt, er muß das Rad wechseln und rast im Slalomstil hektisch durch das Feld. Das kostet den Vorjahressieger soviel Kraft, daß er der Attacke von Marco Pantani an der steilsten Stelle des Berges nicht folgen kann. »Marco ist der einzige echte Kletterer der Welt«, lobt ihn nicht nur Lucien van Impe, der selber sechsmal Bergkönig der Tour war. Das 56 Kilogramm schwere Leichtgewicht mit dem Kahlkopf und den großen Ohren stürmt voran und gewinnt die Etappe. Doch noch behält Jan Ullrich das Gelbe Trikot.
Die 15. Etappe führt nach Les Deux Alpes, wieder eine Bergankunft und wie geschaffen für Marco Pantani. Aber diesmal wartet er nicht bis zum letzten Anstieg, sondern zieht schon am Galibier explosiv und leichtfüßig davon. Jan Ullrich erlebt die schwersten Minuten seines Sportlerlebens: Er hat wieder einen Raddefekt, außerdem ißt er zuwenig und erlebt den gefürchteten »Hungerast«. Dazu kommt, daß er seine Jacke zu früh ausgezogen hat und sich unterkühlt. Auf den Tag genau vor einem Jahr hat er die Tour gewonnen, heute verliert er sie. Pantani ist schon seit neun Minuten da, als Ullrich entkräftet ins Ziel torkelt. »Elefantino« gewinnt die Tour, auch wenn Jan Ullrich sich erholt und die Alpenetappe in Albertville und das Zeitfahren in Le Creusot für sich entscheidet. Kaum einer, der Pantani den Sieg nicht gönnt, zumal es seit 33 Jahren der erste eines Italieners ist. Schwere Stürze haben den Sohn eines Brötchenverkäufers aus Cesenatico immer wieder zurückgeworfen. 1995 prallte er beim Rennen Mailand – Turin frontal gegen ein Auto und brach sich mehrfach das Bein, das seitdem acht Millimeter kürzer ist. Zwei Jahre später stürzte er auf der achten Etappe des Giro bei 85 km/h über eine Katze. Marco Pantani hat sich immer wieder aufgerappelt.
Cesenatico erwartet ihn in Gelb. 30 000 »Pantanisti« feiern ausgelassen, wie es nur die Italiener können. 5000 Liter Wein fließen, eine Riesentorte für 1000 Personen wird verzehrt. Der Literatur-Nobelpreisträger Dario Fo schenkt Pantani ein Bild, und Ministerpräsident Prodi erklärt das Jahr 1998 zum »Pantani-Jahr«.

1999

LANCE ARMSTRONG

Die »Tour de Lance«

Die Tour de France 1999 erzählt eine Story, die so unglaublich ist, die man keinem Hollywoodstreifen abnehmen würde, zu wirklichkeitsfern und das Happyend viel zu schön. Hauptdarsteller ist vom ersten Tag an Lance Armstrong. Völlig überraschend gewinnt er den Prolog in Le Puy du Fou vor dem Schweizer Alex Zülle und Abraham Olano, dem Zeitfahrspezialisten aus Spanien. Armstrong war zwar schon 1993 in Oslo mit 21 Jahren jüngster Profi-Weltmeister der Radsportgeschichte geworden, aber im Herbst 1996 verschwand er von der Straße und eine Rückkehr schien unmöglich: Lance Armstrong hatte Krebs.
Die Ärzte fanden tennisballgroße Tumore im Hoden und Geschwüre in seinem Kopf. Er mußte vier Chemotherapien und eine schwere Gehirnoperation über sich ergehen lassen. Er verlor alle Haare und büßte den größten Teil seiner Muskulatur ein. Seine Überlebenschancen wurden von den Medizinern in Austin/Texas mit maximal zwanzig Prozent angegeben. Aber Lance Armstrong gewann diesen wichtigsten Kampf seines Lebens. Er kehrte zurück.
Nach 518 Tagen Rennpause wurde er im Februar 1998 am Start der ersten Etappe der Ruta del Sol in Südspanien von allen Rennfahrern mit langem Beifall empfangen. Die wenigsten von ihnen hatten damit gerechnet, dem

Amerikaner noch einmal am Start zu begegnen. Im Herbst des Jahres wurde er Vierter der Vuelta España. Sollte er noch stärker sein, als vor seiner Krankheit? Auf die Tour de France bereitete sich Armstrong geradezu akribisch vor: Jede Bergetappe in den Alpen und Pyrenäen fuhr er ab, seine Form ist hervorragend, die wenigstens haben es bemerkt.
Auf der Hälfte der Tour fährt er ins Gelbe Trikot. Er siegt beim Zeitfahren in Metz mit 58 Sekunden Vorsprung vor Alex Zülle, aber der Gesamtsieg wird Armstrong immer noch nicht zugetraut. Einen Tag später führt die erste Alpenetappe über die drei Pässe Télégraphe, Galibier und Montgenèvre nach Sestrières. Das Wetter ist fürchterlich, beim Anstieg zum Ziel im italienischen Wintersportort peitscht kalter Regen den Fahrern ins Gesicht. Nur einem scheint er nichts auszumachen: Lance Armstrong gewinnt die Etappe und vergrößert seinen Vorsprung auf mehr als sechs Minuten.
In der französischen Presse wird Lance Armstrong unterstellt, ihm seien während seiner Krankheit leistungssteigernde Medikamente verabreicht worden. Außerdem werden bei einer Dopingkontrolle Reste eines Corticoids ermittelt. Er hatte Sitzbeschwerden mit einer Salbe behandelt, die diese Substanz enthielt. Aber Armstrong kann dafür ein Attest vorlegen. Auch aus Wut gewinnt er das abschließende Zeitfahren in Futuroscope. Nach Merckx, Hinault und Indurain bleibt ein vierter Rennfahrer in allen Zeitfahren einer Tour unbesiegt.
In Paris wird Lance Armstrong von seiner Frau Kristin empfangen. Sie ist schwanger und wird im Oktober 1999 ihren Sohn Luke zur Welt bringen, ihren zweiten Wunderknaben.

Happyend nach 3690 Kilometern. Der Anfang: Lance Armstrong, flankiert von zwei Gefährten seines US-Postal-Teams, auf der ersten Etappe.

2000

TOM STEELS

Der Sprinter ohne Nerven

Die erste Flachetappe einer Tour de France ist der Auftakt für den Kampf der Sprinter. Alle sind noch ausgeruht, erfolgshungrig und unsicher. Alle sind besonders nervös. Auch in Loudun, am Ende der zweiten Etappe der Tour 2000, ist es nicht anders. Das Feld prescht geschlossen dem Ziel entgegen. Der Deutsche Erik Zabel ist dabei, der seit drei Jahren sehnsüchtig auf einen Etappensieg wartet. Sein Landsmann Marcel Wüst, der überhaupt noch keinen Erfolg bei der Tour vorzuweisen hat. Und Tom Steels, der wieder einmal der Schnellste ist. Aus dem Windschatten kommend überholt der Belgier Wüst und Zabel auf den letzten Metern, es ist bereits sein achter Etappensieg beim wichtigsten Rennen der Welt.
Tom Steels ist ein Mann fürs Grobe. Wenn das Feld Schulter an Schulter mit 65 Sachen auf die Zielgerade biegt, die Lücken zwischen den sprintenden Fahrern in Zentimetern gemessen werden, der Gegner mit List und Tücke ausgetrickst werden muß, dann fühlt sich der Belgier richtig wohl. Er liebt den Kampf der Muskeln und der Nerven – auch wenn er ihn oft genug verloren hat.
Wie 1997 in Marennes, wo es einen der wildesten Massensprints der Tourgeschichte gab: Erik Zabel und der Franzose Naron schubsen sich mit ihren Schultern und Köpfen, zur Strafe werden sie auf den letzten Platz gesetzt. Noch wilder treibt es allerdings ein junger Fahrer im Trikot des Belgischen Meisters. Er fühlt sich von Frederic Moncassin bedrängt, rastet plötzlich völlig aus, greift bei Tempo 70 nach seiner Trinkflasche und wirft sie quer durchs Fahrerfeld nach dem Franzosen. Wenige Minuten später sitzt er weinend im internationalen Pressezentrum: Tom Steels wird als nervenschwaches Sicherheitsrisiko von der Tour ausgeschlossen. Das ist ihm eine Lehre.
In Zukunft verbindet er seine Kraft mit Routine und Cleverness. Und es lohnt sich: Vier Etappensiege 1998, drei 1999, zwei 2000. Steels gehört neben dem Italiener Mario Cipollini und Zabel zu den besten Sprintern seiner Generation. Mit 14 wurde er Radsportler, begann als BMX-Fahrer und wurde fünfmal Belgischer Meister. Die Geschicklichkeit, die er dabei zeigen mußte, sollte ihm später weiterhelfen. Dann wechselte er auf die Bahn, wurde 1989 Vize-Weltmeister im 1000-m-Zeitfahren. Von dieser Tempohärte profitiert er später bei langen Sprints.
Bei der Tour 2000 schreibt Tom Steels seine Erfolgsgeschichte weiter. In Nantes gewinnt er nach der zweiten auch die dritte Etappe und erobert das Grüne Trikot. Allerdings behält er es nicht lange. In den nächsten Tagen fährt er immer unauffälliger, er hat keine Chance mehr bei den Sprints. Eine schmerzhafte Magengeschichte schwächt ihn mehr und mehr. In den Pyrenäen gibt er das Rennen auf.
Den Kampf um das Trikot des besten Sprinters gewinnt zum fünften Mal in Folge Erik Zabel, als erster Fahrer in der Geschichte der Tour de France. Tom Steels bleibt die Hoffnung aufs nächste Jahr.

Die Nervosität des Feldes kann ihm nichts mehr anhaben. Tom Steels überquert als Sieger den Zielstrich.

LAZER
QUICK-STEP
LATEXCO
MAPEI
QUICK-STEP
QUICK-STEP
QUICK-STEP

LOOK

2001

JENS VOIGT

Der unermüdliche Angreifer

»Für diesen Moment habe ich viele Jahre gearbeitet. Jetzt weiß ich, dass sich das alles gelohnt hat!« Jens Voigt strahlt. Gerade hat er die Etappe von Castelsarrasin nach Sarran gewonnen – seine erste Etappe bei der Tour. Er, der im Feld und bei den Zuschauern bekannt ist wie ein bunter Hund: Immer wieder hat der Deutsche sein Heil in der Flucht gesucht und immer wieder ist seine Taktik am Ende nicht aufgegangen. Er ist einem Sieg hinterher gejagt wie kaum ein anderer.

Es war im Jahr 2000, als er auf der fünften Etappe erst zwei Kilometer vor dem Ziel eingefangen wurde. Drei Tage später machte sich Voigt wieder auf. Endlose 120 Kilometer fuhr er an der Spitze und diesmal war er seinem Ziel so nah, wie nie zuvor. Ganze 600 Meter waren es noch bis zur Ziellinie – als das Feld an ihm vorbeischoß. Auf dem Treppchen stand wieder ein anderer, aber Jens Voigt war der »Sieger der Herzen«.

Der sympathische Mecklenburger ist nicht nur in seinem Team sehr beliebt. Aufgewachsen ist er an der damals scharf bewachten innerdeutschen Grenze. Wer ihn und seine Familie in Dassow an der Ostsee besuchen wollte, benötigte bis zur Wende besondere Passierscheine fürs Grenzgebiet.

Die Radsportkarriere des Jens Voigt begann in Berlin beim Klub von Erik Zabel und als Amateur wurde er bald sehr erfolgreich – immerhin war er Friedensfahrtsieger und Weltranglisten-Erster. Nach einigen vergeblichen Versuchen, eine geeignete Profimannschaft zu finden, landete er schließlich im Süden Frankreichs bei Credit Agricole. Das Team des exzellenten Sprinters Stuart O'Grady war genau die sportliche Heimat, die er so lange gesucht hatte. Und die ihm 2001 zu seinem bisher größten Erfolg verhelfen sollte.

Es ist die 16. Etappe, der größte Teil der diesjährigen Tour ist bereits Geschichte. Lance Armstrong ist auf dem Weg zu seinem dritten Tour-Sieg. Die Sonne brennt. Schon früh hat sich eine Ausreißergruppe mit sieben Fahrern gebildet. Sieben Freunde auf Zeit, die einen Vorsprung von einer halben Stunde herausfahren. Immer wieder ist es Jens Voigt, der die Gruppe antreibt. Aber die Länge der Strecke – die Etappe geht über 229,5 Kilometer – und die hohen Temperaturen fordern ihre Opfer. Die Spitzengruppe zerfällt; einer nach dem anderen bleibt zurück. Zum Schluß sind nur noch zwei übrig: Bradley McGee und Jens Voigt. Der Australier ist ein schneller Mann, immerhin war er schon Weltmeister auf der Bahn. Doch Voigt überrascht ihn am letzten Anstieg vor dem Ziel – McGee hat keine Chance mehr.

Jens Voigt und der Australier Bradly McGee (Bild links) setzen sich kurz vor Ende der Etappe von der Ausreißergruppe ab.

2002

LAURENT JALABERT

Der Liebling der Franzosen

Laurent Jalabert erhält vor der letzten Etappe den »Orangenpreis« für sein »fotografenfreundliches« Auftreten. Das Pendant, der »Zitronenpreis«, wird in diesem Jahr nicht vergeben.

Am Ruhetag hat Laurent Jalabert die Journalisten eingeladen. Er verkündet seinen Abschied vom Radsport. Nach 13 Jahren Profigeschäft freut er sich nun auf sein Zuhause, auf Mazamet im sonnigen Süden Frankreichs. Dort baut seine Familie seit Generationen Wein an, dort erwarten ihn seine Frau und vier Töchter. Der Entschluß steht fest. Frankreichs Radsport-Gemeinde trägt Trauer, denn einen wie Jalabert gibt es nicht alle Jahre.

Das beweist er noch ein letztes Mal in den Tagen nach dem Ruhetag. Nicht weniger als 429 Kilometer ist er in den Pyrenäen »auf der Flucht«. Allein an der Spitze – jedes Mal wird er wieder eingefangen. Er bleibt ein tragischer Held, und so lieben es die Franzosen ja am meisten. Die »Maschine« Lance Armstrong kennt kein Erbarmen. Der Texaner gewinnt die Etappen hinauf nach La Mongie und Plateau de Beille. Jalabert kommt erst als neunter bzw. 49. ins Ziel – doch er wird gefeiert wie ein Sieger.

Vor zehn Jahren schon gewann er in Brüssel seine erste Etappe; damals noch als tollkühner Sprinter, der meistens ohne Helm fuhr. Das änderte sich nach der ersten Etappe 1994 schlagartig: Jalabert prescht in aussichtsreicher Position in die letzte Kurve. Da tritt ein Polizist auf die Straße, um ein Erinnerungsfoto zu schießen. Jalabert kann nicht mehr ausweichen und prallt mit ungeheurer Wucht in den Mann. »Ich dachte, ich müßte dort vor allen Leuten sterben«, erzählt Laurent Jalabert. Zweieinhalb Stunden muß er im Gesicht operiert werden, sieben Monate steigt er nicht aufs Rad. Ein Jahr später, am 14. Juli 1995, gewinnt er die schwere Etappe nach Revel. Es ist der Nationalfeiertag. Es ist Jalaberts zweiter Geburtstag. Aus dem Sprinter ist ein Allrounder geworden.

173 Siege, darunter fünf Etappen bei der Tour de France, haben Laurent Jalabert zu einem einflußreichen Mann im Peleton reifen lassen. Beim Tour-Skandal 1998 spielte er eine Hauptrolle. Nach Doping-Fällen und Polizeirazzien forderte Jalabert seine Kollegen zum Streik auf. Die Tour stand vor dem Abbruch. Wütend verließ er die Tour, als das Rennen doch fortgesetzt wurde. Er zog mit seiner Familie in die Schweiz und schwor, nie wieder in Frankreich Rennen zu fahren.

Doch diesen Vorsatz gab er bald auf, die Tour de France ist zu wichtig.

Am Ende seiner Karriere wechselte er ausgerechnet nach Dänemark zu Bjarne Riis, der beim Tour-Streik 1998 sein großer Gegenspieler gewesen war. 2001 kehrte er zur Tour zurück und gewann in Colmar. Wieder am Nationalfeiertag. Längst ist Laurent Jalabert der Liebling der Fans. Neben Eddy Merckx und Bernard Hinault gewinnt er als Einziger beides: das Sprinter- und das Bergtrikot. Und so gönnt sich Laurent Jalabert 2002 die schönste Abschieds-Tour, die sich ein Kletterer vorstellen kann. Er erreicht Paris im Trikot mit den roten Punkten, das den besten Bergfahrer schmückt.

Tour 2003

2003

LANCE ARMSTRONG & CO. *TOUR 2003*

Vom Werbegag zum nationalen Heiligtum – Der 100. Geburtstag der Tour

»Die Tour de France ist zu Ende, und ich fürchte, diese zweite Auflage war zugleich auch die letzte. Sie wird an ihrem Erfolg zugrunde gegangen sein, an der zerreißenden blinden Leidenschaft, an Beleidigungen und Verdächtigungen ignoranter und böser Zungen.«
Kein Geringerer als der »Erfinder« der Tour de France, Henri Desgrange selbst, war es, der diese traurigen Worte schrieb. Das war im Juli 1904, aber wie man weiß und zum Glück irrte Monsieur Desgrange hier gewaltig.

Der Irrtum des Monsieur Desgrange

Denken wir zurück an den Anfang: Auch wenn ein Autorennen vielleicht naheliegender gewesen wäre – es waren Radfahrer, die sich auf den weiten, beschwerlichen Weg durch ihre französische Heimat machten, um als spektakuläre Werbeaktion die Auflage der Zeitung »L'Auto« zu steigern. Ein Ziel, das, nebenbei gesagt, erreicht wurde. 100 Jahre später ist aus der Abenteuerlust eines Haufens Verrückter ein nationales Heiligtum geworden. Alljährlich steht Frankreich im Sommer Kopf. 581 Städte und Gemeinden sind es diesmal, durch die das Feld direkt hindurchfährt. Kein Grund für den Rest des Landes, sich nicht ebenfalls zu überbieten, zu übertrumpfen in Sympathiebekundungen für dieses großartige Ereignis und seine großartigen Protagonisten. Vermutlich muß man immer noch verrückt sein, wenn man sich auf drei Wochen härtester Entbehrungen einläßt, ohne zu wissen, ob man je das Ziel in Paris erreichen wird. Aber die Franzosen lieben und verehren ihre Giganten der Landstraße, die mittlerweile aus aller Welt kommen.

PREISGELDER

Gesamtsieg	400.000 Euro
121. bis letzter Platz	121 Euro
Sprinter- und Bergtrikot	23.000 Euro
Teamwertung	30.500 Euro plus 1.500 Euro pro Fahrer im Ziel für jedes Team
Etappensieg	7.620 Euro
jede Sprintwertung	800 Euro
insgesamt	2,87 Mill. Euro

TOUR UND MEDIEN

1930 die erste Radioreportage im Sender TSF

1935 die ersten Luftaufnahmen

1948 die ersten Fernsehbilder für 2000 Pariser Familien

1952 die ersten fünfminütigen Zusammenfassungen

1955 die ersten Liveübertragungen von der Ankunft auf dem Mont Ventoux

Das drittgrößte Medienspektakel der Welt

Längst vergessen sind die Zeiten, in denen die Anhänger auf eine einzige Zeitung angewiesen waren. 1200 Journalisten, Fotografen und Kameraleute berichten von der Tour. 1000 Techniker, Chauffeure und Piloten sind unterwegs in einer riesigen Blechlawine, die sich über Frankreichs Straßen wälzt. Die Rennen werden in 165 Länder übertragen, 35 TV-Stationen berichten live. Von Japan bis Kolumbien – die Tour de France ist ein gigantisches Medienereignis, nach Olympischen Spielen und Fußball-Weltmeisterschaften das drittgrößte der Welt.

Natürlich soll der 100. Geburtstag der Tour alles bisher Dagewesene in den Schatten stellen. Eine Reminiszenz an die Tourgeschichte ist bereits der Parcours: Alle Etappenstädte von 1903 stehen auf dem Programm – Paris, Lyon, Marseille, Toulouse, Bordeaux und Nantes. Und es gibt eine Extra-Wertung. Wer bei den Ankünften in diesen Städten als Erster über die Ziellinie geht, gewinnt jeweils die symbolträchtige Summe von 1903 Euro. Der Gesamtbeste dieser sechs Etappen, Stuart O'Grady, bekommt in Paris den »Prix du Centenaire«, den »Jubiläumspreis«, und noch einmal 50.000 Euro.

Die Tour der Erinnerungen

Der Start des Prologs liegt im Herzen von Paris, am Fuße des Eiffelturms. Und die erste Etappe beginnt an einem wahrhaft historischen Ort: vor dem Café Réveil-Matin in Montgeron. Das ist ein Vorort im Süden von Paris, und genau dort wurde vor 100 Jahren die allererste Tour de France gestartet – für die Innenstadt hatte man damals keine Genehmigung bekommen. Unterwegs geht die Fahrt vorbei an etlichen Gedenksteinen, die an die Helden vergangener Zeiten erinnern, wie in den Alpen, auf dem Galibier und dem Izoard an Henri Desgrange, Louison Bobet und Fausto Coppi und in den Pyrenäen, auf dem Tourmalet, an den ehemaligen Tourdirektor und Nachfolger von Desgrange, Jacques Goddet. Letztlich aber erzählt hier jeder Stein am Wegesrand seine eigene Geschichte von der Tour, die so einmalig ist auf der Welt.

Zu den Hunderten von Tour-Andenken, die ohnehin jedes Jahr unters Volk gebracht werden, kommen naturgemäß ganz besondere »Souvenirs du Centenaire«: T-Shirts, Basecaps, Taschen, Briefmarken, Gedenkmünzen – alles, was das Sammlerherz begehrt und was die Einmaligkeit dieser Jubiläums-Tour glaubhaft macht.

Der Höhepunkt der Feierlichkeiten in ganz Frankreich ist wohl die Jubiläumsparade, die »Parade du Centenaire«: Direkt im Anschluß an die letzte Etappe beginnt auf den Champs-Elysées ein spektakuläres Festival. Alle Tour-Teilnehmer sind dabei, alle noch lebenden Tour-Helden sind eingeladen und die Pariser und ihre Gäste machen das Jahrhundertfest zu einem wahrhaft denkwürdigen Erlebnis.

Champion
Champion
CREDIT LYONNAIS
U.S. MAIL
DECATHLON
64
ibanesto.com

Radfahren am Rande des Wahnsinns – Die Duelle der Sprinter

Drängeln, Schubsen, Taktieren, Explodieren – das ist die Welt der Sprinter. Sie haben wie üblich in der ersten Woche der Tour genügend Gelegenheiten, ihre Künste zu zeigen.

Der Athlet: Alessandro Petacchi

Alessandro Petacchi verdirbt den anderen Sprintern schnell die gute Laune. Der Mann aus der Toskana gewinnt die erste, dritte, fünfte und sechste Etappe. Mal sprintet er aus dem Windschatten seiner Gegner heraus, mal fährt er den Spurt von vorn. Mal ist ein Helfer in seiner Nähe, dann ist er wieder ganz alleine – und trotzdem Erster. »Ich wußte gar nicht, daß ich ein Motorrad zum Bruder habe«, wird seine Schwester in der italienischen Presse zitiert.
Schon beim Giro d'Italia wurden sechs Etappen zur sicheren Beute für Petacchi, der damit Weltmeister Mario Cippollini eindeutig die Show stahl. »Sind Sie bereit, der neue Cippollini zu werden?« wurde der beste Sprinter dieser Saison gefragt. »Ich bin bereit, der alte Petacchi zu bleiben«, antwortete er selbstbewußt. Alessandro Petacchi wollte eigentlich Schwimmer werden und war schon regionaler Jugendmeister. Aber dann saß er 1982 mit seinem Vater vor dem Fernseher und sah, wie Giuseppe Saronni in Goodwood Weltmeister wurde. Vor lauter Begeisterung wechselte er die Sportart. Zehn Etappensiege bei Giro und Tour in einem Jahr – das gelang vor ihm nur Eddy Merckx. Als jedoch die ersten Berge am Horizont auftauchen, verlassen Petacchi flugs die Kräfte. Das erinnert dann doch sehr an seinen Landsmann Cippollini und kostet ihn nicht wenige Sympathien. Auf der siebten Etappe gibt er auf. Während sich die Kollegen über die Alpen quälen, liegt der viermalige Etappensieger schon zu Hause am Strand.

Die Australier: Baden Cooke und Robbie McEwen

Die Petacchi-Show in der ersten Woche wird nur auf einer einzigen Flachetappe unterbrochen: Die Australier übernehmen am zweiten Tag der Tour in Sedan das Kommando. Bradley McGee aus Melbourne fährt seit seinem Sieg beim Prolog in Paris in Gelb. Robbie McEwen aus Brisbane trägt das Grüne Trikot des besten Sprinters. Und Baden Cooke aus Benalla gewinnt die Etappe. Aussie-Day in Frankreich. Es ist kein Zufall, daß seit Ende der 90er Jahre eine ganze Reihe von erfolgreichen Profis vom fünften Kontinent aufgetaucht ist. Zehn Monate im Jahr leben sie fast alle von ihren Familien getrennt in einer Wohngemeinschaft in Labarthe-sur-Lèze in der Nähe von Toulouse. Von Nachwuchstrainern als Talente entdeckt, wurden sie in Sydney im »National Institute of Sport« gezielt ausgebildet. Robbie McEwen war als BMX-Fahrer

Eine Klasse für sich: Alessandro Petacchi. Vor den Bergen aber kneift er.

Erik Zabel geht dieses Mal leer aus.

Robbie McEwen und Baden Cooke können gar nicht eng genug beeinander sein. Am Ende hat Cooke die Nase vorn.

bereits australischer Meister und Sechster der WM. Geschick und Körperbeherrschung sollten ihm später bei den wilden Sprints auf der Straße zugute kommen. 1999 und 2002 siegte McEwen in Paris, der Königsetappe der Sprinter. So gnadenlos wie er auf dem Rennrad arbeitet, so locker ist er nach der Saison. Ab geht's in die Heimat, Surfers Paradise, wo er es zu einiger Meisterschaft im Wellenreiten gebracht hat.

Baden Cooke ist der neue Star unter Australiens Sprintern. Vor einem Jahr belegte er noch zweite und dritte Plätze. Am 7. Juli aber ist es soweit: Auf Erik Zabels Geburtstag kann Cooke leider keine Rücksicht nehmen und schnappt ihm den Etappensieg weg. Zahlreiche weitere gute Plätze verhelfen ihm erstmals in seiner Karriere zum Grünen Trikot, das er tapfer über die Alpen und die Pyrenäen trägt. In einem spektakulären Duell auf der Zielgeraden der Champs-Elysées besiegt er seinen härtesten Rivalen Robbie McEwen und ist damit der beste Sprinter der Tour.

Cooke kann es auf dem Rad nicht ruppig genug zugehen. Angst kennt er nicht, vielleicht auch deshalb, weil er noch nie schwer gestürzt ist. Aber er ist auch ein bißchen verrückt. Vor zwei Jahren, nach einer gefährlichen Bruchlandung mit einem Flugzeug, winkte er ab: »It was really funny!«

Der Arbeiter: Erik Zabel

Gegen die Kraft Petacchis und das Kollektiv der Australier haben die anderen Sprinter lange keine Chance. Auch Erik Zabel nicht, der auf den ersten vier Flachetappen nie schlechter als Vierter ist. Von Tagessiegen aber ist er weit entfernt.

Erik Zabel büßt für seine neue Rolle im Team als verlängerter Arm des Sportlichen Leiters; er geht ohne einen speziellen Helfer in die heißen Sprints. Obwohl er sich darüber im klaren ist, kocht er nach der vierten Etappe dann doch. Zabel fühlt sich von den Teamkollegen verlassen. Fahrer wie Santiago Botero oder Mario Aerts seien wohl an »ihre mentalen Grenzen gestoßen«, als es bei den Massenankünften so richtig zur Sache geht. So muß Zabel warten, bis sich im Gebirge die Konkurrenten einer nach dem anderen verabschieden. Ohne Alessandro Petacchi, Jaan Kirsipuu, Stefano Zanini und Olaf Pollack treffen sich die Sprinter in der letzten Woche wieder.

Doch am Ende gelingt es Erik Zabel auch dieses Mal nicht, in Paris zu gewinnen. Zabel, der von 1996 bis 2001 so oft wie kein anderer das Grüne Trikot gewann, geht ganz leer aus.

ETAPPENSIEGE VON ERIK ZABEL

1994		
1995	2	Charleroi, Bordeaux
1996	2	Nogent-sur-Oise, Gap
1997	3	Plumelec, Bordeaux, Pau
1998		
1999		
2000	1	Troyes
2001	3	Boulogne-sur-Mer, Seraing, Evry
2002	1	Alencon
2003		

Radfahren jenseits der Baumgrenze – Die Kämpfe der Kletterer

BERGE BEI DER TOUR DE FRANCE

1905 Der erste Berg: Ballon d'Alsace in den Vogesen

1910 Die ersten Pyrenäenpässe: Tourmalet, Aspin, Aubisque

1911 Der erste Alpenpaß: Col du Galibier

1933 Die ersten Bergwertungen: Vicente Trueba (Spanien)

1952 Die ersten Bergankünfte: Alpe d'Huez, Sestrière, Puy de Dôme

1962 Der höchste Punkt: Col de la Bonnette, 2.802 m

1975 Das erste Bergtrikot: Lucien van Impe (BEL)

1994 Die höchste Bergankunft: Val Thorens, 2.775 m

Sie sind selten geworden, die echten Kletterer, die mit überfallartigen Angriffen und Tempowechseln ihre Gegner zermürben. Die Sieger der Bergetappen von heute sind Rennfahrer, die auch mit Herz, vor allem aber mit Verstand angreifen: taktisch klug, berechnend, kontrolliert.

Angriff in Morzine: Richard Virenque

Diesen Tag hatte er lange geplant. Die Familie von Richard Virenque ist extra in die Alpen gereist – seine Frau Stephanie mit den Kindern Dario und Clara. Nach einigen Jahren voller Heimweh in Genf kehrten sie inzwischen zurück nach Frankreich, in das kleine Dorf Carqueranne am Meer. Und jetzt will Richard Virenque auch zurück in die Herzen der Franzosen. Auf der siebten Etappe von Lyon nach Morzine ist es soweit. Große Hitze, drei Berge und fast 200 Kilometer haben das Feld geschwächt, als Virenque angreift. Am längsten begleitet ihn noch Rolf Aldag. Aber dann ist Virenque allein an der Spitze – er gewinnt seine sechste Tour-Etappe. Und quasi als Sahnehäubchen gibt es das Gelbe Trikot

Richard Virenque kann sich auf der achten Etappe das Trikot aussuchen. Er nimmt das Gelbe und überläßt Rolf Aldag das Bergtrikot.

noch dazu. Er hat es schon einmal getragen, doch das ist elf Jahre her. In der Zwischenzeit erlebte Richard Virenque alle Höhen und Tiefen, die man sich nur vorstellen kann. 1997 war er Tour-Zweiter und insgesamt viermal Bergkönig. Aber er war auch tief in den Dopingskandal von 1998 verwickelt. Lange bestritt er alle Doping-Vorwürfe, er schrieb sogar ein Buch »Ma verité« (»Meine Wahrheit«), das allerdings wenig mehr als Ausflüchte enthielt. Am Ende entschloß er sich dann doch, die Wahrheit zu sagen. Zu spät. Er wurde von seinem Team gefeuert, vom Verband gesperrt, von den Fans verlassen. Richard Virenque wurde depressiv, wollte sich das Leben nehmen. Es dauerte lange, bis er wieder gesund war. Nun gewinnt er eine Alpenetappe, holt für einen Tag das Gelbe Trikot und die »L'Equipe« schreibt auf Seite eins einen Kommentar mit der Überschrift: »Respekt!«

Aufstieg in Alpe d'Huez: Ibán Mayo

Seit Fausto Coppi 1952 als Erster in Alpe d'Huez gewann, hat diese Bergankunft einen ganz besonderen Klang für alle Kletterer. Es ist das Wimbledon der Radfahrer.
Der Anstieg beginnt in Bourg d'Oisans, 13 Kilometer vor dem Ziel. Er ist 21 Serpentinen lang und bis zu 15 Prozent steil. Ullrich, Armstrong, Beloki, Vinokourov, Hamilton – alle Favoriten quälen sich beim Finale der achten Etappe gemeinsam den Berg hinauf. Acht Kilometer vor dem Ziel greift ein Mann im knallorangen Trikot des Euskaltel-Teams an. Es ist Ibán Mayo, der bekannt ist für seinen Mut. Bei der Dauphiné-Rundfahrt unmittelbar vor der Tour de France attackierte er Lance Armstrong im Gebirge dreimal, auch wenn er ihn dort noch nicht besiegen konnte. Diesmal klappt es. Ibán Mayo, 25 Jahre alt, ist ein weiteres Beispiel für die Klasse baskischer Rennfahrer. Es gibt bereits für Jugendfahrer spezielle Rennserien im Baskenland, viele Amateurmannschaften bemühen sich um die größten Talente. Und das Euskaltel-Team hat nur hei-

Ibán Mayo gewinnt die Königsetappe.

mische Radprofis unter Vertrag.
Mit dem Etappensieg in Alpe d'Huez krönt Mayo zweifellos seine bisherige Karriere.

Attacke in Gap: Alexander Vinokourov

14. Juli, französischer Nationalfeiertag. Die neunte Etappe findet in sengender Hitze statt. Mit Lautaret und Izoard sind die beiden letzten Bergriesen der Alpen überwunden. Es fehlt nur noch die Côte de la Rochette, ein unauffälliger Hügel, acht Kilometer vor dem Ziel in Gap. Ein kurzer steiler Anstieg reicht und Alexander Vinokourov greift wieder einmal an. Der Kasache, der in der Steppe zwischen China und dem Kaspischen Meer mit dem Radsport begann, löst sich von den Favoriten und löst Panik aus. Schnell hat er eine Minute Vorsprung. Armstrong, Ullrich und Beloki jagen ihm hinterher. Vergeblich – Vinokourov holt sich seinen ersten Etappensieg.
2003 ist das Jahr seiner größten Erfolge und seiner größten Trauer.

DEUTSCHE IM BERGTRIKOT

1998 Jens Voigt (1 Tag)
2001 Marcel Wüst (3 Tage)
2003 Rolf Aldag (1 Tag, in Vertretung Richard Virenques)

Im März gewinnt er die Rundfahrt Paris–Nizza. Bei der Siegerehrung hält er ein Foto in die Höhe und weint. Das Bild zeigt seinen Freund Andrei Kivilev, der wenige Tage zuvor nach einem Sturz gestorben ist. Vinokourov gründete eine Stiftung, die Kivilevs Namen trägt und unterstützt junge Rennfahrer aus seiner Heimat. »Andrejs Kraft ist zu mir gekommen«, kommentiert der neue Telekom-Kapitän seine überraschenden Leistungen. Und der kasachische Ministerpräsident erkundigt sich fast jeden Tag übers Telefon, wie es so gelaufen ist. Denn Journalisten aus Vinokourovs Heimat sind nicht bei der Tour.

Alexander Vinokourov ist stark wie nie zuvor und wird Gesamtdritter.

So viele wie noch nie – Die Leistungen der Deutschen

Noch nie waren so viele deutsche Radprofis am Start der Tour de France wie im Jahr ihres 100. Geburtstages. Zum ersten Mal haben sich drei deutsche Mannschaften für das größte Rennen der Welt qualifiziert. Gleich 17 Männer machen sich am 5. Juli in Paris auf den Weg. Zehn sind noch dabei, als der Tour-Tross drei Wochen später wieder die französische Hauptstadt erreicht.

Eine tragende Rolle spielt Olaf Pollack gleich bei der ersten Etappe. Er bleibt vom Pech verfolgt und beendet das Rennen nicht.

Der gestürzte Neuling: Olaf Pollack

In der letzten Kurve der ersten Etappe ist Olaf Pollack endgültig klar: Hier geht es um alles. 168 Kilometer sind gefahren. 500 Meter fehlen noch bis ins Ziel in Meaux. Das Feld rast in eine Linkskurve, als es fürchterlich kracht. Räder fliegen durch die Luft, Bremsen quietschen, Fahrer bleiben blutend auf dem Asphalt liegen – ein Massensturz. Olaf Pollack vom Team Gerolsteiner beendet die erste Tour-Etappe seines Lebens zu Fuß. Das Rad über der Schulter, läuft er ins Ziel, gezeichnet vom Sturz.

»Das ist hier eine ganz andere Welt«, zeigt sich der Tour-Neuling erschüttert, »da fahren die Sprinter durch Lücken, wo gar keine sind. So kompromißlos wie um einen Etappensieg bei der Tour wird bei keinem anderen Rennen gekämpft.« Der Sprinter Pollack zahlt Lehrgeld. Ein siebter und ein elfter Platz sind seine besten Ergebnisse, als er nach einer Woche enttäuscht das Rennen aufgibt.
Wie Olaf Pollack gibt in den Alpen auch Michael Rich das Rennen auf. Mit heftigen Knieschmerzen klettert er in den »Besenwagen«, der die Fahrer einsammelt, die die Kraft oder der Mut verlassen hat. Im Ziel in Morzine wartet niemand auf ihn. Die Gerolsteiner-Mannschaft ist bereits unterwegs ins Hotel. »Man hat mich vergessen«, sagt der Athlet ganz leise und nimmt seine kleine Tochter traurig in den Arm.

Der kraftlose Kämpfer: Jens Voigt

Andreas Klöden hält zwei Tage länger durch. Beim Massensturz auf der ersten Etappe ist er in ein Absperrgitter geknallt. Die Schmerzen verlassen ihn nicht mehr. Er kämpft noch eine Woche, dann reist er ab.
Jens Voigt stürzt nicht. Trotzdem quält er sich auf der elften Etappe von Narbonne nach Toulouse mit jedem Kilometer mehr. »Ich konnte einfach nicht mehr treten«, sagt der tiefenttäuschte Mecklenburger später. Schon tagelang hatte er sich krank gefühlt, und auch der Ruhetag bringt nicht die erhoffte Erholung. Jetzt bleibt sein Mannschaftskamerad Stéphane Augé so lange an seiner Seite, bis Voigt ihn bittet, ihn zurückzulassen. Doch zu spät. Augé erreicht das Ziel erst nach Ablauf des Zeitlimits und wird disqualifiziert. Eine harte Strafe für den Teamgeist, den er gezeigt hat. Zuvor aber steigt Jens Voigt unsagbar müde vom Rad. Die Leute an der Straße klatschen, ein Jurymitglied reißt ihm die Nummer vom Trikot – da kommen ihm

DIE DEUTSCHEN BEI DER TOUR 2003

2. Jan Ullrich (Bianchi)
17. Jörg Jaksche (Once)
28. Grischa Niermann (Rabobank)
38. Jörg Ludewig (Saeco)
48. Matthias Kessler (Telekom)
61. Udo Bölts (Gerolsteiner)
94. Rolf Aldag (Telekom)
105. Erik Zabel (Telekom)
136. Thomas Liese (Bianchi)
146. Daniel Becke (Bianchi)

ausgeschieden

7. Etappe Olaf Pollack (Gerolsteiner)
7. Etappe Michael Rich (Gerolsteiner)
9. Etappe Andreas Klöden (Telekom)
11. Etappe Tobias Steinhauser (Bianchi)
11. Etappe Jens Voigt (Crédit Agricole)
13. Etappe Torsten Schmidt (Gerolsteiner)
19. Etappe Uwe Peschel (Gerolsteiner)

Bitterer Moment: Jens Voigt kämpft bis zum letzten und muss doch aufgeben.

Ein Fels in der Brandung: zum zwölften Mal ist Udo Bölts bei der Tour dabei.

die Tränen. Jens Voigt hat noch nie aufgegeben bei der Tour de France.

Der treue Helfer: Jörg Jaksche

Zum Heulen ist auch Jörg Jaksche am Ende der neunten Etappe nach Gap zumute. Alles hat so gut begonnen. Er gehört einer Spitzengruppe an, deren Vorsprung so groß ist, daß Jaksche das Gelbe Trikot übernehmen könnte! Unermüdlich schuftet er noch mehr als die anderen; immer dieses unverhoffte Glück vor Augen. Aber dann wird er regelrecht vom Pech verfolgt. Die Ausreißer sind sich nicht einig, der kostbare Vorsprung schmilzt dahin. Jaksche versucht es nun im Alleingang, doch er wird eingeholt. Dann kommt die halsbrecherische Abfahrt vom Côte de la Rochette, dem letzten Berg. Jörg Jaksche jagt an der Seite seines Kapitäns Joseba Beloki dem Kasachen Vinokourov vom Team Telekom hinterher. Belokis zweiter Platz in der Gesamtwertung ist in Gefahr, die beiden scheuen kein Risiko. Doch der Spanier fährt zu schnell in eine Kurve und gerät ins Schleudern. Der Reifen löst sich vom Hinterrad, und Beloki stürzt mit ungeheurer Wucht auf den Asphalt. Jörg Jaksche bleibt bei ihm, bis erste Helfer eintreffen. Es wird klar, daß sein Kapitän nicht mehr weiterfahren kann. Beloki wird mit mehreren Knochenbrüchen ins Krankenhaus geflogen. Als Jörg Jaksche endlich wieder aufs Rad steigt, ist das Gelbe Trikot wieder in unerreichbare Ferne gerückt.

Jörg Jaksche bleibt bei seinem Kapitän Joseba Beloki, der furchtbar gestürzt ist – seine Hoffnung auf Gelb ist dahin.

DEUTSCHE REKORD-TEILNEHMER

12 Udo Bölts
10 Erik Zabel
9 Jens Heppner
Rolf Aldag
Rolf Wolfshohl
8 Hennes Junkermann
7 Dieter Puschel
6 Mario Kummer
Karl-Heinz Kunde
Jörg Ludewig
Oskar Thierbach
Dietrich Thurau
Jan Ullrich
Jens Voigt

Der alte Haudegen: Udo Bölts

Aber auch Rekorde werden aufgestellt. Udo Bölts startet zum zwölften Mal bei der Tour. Öfter als er war in 100 Jahren kein deutscher Rennfahrer dabei. Zwar hat er nie eine Etappe gewonnen und nie das Gelbe Trikot getragen, aber immer ist er in Paris angekommen. Ein Mann, der ohne Zweifel Tour-Geschichte geschrieben hat. Nach seinem letzten Jahr als Radprofi wird er ins Management beim Team Gerolsteiner einsteigen.

Rolf Aldag schließlich überschreitet Grenzen: Auf der ersten Bergetappe der Tour nach Morzine fährt Aldag mit Richard Virenque weit vor dem Feld über die Pässe. Der Lohn: Am nächsten Tag ist der Franzose in Gelb, und Aldag darf das Bergtrikot tragen, das gelang vor ihm nur zwei Deutschen, Jens Voigt und Marcel Wüst! Für einen Tag steigt er aus der Anonymität der Helfer auf. Dann verschwindet er wieder im Feld; dort, wo er sich zu Hause fühlt.

Es kann nur einen geben – Lance Armstrong gegen Jan Ullrich

Ein Texaner und ein Mecklenburger: Sie schätzen sich, sie loben sich, sie bekämpfen sich. Und sie machen die Tour de France 2003 zu einem der spannendsten Duelle der letzten Jahrzehnte. Damit war wirklich nicht zu rechnen, als diese Saison begann.

Lance Armstrong liegt schon im Frühjahr voll im Plan. Er hat im Winter wie immer mit seinem Team in Kalifornien trainiert. Bei der Murcia-Rundfahrt in Spanien hat er im März sein neues Zeitfahrrad getestet, und ist Zweiter geworden. Alles läuft, wie es soll, wohl auf dem Weg zum fünften Tour-Sieg.
Jan Ullrich ist erst auf dem Rückweg in die Normalität. Nach 14 Monaten kehrt er zurück ins Renngeschehen. Zwei Knie-Operationen und eine Sperre wegen Medikamentenmißbrauchs hat er hinter sich. Ullrich weiß nicht, was in dieser Saison möglich ist. Er weiß ja nicht einmal, ob er eine Mannschaft hat. Erst in letzter Sekunde hat der Radsport-Weltverband dem Coast-Team die Startgenehmigung erteilt.
Ostermontag startet Jan Ullrich bei »Rund um Köln« zum ersten Mal wieder in Deutschland. 53 Kilometer vor dem Ziel entwischt er allen Verfolgern. Im Ziel am Rheinufer klatscht er übermütig die Hände der begeisterten Zuschauer ab. Jan Ullrich gewinnt endlich wieder ein Radrennen. Aber er bleibt vorsichtig mit seinen Prognosen.

»Ich kann in diesem Jahr die Tour nicht gewinnen. Ein Etappensieg wäre ein großer Erfolg!«
Jan Ullrich, 23. April 2003

Statt der erhofften Ruhe bricht in Ullrichs Umfeld das Chaos aus. Gehäl-

So schwer wurde ihm der Sieg noch nie gemacht – um so größer ist die Freude von Lance Armstrong.

ARMSTRONG GEGEN ULLRICH IM ZEITFAHREN

1. Juli 2000	Zum Auftakt der Tour in Futuroscope ist Armstrong nach 16,5 Kilometern 12 Sekunden schneller als Ullrich
21. Juli 2000	Heimspiel für Ullrich zwischen Freiburg und Mühlhausen. Doch er verliert auf seiner Trainingsstrecke 25 Sekunden auf Armstrong.
30. Sept. 2000	Ullrich schlägt zurück. Bei den Olympischen Spielen ist er 26 Sekunden schneller als Armstrong, verliert aber gegen den Russen Jekimov.
18. Juli 2001	Ullrich erleidet in den Alpen eine klare Niederlage. Beim Bergzeitfahren nach Chamrousse nimmt ihm Armstrong genau eine Minute ab.
27. Juli 2001	Armstrong bestätigt seinen Ruf als bester Zeitfahrer. In Saint-Amand-Montrond ist Ullrich als Dritter 1:38 Minuten langsamer.
18. Juli 2003	Armstrong erlebt in Cap Découverte eine Pleite. Ullrich gewinnt sein erstes Tour-Zeitfahren nach fünf Jahren mit 1:36 Minuten Vorsprung.
26. Juli 2003	Bei strömendem Regen liegt Ullrich vorn, stürzt aber nach zwei Dritteln. Am Ende ist Armstrong Dritter, 11 Sekunden vor Ullrich.

ter werden nicht mehr gezahlt, Startverbote erteilt; das Team Coast ist am Ende. Das Management übernimmt jetzt der frühere Rennfahrer Jacques Hanegraaf, der zusammen mit Rudy Pevenage ein neues Team aufbaut. Es heißt »Bianchi«, wie die Mannschaft der Tour-Sieger Fausto Coppi und Felice Gimondi. Jan Ullrich verliert wichtige Helfer – ausgerechnet an Lance Armstrong, der den Spanier Manuel Beltrán abwirbt. Ein ausgezeichneter Kletterer, der das US-Postal-Team in den Bergen verstärken soll. Sie testen ihn bei der Dauphiné-Rundfahrt in den französischen Alpen. Armstrong gewinnt das Zeitfahren und die Rundfahrt. Aber er stürzt auch, verletzt sich am Oberschenkel und an der Hüfte. Und immer beobachtet Armstrong seinen Gegner Ullrich genau. Er traut ihm mehr zu als die meisten.

»Er weiß, wie man eine Tour gewinnt. Er war auch viermal Zweiter. Jan ist gefährlich.«
Lance Armstrong, 6. Juni 2003

So kommen sie zur Tour. Der eine mit der Gewißheit, daß alles perfekt läuft wie immer. Der andere mit der Hoffnung, daß es besser laufen könnte als allgemein erwartet. Beim Prolog rund um den Eiffelturm von Paris werden die Unterschiede in Sekunden gemessen. Jan Ullrich ist besser! Zum ersten Mal ist er in einem Zeitfahren bei der Tour de France schneller als Lance Armstrong. Es ist nur ein Prolog, es sind nur fünf Sekunden – aber immerhin.
Der nächste Vergleich folgt drei Tage später beim Mannschaftszeitfahren nach Saint-Dizier. Armstrongs Team US Postal ist für diese Disziplin zusammengestellt und seit Jahren eingespielt. Die Räder sind maßgeschneidert und auf dem neuesten Stand. Ullrichs Team Bianchi ist noch nie zusammen gefahren. Die Zeitfahrmaschinen kommen erst in letzter Minute, in der Nacht vor der Etappe. Alle befürchten eine Vorentscheidung, aber sie fällt nicht: US Postal gewinnt zum ersten

Zwei Stürze: Lance Armstrong stürzt und wird förmlich zum Sieg getragen, Jan Ullrich stürzt und verliert das Zeitfahren.

Mal ein Mannschaftszeitfahren bei der Tour, aber Bianchi wird überraschend Dritter. Jan Ullrich verliert nur 43 Sekunden.

Es folgt die Alpen-Trilogie: Auf der ersten Etappe nach Morzine verlieren sich die beiden nicht aus den Augen. In Alpe d'Huez holt sich Armstrong das Gelbe Trikot. Aber zwei Dinge verunsichern ihn: Erstens ist Ullrich von einer Magen-Darm-Infektion geschwächt und verliert trotzdem nur 1:24 Minuten. Zweitens kann der Texaner nicht wie 1999 in Sestrière, 2000 in Lourdes-Hautacam, 2001 in Alpe d'Huez oder 2002 am Tourmalet mit einem einzigen Angriff die Tour entscheiden. Die anderen sind frecher geworden. Und der große Unbekannte ist sein alter Bekannter Jan Ullrich. Den muß Armstrong jetzt im Zeitfahren besiegen.

»Das ist das wichtigste Zeitfahren meiner Karriere!«
Lance Armstrong am Morgen des 18. Juli 2003

Es ist unsagbar heiß. Ullrich-Wetter. Armstrong geht in Gelb als Letzter ins Rennen über 47 Kilometer. Er kennt alle Zwischenzeiten: Bei Kilometer 13 sind beide zeitgleich, bei Kilometer 33 liegt Ullrich mit 40 Sekunden vorn, im Ziel hat Armstrong 1:36 verloren. Eine Demütigung, die im Umfeld des US-Amerikaners großes Rätseln auslöst. Hat er zu wenig getrunken, hat er falsch auf dem Rad gesessen, hat er zu schnell begonnen? Nur eins ist sicher: Er hat verloren.

»Die Rückkehr des Wunderkindes« schreibt die »L'Equipe« am nächsten Tag auf ihrer ersten Seite. Nach Jahren ist Jan Ullrich wieder erfolgreich im Zeitfahren. Er war zweimal Weltmeister in dieser Disziplin und Zweiter der Olympischen Spiele. Aber erst jetzt kann er Lance Armstrong in seiner Paradedisziplin die Show stehlen. Einen Tag später beginnt der Ritt durch die Pyrenäen. Jan Ullrich greift wieder an. Weitere 19 Sekunden nimmt er Armstrong ab – der leidet, wie er noch nie gelitten hat bei der Tour. Von der Souveränität früherer Jahre ist nichts zu sehen. Wird er erdrückt von der Chance auf den historischen fünften Sieg? Wird Jan Ullrich beflügelt von der möglichen Sensation?

»Jetzt ist alles möglich!«
Jan Ullrich am Nachmittag des 18. Juli 2003

Es folgt die 15. Etappe nach Luz Ardiden. Hier hatte Jan Ullrich vor zwei

Jahren seine Niederlage gegen Armstrong mit einem Handschlag besiegelt, als sie gemeinsam ins Ziel kamen. Am Tourmalet greift Ullrich an. Es kostet Armstrong viel Kraft, zu seinem Herausforderer aufzuschließen. Seite an Seite nehmen sie dann die Serpentinen nach Luz Ardiden in Angriff, als sich die Ereignisse überschlagen. Ibán Mayo, Etappensieger von Alpe d'Huez, zieht los, doch Armstrong und Ullrich folgen ihm. Zu dritt liegen sie jetzt vorn. In einer Rechtskurve fährt Lance Armstrong zu eng am Spalier der Zuschauer entlang. Er verfängt sich mit dem Lenker in der Schlaufe eines Beutels – Sturz! Mayo kann ihm nicht mehr ausweichen, und plötzlich liegt Jan Ullrich allein an der Spitze. Er könnte das Tempo beschleunigen, er könnte die Tour entscheiden. Aber er wartet.
Armstrong steht auf und jagt hinterher. Er rutscht aus der Pedale, stürzt fast ein zweites Mal und knallt schmerzhaft auf die Querstange seines Rahmens. Mit Mühe erreicht er die Gruppe der Fahrer um Jan Ullrich und – greift an. Später wird er sagen, daß er in diesem Augenblick seine letzte Chance gesehen habe, die Tour zu gewinnen. Sein Antritt ist einfach unwiderstehlich, mit hoher Frequenz, sein Blick ist der eines zu allem entschlossenen Mannes. Jan Ullrich ist aus dem Rhythmus, er kann nicht reagieren. Im Ziel ist sein Rückstand von vorher 15 Sekunden auf 1:07 Minuten angewachsen. Er bereut seine Aktion nicht, obwohl nicht wenige hinterher der Meinung sind, er hätte angreifen sollen. Ullrich erinnert an das Jahr 2001 und die Abfahrt von Peyresourde, als er plötzlich hinter einer Leitplanke verschwand und in einen Gebirgsbach stürzte. Damals war es kein anderer als Lance Armstrong gewesen, der die Fahrer der Spitzengruppe aufforderte, auf Ullrich zu warten.

»Man bekommt zurück, was man gezahlt hat. Das nennt man bei uns payback.«
Lance Armstrong, 21. Juli 2003

Der Ruhetag in Pau soll Entspannung bringen nach der Hektik der letzten Tage. Lance Armstrong bekommt Besuch. Seine Frau Kristin hat Sohn Luke und die beiden kleinen Zwillingstöchter mitgebracht. Sie treffen

Lance Armstrong ist angeschlagen. Auf der 13. Etappe kann Jan Ullrich sich absetzen (Bild links). Später hat der Mann im Gelben Trikot wieder zu alter Stärke gefunden. Doch Ullrich bleibt ihm auf den Fersen.

Alles beim alten? Jan Ullrich Zweiter, Lance Armstrong gewinnt. Beide sind zufrieden.

sich, abgeschieden von der Öffentlichkeit, im Teamhotel. Die Gerüchte, daß die Ehe am Ende sei und beide bereits neue Partner hätten, verstummen nicht. Aber vor dem Erscheinen seines zweiten Buches im Herbst soll die Familienidylle nicht getrübt werden.

Jan Ullrich ist Vater geworden, unmittelbar vor der Tour. Sarah Maria wird am 1. Juli fast auf die Minute genau 100 Jahre nach dem Start der ersten Tour de France geboren. Wenn das keine Symbolik hat. Er kennt seine kleine Tochter nur von der Geburt, von SMS-Fotos und vom Telefon, wenn sie schreit. Ein Grund mehr, schnell nach Hause zu kommen.

Bis es soweit ist, läßt Ullrich keine Gelegenheit aus, kostbare Zeit zu gewinnen. Auf der 18. Etappe ergattert er vier Sekunden Zeitgutschrift bei einer Sprintwertung. Armstrong sprintet mit und gewinnt zwei Sekunden. Vor dem entscheidenden Zeitfahren zwischen Pornic und Nantes trennen die beiden noch 65 Sekunden.

»Wenn ich nur zwei, drei Sekunden Rückstand habe, werde ich auf der letzten Etappe nach Paris noch angreifen!«
Jan Ullrich am Morgen
des 26. Juli 2003

Nach drei Wochen brütender Hitze ist es ausgerechnet beim Rennen gegen die Uhr empfindlich kühl geworden, es stürmt und regnet in Strömen. Armstrong-Wetter. Dem Favoriten unter diesen Bedingungen mehr als eine Minute abzunehmen ist wohl kaum zu schaffen. Wie beim ersten Zeitfahren sind die beiden erbitterten Konkurrenten bei der ersten Zwischenzeit absolut zeitgleich. Doch etwa ab der Hälfte der Distanz nimmt Ullrich Armstrong langsam, aber sicher Sekunde um Sekunde ab. Kann er das Unmögliche doch noch wahr machen? Da passiert es: In einer Rechtskurve rutscht Jan Ullrich auf dem nassen Asphalt weg, stürzt und kracht mit seinem Rad in die Straßenbegrenzung. Zwar rappelt er sich sofort wieder auf, doch er verliert wertvolle Zeit, und es dauert lange, bis er seinen Rhythmus wiederfindet – so bitter es ist, die Tour ist entschieden.
Armstrong weiß das und geht kein Risiko mehr ein. Daß er nur Dritter wird, stört ihn nicht im Geringsten, er strahlt wie selten. Gewinner des Zeitfahrens ist der überglückliche Schotte David Millar. Nach dem Duell Ullrich–Armstrong befragt, sagt er fast etwas mystisch: »Als ich Ullrich losfahren sah, wußte ich, daß er stürzen würde.« Jan Ullrich hat alles gewagt und am Ende das Gelbe Trikot knapp verpaßt. Sein Rückstand auf Lance Armstrong beträgt nach 3427 Kilometern gerade mal 61 Sekunden. Damit hatte niemand gerechnet, am wenigsten er selbst. Und so hat eine der spannendsten Touren der Geschichte eigentlich zwei Sieger.

TOUR-BILANZ

	Lance Armstrong	**Jan Ullrich**
1993	ausgeschieden 1 Etappensieg	
1994	ausgeschieden	
1995	36. Platz 1 Etappensieg	
1996	ausgeschieden	Zweiter 1 Etappensieg
1997		Sieg 2 Etappensiege
1998		Zweiter 3 Etappensiege
1999	Sieg 4 Etappensiege	
2000	Sieg 1 Etappensieg	Zweiter
2001	Sieg 4 Etappensiege	Zweiter
2002	Sieg 4 Etappensiege	
2003	Sieg 1 Etappensieg	Zweiter 1 Etappensieg

Statistik

ICI le 20 Novembre 1902
fut décidé
le 1er TOUR DE FRANCE
PARIS
LE CHAMPIONNAT DE FRANCE 5.KIL
LE CHAMPIONNAT DE FRANCE 50.KIL
LE CHAMPIONNAT DE FRANCE 100.KIL
ONT ÉTÉ GAGNÉS
SUR DES MACHINES
CLÉMENT.
RQUE DE FABRIQUE

1. TOUR 1903 – MAURICE GARIN

Länge: 2428 Kilometer
Anzahl der Etappen: 6
Fahrer: 60 am Start, 21 im Ziel

1. Paris – Lyon (467 km): 1. M. Garin (FRA), 2. Pagie (FRA), 3. L. Georget (FRA) – Gelb: M. Garin
2. Lyon – Marseille (374 km): 1. Aucouturier (FRA), 2. L. Georget (FRA), 3. Brange (FRA) – Gelb: M.Garin
3. Marseille – Toulouse (423 km): 1. Aucouturier (FRA), 2. Brange (FRA), 3. Samson-Lootens (BEL) – Gelb: M. Garin
4. Toulouse – Bordeaux (268 km): 1. Laeser (SUI), 2. Samson-Lootens (BEL), 3. Muller (ITA) – Gelb: M. Garin
5. Bordeaux – Nantes (425 km): 1. M.Garin (FRA), 2. Pasquier (FRA), 3. Pothier (FRA) – Gelb: M. Garin
6. Nantes – Paris (471 km): 1. M. Garin (FRA), 2. Augereau (FRA), 3. Samson-Lootens (BEL) – Gelb: M. Garin

Gesamtwertung: 1. M. Garin (FRA) 94:33:14, 2. Pothier (FRA) +2:59:21, 3. Augereau (FRA) +4:29:24, 4. Muller (ITA) +4:39:30, 5. Jean Fischer (FRA) +4:58:44, 6. Kerff (BEL) +5:52:24, 7. Samson-Lootens (BEL) +8:31:08, 8. Pasquier (FRA) +10:24:04, 9. Beaugendre (FRA) +10:52:14, 10. Catteau (BEL) +12:44:57 – Deutsche Fahrer: 15. Joseph Fischer

2. TOUR 1904 – HENRI CORNET

Länge: 2428 Kilometer
Anzahl der Etappen: 6
Fahrer: 88 am Start, 27 im Ziel

1. Paris – Lyon (467 km): 1. M. Garin (FRA), 2. Pothier (FRA), 3. Chevalier (FRA) – Gelb: M. Garin
2. Lyon – Marseille (374 km): 1. Aucouturier (FRA), 2. C. Garin (FRA), 3. Pothier (FRA) – Gelb: Lombard
3. Marseille – Toulouse (424 km): 1. Aucouturier (FRA), 2. Cornet (FRA), 3. Beaugendre (FRA) – Gelb: Cornet
4. Toulouse – Bordeaux (268 km): 1. Pothier (FRA), 2. C. Garin (FRA), 3. Beaugendre (FRA) – Gelb: Beaugendre
5. Bordeaux – Nantes (425 km): 1. Aucouturier (FRA), 2. Dortignacq (FRA), 3. C. Garin (FRA) – Gelb: Cornet
6. Nantes – Paris (462 km): 1. Aucouturier (FRA), 2. M. Garin (FRA), 3. Dortignacq (FRA) – Gelb: Cornet

Gesamtwertung: 1. Cornet (FRA) 96:05:56, 2. Dortignacq (FRA) +2:16:14, 3. Catteau (BEL) +9:01:25, 4. Dargassies (FRA) +13:04:30, 5. Maitron (FRA) +19:06:15, 6. Daumain (FRA) +22:44:36, 7. Coolsaet (FRA) +23:44:10, 8. Colas (FRA) +25:09:50, 9. Saget (FRA) +25:55:16, 10. Drioul (BEL) +30:54:49 – Deutsche Fahrer: nicht am Start

3. TOUR 1905 – L. TROUSSELIER

Länge: 2994 Kilometer
Anzahl der Etappen: 11
Fahrer: 60 am Start, 24 im Ziel

1. Paris – Nancy (340 km): 1. Trousselier (FRA), 2. Dortignacq (FRA), 3. Pottier (FRA) – Gelb: Trousselier
2. Nancy – Besancon (299 km): 1. Aucouturier (FRA), 2. Pottier (FRA), 3. Trousselier (FRA) – Gelb: Pottier
3. Besancon – Grenoble (327 km): 1. Trousselier (FRA), 2. Petit-Breton (FRA), 3. Ringeval (FRA) – Gelb: Trousselier
4. Grenoble – Toulon (348 km): 1. Aucouturier (FRA), 2. Trousselier (FRA), 3. Dortignacq (FRA) – Gelb: Trousselier
5. Toulon – Nimes (192 km): 1. Trousselier (FRA), 2. Decaup (FRA), 3. E.Georget (FRA) – Gelb: Trousselier
6. Nimes – Toulouse (307 km): 1. Dortignacq (FRA), 2. Petit-Breton (FRA), 3. Trousselier (FRA) – Gelb: Trousselier
7. Toulouse – Bordeaux (268 km): 1. Trousselier (FRA), 2. Pautrat (FRA), 3. Decaup (FRA) – Gelb: Trousselier
8. Bordeaux – La Rochelle (257 km): 1. Aucouturier (FRA), 2. Dortignacq (FRA), 3. Trousselier (FRA) – Gelb: Trousselier
9. La Rochelle – Rennes (263 km): 1. Trousselier (FRA), 2. Decaup (FRA), 3. Dortignacq (FRA) – Gelb: Trousselier
10. Rennes – Caen (167 km): 1. Dortignacq (FRA), 2. Decaup (FRA), 3. Petit-Breton (FRA) – Gelb: Trousselier
11. Caen – Paris (253 km): 1. Dortignacq (FRA), 2. Petit-Breton (FRA), 3. Aucouturier (FRA) – Gelb: Trousselier

Gesamtwertung: 1. Trousselier (FRA) 110:26:58 = 35 P., 2. Aucouturier (FRA) +26 P., 3. Dortignacq (FRA) +29 P., 4. E. Georget (FRA) +88 P., 5. Petit-Breton (FRA) +120 P., 6. Ringeval (FRA) +167 P., 7. Chauvet (FRA) +196 P., 8. Pautrat (FRA) +213 P., 9. Gabory (FRA) +220 P., 10. Maitron (FRA) +269 P. – Deutsche Fahrer: nicht am Start

4. TOUR 1906 – RENÉ POTTIER

Länge: 4637 Kilometer
Anzahl der Etappen: 14
Fahrer: 82 am Start, 14 im Ziel

1. Paris – Lille (275 km): 1. E. Georget (FRA), 2. Passerieu (FRA), 3. Trousselier (FRA) – Gelb: E. Georget
2. Douai – Nancy (400 km): 1. Pottier (FRA), 2. Passerieu (FRA), 3. Cadolle (FRA) – Gelb: Pottier
3. Nancy – Dijon (416 km): 1. Pottier (FRA), 2. Passerieu (FRA), 3. Cadolle (FRA) – Gelb: Pottier
4. Dijon – Grenoble (311 km): 1. Pottier (FRA), 2. Cadolle (FRA), 3. Dortignacq (FRA) – Gelb: Pottier
5. Grenoble – Nice (345 km): 1. Pottier (FRA), 2. Passerieu (FRA), 3. Christophe (FRA) – Gelb: Pottier
6. Nice – Marseille (308 km): 1. Passerieu (FRA), 2. Pottier (FRA), 3. Cadolle (FRA) – Gelb: Pottier
7. Marseille – Toulouse (480 km): 1. Trousselier (FRA), 2. Passerieu (FRA), 3. Petit-Breton (FRA) – Gelb: Pottier
8. Toulouse – Bayonne (300 km): 1. Dortignacq (FRA), 2. Trousselier (FRA), 3. Pottier (FRA) – Gelb: Pottier
9. Bayonne – Bordeaux (338 km): 1. Trousselier (FRA), 2. Petit-Breton (FRA), 3. Dortignacq (FRA) – Gelb: Pottier
10. Bordeaux – Nantes (391 km): 1. Trousselier (FRA), 2. Petit-Breton (FRA), 3. Passerieu (FRA) – Gelb: Pottier
11. Nantes – Brest (321 km): 1. Trousselier (FRA), 2. Pottier (FRA), 3. Passerieu (FRA) – Gelb: Pottier
12. Brest – Caen (415 km): 1. Passerieu (FRA), 2. Pottier (FRA), 3. Trousselier (FRA) – Gelb: Pottier
13. Caen – Paris (246 km): 1. Pottier (FRA), 2. Passerieu (FRA), 3. Trousselier (FRA) – Gelb: Pottier
14. Paris (Stadion Parc des Princes, 2 Runden, 1,332 km): 1. E. Georget (FRA), 2. Fleury (FRA), 3. L.Georget (FRA) – Gelb: Pottier

Gesamtwertung: 1. Pottier (FRA) 189:34:00 = 31 P., 2. Passerieu (FRA) +8 P., 3. Trousselier (FRA) +28 P., 4. Petit-Breton (FRA) +34 P., 5. E. Georget (FRA) +49 P., 6. Catteau (BEL) +98 P., 7. E. Wattelier (FRA) +106 P., 8. L. Georget (FRA) +121 P., 9. Christophe (FRA) +125 P., 10. A. Wattelier (FRA) +137 P. – Deutsche Fahrer: nicht im Ziel

5. TOUR 1907 – L. PETIT-BRETON

Länge: 4488 Kilometer
Anzahl der Etappen: 14
Fahrer: 93 am Start, 33 im Ziel

1. Paris – Roubaix (272 km): 1. Trousselier (FRA), 2. Cadolle (FRA), 3. L. Georget (FRA) – Gelb: Trousselier
2. Roubaix – Metz (398 km): 1. E. Georget (FRA), 2. Trousselier (FRA), 3. Petit-Breton (FRA) – Gelb: Trousselier
3. Metz – Belfort (259 km): 1. E. Georget (FRA), 2. Lignon (FRA), 3. Faber (LUX) – Gelb: E. Georget
4. Belfort – Lyon (309 km): 1. Cadolle (FRA), 2. E. Georget (FRA), 3. Ganna (ITA) – Gelb: E. Georget
5. Lyon – Grenoble (311 km): 1. E. Georget (FRA), 2. Faber (LUX), 3. Ganna (ITA) – Gelb: E. Georget
6. Grenoble – Nice (345 km): 1. Passerieu (FRA), 2. E. Georget (FRA), 3. Petit-Breton (FRA) – Gelb: E. Georget
7. Nice – Nimes (345 km): 1. E. Georget (FRA), 2. Petit-Breton (FRA), 3. Trousselier (FRA) – Gelb: E. Georget
8. Nimes – Toulouse (303 km): 1. E. Georget (FRA), 2. Garrigou (FRA), 3. Passerieu (FRA) – Gelb: E. Georget
9. Toulouse – Bayonne (299 km): 1. Petit-Breton (FRA), 2. Passerieu (FRA), 3. Garrigou (FRA) – Gelb: E. Georget
10. Bayonne – Bordeaux (269 km): 1. Garrigou (FRA), 2. Petit-Breton (FRA), 3. E. Georget (FRA) – Gelb: Petit-Breton
11. Bordeaux – Nantes (391 km): 1. Petit-Breton (FRA), 2. Passerieu (FRA), 3. Garrigou (FRA) – Gelb: Petit-Breton
12. Nantes-Brest (321 km): 1. Garrigou (FRA), 2. Petit-Breton (FRA), 3. E. Georget (FRA) – Gelb: Petit-Breton
13. Brest – Caen (415 km): 1. E. Georget (FRA), 2. Petit-Breton (FRA), 3. Garrigou (FRA) – Gelb: Petit-Breton
14. Caen – Paris (262 km): 1. Passerieu (FRA), 2. E. Georget (FRA), 3. Petit-Breton (FRA) – Gelb: Petit-Breton

Gesamtwertung: 1. Petit-Breton (FRA) 158:45:05 = 47 P., 2. Garrigou (FRA) +19 P., 3. E. Georget (FRA) +37 P., 4. Passerieu (FRA) +38, 5. Beaugendre (FRA) +76 P., 6. Pavesi (ITA) +103 P., 7. Faber (LUX) +109 P., 8. Ringeval (FRA) +137 P., 9. Catteau (BEL) +149 P., 10. Payan (FRA) +180 P. – Deutsche Fahrer: nicht am Start

6. TOUR 1908 – L. PETIT-BRETON

Länge: 4488 Kilometer
Anzahl der Etappen: 15
Fahrer: 112 am Start, 36 im Ziel

1. Paris – Roubaix (272 km): 1. Passerieu (FRA), 2. Petit-Breton (FRA), 3. E. Paul (FRA) – Gelb: Passerieu
2. Roubaix – Metz (398 km): 1. Petit-Breton (FRA), 2. Passerieu (FRA), 3. Ganna (ITA) – Gelb: Passerieu
3. Metz – Belfort (259 km): 1. F. Faber (LUX), 2. Petit-Breton (FRA), 3. Garrigou (FRA) – Gelb: Petit-Breton
4. Belfort – Lyon (309 km): 1. F. Faber (LUX), 2. Garrigou (FRA), 3. Petit-Breton (FRA) – Gelb: Petit-Breton
5. Lyon – Grenoble (311 km): 1. Passerieu (FRA), 2. F. Faber (LUX), 3. Brocco (FRA)- Gelb: Petit-Breton
6. Grenoble – Nice (346 km): 1. Dortignacq (FRA), 2. Passerieu (FRA), 3. Brocco (FRA) – Gelb: Petit-Breton
7. Nice – Nimes (345 km): 1. Petit-Breton (FRA), 2. Gerbi (ITA), 3. Ganna (ITA) – Gelb: Petit-Breton
8. Nimes – Toulouse (303 km): 1. F. Faber (LUX), 2. Petit-Breton (FRA), 3. Passerieu (FRA) – Gelb: Petit-Breton
9. Toulouse – Bayonne (299 km): 1. Petit-Breton (FRA), 2. Rossignoli (ITA), 3. Garrigou (FRA) – Gelb: Petit-Breton
10. Bayonne – Bordeaux (269 km): 1. Paulmier (FRA), 2. Passerieu (FRA), 3. F. Faber (LUX) – Gelb: Petit-Breton
11. Bordeaux – Nantes (391 km): 1. Petit-Breton (FRA), 2. Passerieu (FRA), 3. F. Faber (LUX) – Gelb: Petit-Breton
12. Nantes – Brest (321 km): 1. F. Faber (LUX), 2. Garrigou (FRA), 3. Petit-Breton (FRA) – Gelb: Petit-Breton
13. Brest – Caen (415 km): 1. Passerieu (FRA), 2. F. Faber (LUX), 3. Petit-Breton (FRA) – Gelb: Petit-Breton
14. Caen – Paris (262 km): 1. Petit-Breton (FRA), 2. F. Faber (LUX), 3. Cornet (FRA) – Gelb: Petit-Breton
15. Paris (Stadion, Bahnrunde): 1. Cornet (FRA), 2. Beaugendre (FRA), 3. Garrigou (FRA) – Gelb: Petit-Breton

Gesamtwertung: 1. Petit-Breton (FRA) 156:53:29 = 36 P., 2. F. Faber (LUX) +32 P., 3. Passerieu (FRA) +39 P., 4. Garrigou (FRA) +55 P., 5. Ganna (ITA) +84 P., 6. Paulmier (FRA) +89 P., 7. G. Fleury (FRA) +98 P., 8. Cornet (FRA) + 106 P., 9. Godivier (FRA) +117 P., 10. Rossignoli (ITA) – Deutsche Fahrer: nicht im Ziel

7. TOUR 1909 – FRANÇOIS FABER

Länge: 4497 Kilometer
Anzahl der Etappen: 14
Fahrer: 150 am Start, 55 im Ziel

1. Paris – Roubaix (272 km): 1. Van Hauwaert (BEL), 2. Faber (LUX), 3. Lapize (FRA) – Gelb: Van Hauwaert
2. Roubaix – Metz (398 km): 1. Faber (LUX), 2. Lapize (FRA), 3. Cornet (FRA) – Gelb: Faber
3. Metz – Belfort (259 km): 1. Faber (LUX), 2. Garrigou (FRA), 3. Christophe (FRA) – Gelb: Faber
4. Belfort – Lyon (309 km): 1. Faber (LUX), 2. Menager (FRA), 3. Garrigou (FRA) – Gelb: Faber
5. Lyon – Grenoble (311 km): 1. Faber (LUX), 2. Garrigou (FRA), 3. Van Hauwaert (BEL) – Gelb: Faber
6. Grenoble – Nice (345 km): 1. Faber (LUX), 2. Alavoine (FRA), 3. Duboc (FRA) – Gelb: Faber
7. Nice – Nimes (345 km): 1. E. Paul (FRA), 2. Trousselier (FRA), 3. Garrigou (FRA) – Gelb: Faber
8. Nimes – Toulouse (303 km): 1. Alavoine (FRA), 2. E. Paul (FRA), 3. Van Hauwaert (BEL) – Gelb: Faber
9. Toulouse – Bayonne (299 km): 1. Menager (FRA), 2. Maitron (FRA), 3. G.Fleury (FRA) – Gelb: Faber
10. Bayonne – Bordeaux (269 km): 1. Faber (LUX), 2. Duboc (FRA), 3. Garrigou (FRA) – Gelb: Faber
11. Bordeaux – Nantes (391 km): 1. Trousselier (FRA), 2. Faber (LUX), 3. Alavoine (FRA) – Gelb: Faber
12. Nantes – Brest (321 km): 1. Garrigou (FRA), 2. Faber (LUX), 3. Van Hauwaert (BEL) – Gelb: Faber
13. Brest – Caen (415 km): 1. Duboc (FRA), 2. Alavoine (FRA), 3. Faber (LUX) – Gelb: Faber
14. Caen – Paris (251 km): 1. Alavoine (FRA), 2. Trousselier (FRA), 3. Faber (LUX) – Gelb: Faber

Gesamtwertung: 1. Faber (LUX) 157:01:22 = 37 P., 2. Garrigou (FRA) +20 P., 3. Alavoine (FRA) +29 P., 4. Duboc (FRA) +33 P., 5. Van Hauwaert (BEL) +55 P., 6. E. Paul (FRA) +58 P., 7. Menager (FRA) +65 P., 8. Trousselier (FRA) +77 P., 9. Christophe (FRA) +102 P., 10. Bettini (ITA) – Deutsche Fahrer: nicht im Ziel

8. TOUR 1910 – OCTAVE LAPIZE

Länge: 4734 Kilometer
Anzahl der Etappen: 15
Fahrer: 110 am Start, 41 im Ziel

1. Paris – Roubaix (272 km): 1. Crupelandt (FRA), 2. Van Hauwaert (BEL), 3. Lapize (FRA) – Gelb: Crupelandt
2. Roubaix – Metz (398 km): 1. Faber (LUX), 2. Garrigou (FRA), 3. Lapize (FRA) – Gelb: Faber
3. Metz – Belfort (259 km): 1.E. Georget (FRA), 2. Faber (LUX), 3. Garrigou (FRA) – Gelb: Faber
4. Belfort – Lyon (309 km): 1. Faber (LUX), 2. E. Azzini (ITA), 3. Trousselier (FRA) – Gelb: Faber
5. Lyon – Grenoble (311 km): 1. Lapize (FRA), 2. Crupelandt (FRA), 3. Van Hauwaert (BEL) – Gelb: Faber
6. Grenoble – Nice (345 km): 1. Maitron (FRA), 2. Crupelandt (FRA), 3. Blaise (BEL) – Gelb: Faber
7. Nice – Nimes (345 km): 1. Faber (LUX), 2. Paulmier (FRA), 3. Lapize (FRA) – Gelb: Faber
8. Nimes – Perpignan (216 km): 1. Paulmier (FRA), 2. Maitron (FRA), 3. Lapize (FRA) – Gelb: Faber
9. Perpignan – Luchon (289 km): 1. Lapize (FRA), 2. E. Georget (FRA), 3. Faber (LUX) – Gelb: Faber
10. Luchon – Bayonne (326 km): 1. Lapize (FRA), 2. Albini (ITA), 3. Faber (LUX) – Gelb: Faber
11. Bayonne – Bordeaux (269 km): 1. E. Paul (FRA), 2. Cruchon (FRA), 3. L. Azzini (ITA) – Gelb: Faber
12. Bordeaux – Nantes (391 km): 1. Trousselier (FRA), 2. Van Hauwaert (BEL), 3. Garrigou (FRA) – Gelb: Faber
13. Nantes – Brest (321 km): 1. Garrigou (FRA), 2. Maitron (FRA), 3. E. Paul (FRA) – Gelb: Lapize
14. Brest – Caen (424 km): 1. Lapize (FRA), 2. Garrigou (FRA), 3. E. Paul (FRA) – Gelb: Lapize
15. Caen – Paris (262 km): 1. E. Azzini (ITA), 2. E. Paul (FRA), 3. Menager (FRA) – Gelb: Lapize

Gesamtwertung: 1. Lapize (FRA) 162 : 41 : 30 = 63 P., 2. Faber (LUX) +4 P., 3. Garrigou (FRA) +23 P., 4. Van Hauwaert (BEL) +34 P., 5. Cruchon (FRA) +56 P., 6. Crupelandt (FRA) +85 P., 7. E. Paul (FRA) +91 P., 8. Blaise (BEL) +103 P., 9. Maitron (FRA) +108 P., 10. Bettini (ITA) +112 P. – Deutsche Fahrer: nicht im Ziel

9. TOUR 1911 – GUSTAVE GARRIGOU

Länge: 5343 Kilometer
Anzahl der Etappen: 15
Fahrer: 84 am Start, 28 im Ziel

1. Paris – Dunkerque (351 km): 1. Garrigou (FRA), 2. Masselis (BEL), 3. Faber (LUX) – Gelb: Garrigou
2. Dunkerque – Longwy (388 km): 1. Masselis (BEL), 2. Faber (LUX), 3. Garrigou (FRA) – Gelb: Masselis
3. Longwy – Belfort (331 km): 1. Faber (LUX), 2. Godivier (FRA), 3. Garrigou (FRA) – Gelb: Faber
4. Belfort – Chamonix (344 km): 1. Crupelandt (FRA), 2. L. Heusghem (BEL), 3. Garrigou (FRA) – Gelb: Garrigou
5. Chamonix – Grenoble (366 km): 1. Georget (FRA), 2. Duboc (FRA), 3. Garrigou (FRA) – Gelb: Garrigou
6. Grenoble – Nice (348 km): 1. Faber (LUX), 2. Garrigou (FRA), 3. Crupelandt (FRA) – Gelb: Garrigou
7. Nice – Marseille (334 km): 1. Crupelandt (FRA), 2. Georget (FRA), 3. Nempon (FRA) – Gelb: Garrigou
8. Marseille – Perpignan (335 km): 1. Duboc (FRA), 2. L. Heusghem (BEL), 3. Garrigou (FRA) – Gelb: Garrigou
9. Perpignan – Luchon (289 km): 1. Duboc (FRA) 2. Georget (FRA), 3. Godivier (FRA) – Gelb: Garrigou
10. Luchon – Bayonne (326 km): 1. nicht vergeben, 2. Garrigou (FRA), 3. Georget (FRA) – Gelb: Garrigou
11. Bayonne – La Rochelle (379 km): 1. Duboc (FRA), 2. Georget (FRA), 3. Crupelandt (FRA) – Gelb: Garrigou
12. La Rochelle – Brest (470 km): 1. Godivier (FRA), 2. Maitron (FRA), 3. Cruchon (FRA) – Gelb: Garrigou
13. Brest – Cherbourg (405 km): 1. Garrigou (FRA), 2. Cornet (FRA), 3. Dupont (BEL) – Gelb: Garrigou
14. Cherbourg – Le Havre (361 km): 1. Duboc (FRA), 2. Georget (FRA), 3. Crupelandt (FRA) – Gelb: Garrigou
15. Le Havre – Paris (317 km): 1. Godivier (FRA), 2. Duboc (FRA), 3. Garrigou (FRA) – Gelb: Garrigou

Gesamtwertung: 1. Garrigou (FRA) 195:37:00 = 043 P., 2. Duboc (FRA) +18 P., 3. Georget (FRA) +41 P., 4. Crupelandt (FRA) +76 P., 5. L. Heusghem (BEL) +92 P., 6. Godivier (FRA) +98 P., 7. Cruchon (FRA) +102 P., 8. E. Paul (FRA) +110 P., 9. Dupont (BEL) +114 P., 10. Devroye (BEL) +128 P. – Deutsche Fahrer: nicht am Start

10. TOUR 1912 – ODIEL DEFRAYE

Länge: 5289 Kilometer
Anzahl der Etappen: 15
Fahrer: 131 am Start, 41 im Ziel

1. Paris – Dunkerque (351 km): 1. Crupelandt (FRA), 2. Tiberghien (BEL), 3. Brocco (FRA) – Gelb: Crupelandt
2. Dunkerque – Longwy (388 km): 1. Defraye (BEL), 2. Garrigou (FRA), 3. Christophe (FRA) – Gelb: Borgarello
3. Longwy – Belfort (331 km): 1. Christophe (FRA), 2. Defraye (BEL), 3. Garrigou (FRA) – Gelb: Defraye
4. Belfort – Chamonix (344 km): 1. Christophe (FRA), 2. Faber (LUX), 3. Defraye (BEL) – Gelb: Defraye
5. Chamonix – Grenoble (366 km): 1. Christophe (FRA), 2. Lapize (FRA), 3. Garrigou (FRA) – Gelb: Defraye
6. Grenoble – Nice (323 km): 1. Lapize (FRA), 2. Defraye (BEL), 3. Albini (ITA) – Gelb: Defraye
7. Nice – Marseille (334 km): 1. Defraye (BEL), 2. Garrigou (FRA), 3. Lambot (BEL) – Gelb: Defraye
8. Marseille – Perpignan (335 km): 1. Borgarello (ITA), 2. Godivier (FRA), 3. Lapize (FRA) – Gelb: Defraye
9. Perpignan – Luchon (289 km): 1. Defraye (BEL), 2. Christophe (FRA), 3. M. Buysse (BEL) – Gelb: Defraye
10. Luchon – Bayonne (326 km): 1. Mottiat (BEL), 2. Christophe (FRA), 3. Defraye (BEL) – Gelb: Defraye
11. Bayonne – La Rochelle (379 km): 1. Alavoine (FRA), 2. L. Heusghem (BEL), 3. Garrigou (FRA) – Gelb: Defraye
12. La Rochelle – Brest (470 km): 1. L. Heusghem (BEL), 2. Defraye (BEL), 3. Vandenberghe (BEL) – Gelb: Defraye
13. Brest – Cherbourg (405 km): 1. Alavoine (FRA) – 2. Vandenberghe (BEL), 3. Defraye (BEL) – Gelb: Defraye
14. Cherbourg – Le Havre (361 km): 1. Borgarello (ITA), 2. Alavoine (FRA), 3. Vandenberghe (BEL) – Gelb: Defraye
15. Le Havre – Paris (317 km): 1. Alavoine (FRA), 2. Vandenberghe (BEL), 3. Leonard (FRA) – Gelb: Defraye

Gesamtwertung: 1. Defraye (BEL) 190:30:28 = 049 P., 2. Christophe (FRA) +59 P., 3. Garrigou (FRA) +91 P., 4. M. Bruysse (BEL) +98 P., 5. Alavoine (FRA) +99 P., 6. Thys (BEL) +99 P., 7. Tiberghien (BEL) +100 P., 8. Devroye (BEL) +114 P., 9. Salmon (BEL) +117 P., 10. Spiessens (BEL) +118 P. – Deutsche Fahrer: nicht am Start

11. TOUR 1913 – PHILIPPE THYS

Länge: 5287 Kilometer
Anzahl der Etappen: 15
Fahrer: 140 am Start, 25 im Ziel

1. Paris – Le Havre (388 km): 1. Micheletto (ITA), 2. M. Buysse (BEL), 3. Masselis (BEL) – Gelb: Micheletto
2. Le Havre – Cherbourg (364 km): 1. Masselis (BEL), 2. Petit-Breton (FRA), 3. Defraye (BEL) – Gelb: Masselis
3. Cherbourg – Brest (405 km): 1. H. Pelissier (FRA), 2. Defraye (BEL), 3. Mottiat (BEL) – Gelb: Defraye
4. Brest – La Rochelle (470 km): 1. M. Buysse (BEL), 2. Defraye (BEL), 3. Mottiat (BEL) – Gelb: Defraye
5. La Rochelle – Bayonne (379 km); 2. Vanlerberghe (BEL), 3. Bertarelli (ITA) – Gelb: Defraye
6. Bayonne – Luchon (326 km): 1. Thys (BEL), 2. M. Buysse (BEL), 3. Garrigou (FRA) – Gelb: Thys
7. Luchon – Perpignan (323 km): 1. M. Buysse (BEL), 2. Deman (BEL), 3. Thys (BEL) – Gelb: M. Buysse
8. Perpignan – Aix-en-Provence (325 km): 1. Garrigou (FRA), 2. Petitjean (BEL), 3. Faber (LUX) – Gelb: M. Buysse
9. Aix-en-Provence – Nice (356 km): 1. Lambot (BEL); 2. Vandaele (BEL); 3. Thys (BEL) – Gelb: Thys
10. Nice – Grenoble (333 km): 1. Faber (LUX), 2. Garrigou (FRA), 3. Thys (BEL) – Gelb: Thys
11. Grenoble – Geneve (325 km): 1. M. Buysse (BEL), 2. Petit-Breton (FRA), 3. Thys (BEL) – Gelb: Thys
12. Geneve – Belfort (335 km): 1. M. Buysse (BEL), 2. Petit-Breton (FRA), 3. Lambot (BEL) – Gelb: Thys
13. Belfort – Longwy (336 km): 1. Faber (LUX), 2. Petit-Breton (FRA), 3. Spiessens (BEL) – Gelb: Thys
14. Longwy – Dunkerque (393 km): 1. M. Buysse (BEL), 2. Garrigou (FRA), 3. Faber (LUX) – Gelb: Thys
15. Dunkerque – Paris (340 km): 1. M. Buysse (BEL), 2. E. Engel (FRA), 3. Faber (LUX) – Gelb: Thys

Gesamtwertung: 1. Thys (BEL) 197:54:00, 2. Garrigou (FRA) +8:37, 3. M. Buysse (BEL) +3:30:55, 4. Lambot (BEL) +4:12:45, 5. Faber (LUX) +6:26:04, 6. Spiessens (BEL) +7:57:52, 7. Christophe (FRA) +14:06:35, 8. Bertarelli (ITA) +16:21:38, 9. Vandaele (BEL) +16:39:53, 10. E. Engel (FRA) +16:52:34 – Deutsche Fahrer: nicht im Ziel

12. TOUR 1914 – PHILIPPE THYS

Länge: 5380 Kilometer
Anzahl der Etappen: 15
Fahrer: 145 am Start, 54 im Ziel

1. Paris – Le Havre (388 km): 1. Thys (BEL), 2. Rossius (BEL), 3. Garrigou (FRA) – Gelb: Thys
2. Le Havre – Cherbourg (364 km): 1. Rossius (BEL), 2. Thys (BEL), 3. E. Engel (FRA) – Gelb: Rossius und Thys
3. Cherbourg – Brest (405 km): 1. E. Engel (FRA), 2. Mottiat (BEL), 3. M. Buysse (BEL) – Gelb: Rossius und Thys
4. Brest – La Rochelle (470 km): 1. Egg (SUI), 2. H. Pelissier (FRA), 3. E. Engel (FRA) – Gelb: Rossius und Thys
5. La Rochelle – Bayonne (379 km): 1. Egg (SUI), 2. Defraye (BEL), 3. Thys (BEL) – Gelb: Rossius und Thys
6. Bayonne – Luchon (326 km): 1. Lambot (BEL), 2. Thys (BEL), 3. Alavoine (FRA) – Gelb: Thys
7. Luchon – Perpignan (323 km): 1. Alavoine (FRA), 2. M. Buysse (BEL), 3. Thys (BEL) – Gelb: Thys
8. Perpignan – Marseille (370 km): 1. Lapize (FRA), 2. Brocco (FRA), 3. Egg (SUI) – Gelb: Thys
9. Marseille – Nice (338 km): 1. Rossius (BEL), 2. H. Pelissier (FRA), 3. Thys (BEL) – Gelb: Thys
10. Nice – Grenoble (323 km): 1. H. Pelissier (FRA), 2. Alavoine (FRA), 3. Lambot (BEL) – Gelb: Thys
11. Grenoble – Geneve (325 km): 1. Garrigou (FRA), 2. H. Pelissier (FRA), 3. Thys (BEL) – Gelb: Thys
12. Geneve – Belfort (325 km): 1. H. Pelissier (FRA), 2. Alavoine (FRA), 3. Duboc (FRA) – Gelb: Thys
13. Belfort – Longwy (325 km): 1. Faber (LUX), 2. H. Pelissier (FRA), 3. Alavoine (FRA) – Gelb: Thys
14. Longwy – Dunkerque (390 km): 1. Faber (LUX), 2. H. Pelissier (FRA), 3. Thys (BEL) – Gelb: Thys
15. Dunkerque – Paris (340 km): 1. H. Pelissier (FRA), 2. Rossius (BEL), 3. Brocco (FRA) – Gelb: Thys

Gesamtwertung: 1. Thys (BEL) 200:28:48, 2. H. Pelissier (FRA) +1:50, 3. Alavoine (FRA) +36:53, 4. Rossius (BEL) +1:57:05, 5. Garrigou (FRA) +3:00:21, 6. Spiessens (BEL) +3:53:55, 7. E. Georget (FRA) +4:20:59, 8. Lambot (BEL) +5:08:44, 9. Faber (LUX) +6:15:53, 10. L. Heusghem (FRA) + 7:49:02 – Deutsche Fahrer: nicht am Start

13. TOUR 1919 – FIRMIN LAMBOT

Länge: 5560 Kilometer
Anzahl der Etappen: 15
Fahrer: 69 am Start, 11 im Ziel

1. Paris – Le Havre (388 km): 1. Rossius (BEL), 2. H. Pelissier (FRA), 3. Vandaele (BEL) – Gelb: Rossius
2. Le Havre – Cherbourg (364 km): 1. H. Pelissier (FRA), 2. F. Pelissier (FRA), 3. Barthelemy (FRA) – Gelb: H. Pelissier
3. Cherbourg – Brest (405 km): 1. F. Pelissier (FRA), 2. H. Pelissier (FRA), 3. Alavoine (FRA) – Gelb: H. Pelissier
4. Brest – Les Sables D'Olonne (412 km): 1. Alavoine (FRA), 2. Steux (BEL), 3. Christophe (FRA) – Gelb: Christophe
5. Les Sables D'Olonne – Bayonne (482 km): 1. Alavoine (FRA), 2. Chassot (FRA), 3. Scieur (BEL) – Gelb: Christophe
6. Bayonne – Luchon (326 km): 1. Barthelemy (FRA), 2. Lambot (BEL), 3. Alavoine (FRA) – Gelb: Christophe
7. Luchon – Perpignan (323 km): 1. Alavoine (FRA), 2. Christophe (FRA), 3. Lambot (BEL) – Gelb: Christophe
8. Perpignan – Marseille (370 km): 1. Alavoine (FRA), 2. Lucotti (ITA), 3. Scieur (BEL) – Gelb: Christophe
9. Marseille – Nice (338 km): 1. Barthelemy (FRA), 2. Lucotti (ITA), 3. Steux (BEL) – Gelb: Christophe
10. Nice – Grenoble (333 km): 1. Barthelemy (FRA), 2. Alavoine (FRA), 3. Lambot (BEL) – Gelb: Christophe

11. Grenoble – Geneve (325 km): 1. Barthelemy (FRA), 2. Lucotti (ITA), 3. Alavoine (FRA) – Gelb: Christophe
12. Geneve – Strasbourg (371 km): 1. Lucotti (ITA), 2. Alavoine (FRA), 3. Scieur (BEL) – Gelb: Christophe
13. Strasbourg – Metz (315 km): 1. Lucotti (ITA), 2. Barthelemy (FRA), 3. Scieur (BEL) – Gelb: Christophe
14. Metz – Dunkerque (468 km): 1. Lambot (BEL), 2. Scieur (BEL), 3. Vandaele (BEL) – Gelb: Lambot
15. Dunkerque – Paris (340 km): 1. Alavoine (FRA), 2. Lucotti (ITA), 3. Barthelemy (FRA) – Gelb: Lambot

Gesamtwertung: 1. Lambot (BEL) 231:07:15, 2. Alavoine (FRA) +1:42:54, 3. Christophe (FRA) +2:26:31, 4. Scieur (BEL) +2:52:15, 5. Barthelemy (FRA) +4:14:22, 6. Coomans (BEL) +15:21:34, 7. Lucotti (ITA) +16:01:12, 8. Vandaele (BEL) +18:23:02, 9. Steux (BEL) +20:29:01, 10. Nempon (FRA) +21:44:12 – Deutsche Fahrer: nicht am Start

14. TOUR 1920 – PHILIPPE THYS

Länge: 5503 Kilometer
Anzahl der Etappen: 15
Fahrer: 113 am Start, 22 im Ziel

1. Paris – Le Havre (388 km): 1. Mottiat (BEL), 2. Rossius (BEL), 3. Thys (BEL) – Gelb: Mottiat
2. Le Havre – Cherbourg (364 km): 1. Thys (BEL), 2. Goethals (FRA), 3. Chassot (FRA) – Gelb: Thys
3. Cherbourg – Brest (405 km): 1. H. Pelissier (FRA), 2. Masson sen. (BEL), 3.Christophe (FRA) – Gelb: Thys
4. Brest – Les Sables D'Olonne (412 km): 1. H. Pelissier (FRA), 2. Thys (BEL), 3. Bellenger (FRA) – Gelb: Thys
5. Les Sables D'Olonne – Bayonne (482 km): 1. Lambot (BEL), 2. Thys (BEL), 3. Rossius (BEL) – Gelb: Thys
6. Bayonne – Luchon (326 km): 1. Lambot (BEL), 2. Thys (BEL), 3. H. Heusghem (BEL) – Gelb: Thys
7. Luchon – Perpignan (323 km): 1. Rossius (BEL), 2. Thys (BEL), 3. Scieur (BEL) – Gelb: Thys
8. Perpignan – Aix-en-Provence (325 km): 1. L. Heusghem (BEL), 2. Thys (BEL), 3. H.Heusghem (BEL) – Gelb: Thys
9. Aix-en-Provence – Nice (356 km): 1. Thys (BEL), 2. Vandaele (BEL), 3. Scieur (BEL) – Gelb: Thys
10. Nice – Grenoble (333 km): 1. H.Heusghem (BEL), 2. Rossius (BEL), 3. Thys (BEL) – Gelb: Thys
11. Grenoble – Gex (362 km): 1. Scieur (BEL), 2. Lambot (BEL), 3. H. Heusghem (BEL) – Gelb: Thys
12. Gex – Strasbourg (354 km): 1. Thys (BEL), 2. Rossius (BEL), 3. Lambot (BEL) – Gelb: Thys
13. Strasbourg – Metz (300 km): 1. Thys (BEL), 2. Rossius (BEL), 3. Goethals (BEL) – Gelb: Thys
14. Metz – Dunkerque (433 km): 1. Goethals (BEL), 2. Thys (BEL), 3. Rossis (BEL) – Gelb: Thys
15. Dunkerque – Paris (340 km): 1. Rossius (BEL), 2. Thys (BEL), 3. H. Heusghem (BEL) – Gelb: Thys

Gesamtwertung: 1. Thys (BEL) 228:36:13, 2. H.Heusghem (BEL) +57:21,3. Lambot (BEL) +1:39:35, 4. Scieur (BEL) +1:44:58, 5. Masson sen. (BEL) +2:56:48, 6. L. Heusghem (BEL) +3:40:47, 7. Rossius (BEL) +3:49:55, 8. Barthelemy (FRA) +5:35:19, 9. Goethals (BEL) +9:23:07, 10. Vandaele (BEL) +10:45:41 – Deutsche Fahrer: nicht am Start

15. TOUR 1921– LEON SCIEUR

Länge: 5485 Kilometer
Anzahl der Etappen: 15
Fahrer: 123 am Start, 38 im Ziel

1. Paris – Le Havre (388 km): 1. Mottiat (BEL), 2. Barthelemy (FRA), 3. Scieur (BEL) – Gelb: Mottiat
2. Le Havre – Cherbourg (364 km): 1. Bellenger (FRA), 2. Scieur (BEL), 3. H. Heusghem (BEL) – Gelb: Scieur
3. Cherbourg – Brest (405 km): 1. Scieur (BEL), 2. Barthelemy (FRA), 3. Bellenger (FRA) – Gelb: Scieur
4. Brest – Les Sables D'Olonne (412 km): 1. Mottiat (BEL), 2. Lambot (BEL), 3. Dhers (FRA) – Gelb: Scieur
5. Les Sables D'Olonne – Bayonne (482 km): 1. Mottiat (BEL), 2. Scieur (BEL), 3. Sellier (BEL) – Gelb: Scieur
6. Bayonne – Luchon (326 km): 1. H. Heusghem (BEL), 2. Dejonghe (BEL), 3. Scieur (BEL) – Gelb: Scieur
7. Luchon – Perpignan (323 km): 1. Mottiat (BEL), 2. Barthelemy (FRA), 3. H. Heusghem (BEL) – Gelb: Scieur
8. Perpignan – Toulon (411 km): 1. Lucotti (ITA), 2. Lambot (BEL), 3. Mottiat (BEL) – Gelb: Scieur
9. Toulon – Nice (272 km): 1. Lambot (BEL), 2. Lenaers (BEL), 3. Scieur (BEL) – Gelb: Scieur
10. Nice – Grenoble (333 km): 1.Scieur (BEL), 2. Lucotti (ITA), 3. H. Heusghem (BEL) – Gelb: Scieur
11. Grenoble – Geneve (325 km): 1. Goethals (FRA), 2. Barthelemy (FRA), 3. Lucotti (ITA) – Gelb: Scieur
12. Geneve – Strasbourg (371 km): 1. Barthelemy (FRA), 2. H. Heusghem (BEL), 3. Scieur (BEL) – Gelb: Scieur
13. Strasbourg – Metz (300 km): 1. Sellier (BEL), 2. Lenaers (BEL), 3. Müller (FRA) – Gelb: Scieur
14. Metz – Dunkerque (433 km): 1. Goethals (FRA), 2. Lucotti (ITA), 3. Sellier (BEL) – Gelb: Scieur
15. Dunkerque – Paris (340 km): 1. Goethals (FRA), 2. Lucotti (ITA), 3. Tiberghien (BEL) – Gelb: Scieur

Gesamtwertung: 1. Scieur (BEL) 221:50:26, 2. H. Heusghem (BEL) +18:36, 3. Barthelemy (FRA) +2:01:00, 4. Lucotti (ITA) +2:39:18, 5. Tiberghien (BEL) +4:33:19, 6. Lenaers (BEL) +4:53:23, 7. Despontin (BEL) +5:01:54, 8. Leroy (BEL) +7:56:27, 9. Lambot (BEL) +8:26:25, 10. Goethals (FRA) +8:42:26 – Deutsche Fahrer: nicht am Start

16. TOUR 1922 – FIRMIN LAMBOT

Länge: 5375 Kilometer
Anzahl der Etappen: 15
Fahrer: 121 am Start, 38 im Ziel

1. Paris – Le Havre (381 km): 1. Jacquinot (FRA), 2. Christophe (FRA), 3. Rossius (BEL) – Gelb: Jacquinot
2. Le Havre – Cherbourg (364 km): 1. Bellenger (FRA), 2. Thys (BEL), 3. Jacquinot (FRA) – Gelb: Jacquinot
3. Cherbourg – Brest (405 km): 1. Jaquinot (FRA), 2. Barthelemy (FRA), 3. Bellenger (FRA) – Gelb: Jacquinot
4. Brest – Les Sables D'Olonne (412 km): 1. Thys (BEL), 2. Gay (ITA), 3. H. Heusghem (BEL) – Gelb: Christophe
5. Les Sables D'Olonne – Bayonne (482 km): 1. Alavoine (FRA), 2. Lenaers (BEL), 3. H. Heusghem (BEL) – Gelb: Christophe
6. Bayonne – Luchon (326 km): 1. Alavoine (FRA), 2. Lenaers (BEL), 3. Lambot (BEL) – Gelb: Christophe
7. Luchon – Perpignan (323 km): 1. Alavoine (FRA), 2. Tiberghien (BEL), 3. Lambot (BEL) – Gelb: Alavoine
8. Perpignan – Toulon (411 km): 1. Thys (BEL), 2. Sellier (BEL), 3. Lenaers (BEL) – Gelb: Alavoine
9. Toulon – Nice (281 km): 1. Thys (BEL), 2. Alavoine (FRA), 3. E. Masson sen. (BEL) – Gelb: Alavoine
10. Nice – Briancon (274 km): 1. Thys (BEL), 2. Sellier (BEL), 3. H. Heusghem (BEL) – Gelb: Alavoine
11. Briancon – Geneve (260 km): 1. E.Masson sen. (BEL), 2. Tiberghien (BEL), 3. H. Heusghem (BEL) – Gelb: Alavoine
12. Geneve – Strasbourg (371 km): 1. E. Masson sen. (BEL), 2. Müller (FRA), 3. Rossius (BEL) – Gelb: H. Heusghem
13. Strasbourg – Metz (300 km): 1. Gay (ITA), 2. Rossius (BEL), 3. Thys (BEL) – Gelb: Lambot
14. Metz – Dunkerque (432 km): 1. Sellier (BEL), 2. Tiberghien (BEL), 3. H. Heusghem (BEL) – Gelb: Lambot
15. Dunkerque – Paris (325 km): 1. Thys (BEL), 2. Rossius (BEL), 3. Sellier (BEL) – Gelb: Lambot

Gesamtwertung: 1. Lambot (BEL) 222:08:06, 2. Alavoine (FRA) +41:15, 3. Sellier (BEL) +42:02, 4. H. Heusghem (BEL) +43:56, 5. Lenaers (BEL) +45:32, 6. Tiberghien (BEL) +1:21:35, 7. Despontin (BEL) +2.24:29, 8. Christophe (FRA) +3:25:39, 9. Rossius (BEL) +3:26:06, 10. Gay (ITA) +3:51:59 – Deutsche Fahrer: nicht am Start

17. TOUR 1923 – HENRI PELISSIER

Länge: 5386 Kilometer
Anzahl der Etappen: 15
Fahrer: 139 am Start, 48 im Ziel

1. Paris – Le Havre (381 km): 1. Jacquinot (FRA), 2. Bottecchia (ITA), 3. Bellenger (FRA) – Gelb: Jacquinot
2. Le Havre – Cherbourg (371 km): 1. Bottecchia (ITA), 2. Mottiat (BEL), 3. Bellenger (FRA) – Gelb: Bottecchia
3. Cherbourg – Brest (405 km): 1. H. Pelissier (FRA), 2. F. Pelissier (FRA), 3. Bottecchia (ITA) – Gelb: Bottecchia
4. Brest – Les Sables D'Olonne (412 km): 1. Dejonghe (BEL), 2. Tiberghien (BEL), 3. Thys (BEL) – Gelb: Bellenger
5. Les Sables D'Olonne – Bayonne (482 km): 1. Jacquinot (FRA), 2. Mottiat (BEL), 3. Normand (FRA) – Gelb: Bellenger
6. Bayonne – Luchon (326 km): 1. Alavoine (FRA), 2. Jaquinot (FRA), 3. Normand (FRA) – Gelb: Bottecchia
7. Luchon – Perpignan (323 km): 1. Alavoine (FRA), 2. Bellenger (FRA), 3. H. Pelissier (FRA) – Gelb: Bottecchia
8. Perpignan – Toulon (427 km): 1. L. Buysse (BEL), 2. Bottecchia (ITA), 3. H. Pelissier (FRA) – Gelb: Bottecchia
9. Toulon – Nice (281 km): 1. Alavoine (FRA), 2. Bottecchia (ITA), 3. Colle (SUI) – Gelb: Bottecchia
10. Nice – Briancon (275 km): 1. H. Pelissier (FRA), 2. L. Buysse (BEL), 3. Alancourt (FRA) – Gelb: H. Pelissier
11. Briancon – Geneve (260 km): 1. H. Pelissier (FRA), 2. F. Pelissier (FRA), 3. Bellenger (FRA) – Gelb: H. Pelissier
12. Geneve – Strasbourg (377 km): 1. Müller (FRA), 2. L. Buysse (BEL), 3. Huot (FRA) – Gelb: H. Pelissier
13. Strasbourg – Metz (300 km): 1. Bellenger (FRA), 2. Goethals (FRA), 3. Standaert (BEL) – Gelb: H. Pelissier
14. Metz – Dunkerque (433 km): 1. Goethals (FRA), 2. Tiberghien (BEL), 3. Beeckman (BEL) – Gelb: H. Pelissier
15. Dunkerque – Paris (343 km): 1. Goethals (FRA), 2. H. Pelissier (FRA), 3. Mottiat (BEL) – Gelb: H.Pelissier

Gesamtwertung: 1. H. Pelissier (FRA) 222:15:30, 2. Bottecchia (ITA) +30:41, 3. Bellenger (FRA) +1:04:43, 4. Tiberghien (BEL) +1:29:16, 5. Alancourt (FRA) +2:06:40, 6. Colle (SUI) +2:28:43, 7. Despontin (BEL) +2:39:49, 8. L.Buysse (BEL) +2:40:11, 9. Dhers (FRA) +2:59:09, 10. Huot (FRA) +3:16:56 – Deutsche Fahrer: nicht am Start

18. TOUR 1924 – O. BOTTECCHIA

Länge: 5425 Kilometer
Anzahl der Etappen: 15
Fahrer: 157 am Start, 60 im Ziel

1. Paris – Le Havre (381 km): 1. Bottecchia (ITA), 2. Ville (FRA), 3. Sellier (BEL) – Gelb: Bottecchia
2. Le Havre – Cherbourg (371 km): 1. Bellenger (FRA), 2. Ville (FRA), 3. Frantz (LUX) – Gelb: Bottecchia
3. Cherbourg – Brest (405 km): 1. Beeckman (BEL) und Thys (BEL), 3. Englebert (BEL) – Gelb: Bottecchia
4. Brest – Les Sables D'Olonne (412 km): 1. Goethals (FRA), 2. Bellenger (FRA), 3. Beeckman (BEL) – Gelb: Bottecchia
5. Les Sables D'Olonne – Bayonne (482 km): 1. Huyse (BEL), 2. Bottecchia (ITA), 3. Brunero (ITA) – Gelb: Bottecchia
6. Bayonne – Luchon (326 km): 1. Bottecchia (ITA), 2. L.Buysse (BEL), 3. Mottiat (BEL) – Gelb: Bottecchia
7. Luchon – Perpignan (323 km): 1. Bottecchia (ITA), 2. Thys (BEL), 3. Alancourt (FRA) – Gelb: Bottecchia
8. Perpignan – Toulon (427 km): 1. Mottiat (BEL), 2. Brunero (ITA), 3. Bottecchia (ITA) – Gelb: Bottecchia
9. Toulon – Nice (280 km): 1. Thys (BEL), 2. Aimo (ITA), 3. Alavoine (FRA) – Gelb: Bottecchia
10. Nice – Briancon (275 km): 1. Brunero (ITA), 2. Frantz (LUX), 3. Bellenger (FRA) – Gelb: Bottecchia
11. Briancon – Gex (307 km): 1. Frantz (LUX), 2. Alavoine (FRA), 3. Goethals (FRA) – Gelb: Bottecchia
12. Gex – Strasbourg (360 km): 1. Frantz (LUX), 2. Cuvelier (FRA), 3. Englebert (BEL) – Gelb: Bottecchia
13. Strasbourg – Metz (300 km): 1. Alancourt (FRA), 2. Cuvelier (FRA), 3. Frantz (LUX) – Gelb: Bottecchia
14. Metz – Dunkerque (433 km): 1. Bellenger (FRA), 2. Alancourt (FRA), 3. L. Buysse (BEL) – Gelb: Bottecchia
15. Dunkerque – Paris (343 km): 1. Bottecchia (ITA), 2. Alancourt (FRA), 3. Alavoine (FRA) – Gelb: Bottecchia

Gesamtwertung: 1. Bottecchia (ITA) 226:18:21, 2. Frantz (LUX) +35:36, 3. L. Buysse (BEL) +1:32:13, 4. Aimo (ITA) +1:32:47, 5. Beeckman (BEL) +2:11:11, 6. Müller (FRA) +2:35:33, 7. Alancourt (FRA) +2:41:31, 8. Bellenger (FRA) +2:51:09, 9. Huyse (BEL) +2:58:13, 10. Tiberghien (BEL) +3:05:04 – Deutsche Fahrer: nicht am Start

19. TOUR 1925 – O. BOTTECCHIA

Länge: 5440 Kilometer
Anzahl der Etappen: 18
Fahrer: 130 am Start, 49 im Ziel

1. Paris – Le Havre (340 km): 1. Bottecchia (ITA), 2. F. Pelissier (FRA), 3. Benoit (BEL) – Gelb: Bottecchia
2. Le Havre – Cherbourg (371 km): 1. Bellenger (FRA), 2. Benoit (BEL), 3. Frantz (LUX) – Gelb: Bottecchia
3. Cherbourg – Brest (405 km): 1. Mottiat (BEL), 2. Benoit (BEL), 3. Frantz (LUX) – Gelb: Benoit

4. Brest – Vannes (208 km): 1. Frantz (LUX), 2. Bottecchia (ITA), 3. Sellier (BEL) – Gelb: Benoit
5. Vannes – Les Sables D'Olonne (204 km): 1. Frantz (LUX), 2. Sellier (BEL), 3. Bottecchia (ITA) – Gelb: Benoit
6. Les Sables D'Olonne – Bordeaux (293 km): 1. Bottecchia (ITA), 2. Frantz (LUX), 3. Sellier (BEL) – Gelb: Benoit
7. Bordeaux – Bayonne (189 km): 1. Bottecchia (ITA), 2. Verdyck (BEL), 3. Gay (ITA) – Gelb: Bottecchia
8. Bayonne – Luchon (326 km): 1. Benoit (BEL), 2. Huyse (BEL), 3. Bottecchia (ITA) – Gelb: Benoit
9. Luchon – Perpignan (323 km): 1. Frantz (LUX), 2. Dejonghe (BEL), 3. L.Buysse (BEL) – Gelb: Bottecchia
10. Perpignan – Nimes (215 km): 1. Beeckman (BEL), 2. Frantz (LUX), 3. Sellier (BEL) – Gelb: Bottecchia
11. Nimes – Toulon (215 km): 1. L.Buysse (BEL), 2. Bottecchia (ITA), 3. Dejonghe (BEL) – Gelb: Bottecchia
12. Toulon – Nice (280 km): 1. L. Buysse (BEL), 2. Bottecchia (ITA), 3. Aimo (ITA) – Gelb: Bottecchia
13. Nice – Briancon (275 km): 1. Aimo (ITA), 2. Bottecchia (ITA), 3. Frantz (LUX) – Gelb: Bottecchia
14. Briancon – Evian (303 km): 1. Martin (BEL), 2. Bottecchia (ITA), 3. Aimo (ITA) – Gelb: Bottecchia
15. Evian – Mulhouse (373 km): 1. Frantz (LUX), 2. Martin (BEL), 3. Benoit (BEL) – Gelb: Bottecchia
16. Mulhouse – Metz (334 km): 1. Martin (BEL) 2. Frantz (LUX), 3. L.Buysse (BEL) – Gelb: Bottecchia
17. Metz – Dunkerque (433 km): 1. Martin (BEL), 2. Aimo (ITA), 3. L. Buysse (BEL) – Gelb: Bottecchia
18. Dunkerque – Paris (343 km): 1. Bottecchia (ITA), 2. Bellenger (FRA), 3. Aimo (ITA) – Gelb: Bottecchia

Gesamtwertung: 1. Bottecchia (ITA) 219:10:18, 2. L. Buysse (BEL) +54:20, 3. Aimo (ITA) +56:37, 4. Frantz (LUX) +1:11:24, 5. Dejonghe (BEL) +1:27:42, 6. Beeckman (BEL) +2:24:43, 7. Huyse (BEL) +2:33:38, 8. Verdyck (BEL) +2:44:36, 9. Sellier (BEL) +2:45:59, 10. Gay (ITA) +4:06:03 – Deutsche Fahrer: nicht am Start

20. TOUR 1926 – LUCIEN BUYSSE

Länge: 5745 Kilometer
Anzahl der Etappen: 17
Fahrer: 126 am Start, 41 im Ziel

1. Evian – Mulhouse (373 km): 1. J. Buysse (BEL), 2. Van de Casteele (BEL), 3. Parmentier (BEL) – Gelb: J. Buysse
2. Mulhouse – Metz (334 km): 1. Dossche (BEL), 2. Sellier (BEL), 3. Van Dam (BEL) – Gelb: J. Buysse
3. Metz – Dunkerque (433 km): 1. Van Slembrouck (BEL), 2. Dejonghe (BEL), 3. Benoit (BEL) – Gelb: Van Slembrouck
4. Dunkerque – Le Havre (361 km): 1. Sellier (BEL), 2. Frantz (LUX), 3. Van de Casteele (BEL) – Gelb: Van Slembrouck
5. Le Havre – Cherbourg (357 km): 1. Benoit (BEL), 2. Bellenger (FRA), 3. Van Dam (BEL) – Gelb: Van Slembrouck
6. Cherbourg – Brest (405 km): 1. Van Dam (BEL), 2. Sellier (BEL), 3. Dossche (BEL) – Gelb: Van Slembrouck
7. Brest – Les Sables D'Olonne (412 km): 1. Frantz (LUX), 2. Benoit (BEL), 3. Dossche (BEL) – Gelb: Van Slembrouck
8. Les Sables D'Olonne – Bordeaux (285 km): 1. Van Dam (BEL), 2. Frantz (LUX), 3. Sellier (BEL) – Gelb: Van Slembrouck
9. Bordeaux – Bayonne (189 km): 1. Frantz (LUX), 2. Van Dam (BEL), 3. Sellier (BEL) – Gelb: Van Slembrouck
10. Bayonne – Luchon (323 km): 1. L. Buysse (BEL), 2. Aimo (ITA), 3. Devos (BEL) – Gelb: L. Buysse
11. Luchon – Perpignan (323 km): 1. L. Buysse (BEL), 2. J. Buysse (BEL), 3. Mertens (BEL) – Gelb: L. Buysse
12. Perpignan – Toulon (427 km): 1. Frantz (LUX), 2. Sellier (BEL), 3. Cuvelier (FRA) – Gelb: L. Buysse
13. Toulon – Nice (280 km): 1. Frantz (LUX), 2. Bidot (FRA), 3. Beeckman (BEL) – Gelb: L. Buysse
14. Nice – Briancon (275 km): 1. Aimo (ITA), 2. Sellier (BEL), 3. Bidot (FRA) – Gelb: L. Buysse
15. Briancon – Evian (303 km): 1. Van Dam (BEL); 2. Van de Casteele (BEL), 3. Cuvelier (FRA) – Gelb: L. Buysse
16. Evian – Dijon (321 km): 1. Van de Casteele (BEL), 2. Sellier (BEL), 3. Bidot (FRA) – Gelb: L. Buysse
17. Dijon – Paris (341 km): 1. Dossche (BEL), 2. Sellier (BEL), 3. Bidot (FRA), Gelb: L. Buysse

Gesamtwertung: 1. L. Buysse (BEL) 238:44:25, 2. Frantz (LUX) +1:22:25, 3. Aimo (ITA) +1:22:51, 4. Beeckman (BEL) +1:43:54, 5. Sellier (BEL) +1:49:13, 6. Dejonghe (BEL) +1:56:15, 7. Parmentier (BEL) +2:09:20, 8. Cuvelier (FRA) +2:28:32, 9. J. Buysse (BEL) +2:37:03, 10. Bidot (FRA) +2:53:54 – Deutsche Fahrer: nicht am Start

21. TOUR 1927 – NICOLAS FRANTZ

Länge: 5398 Kilometer
Anzahl der Etappen: 24
Fahrer: 142 am Start, 39 im Ziel

1. Paris – Dieppe (180 km): 1. F. Pelissier (FRA), 2. F.Le Drogo (FRA), 3. Cuvelier (FRA) – Gelb: F. Pelissier
2. Dieppe – Le Havre (103 km): 1. Dewaele (BEL), 2. Frantz (LUX), 3. Verwaecke (BEL) – Gelb: F. Pelissier
3. Le Havre – Caen (225 km): 1. H.Martin (BEL), 2. Van Slembrouck (BEL), 3. F. Le Drogo (FRA) – Gelb: F. Pelissier
4. Caen – Cherbourg (140 km): 1. Van de Casteele (BEL), 2. Verhaegen (BEL), 3. Hemelsoet (BEL) – Gelb: F. Pelissier
5. Cherbourg – Dinan (199 km): 1. F.Le Drogo (FRA), 2. F. Pelissier (FRA), 3. Cuvellier (FRA) – Gelb: F. Pelissier
6. Dinan – Brest (206 km): 1. Leducq (FRA), 2. Dewaele (BEL), 3. Muller (BEL) – Gelb: F. Le Drogo (FRA)
7. Brest – Vannes (207 km): 1. Van Slembrouck (BEL), 2. Geldhof (BEL), 3. Van de Casteele (BEL) – Gelb: H. Martin
8. Vannes – Les Sable D'Olonne (204 km): 1. Decorte (BEL), 2. Van Slembrouck (BEL), 3. Geldhof (BEL) – Gelb: H. Martin
9. Les Sables D'Olonne – Bordeaux (285 km): 1. Benoit (BEL), 2. Rebry (BEL), 3. Frantz (LUX) – Gelb: H. Martin
10. Bordeaux – Bayonne (189 km): 1. Verhaegen (BEL), 2. Leducq (FRA), 3. Decorte (BEL) – Gelb: H.Martin
11. Bayonne – Luchon (326 km): 1. Frantz (LUX), 2. Benoit (BEL), 3. Leducq (FRA) – Gelb: Frantz
12. Luchon – Perpignan (323 km): 1. Van Slembrouck (BEL), 2. Frantz (LUX), 3. Benoit (BEL) – Gelb: Frantz
13. Perpignan – Marseille (360 km): 1. Dewaele (BEL), 2. Verhaegen (BEL), 3. Frantz (LUX) – Gelb: Frantz
14. Marseille – Toulon (120 km): 1. A.Magne (FRA), 2. Geldhof (BEL), 3. H.Martin (BEL) – Gelb: Frantz
15. Toulon – Nice (280 km): 1. Frantz (LUX), 2. Verhaegen (BEL), 3. Vervaecke (BEL) – Gelb: Frantz
16. Nice – Briancon (275 km): 1. Vervaecke (BEL), 2. Frantz (BEL), 3. Arnoult (FRA) – Gelb: Frantz
17. Briancon – Evian (283 km): 1. Verhaegen (BEL), 2. Martinet (SUI), 3. Dewaele (BEL) – Gelb: Frantz
18. Evian – Pontarlier (213 km): 1. Benoit (BEL), 2. Vervaecke (BEL), 3. Leducq (FRA) – Gelb: Frantz
19. Pontarlier – Belfort (119 km): 1. Geldhof (BEL), 2. P. Magne (FRA), 3. A. Magne (FRA) – Gelb: Frantz
20. Belfort – Strasbowg (145 km): 1. Decorte (BEL), 2. Verhaegen (BEL), 3. Van Slembrouck (BEL) – Gelb: Frantz
21. Strasbowg – Metz (165 km): 1. Frantz (LUX), 2. Hemelsoet (BEL), 3. H. Martin (BEL) – Gelb: Frantz
22. Metz – Charleville (159 km): 1. H. Martin (BEL), 2. Van Slembrouck (BEL), 3. Verhaegen (BEL) – Gelb: Frantz
23. Charleville – Dunkerque (270 km): 1. Leducq (FRA), 2. Vervaecke (BEL), 3. Benoit (BEL) – Gelb: Frantz
24. Malo-les-Bains – Paris (344 km): 1. Leducq (FRA), 2. Verhaegen (BEL), 3. Frantz (LUX) – Gelb: Frantz

Gesamtwertung: 1. Frantz (LUX) 198:16:42, 2. Dewaele (BEL) +1:48:21, 3. Vervaecke (BEL) +2:25:06, 4. Leducq (FRA) +3:02:05, 5. Benoit (BEL) +4:45:01, 6. A. Magne (FRA) +4:48:23, 7. Verhaegen (BEL) +6:18:36, 8. Moineau (FRA) +6:36:17, 9. H. Martin (BEL) +7:07:34, 10. Geldhof (BEL) +7:16:02 – Deutsche Fahrer: nicht am Start

22. TOUR 1928 – NICOLAS FRANTZ

Länge: 5476 Kilometer
Anzahl der Etappen: 22
Fahrer: 162 am Start, 41 im Ziel

1. Paris – Caen (207 km): 1. Frantz (LUX), 2. Mertens (BEL), 3. Rebry (BEL) – Gelb: Frantz
2. Caen – Cherbourg (140 km): 1. Leducq (FRA), 2. Frantz (LUX), 3. Mertens (BEL) – Gelb: Frantz
3. Cherbourg – Dinan (199 km): 1. Rebry (BEL), 2. Frantz (LUX), 3. Dewaele (BEL) – Gelb: Frantz
4. Dinan – Brest (206 km): 1. Verhaegen (BEL), 2. Van de Casteele (BEL), 3. Frantz (LUX) – Gelb: Frantz
5. Brest – Vannes (208 km): 1. M. Bidot (FRA), 2. A. Magne (FRA), 3. Delannoy (BEL) – Gelb: Frantz
6. Vannes – Les Sables D'Olonne (204 km): 1. Frantz (LUX), 2. Leducq (FRA), 3. Mertens (BEL) – Gelb: Frantz
7. Les Sables D'Olonne – Bordeaux (285 km): 1. Fontan (FRA), 2. Cardona (ESP), 3. A. Magne (FRA) – Gelb: Frantz
8. Bordeaux – Hendaye (225 km): 1. Dewaele (BEL), 2. Leducq (FRA), 3. Vervaecke (BEL) – Gelb: Frantz
9. Hendaye – Luchon (387 km): 1. Fontan (FRA), 2. Frantz (LUX), 3. Van de Casteele (BEL) – Gelb: Frantz
10. Luchon – Perpignan (323 km): 1. Leducq (FRA), 2. Frantz (LUX), 3. Dewaele (BEL) – Gelb: Frantz
11. Perpignan – Marseille (363 km): 1. Leducq (FRA), 2. J. Bidot (FRA), 3. Mertens (BEL) – Gelb: Frantz
12. Marseille – Nice (330 km): 1. Frantz (LUX), 2. Leducq (FRA), 3. A.Magne (FRA) – Gelb: Frantz
13. Nice – Grenoble (333 km): 1. A. Magne (FRA), 2. Frantz (LUX), 3. Fontan (FRA) – Gelb: Frantz
14. Grenoble – Evian (329 km): 1. Moineau (FRA), 2. Van de Casteele (BEL), 3. Taillieu (BEL) – Gelb: Frantz
15. Evian – Pontarlier (213 km): 1. P. Magne (FRA), M. Bidot (FRA), 3. Moineau (FRA) – Gelb: Frantz
16. Pontarlier – Belfort (119 km): 1. Leducq (FRA), 2. Frantz (LUX), 3. Mertens (BEL) – Gelb: Frantz
17. Belfort – Strasbowg (145 km): 1. Mauclair (FRA), 2. Mertens (BEL), 3. Rebry (BEL) – Gelb: Frantz
18. Strasbowg – Metz (165 km): 1. Frantz (LUX), 2. Mertens (BEL), 3. Dewaele (BEL) – Gelb: Frantz
19. Metz – Charleville (159 km): 1. Huot (FRA), 2. Moineau (FRA), 3. P.Magne (FRA) – Gelb: Frantz
20. Charleville – Malo-les-Bains (271 km): 1. Dewaele (BEL), 2. Mertens (BEL), 3. Frantz (LUX) – Gelb: Frantz
21. Malo-les-Bains – Dieppe (234 km): 1. A.Magne (FRA), 2. Mauclair (FRA), 3. Mertens (BEL) – Gelb: Frantz
22. Dieppe-Le Havre – Paris (330 km): 1. Frantz (LUX), 2. J. Bidot (FRA), 3. P. Magne (FRA) – Gelb: Frantz

Gesamtwertung: 1. Frantz (LUX) 192:48:58, 2. Leducq (FRA) +50:07, 3. Dewaele (BEL) +56:16, 4. Mertens (BEL) +1:19:18, 5. Vervaecke (BEL) +1:53:32, 6. A. Magne (FRA) +2:14:02, 7. Fontan (FRA) +5:07:47, 8. M. Bidot (FRA) +5:18:28, 9. Huot (FRA) +5:37:33, 10. P.Magne (FRA) +5:41:20 – Deutsche Fahrer: nicht am Start

23. TOUR 1929 – M. DEWAELE

Länge: 5286 Kilometer
Anzahl der Etappen: 22
Fahrer: 155 am Start, 60 im Ziel

1. Paris – Caen (206 km): 1. Dossche (BEL), 2. Deolet (BEL), 3. M. Bidot (FRA) – Gelb: Dossche
2. Caen – Cherbourg (140 km): 1. Leducq (FRA), 2. Dossche (BEL), 3. C. Pelissier (FRA) – Gelb: Dossche
3. Cherbourg – Dinan (199 km): 1. Taverne (BEL), 2. C. Pelissier (FRA), 3. Demuysere (BEL) – Gelb: Dossche
4. Dinan – Brest (206 km): 1. Delannoy (BEL), 2. Dewaele (BEL), 3. Frantz (LUX) – Gelb: Dewaele
5. Brest – Vannes (208 km): 1. Van Slembrouck (BEL), 2. Crippa (ITA), 3. Aerts (BEL) – Gelb: Dewaele
6. Vannes – Les Sables D'Olonne (204 km): 1. P. Le Drogo (FRA), 2. Merviel (FRA), 3. Leducq (FRA) – Gelb: Dewaele
7. Les Sables D'Olonne – Bordeaux (285 km): 1. Frantz (LUX), 2. A. Magne (FRA), 3. Demuysere (BEL) – Gelb: Frantz
8. Bordeaux – Bayonne (182 km): 1. Moineau (FRA), 2. Van Slembrouck (BEL), 3. Rebry (BEL) – Gelb: Rebry
9. Bayonne – Luchon (363 km): 1. Cardona (ESP), 2. Fontan (FRA), 3. Dewaele (BEL) – Gelb: Fontan
10. Luchon – Perpignan (323 km): 1. Demuysere (BEL), 2. Delannoy (BEL), 3. Dewaele (BEL) – Gelb: Dewaele
11. Perpignan – Marseille (366 km): 1. Leducq (FRA), 2. Frantz (LUX), 3. Pelissier (FRA) – Gelb: Dewaele
12. Marseille. Cannes (191 km): 1. M.Bidot (FRA), 2. Frantz (LUX), 3. Bonduel (BEL) – Gelb: Dewaele
13. Cannes – Nice (133 km): 1. Faure (FRA), 2. Moineau (FRA), 3. Leducq (FRA) – Gelb: Dewaele
14. Nice – Grenoble (333 km): 1. Rebry (BEL), 2. Demuysere (BEL), 3. Pancera (ITA) – Gelb: Dewaele
15. Grenoble – Evian (329 km): 1. Vervaecke (BEL), 2. Frantz (LUX), 3. P. Magne (FRA) – Gelb: Dewaele
16. Evian – Belfort (283 km): 1. C. Pelissier (FRA), 2. Leducq (FRA), 3. Van Rysselberghe (BEL) – Gelb: Dewaele
17. Belfort – Strasbowg (145 km): 1. Leducq (FRA), 2. Bonduel (BEL), 3. Van Rysselberghe (BEL) – Gelb: Dewaele
18. Strasbowg – Metz (165 km): 1. Leducq (FRA), 2. C. Pelissier (FRA), 3. Frantz (LUX) – Gelb: Dewaele
19. Metz – Charleville (159 km): 1. Van Rysselberghe (BEL), 2. A. Magne (FRA), 3. Bonduel (BEL) – Gelb: Dewaele
20. Charleville – Malo-les-Bains (270 km): 1. Dewaele (BEL), 2. Vervaecke (BEL), 3. Rebry (BEL) – Gelb: Dewaele
21. Malo-les-Bains – Dieppe (234 km): 1. Leducq (FRA), 2. Pelissier (FRA), 3. Demuysere (BEL) – Gelb: Dewaele

22. Dieppe – Paris (332 km): 1. Frantz (LUX), 2. C.Pelissier (FRA), 3. Merviel (FRA) – Gelb: Dewaele

Gesamtwertung: 1. Dewaele (BEL) 186:39:15, 2. Pancera (ITA) +44:23, 3. Demuysere (BEL) +57:10, 4. Cardona (ESP) +57:46, 5. Frantz (LUX) +58:00, 6. Delannoy (BEL) +1:06:09, 7. A. Magne (FRA) +1:08:00, 8. Vervaecke (BEL) +2:01:37, 9. P. Magne (FRA) +2:03:00, 10. Rebry (BEL) +2:17:49 – Deutsche Fahrer: nicht am Start

24. TOUR 1930 – ANDRÉ LEDUCQ

Länge: 4822 Kilometer
Anzahl der Etappen: 21
Fahrer: 100 am Start, 59 im Ziel

1. Paris – Caen (206 km): 1. Pelissier (FRA), 2. Binda (ITA), 3. Dossche (BEL) – Gelb: Pelissier
2. Caen – Dinan (203 km): 1. Guerra (ITA), 2. Binda (ITA), 3. Pelissier (FRA) – Gelb: Guerra
3. Dinan – Brest (206 km): 1. Pelissier (FRA), 2. Binda (ITA), 3. Demuysere (BEL) – Gelb: Guerra
4. Brest – Vannes (210 km): 1. Taverne (BEL), 2. Pelissier (FRA), 3. Piemontesi (ITA) – Gelb: Guerra
5. Vannes – Les Sables D'Olonne (202 km): 1. Leducq (FRA), 2. Pelissier (FRA), 3. Binda (ITA) – Gelb: Guerra
6. Les Sables D'Olonne – Bordeaux (285 km): 1. Aerts (BEL), 2. Binda (ITA), 3. Pelissier (FRA) – Gelb: Guerra
7. Bordeaux – Hendaye (222 km): 1. Merviel (FRA), 2. A. Magne (FRA), 3. Pelissier (FRA) – Gelb: Guerra
8. Hendaye – Pau (146 km): 1. Binda (ITA), 2. Pelissier (FRA), 3. Demuysere (BEL) – Gelb: Guerra
9. Pau – Luchon (231 km): 1. Binda (ITA), 2. P. Magne (FRA), 3. Leducq (FRA) – Gelb: Leducq
10. Luchon – Perpignan (322 km): 1. Pelissier (FRA), 2. Leducq (FRA), 3. A. Magne (FRA) – Gelb: Leducq
11. Perpignan – Montpellier (164 km): 1. Pelissier (FRA), 2. Guerra (ITA), 3. A. Magne (FRA) – Gelb: Leducq
12. Montpellier – Marseille (209 km): 1. A. Magne (FRA), 2. Pelissier (FRA), 3. Taverne (BEL) – Gelb: Leducq
13. Marseille – Cannes (181 km): 1. Guerra (ITA), 2. Pelissier (FRA), 3. Bonduel (BEL) – Gelb: Leducq
14. Cannes – Nice (132 km): 1. Peglion (FRA), 2. Leducq (FRA), 3. Bonduel (BEL) – Gelb: Leducq
15. Nice – Grenoble (333 km): 1. Guerra (ITA), 2. Faure (FRA), 3. Leducq (FRA) – Gelb: Leducq
16. Grenoble – Evian (331 km): 1. Leducq (FRA), 2. Pelissier (FRA); 3. Dossche (BEL) – Gelb: Leducq
17. Evian – Belfort (282 km): 1. Bonduel (BEL), 2. Pelissier (FRA), 3. Leducq (FRA) – Gelb: Leducq
18. Belfort – Metz (223 km): 1. Pelissier (FRA), 2. Leducq (FRA), 3. Guerra (ITA) – Gelb: Leducq
19. Metz – Charleville (159 km): 1. Pelissier (FRA), 2. Bonduel (BEL), 3. Guerra (ITA) – Gelb: Leducq
20. Charleville – Malo-les-Bains (271 km): 1. Pelissier (FRA), 2. Bonduel (BEL), 3. A.Magne (FRA) – Gelb: Leducq
21. Malo-les-Bains – Paris (300 km): 1. Pelissier (FRA), 2. Guerra (ITA), 3. Leducq (FRA) – Gelb: Leducq

Gesamtwertung: 1. Leducq (FRA) 172:12:16, 2. Guerra (ITA) +14:13, 3. A. Magne (FRA) +16:03, 4. Demuysere (BEL) +21:34, 5. Bidot (FRA) +41:18, 6. P. Magne (FRA) +45:42, 7. Bonduel (BEL) +56:19, 8. Faure (FRA) +58:34, 9. Pelissier (FRA) +1:04:37, 10. Schön (GER) +1:21:39 – Deutsche Fahrer: 13. Thierbach, 22. Manthey, 33. Siegel

25. TOUR 1931 – ANTONIN MAGNE

Länge: 5091 Kilometer
Anzahl der Etappen: 24
Fahrer: 81 am Start, 35 im Ziel

1. Paris – Caen (208 km): 1. Hamerlinck (BEL), 2. Pelissier (FRA), 3. Di Paco (ITA) – Gelb: Hamerlinck
2. Caen – Dinan (212 km): 1. Bulla (AUT), 2. Bernard (FRA), 3. Van Wierst (FRA) – Gelb: Bulla
3. Dinan – Brest (206 km): 1. Battesini (ITA), 2. Le Calvez (FRA), 3. Stöpel (GER) – Gelb: Le Calvez
4. Brest – Vannes (211 km): 1. Godinat (FRA), 2. Naert (BEL), 3. Bulla (AUT) – Gelb: Di Paco (ITA)
5. Vannes – Les Sables D'Olonne (202 km): 1. Pelissier (FRA), 2. Magne (FRA), 3. Bulla (AUT) – Gelb: Pelissier
6. Les Sables D'Olonne – Bordeaux (338 km): 1. Hamerlinck (BEL), 2. Leducq (FRA), 3. Battesini (ITA) – Gelb: Di Paco
7. Bordeaux – Bayonne (180 km): 1. Loncke (BEL), 2. Bulla (AUT), 3. Godinat (FRA) – Gelb: Di Paco
8. Bayonne – Pau (106 km): 1. Pelissier (FRA), 2. Metze (GER), 3. Leducq (FRA) – Gelb: Pelissier
9. Pau – Luchon (231 km): 1. Magne (FRA), 2. Pesenti (ITA), 3. Demuysere (BEL) – Gelb: Magne
10. Luchon – Perpignan (322 km): 1. Di Paco (ITA), 2. Bulla (AUT), 3. Leducq (FRA) – Gelb: Magne
11. Perpignan – Montpellier (164 km): 1. Di Paco (ITA), 2. Pelissier (FRA), 3. Leducq (FRA) – Gelb: Magne
12. Montpellier – Marseille (207 km): 1. Bulla (AUT), 2. Catalini (ITA), 3. Pancera (ITA) – Gelb: Magne
13. Marseille – Cannes (181 km): 1. Pelissier (FRA), 2. Di Paco (ITA), 3. Bernard (FRA) – Gelb: Magne
14. Cannes – Nice (132 km): 1. Gestri (ITA), 2. Pesenti (ITA), 3. Bernard (FRA) – Gelb: Magne
15. Nice – Gap (233 km): 1. Demuysere (BEL), 2. Pesenti (ITA), 3. Di Paco (ITA) – Gelb: Magne
16. Gap – Grenoble (102 km): 1. Pelissier (FRA), 2. Stöpel (GER), 3. Di Paco (ITA) – Gelb: Magne
17. Grenoble – Aix-les-Bains (230 km): 1. Bulla (AUT), 2. Rebry (BEL), 3. Magne (FRA) – Gelb: Magne
18. Aix-les-Bains – Evian (204 km): 1. Demuysere (BEL), 2. Leducq (FRA), 3. Stöpel (GER) – Gelb: Magne
19. Evian – Belfort (282 km): 1. Di Paco (ITA), 2. Geyer (GER), 3. Rebry (BEL) – Gelb: Magne
20. Belfort – Colmar (209 km): 1. Leducq (FRA), 2. Pelissier (FRA), 3. Metze (GER) – Gelb: Magne
21. Colmar – Metz (192 km): 1. Di Paco (ITA), 2. Stöpel (GER), 3. Pelissier (FRA) – Gelb: Magne
22. Metz – Charleville (159 km): 1. Di Paco (ITA), 2. Pelissier (FRA), 3. Stöpel (GER) – Gelb: Magne
23. Charleville – Malo-les-Bains (271 km): 1. Rebry (BEL), 2. Magne (FRA), 3. Demuysere (BEL) – Gelb: Magne
24. Malo-les-Bains – Paris (313 km): 1. Pelissier (FRA), 2. Leducq (FRA), 3. Di Paco (ITA) – Gelb: Magne

Gesamtwertung: 1. Magne (FRA) 177:10:03, 2. Demysere (BEL) +12:56, 3. Pesenti (ITA) +22:51, 4. Rebry (BEL) +46:40, 5. Dewaele (BEL) +49:46, 6. Vervaecke (BEL) +1:10:11, 7. Peglion (FRA) +1:16:33, 8. Metze (GER) +1:20:59, 9. Büchi (SUI) +1:29:29, 10. Leducq (FRA) +1:30:08 – Deutsche Fahrer: 11.Thierbach, 16. Stöpel, 19. Geyer, 20. Sieronski, 22. Buse, 23. Siegel

26. TOUR 1932 – ANDRE LEDUCQ

Länge: 4479 Kilometer
Anzahl der Etappen: 21
Fahrer: 80 am Start, 57 im Ziel

1. Paris – Caen (208 km): 1. Aerts (BEL), 2. Demuysere (BEL), 3. Sieronski (GER) – Gelb: Aerts
2. Caen – Nantes (300 km): 1. Stöpel (GER), 2. Bonduel (BEL), 3. Leducq (FRA) – Gelb: Stöpel
3. Nantes – Bordeaux (387 km): 1. Leducq (FRA), 2. Di Paco (ITA), 3. Bonduel (BEL) – Gelb: Leducq
4. Bordeaux – Pau (206 km): 1. Ronsse (BEL), 2. Le Drogo (FRA), 3. Antenen (SUI) – Gelb: Leducq
5. Pau – Luchon (229 km): 1. Pesenti (ITA), 2. Faure (FRA), 3. Camusso (ITA) – Gelb: Leducq
6. Luchon – Perpignan (323 km): 1. Bonduel (BEL), 2. Leducq (FRA), 3. Stöpel (GER) – Gelb: Leducq
7. Perpignan – Montpellier (168 km): 1. Bonduel (BEL), 2. Leducq (FRA), 3. Di Paco (ITA) – Gelb: Leducq
8. Montpellier – Marseille (206 km): 1. Orecchia (ITA), 2. Buttafocchi (FRA), 3. Leducq (FRA) – Gelb: Leducq
9. Marseille – Cannes (191 km): 1. Di Paco (ITA), 2. Ronsse (BEL), 3. Antenen – Gelb: Leducq
10. Cannes – Nice (132 km): 1. Camusso (ITA), 2. Barral (ITA), 3. Marchisio (ITA) – Gelb: Leducq
11. Nice – Gap (233 km): 1. Leducq (FRA), 2. Bonduel (BEL), 3. Faure (FRA) – Gelb: Leducq
12. Gap – Grenoble (102 km): 1. Lapebie (FRA), 2. Speicher (FRA), 3. Bonduel (BEL) – Gelb: Leducq
13. Grenoble – Aix-les-Bains (230 km): 1. Leducq (FRA), 2. Bonduel (BEL), 3. Ronsse (BEL) – Gelb: Leducq
14. Aix-les-Bains – Evian (204 km): 1. Di Paco (ITA), 2. Speicher (FRA), 3. Leducq (FRA) – Gelb: Leducq
15. Evian – Belfort (291 km): 1. Leducq (FRA), 2. Di Paco (ITA), 3. Bulla (AUT) – Gelb: Leducq
16. Belfort – Strasbourg (145 km): 1. Loncke (BEL), 2. Speicher (FRA), 3. Bonduel (BEL) – Gelb: Leducq
17. Strasbourg – Metz (165 km): 1. Di Paco (ITA), 2. Loncke (BEL), 3. Antenen (SUI) – Gelb: Leducq (FRA)
18. Metz – Charleville (159 km): 1. Di Paco (ITA), 2. Loncke (BEL), 3. Stöpel (GER) – Gelb: Leducq
19. Charleville – Malo-les-Bains (271 km): 1. Rebry (BEL), 2. Demuysere (BEL), 3. Di Paco (ITA) – Gelb: Leducq
20. Malo-les-Bains – Amiens (212 km): 1. Leducq (FRA), 2. Loncke (BEL), 3. Stöpel (GER) – Gelb: Leducq
21. Amiens – Paris (159 km): 1. Leducq (FRA), 2. Speicher (FRA), 3. Ronsse (BEL) – Gelb: Leducq

Gesamtwertung: 1. Leducq (FRA) 154:11:49, 2. Stöpel (GER) +24:03, 3. Camusso (ITA) +26:21, 4. Pesenti (ITA) +37:08, 5. Ronsse (BEL) +41:04, 6. Bonduel (BEL) +45:13, 7. Thierbach (GER) +59:44, 8. Demuysere (BEL) +1:03:24, 9. Barral (ITA) +1:06:57, 10. Speicher (FRA) +1:08:37 – Deutsche Fahrer: 22. Geyer, 39. Sieronski, 48. Altenburger, 56. Umbenbauer, 57. Riesch

27. TOUR 1933 – G. SPEICHER

Länge: 4395 Kilometer
Anzahl der Etappen: 23
Fahrer: 80 am Start, 40 im Ziel

1. Paris – Lille (262 km): 1. Archambaud (FRA), 2. Louyet (BEL), 3. Aerts (BEL) – Gelb: Archambaud
2. Lille -Charleville (192 km): 1. Guerra (ITA), 2. Aerts (BEL), 3. Ronsse (BEL) – Gelb: Archambaud
3. Charleville – Metz (166 km): 1. Schepers (BEL), 2. Ronsse (BEL), 3. Buse (GER) – Gelb: Archambaud
4. Metz – Belfort (220 km): 1. Aerts (BEL), 2. Cornez (FRA), 3. Guerra (ITA) – Gelb: Archambaud
5. Belfort – Evian (293 km): 1. Louyet (FRA), 2. Lapebie (FRA), 3. Aerts (BEL) – Gelb: Archambaud
6. Evian – Aix-les-Bains (207 km): 1. Guerra (ITA), 2. Stöpel (GER), 3. Le Greves (FRA) – Gelb: Archambaud
7. Aix-les-Bains – Grenoble (229 km): 1. Guerra (ITA), 2. Rinaldi (FRA), 3. Bula (SUI) – Gelb: Archambaud
8. Grenoble – Gap (102 km): 1. Speicher (FRA), 2. Lemaire (BEL), 3. Martano (ITA) – Gelb: Archambaud
9. Gap – Digne (227 km): 1. Speicher (FRA), 2. Martano (ITA), 3. Fayolle (FRA) – Gelb: Lemaire
10. Digne – Nice (156 km): 1. Cornez (FRA), 2. Fayolle (FRA), 3. Pastorelli (FRA) – Gelb: Lemaire
11. Nice – Cannes (128 km): 1. Archambaud (FRA), 2. Rinaldi (FRA), 3. Thierbach (GER) – Gelb: Archambaud
12. Cannes – Marseille (208 km): 1. Speicher (FRA), 2. Bernard (FRA), 3. nicht vergeben – Gelb: Speicher
13. Marseille – Montpellier (168 km): 1. Leducq (FRA), 2. Louyet (BEL), 3. Le Greves (FRA) – Gelb: Speicher
14. Montpellier – Perpignan (166 km): 1. Leducq (FRA), 2. Magne (FRA), 3. Cornez (FRA) – Gelb: Speicher
15. Perpignan – Ax-les-Thermes (158 km): 1. Aerts (BEL), 2. Cornez (FRA), 3. Speicher (FRA) – Gelb: Speicher
16. Ax-les-Thermes – Luchon (165 km): 1. Louyet (BEL), 2. Speicher (FRA), 3. Stöpel (GER) – Gelb: Speicher
17. Luchon – Tarbes (91 km): 1. Aerts (BEL), 2. Martano (ITA), 3. Trueba (ESP) – Gelb: Speicher
18. Tarbes – Pau (185 km): 1. Guerra (ITA), 2. Speicher (FRA), 3. Martano (ITA) – Gelb: Speicher
19. Pau – Bordeaux (233 km): 1. Aerts (BEL), 2. Le Greves (FRA), 3. Speicher (FRA) – Gelb: Speicher
20. Bordeaux – La Rochelle (183 km): 1. Aerts (BEL), 2. Le Calvez (FRA), 3. Guerra (ITA) – Gelb: Speicher
21. La Rochelle – Rennes (266 km): 1. Aerts (BEL), 2. Guerra (ITA), 3. Cornez (FRA) – Gelb: Speicher
22. Rennes – Caen (169 km): 1. Le Greves (FRA), 2. Cornez (FRA), 3. Guerra (ITA) – Gelb: Speicher
23. Caen – Paris (222 km): 1. Guerra (ITA), 2. Aerts (BEL), 3. Leducq (FRA) – Gelb: Speicher

Gesamtwertung: 1. Speicher (FRA) 147:51:37, 2. Guerra (ITA) +4:01, 3. Martano (ITA) +5:08, 4. Lemaire (BEL) +15:45, 5. Archambaud (FRA) +21:22, 6. Trueba (ESP) +27:27, 7. Level (FRA) + 35:23, 8. Magne (FRA) +36:37, 9. Aerts (BEL) +42:53, 10. Stöpel (GER) +45:28 – Deutsche Fahrer: 12. Geyer, 23. Thierbach
Bergwertung: Trueba (ESP)

28. TOUR 1934 – ANTONIN MAGNE

Länge: 4470 Kilometer
Anzahl der Etappen: 23
Fahrer: 60 am Start, 39 im Ziel

1. Paris – Lille (262 km): 1. Speicher (FRA), 2. R.Maes (BEL), 3. Bergamaschi (ITA) – Gelb: Speicher
2. Lille – Charleville (192 km): 1. Le Greves (FRA), 2. Magne (FRA), 3. Martano (ITA) – Gelb: Magne
3. Charleville – Metz (161 km): 1. Lapebie (FRA), 2. R.Maes (BEL), 3. Louviot (FRA) – Gelb: Magne
4. Metz – Belfort (220 km): 1. Lapebie (FRA), 2. Morelli (ITA), 3. Ezquerra (ESP) – Gelb: Magne
5. Belfort – Evian (293 km): 1. Le Greves (FRA), 2. Speicher (FRA), 3. Cazzulani (ITA) – Gelb: Magne
6. Evian – Aix-les-Bains (207 km): 1. Speicher (FRA), 2. Lapebie (FRA), 3. Morelli (ITA) – Gelb: Magne
7. Aix-les-Bains – Grenoble (229 km): 1. Vietto (FRA), 2. Martano (ITA), 3. Magne (FRA) – Gelb: Magne
8. Grenoble – Gap (102 km): 1. Martano (ITA), 2. Magne (FRA), 3. Vietto (FRA) – Gelb: Magne
9. Gap – Digne (227 km): 1. Vietto (FRA), 2. Molinar (ITA), 3. Trueba (ESP) – Gelb: Magne
10. Digne – Nice (156 km): 1. Le Greves (FRA), 2. Lapebie (FRA), 3. Louviot (FRA) – Gelb: Magne
11. Nice – Cannes (126 km): 1. Vietto (FRA), 2. Martano (ITA), 3. Magne (FRA) – Gelb: Magne
12. Cannes – Marseille (195 km): 1. Lapebie (FRA), 2. Stöpel (GER), 3. Morelli (ITA) – Gelb: Magne
13. Marseille – Montpellier (172 km): 1. Speicher (FRA), 2. Magne (FRA), 3. Louviot (FRA) – Gelb: Magne
14. Montpellier – Perpignan (177 km): 1. Lapebie (FRA), 2. Le Greves (FRA), 3. Meini (ITA) – Gelb: Magne
15. Perpignan – Ax-les-Thermes (158 km): 1. Lapebie(FRA), 2. Gestri (ITA), 3. Cazzulani (ITA) – Gelb: Magne
16. Ax-les-Thermes – Luchon (165 km): 1. Vignoli (ITA), 2. Lapebie (FRA), 3. Magne (FRA) – Gelb: Magne
17. Luchon – Tarbes (91 km): 1. Magne (FRA), 2. Trueba (ESP), 3. S. Maes (BEL) – Gelb: Magne
18. Tarbes – Pau (172 km): 1. Vietto (FRA), 2. Lapebie (FRA), 3. Martano (ITA) – Gelb: Magne
19. Pau – Bordeaux (215 km). 1. Meini (ITA), 2. Gijssels (BEL), 3. Louviot (FRA) – Gelb: Magne
20. Bordeaux – La Rochelle (183 km): 1. Speicher (FRA), 2. Le Greves (FRA), 3. Gijssels (BEL) – Gelb: Magne
21. La Rochelle – la Roche-sur-Yon (81 km): 1. Le Greves (FRA), 2. Bonduel (BEL), 3. Meini (ITA) – Gelb: Magne
und La Roche-sur-Yon – Nantes (ZF) (90 km): 1. Magne (FRA), 2. Lapebie (FRA), 3. Geyer (GER) – Gelb: Magne
22. Nantes – Caen (275 km): 1. Louviot (FRA), 2. Le Greves (FRA), 3. Bonduel (BEL) – Gelb: Magne
23. Caen – Paris (221 km): 1. S. Maes (BEL), 2. Lapebie (FRA), 3. Stöpel (GER) – Gelb: Magne

Gesamtwertung: 1. Magne (FRA) 147:13:58, 2. Martano (ITA) +27:31, 3. Lapebie (FRA) +52:15, 4. Vervaecke (BEL) +57:40, 5. Vietto (FRA) +59:02, 6. Morelli (ITA) +1:12:02, 7. Geyer (GER) +1:12:51, 8. S.Maes (BEL) +1:20:56, 9. Canardo (ESP) +1:29:02, 10. Trueba (ESP) +1:40:39 – Deutsche Fahrer: 21. Stöpel, 37. Kutschbach 38. Risch
Bergwertung: Vietto (FRA)

29. TOUR 1935 – ROMAIN MAES

Länge: 4338 Kilometer
Anzahl der Etappen: 21
Fahrer: 93 am Start, 46 im Ziel

1. Paris – Lille (262 km): 1. R.Maes (BEL), 2. De Caluwe (BEL), 3. Pelissier (FRA) – Gelb: R.Maes
2. Lille – Charleville (192 km): 1. Pelissier (FRA), 2. Speicher (FRA), 3. Bergamaschi (ITA) – Gelb: R.Maes
3. Charleville – Metz (161 km): 1. Di Paco (ITA), 2. Danneels (BEL), 3. Archambaud (FRA) – Gelb: R.Maes
4. Metz – Belfort (220 km): 1. Aerts (BEL), 2. Danneels (BEL), 3. Neuville (BEL) – Gelb: R.Maes
5. Belfort – Geneve (262 km): 1. Archambaud (FRA), 2. De Caluwe (BEL), 3. Danneels (BEL) – Gelb: R. Maes
und Geneve – Evians (58 km): 1. Di Paco (ITA), 2. Magne (FRA), 3. Archambaud (FRA) – Gelb: R. Maes
6. Evian – Aix-les-Bains (ZF) (207 km): 1. Vietto (FRA), 2. Le Greves (FRA), 3. Bergamaschi (ITA) – Gelb: R. Maes
7. Aix-les-Bains – Grenoble (229 km): 1. Camusso (ITA), 2. Morelli (ITA), 3. Ruozzi (FRA) – Gelb: R. Maes
8. Grenoble – Gap (102 km): 1. Aerts (BEL), 2. Ruozzi (FRA), 3. Vervaecke (BEL) – Gelb: R. Maes
9. Gap – Digne (227 km): 1. Vietto (FRA), 2. Camusso (ITA), 3. Vervaecke (BEL) – Gelb: R. Maes
10. Digne – Nice (156 km): 1. Aerts (BEL), 2. Lapebie (FRA), 3. Ruozzi (FRA) – Gelb: R.Maes
11. Nice – Cannes (126 km): 1. R.Maes (BEL), 2. S. Maes (BEL), 3. Camusso (ITA) – Gelb: R.Maes
12. Cannes – Marseille (195 km): 1. Pelissier (FRA), 2. Granier (FRA), 3. Mauclair (FRA) – Gelb: R. Maes
13. Marseille – Nimes (112 km): 1. Bergamaschi (ITA), 2. Vervaecke (BEL), 3. Lowie (BEL) – Gelb: R. Maes
und Nimes – Montpellier (MZF) (56 km): 1. Speicher (FRA), 2. Vietto (FRA), 3. Archambaud (FRA) – Gelb: R. Maes
14. Montpellier – Narbonne (103 km): 1. Le Greves (FRA), 2. Aerts (BEL), 3. Pelissier (FRA) – Gelb: R. Maes
und Narbonne – Perpignan (ZF) (63 km): 1. Archambaud (FRA), 2. R. Maes (BEL), 3. Speicher (FRA) – Gelb: R. Maes
15. Perpignan – Luchon (325 km): 1. S. Maes (BEL), 2. Vervaecke (BEL), 3. Thierbach (GER) – Gelb: R. Maes
16. Luchon – Pau (194 km): 1. Morelli (ITA), 2. Teani (ITA), 3. Vervaecke (BEL) – Gelb: R. Maes
17. Pau – Bordeaux (224 km): 1. Moineau (FRA), 2. Aerts (BEL), 3. Leducq (FRA) – Gelb: R. Maes
18. Bordeaux – Rochefort (159 km): 1. Le Greves (FRA), 2. Aerts (BEL), 3. Pelissier (FRA) – Gelb: R. Maes
und Rochefort – La Rochelle (ZF) (33 km): 1. Leducq (FRA), 2. R. Maes (BEL), 3. S. Maes (BEL) – Gelb: R. Maes
19. La Rochelle – La Roche-sur-Yon (81 km): 1. Le Greves (FRA), 2. Aerts (BEL), 3. Pelissier (FRA) – Gelb: R. Maes
und La Roche-sur-Yon – Nantes (95 km): 1. Aerts (BEL), 2. Vervaecke (BEL), 3. R. Maes (BEL) – Gelb: R. Maes
20. Nantes – Vire (220 km): 1. Le Greves (FRA), 2. Pelissier (FRA), 3. Bertocco (FRA) – Gelb: R. Maes
und Vire – Caen (55 km): 1. Morelli (ITA), 2. Weckerling (GER), 3. Teani (ITA) – Gelb: R. Maes
21. Caen – Paris (221 km): 1. R. Maes (BEL), 2. Vervaecke (BEL), 3. Morelli (ITA) – Gelb: R. Maes

Gesamtwertung: 1. R.Maes (BEL) 141:32:00, 2. Morelli (ITA) +17:52, 3. Vervaecke (BEL) +24:06, 4. S. Maes (BEL) +35:24, 5. Lowie (BEL) +51:26, 6. Speicher (FRA) +54:29, 7. Archambaud (FRA) +1:09:28, 8. Vietto (FRA) +1:21:03. 9. Ruozzi (FRA) +1:34:02, 10. Thierbach (GER) +2:00:04 – Deutsche Fahrer: 42. Weckerling, 46. Kutschbach
Bergwertung: Vervaecke (BEL)

30. TOUR 1936 – SYLVÈRE MAES

Länge: 4442 Kilometer
Anzahl der Etappen: 21
Fahrer: 90 am Start, 43 im Ziel

1. Paris – Lille (258 km): 1. Egli (SUI), 2. Archambaud (FRA), 3. Bettini (FRA) – Gelb: Egli
2. Lille – Charleville (192 km): 1. Wierinckx (BEL), 2. Tanneveau (FRA), 3. Albert Van Schendel (HOL) – Gelb: Archambaud
3. Charleville – Metz (161 km): 1. M.Clemens (LUX), 2. Neuville (BEL), 3. Antoine (FRA) – Gelb: Mersch
4. Metz – Belfort (220 km): 1. Archambaud (FRA), 2. Ezquerra (ESP), 3. Neuville (BEL) – Gelb: Archambaud
5. Belfort – Evian (298 km): 1. Le Greves (FRA), 2. Wierinckx (BEL), 3. Danneels (BEL) – Gelb: Archambaud
6. Evian – Aix-les-Bains (212 km): 1. Meulenberg (BEL), 2. Magne (FRA), 3. Mersch (LUX) – Gelb: Archambaud
7. Aix-les-Bains – Grenoble (230 km): 1. Middelkamp (HOL), 2. Archambaud (FRA), 3. Level (FRA) – Gelb: Archambaud
8. Grenoble – Briancon (194 km): 1. Goasmat (FRA), 2. Cloarec (FRA), 3. Mersch (LUX) – Gelb: S. Maes
9. Briancon – Digne (220 km): 1. Level (FRA), 2. Thietard (FRA), 3. Canardo (ESP) – Gelb: S. Maes
10. Digne -Nice (156 km): 1. Maye (FRA), 2. Heimann (SUI), 3. Hendrickx (BEL) – Gelb: S. Maes
11. Nice – Cannes (126 km): 1. Ezquerra (ESP), 2. S. Maes (BEL), 3. Vervaecke (BEL) – Gelb: S. Maes
12. Cannes – Marseille (195 km): 1. Le Greves (FRA), 2. Meulenberg (BEL), 3. Kint (BEL) – Gelb: S. Maes
13. Marseille – Nimes (112 km): 1. Le Greves (FRA), 2. Meulenberg (BEL), 3. Maye (FRA) – Gelb: S. Maes
und Nimes – Montpellier (MZF) (52 km): 1. S. Maes (BEL), 2. Vervaecke (BEL), 3. Bertocco (FRA) – Gelb: S. Maes
14. Montpellier – Narbonne (103 km): 1. Le Greves (FRA), 2. Meulenberg (BEL), 3. Bertocco (FRA) – Gelb: S. Maes
und Narbonne – Perpignan (MZF) (63 km): 1. S. Maes (BEL), 2. Vervaecke (BEL), 3.Neuville (BEL) – Gelb: S. Maes
15. Perpignan – Luchon (325 km): 1. Ducazeaux (FRA), 2. Mersch (LUX), 3. Amberg (SUI) – Gelb: S. Maes
16. Luchon – Pau (194 km): 1. S. Maes (BEL), 2. Level (FRA), 3. Canardo (ESP) – Gelb: S. Maes
17. Pau – Bordeaux (229 km): 1. Le Greves (FRA), 2. Meulenberg (BEL), 3. Maye (FRA) – Gelb: S. Maes
18. Bordeaux – Saintes (117 km): 1. Meulenberg (BEL), 2. Le Greves (FRA), 3. Berrendero (ESP) – Gelb: S. Maes
und Saintes – La Rochelle (MZF) (75 km): 1. S. Maes (BEL), 2. Vervaecke (BEL), 3. Kint (BEL) – Gelb: S. Maes
19. La Rochelle – La Roche-sur-Yon (81 km): 1. Kint (BEL), 2. Thietard (FRA), 3. Marcaillou (FRA) – Gelb: S. Maes
und La Roche-sur-Yon – Cholet (MZF) (65 km): 1. Vervaecke (BEL), 2. Kint (BEL), 3. S. Maes (BEL) – Gelb: S. Maes
und Cholet – Angers (67 km): 1. Maye (FRA), 2. Ducazeaux (FRA), 3. M.Clemens (LUX) – Gelb: S. Maes
20. Angers – Vire (204 km): 1. Le Greves (FRA), 2. Thietard (FRA), 3. Bertocco (FRA) – Gelb: S. Maes
und Vire – Caen (MZF) (55 km): 1. Magne (FRA), 2. Cogan (FRA), 3. Le Greves (FRA) – Gelb: S. Maes
21. Caen – Paris (234 km): 1. Mersch (LUX), 2. P. Clemens (LUX), 3. Canardo (ESP) – Gelb: S. Maes

Gesamtwertung: 1. S. Maes (BEL) 142:47:32, 2. Magne (FRA) +16:55, 3. Vervaecke (BEL) +27:53, 4. P. Clemens (LUX) +42:42, 5. Mersch (LUX) +53:24, 6. Canardo (ESP) +1:03:04, 7. M. Clemens (LUX) +1:10:44, 8. Amberg (SUI) +1:19:13, 9. Kint (BEL) +1:22:25, 10. Level (FRA) +1:27:55 – Deutsche Fahrer: keine im Ziel
Bergwertung: Berrendero (ESP)

31. TOUR 1937 – ROGER LAPEBIE

Länge: 4415 Kilometer
Anzahl der Etappen: 20
Fahrer: 98 am Start, 46 im Ziel

1. Paris – Lille (263 km): 1. Majerus (LUX), 2. Mersch (LUX), 3. Braeckeveldt (BEL) – Gelb: Majerus
2. Lille – Charleville (192 km): 1. Archambaud (FRA), 2. Godard (FRA), 3. Braeckeveldt (BEL) – Gelb: Majerus
3. Charleville – Metz (161 km): 1. Generati (ITA), 2. Frechaut (FRA), 3. Kint (BEL) – Gelb: Kint
4. Metz – Belfort (220 km): 1. Bautz (GER), 2. Bartali (ITA), 3. Amberg (SUI) – Gelb: Bautz
5. Belfort – Lons-le-Saunier (175 km): 1. Puppo (FRA), 2. Berrendero (ESP), 3. Rossi (ITA) – Gelb: Bautz
und Lons-le-Saunier – Champagnole (MZF) (34 km): 1. S. Maes (BEL), 2. Hendrickx (BEL), 3. Danneels (BEL) – Gelb: Bautz
und Champagnole – Geneve (93 km): 1. Amberg (SUI), 2. Zimmermann (SUI), 3. Speicher (FRA) – Gelb: Bautz
6. Geneve – Aix-les-Bains (180 km): 1. Deloor (BEL), 2. Marcaillou (FRA), 3. S. Maes (BEL) – Gelb: Bautz
7. Aix-les-Bains – Grenoble (228 km): 1. Bartali (ITA), 2. Camusso (ITA), 3. Lapebie (FRA) – Gelb: Bartali
8. Grenoble – Briancon (194 km): 1. Weckerling (GER), 2. Amberg (SUI), 3. Vicini (ITA) – Gelb: Bartali
9. Briancon – Digne (220 km): 1. Lapebie (FRA), 2. Vervaecke (BEL), 3. Gallien (FRA) – Gelb: S. Maes
10. Digne – Nice (251 km): 1. Vervaecke (BEL), 2. Carini (ITA), 3. Ezquerra (ESP) – Gelb: S. Maes
11. Nice – Toulon (169 km): 1. Meulenberg (BEL), 2. Deloor (BEL), 3. Wengler (GER) – Gelb: S. Maes
und Toulon – Marseille (MZF) (65 km): 1. Danneels (BEL), 2. S. Maes (BEL), 3. Vervaecke (BEL) – Gelb: S. Maes
12. Marseille – Nimes (112 km): 1. Antoine (FRA), 2. Marcaillou (FRA), 3. Antoon Van Schendel (HOL) – Gelb: S. Maes
und Nimes – Montpellier (51 km): 1. Pedroli (SUI), 2. Wengler (GER), 3. Canardo (ESP) – Gelb: S. Maes
13. Montpellier – Narbonne (103 km): 1. Camusso (ITA), 2. Meulenberg (BEL), 3. Danneels (BEL) – Gelb: S. Maes
und Narbonne – Perpignan (63 km): 1. Meulenberg (BEL), 2. Chocque (FRA), 3. Wengler (GER) – Gelb: S. Maes
14. Perpignan – Bourg Madame (99 km): 1. Meulenberg (BEL), 2. Frechaut (FRA), 3. Vicini (ITA) – Gelb: S. Maes
und Bourg Madame – Ax-les-Thermes (59 km): 1. Canardo (ESP), 2. Marcaillon (FRA), 3. Cosson (FRA) – Gelb: S. Maes
und Ax-les-Thermes – Luchon (167 km): 1. Meulenberg (BEL), 2. Deloor (BEL), 3. Frechaut (FRA) – Gelb: S. Maes
15. Luchon – Pau (194 km): 1. Berrendero (ESP), 2. Lapebie (FRA), 3. Frechaut (FRA) – Gelb: S. Maes
16. Pau – Bordeaux (235 km): 1. Chocque (FRA), 2. Lapebie (FRA), 3. Wengler (GER) – Gelb: S. Maes

17. Bordeaux – Royan (123 km): 1. Bautz (GER), 2. Lapebie (FRA), 3. Braeckeveldt (BEL) – Gelb: Lapebie
und Royan – Saintes (37 km): 1. Braeckeveldt (BEL), 2. Wengler (GER), 3. Pedroli (SUI) – Gelb: Lapebie
und Saintes – La Rochelle (67 km): 1. Lapebie (FRA), 2. Martano (ITA), 3. Braeckeveldt (...) – Gelb: Lapebie
18. La Rochelle – La-Roche-sur-Yon (81 km): 1. Lapebie (FRA), 2. Marcaillon (FRA), 3. Chocque (FRA) – Gelb: Lapebie
19. Rennes – Vire (114 km): 1. Passat (FRA), 2.Martano (ITA), 3. Braeckeveldt (BEL) – Gelb: Lapebie
und Vire – Caen (59 km): 1. Amberg (SUI), 2. Bautz (GER), 3. Martano (ITA) – Gelb: Lapebie
20. Caen – Paris (234 km): 1. Vissers (BEL), 2. Puppo (FRA), 3. Ducazeaux (FRA) – Gelb: Lapebie

Gesamtwertung: 1. Lapebie (FRA) 138:58:31, 2. Vicini (ITA) +7:17, 3. Amberg (SUI) +26:13, 4. Camusso (ITA) +26:53, 5. Marcaillou (FRA) +35:36, 6. Vissers (BEL) +38:13, 7. Chocque (FRA) +1:05:19, 8. Gallien (FRA) +1:06:33, 9. Bautz (GER) +1:06:41, 10. Frechaut (FRA) +1:24:34 – Deutsche Fahrer: 14. Thierbach, 28. Geyer, 37. Wengler, 41. Weckerling, 43. Hauswald, 45. Wendel
Bergwertung: Vervaecke (BEL)

32. TOUR 1938 – GINO BARTALI

Länge: 4694 Kilometer
Anzahl der Etappen: 21
Fahrer: 96 am Start, 55 im Ziel

1. Paris – Caen (215km): 1. Oberbeck (GER), 2. Bini (ITA), 3. Middelkamp (HOL) – Gelb: Oberbeck
2. Caen – Saint Brieuc (237km): 1. Majerus (LUX), 2. Goasmat (FRA), 3. Weckerling (GER) – Gelb: Majerus
3. Saint Brieuc – Nantes (238km): 1. Schulte (HOL), 2. Meulenberg (BEL), 3. Egli (SUI) – Gelb: Majerus
4. Nantes – La Roche-sur-Yon (62km): 1. Meulenberg (BEL), 2. Servadei (ITA), 3. Bini (ITA) – Gelb: Majerus
und La Roche-sur-Yon – La Rochelle (83km): Meulenberg (BEL), 2. Servadei (ITA), 3. Bernardoni (FRA) – Gelb: Majerus
und La Rochelle – Royan (83km): 1. Vervaecke (BEL), 2. Hellemons (HOL), 3. Servadei (ITA) – Gelb: Majerus
5. Royan – Bordeaux (198km): 1. Meulenberg (BEL), 2. Servadei (ITA), 3. Bini (ITA) – Gelb: Majerus
6. Bordeaux – Arcachon (52,5km): 1. Rossi (ITA), 2. Cottur (ITA), 3. Naisse (FRA) – Gelb: Majerus
und Arcachon – Bayonne (171km): 1. Servadei (ITA), 2. Rossi (ITA), 3. Wengler (GER) – Gelb: Leducq
7. Bayonne – Pau (115km): 1. Middelkamp (HOL), 2. Wengler (GER), 3. Vissers (BEL) – Gelb: Leduq
8. Pau – Luchon (193km): 1. Vervaecke (BEL), 2. Vissers (BEL), 3. Bartali (ITA) – Gelb: Vervaecke
9. Luchon – Perpignan (260km): 1. Frechaut (FRA), 2. Mollo (ITA), 3. Magne (FRA) – Gelb: Vervaecke
10. Perpignan – Narbonne (63km): 1. Antoon Van Schendel (HOL), 2. Bini (ITA), 3. Vervaecke (BEL) – Gelb: Vervaecke
und Narbonne – Beziers (27km): 1. Vervaecke (BEL), 2. Vicini (ITA), 3. M.Clemens (LUX) – Gelb: Vervaecke
und Beziers – Montpellier (73 km): 1. Magne (FRA), 2. Lauwers (BEL), 3. Mersch (LUX) – Gelb: Vervaecke
11. Montpellier – Marseille (223 km): 1. Bartali (ITA), 2. Vervaecke (BEL), 3. Leducq (FRA) – Gelb: Vervaecke
12. Marseille – Cannes (199 km): 1. Frechaut (FRA), 2. Marie (FRA), 3. Leducq (FRA) – Gelb: Vervaecke
13. Cannes – Digne (284 km): 1. Gianello (FRA), 2. Goasmat (FRA), 3. Neuville (BEL) – Gelb: Vervaecke
14. Digne – Briancon (219 km): 1. Bartali (ITA), 2. Vicini (ITA), 3. M. Clemens (LUX) – Gelb: Bartali
15. Briancon – Aix-les-Bains (311 km): 1. Kint (BEL), 2. Lowie (BEL), 3. Bartali (ITA) – Gelb: Bartali
16. Aix-les-Bains – Besancon (284 km): 1. Kint (BEL), 2. Marie (FRA), 3. Disseaux (BEL) – Gelb: Bartali
17. Besancon – Belfort (89,5 km): 1. Masson (BEL), 2. Weckerling (GER), 3. Frechaut (FRA) – Gelb: Bartali
und Belfort – Strasbowg (143 km): 1. Frechaut (FRA), 2. Lauwers (BEL), 3. Majerus (LUX) – Gelb: Bartali
18. Strasbowg – Metz (186 km): 1. Kint (BEL), 2. Le Guevel (FRA), 3. Leducq (FRA) – Gelb: Bartali
19. Metz – Reims (196 km): 1. Galateau (FRA), 2. Le Guevel (FRA), 3. Carini (FRA) – Gelb: Bartali
20. Reims – Laon (48 km): 1. Servadei (ITA), 2. Bini (ITA), 3. Neuville (BEL) – Gelb: Bartali
und Laon – Saint Quentin (ZF) (42 km): 1. Vervaecke (BEL), 2. Vissers (BEL), 3. Cosson (FRA) – Gelb: Bartali
und Saint Quentin – Lille (107 km): 1. Neuville (BEL), 2. Frechaut (FRA), 3. Lauwers (BEL) – Gelb: Bar tali
21. Lille – Paris (279 km): 1. Magne (FRA), 2. Leducq (FRA), 3. Louviot (FRA) – Gelb: Bartali

Gesamtwertung: 1. Bartali (ITA) 148:29:12, 2. Vervaecke (BEL) +18:27, 3. Cosson (FRA) +29:26, 4. Vissers (BEL) +35:08, 5. M. Clemens (LUX) +42:08, 6. Vicini (ITA) +44:59, 7. Lowie (BEL) 48:56, 8. Magne (FRA) +49.00, 9. Kint (BEL) +59:49, 10. Gianello (FRA) +1:06:47 – Deutsche Fahrer: 21. Weckerling, 45. Arents, 52. Hauswald, 53. Wendel
Bergwertung: Bartali (ITA)

33. TOUR 1939 – SYLVÈRE MAES

Länge: 4224 Kilometer
Anzahl der Etappen: 19
Fahrer: 79 am Start, 49 im Ziel

1. Paris – Caen (215 km): 1. Fournier (FRA), 2. R. Maes (BEL), 3. Kint (BEL) – Gelb: Fournier
2. Caen – Vire (ZF) (63,5 km): 1. R.Maes (BEL), 2. Lambrichs (HOL), 3. Litschi (SUI) – Gelb: R. Maes
und Vire – Rennes (119,5 km): 1. Tassin (FRA), 2. Fontenay (FRA), 3. Disseaux (BEL) – Gelb: Fontenay
3. Rennes – Brest (244 km): 1. Cloarec (FRA), 2. Antoon Van Schendel (HOL), 3. Delathouwer (BEL) – Gelb: Fontenay
4. Brest – Lorient (174 km): 1. Louviot (FRA), 2. Albert Van Schendel (HOL), 3. Litschi (SUI) – Gelb: Vietto
5. Lorient – Nantes (207 km): 1. Fournier (FRA), 2. Frechaut (FRA), 3. Meulenberg (BEL) – Gelb: Vietto
6. Nantes – La Rochelle (144 km): 1. Storme (BEL), 2. Archambaud (FRA), 3. Vervaecke (BEL) – Gelb: Vietto
und La Rochelle – Royan (107 km): 1. Pages (FRA), 2. Bailleux (FRA), 3. Le Greves (FRA) – Gelb: Vietto
7. Royan – Bordeaux (198 km): 1. Passat (FRA), 2. De Korver (HOL), 3. Vanoverberghe (BEL) – Gelb: Vietto
8. Bordeaux – Salies de Bearn (210,5 km): 1. Kint (BEL), 2. Galateau (FRA), 3. Frechaut (FRA) – Gelb: Vietto
und Salies de Bearn – Pau (ZF) (68,5 km): 1. Litschi (SUI), 2. Archambaud (FRA), 3. Vlaemynck (BEL) – Gelb: Vietto
9. Pau – Toulouse (311 km): 1. Vissers (BEL), 2. S. Maes (BEL), 3. Ritserveldt (BEL) – Gelb: Vietto
10. Toulouse – Narbonne (148,5 km): 1. Jaminet (FRA), 2. Antoon Van Schendel (HOL), 3. Bernardoni (FRA) – Gelb: Vietto
und Narbonne – Beziers (ZF) (27 km): 1. Archaumbaud (FRA), 2. Jaminet (FRA), 3. Vissers (BEL) – Gelb: Vietto
und Beziers – Montpellier (70,5 km): 1. Archambaud (FRA), 2. Hendrickx (BEL), 3. Jaminet (FRA) – Gelb: Vietto
11. Montpellier – Marseille (212 km): 1. Galateau (FRA), 2. P.Clemens (LUX), 3. Le Greves (FRA) – Gelb: Vietto
12. Marseille – Saint Raphael (157 km): 1. Neuens (LUX), 2. Jaminet (FRA), 3. Archambaud (FRA) – Gelb: Vietto
und Saint Raphael – Monaco (121,5 km): 1. Archambaud (FRA), 2. S. Maes (BEL), 3. Gallien (FRA) – Gelb: Vietto
13. Monaco – Monaco (101,5 km): 1. Gallien (FRA), 2. Pages (FRA), 3. Hendrickx (BEL) – Gelb: Vietto
14. Monaco – Digne (175 km): 1. Cloarec (FRA), 2. Passat (FRA), 3. Aureille (FRA) – Gelb: Vietto
15. Digne – Briancon (219 km): 1. S. Maes (BEL), 2. Gallien (FRA), 3. Gianello (FRA) – Gelb: S. Maes
16. Briancon – Bonneval (126 km): 1. Jaminet (FRA), 2. M. Clemens (LUX), 3. Pages (FRA) – Gelb: S. Maes
und Bonneval – Bourg Saint Maurice (ZF) (64,5 km): 1. S. Maes (BEL), 2. Vissers (BEL), 3. Gallien (FRA) – Gelb: S. Maes
und Bourg Saint Maurice – Annecy (103,5 km): 1. Antoon Van Schendel (HOL), 2. P.Clemens (LUX), 3. Passat (FRA) – Gelb: S. Maes
17. Annecy – Dole (226 km): 1. Neuens (LUX), 2. Antoon Van Schendel (HOL), 3. Le Greves (FRA) – Gelb: S. Maes
und Dole – Dijon (ZF) (59 km): 1. Archambaud (FRA), 2. Vanoverberghe (BEL), 3. Vlaemynck (BEL) – Gelb: S. Maes
18. Dijon – Troyes (151 km): 1. Le Greves (FRA), 2. Fournier (FRA), 3. Neuville (BEL) – Gelb: S. Maes
19. Troyes – Paris (201 km): 1. Kint (BEL), 2. S. Maes (BEL), 3. Archambaud (FRA) – Gelb: S. Maes

Gesamtwertung: 1. S. Maes (BEL) 132:03:17, 2. Vietto (FRA) +30:38, 3. Vlaemynck (BEL) +32:08, 4. M.Clemens (LUX) +36:09, 5. Vissers (BEL) +38:05, 6. Marcaillou (FRA) +45:16, 7. Disseaux (BEL) +46:54, 8. Lambrichs (HOL) +48:01, 9. Ritserveldt (BEL) +48:27, 10. Vanoverberghe (BEL) +49:44 – Deutsche Fahrer: nicht am Start
Bergwertung: S. Maes (BEL)

34. TOUR 1947 – JEAN ROBIC

Länge: 4640 Kilometer
Anzahl der Etappen: 21
Fahrer: 99 am Start, 53 im Ziel

1. Paris – Lille (236 km): 1. Kübler (SUI), 2. Mahe (FRA), 3. Piot (FRA) – Gelb: Kübler
2. Lille – Brüssel (182 km): 1. Vietto (FRA), 2. Impanis (BEL), 3. Depredomme (BEL) – Gelb: Vietto
3. Brüssel – Luxemburg (314 km): 1. Ronconi (ITA), 2. Cogan (FRA), 3. Camellini (ITA) – Gelb: Vietto
4. Luxemburg – Strasbourg (223 km): 1. Robic (FRA); 2. Kübler (SUI), 3. Diot (FRA) – Gelb: Vietto
5. Strasbourg – Besancon (248 km): 1. Kübler (SUI), 2. Rossello (ITA), 3. Bonnaventure (FRA) – Gelb: Vietto
6. Besancon – Lyon (249 km): 1. Teisseire (FRA), 2. Fachleitner (FRA), 3. Bourlon (FRA) – Vietto
7. Lyon – Grenoble (172 km): 1. Robic (FRA), 2. Brambilla (ITA), 3. Fachleitner (FRA) – Gelb: Ronconi
8. Grenoble – Briancon (185 km): 1. Camellini (ITA), 2. Brambilla (ITA), 3. Lazarides (FRA) – Gelb: Ronconi
9. Briancon – Digne (217 km): 1. Vietto (FRA), 2. Lazarides (FRA), 3. Brambilla (ITA) – Gelb: Vietto
10. Digne – Nice (255 km): 1. Camellini (ITA), 2. Ronconi (ITA), 3. Lazarides (FRA) – Gelb: Vietto
11. Nice – Marseille (230 km): 1. Fachleitner (FRA), 2. Remy (FRA), 3. Bonnet (FRA) – Gelb: Vietto
12. Marseille – Montpellier (165 km): 1. Massal (FRA), 2. Diederich (LUX), 3. Muller (FRA). Gelb: Vietto
13. Montpellier – Carcassonne/172 km): 1. Teisseire (FRA), 2. Callens (BEL), 3. Impanis (BEL) – Vietto
14. Carcassonne – Luchon (253 km): 1. Bourlon (FRA), 2. Callens (BEL), 3. Cottur (ITA) – Gelb. Vietto
15. Luchon – Pau (195 km): 1. Robic (FRA), 2. Vietto (FRA), 3. Ronconi (ITA) – Gelb: Vietto
16. Pau – Bordeaux (195 km): 1. Tacca (ITA), 2. Mollin (BEL), 3. Pawlisiak (FRA) – Gelb: Vietto
17. Bordeaux – Le Sables D'Olonne (272 km): 1. Tassin (FRA), 2. Schotte (BEL), 3. Tarchini (SUI) – Gelb: Vietto
18. Les Sables D'Olonne – Vannes (236 km): 1. Tarchini (SUI), 2. Giguet (FRA), 3. Weilenmann (LUX) – Gelb: Vietto
19. Vannes – Saint Brieuc (ZF) (139 km): 1. Impanis (BEL), 2. Robic (FRA), 3. Ronconi (ITA) – Gelb: Brambilla
20. Saint Brieuc – Caen (235 km): 1. Diot (FRA), 2. Mollin (BEL), 3. Muller (FRA) – Gelb: Brambilla
21. Caen – Paris (257 km): 1. Schotte (BEL, 2. Gauthier (FRA), 3. Diederich (LUX) – Gelb: Robic

Gesamtwertung: 1. Robic (FRA) 148:11:25, 2. Fachleitner (FRA) +3:58, 3. Brambilla (ITA) +10:07, 4. Roncini (ITA) +11:00, 5. Vietto (FRA) +15:23, 6. Impanis (BEL) +18:14, 7. Camellini (ITA) +24:08, 8. Cottur (ITA) +1:06:03, 9. Goasmat (FRA) +1:10:03, 10. Lazarides (FRA) +1:18:44 – Deutsche Fahrer: nicht am Start
Bergwertung: Brambilla (ITA)

35. TOUR 1948 – GINO BARTALI

Länge: 4922 Kilometer
Anzahl der Etappen: 21
Fahrer: 120 am Start, 44 im Ziel

1. Paris – Trouville (237 km): 1. Bartali (ITA), 2. Schotte (BEL), 3. Teisseire (FRA) – Gelb: Bartali
2. Trouville – Dinard (259 km): 1. Rossello (ITA), 2. L. Bobet (FRA), 3. Engels (BEL) – Gelb: Engels
3. Dinard – Nantes (251 km): 1. Lapebie (FRA), 2. Impanis (BEL), 3. Mathieu (BEL) – Gelb: Bobet
4. Nantes – La Rochelle (166 km): 1. Pras (FRA), 2. Sciardis (ITA), 3. Rolland (FRA) – Gelb: Lambrecht
5. La Rochelle – Bordeaux (262 km): 1. Remy (FRA), 2. Chupin (FRA), 3. Tacca (ITA) – Gelb: Lambrecht
6. Bordeaux – Biarritz (244 km): 1. L. Bobet (FRA), 2. Muller (FRA), 3. Marie (FRA) – Gelb: Bobet
7. Bordeaux – Lourdes (219 km): 1. Bartali (ITA), 2. Robic (FRA), 3. L. Bobet (FRA) – Gelb: Bobet
8. Lourdes – Toulouse (261 km): 1. Bartali (ITA), 2. Lapebie (FRA), 3. Ockers (BEL) – Gelb: Bobet
9. Toulouse – Montpellier (246 km): 1. Impanis (BEL), 2. Jomaux (BEL), 3. De Ruyter (HOL) – Gelb: Bobet
10. Montpellier – Marseille (248 km): 1. Impanis (BEL), 2. Camellini (ITA), 3. Neri (ITA) – Gelb: Bobet
11. Marseille – San Remo (245 km): 1. Sciardis (ITA), 2. Caffi (FRA), 3. Seghezzi (ITA) – Gelb: Bobet

12. San Remo – Cannes (170 km): 1. L. Bobet (FRA), 2. Molineris (FRA), 3. Lambrecht (BEL) – Gelb: Bobet
13. Cannes – Briancon (274 km): 1. Bartali (ITA), 2. Schotte (BEL), 3. Camellini (ITA) – Gelb: Bobet
14. Briancon – Aix-les-Bains (263 km): 1. Bartali (ITA), 2. Ockers (BEL), 3. Lapebie (FRA) -Gelb: Bartali
15. Aix-les-Bains – Lausanne (256 km): 1. Bartali (ITA), 2. Schotte (BEL), 3. Baratin (FRA) – Gelb: Bartali
16. Lausanne – Mulhouse (243 km): 1. Van Dijck (BEL), 2. Ockers (BEL), 3. Engels (BEL) – Gelb: Bartali
17. Mulhouse – Strasbourg (ZF) (120 km): 1. Lambrecht (BEL), 2. Klabinsky (POL.), 3. Lapebie (FRA) – Gelb: Bartali
18. Strasbourg – Metz (195 km): 1. Corrieri (ITA), 2. Ockers (BEL), 3. Gauthier (FRA) – Gelb: Bartali
19. Metz – Liege (249 km): 1. Bartali (ITA), 2. Robic (FRA), 3. Schotte (BEL) – Gelb: Bartali
20. Liege – Roubaix (228 km): 1. Gauthier (FRA), 2. Klabinsky (POL), 3. Ockers (BEL) – Gelb: Bartali
21. Roubaix – Paris (286 km): 1. Corrieri (ITA), 2. Teisseire (FRA), 3. Seghezzi (ITA) – Gelb: Bartali

Gesamtwertung: 1.Bartali (ITA) 147:10:36, 2. Schotte (BEL) +26:16, 3. G. Lapebie (FRA) +28:48, 4. L. Bobet (FRA) +32:59, 5. Kirchen (LUX) +37:53, 6. Teisseire (FRA) +40:47, 7. Lambrecht (BEL) +49:56, 8. Camellini (ITA) +51:36, 9. Thietard (FRA) +55:23, 10. Impanis (BEL) +1:00:03 – Deutsche Fahrer: nicht am Start
Bergwertung: Bartali (ITA)

36. TOUR 1949 – FAUSTO COPPI

Länge: 4808 Kilometer
Anzahl der Etappen: 21
Fahrer: 120 am Start, 55 im Ziel

1. Paris – Reims (182 km): 1. Dussault (FRA), 2. Jomaux (BEL), 3. Tassin (FRA) – Gelb: Dussault
2. Reims – Brüssel (273 km): 1. Lambrecht (BEL), 2. Marinelli (FRA), 3. Teisseire (FRA) – Gelb:Lambrecht
3. Brüssel -Boulogne (211 km): 1. Callens (BEL), 2. Marcellak (FRA), 3. Mathieu (BEL) – Gelb: Callens
4. Boulogne – Rouen (185 km): 1. Teisseire (FRA), 2. Marinelli (FRA), 3. Diot (FRA) -Gelb: Marinelli
5. Rouen – Saint Malo (293 km): 1. Kübler (SUI), 2. Gauthier (FRA), 3. Tacca (FRA) – Gelb: Marinelli
6. Saint Malo – Les-Sables-D'Olonne (305 km): 1. Deledda (FRA), 2. Ockers (BEL), 2. Kübler (SUI) – Gelb: Marinelli
7. Les-Sables-D'Olonne – La Rochelle (ZF) (92 km): 1. Coppi (ITA), 2. Kübler (SUI), 3. Van Steenbergen (BEL) – Gelb: Marinelli
8. La Rochelle – Bordeaux (262 km): 1. Lapebie (FRA), 2. Van Steenbergen (BEL), 3. Tacca (FRA) – Gelb: Marinelli
9. Bordeaux – San Sebastian (228 km): 1. Caput (FRA), 2. Ockers (BEL), 3. Pezzi (ITA) – Gelb: Marinelli
10. San Sebastian – Pau (192 km): 1. Magni (ITA), 2. Impanis (BEL), 3. Biagioni (ITA) – Gelb: Magni
11. Pau – Luchon (193 km): 1. Robic (FRA), 2. Lazarides (FRA), 3. Coppi (ITA) – Gelb: Magni
12. Luchon – Toulouse (134 km): 1. Van Steenbergen (BEL), 2. Kint (BEL), 3. Le Nizerhy (FRA) – Gelb: Magni
13. Toulouse – Nimes (289 km): 1. Idee (FRA), 2. Lambrecht (BEL), 3. Dupont (BEL) – Gelb: Magni
14. Nimes – Marseille (199 km): 1. Goldschmit (LUX), 2. Blanc (FRA), 3. Robic (FRA) – Gelb: Magni
15. Marseille – Cannes (215 km): 1. Keteleer (BEL) 2. Idee (FRA), 3. De Santi (ITA) – Gelb: Magni
16. Cannes – Briancon (275 km): 1. Bartali (ITA), 2. Coppi (ITA), 3. Robic (FRA) – Gelb: Bartali
17. Briancon – Aosta (257 km): 1. Coppi (ITA), 2. Bartali (ITA), 3. Robic (FRA) – Gelb: Coppi
18. Aosta – Lausanne (265 km): 1. Rossello (ITA), 2. Pasquini (ITA), 3. Weilenmann (LUX) – Gelb: Coppi
19. Lausanne – Colmar (283 km): 1. Geminian (FRA), 2. Goasmat (FRA), 3. Diederich (LUX) – Gelb: Coppi
20. Colmar – Nancy (ZF) (137 km): 1.Coppi (ITA), 2. Bartali (ITA), 3. Goldschmit (LUX) – Gelb: Coppi
21. Nancy – Paris (340 km): 1. Van Steenbergen (BEL), 2. Ockers (BEL), 3. Corrieri (ITA) – Gelb: Coppi

Gesamtwertung: 1. Coppi (ITA) 149:40:49, 2. Bartali (ITA) +10:55, 3. Marinelli (FRA) +25:13, 4. Robic (FRA) +34:28, 5. Dupont (BEL) +38:59, 6. Magni (ITA) +42:10, 7. Ockers (BEL) +44:35, 8. Goldschmit (LUX) +47:24, 9. Lazarides (FRA) +52:28, 10. Cogan (FRA) +1:17:21 – Deutsche Fahrer nicht am Start
Bergwertung: Coppi (ITA)

37. TOUR 1950 – FERDI KÜBLER

Länge: 4773 Kilometer
Anzahl der Etappen: 22
Fahrer: 116 am Start, 51 im Ziel

1. Paris – Metz (307 km): 1. Goldschmit (LUX), 2. Remy (FRA), 3. Lambrecht (BEL) – Gelb: Goldschmit
2. Metz – Liege (241 km): 1. Leoni (ITA), 2. Magni (ITA), 3. L. Bobet (FRA) – Gelb: Goldschmit
3. Liege – Lille (232,5 km): 1. Pasotti (ITA), 2. Blomme (BEL), 3. De Muer (FRA) – Gelb: Gauthier
4. Lille – Rouen (231 km): 1. Ockers (BEL), 2. Rolland (FRA), 3. Blomme (BEL) – Gelb: Gauthier
5. Rouen – Dinard (316 km): Corriei (ITA), 2. Desbats (FRA, 3. Prouzet (FRA) – Gelb: Gauthier
6. Dinard – Saint Brieuc (ZF) (78 km): 1. Kübler (SUI), 2. Magni (ITA), 3. Goldschmit (LUX) – Gelb: Goldschmit
7. Saint Brieuc -Angers (248 km): 1. Lauredi (FRA), 2. Sciardis (ITA), 3. Lambertini (ITA) – Gelb: Gauthier
8. Angers – Niort (181 km): 1. Magni (ITA), 2. Ockers (BEL), 3. Meunier (FRA) – Gelb: Gauthier
9. Niort – Bordeaux (206 km): 1. Pasotti (ITA), 2. Schotte (BEL.), 3. Bonini (ITA) – Gelb: Gauthier
10. Bordeaux – Pau (202 km): 1. Dussault (FRA), 2. Prouzet (FRA), 3. Diederich (LUX) – Gelb: Gauthier
11. Pau – Saint Gaudens (230 km): 1. Bartali (ITA), 2. L. Bobet (FRA), 3. Ockers (BEL) – Gelb: Magni
12. Saint Gaudens – Perpignan (233 km): 1. Blomme (BEL), 2. Baldassari (FRA), 3. Forlini (FRA) – Gelb: Kübler
13. Perpignan – Nimes (215 km): 1. Molineris (FRA), 2. Meunier (FRA), 3. Ockers (BEL) – Gelb: Kübler
14. Nimes – Toulon (222 km): 1. Dos Reis (FRA-ALG), 2. Zelasco (FRA-ALG), 3. Castelin (FRA) – Gelb: Kübler
15. Toulon – Menton (205,5 km): 1. Diederich (LUX), 2. Castelin (FRA), 3. Molineris (FRA) – Gelb: Kübler
16. Menton – Nice (96 km): 1. Kübler (SUI), 2. L. Bobet (FRA), 3. Ockers (BEL) – Gelb: Kübler
17. Nice – Gap (239 km): 1. Geminiani (FRA), 2. Meunier (Fra), 3. Diederich (LUX) – Gelb: Kübler
18. Gap – Briancon (165 km): 1. L. Bobet (FRA), 2. Kübler (SUI), 3. Ockers (BEL) – Gelb: Kübler
19. Briancon -Saint Etienne (291 km): 1. Geminiani (FRA), 2. Kübler (SUI), 3. Ockers (BEL) – Gelb: Kübler
20. Saint Etienne – Lyon (ZF) (98 km): 1. Kübler (SUI), 2. Ockers (BEL), 3. Goldschmit (LUX) – Gelb: Kübler
21. Lyon – Dijon (233 km): 1. Sciardis (ITA), 2. Baffert (FRA), 3. Remy (FRA) – Gelb: Kübler
22. Dijon – Paris (314 km): 1. Baffert (FRA), 2. Hendrickx (BEL), 3. Molineris (FRA) – Gelb: Kübler

Gesamtwertung: 1. Kübler (SUI) 145:36:56, 2. Ockers (BEL) +9:30, 3. L. Bobet (FRA) +22:19, 4. Geminiani (FRA) +31:14, 5. Kirchen (LUX) +34:21, 6. Piot (FRA) +41:35, 7. Cogan (FRA) +52:22, 8. Impanis (BEL) +53:34, 9. Meunier (FRA) +54:29, 10. Goldschmit (LUX) +55:21 – Deutsche Fahrer: nicht am Start
Bergwertung: Kübler (SUI)

38. TOUR 1951 – HUGO KOBLET

Länge: 4690 Kilometer
Anzahl der Etappen: 24
Fahrer: 123 am Start, 66 im Ziel

1. Metz – Reims (185 km): 1. Rossi (SUI), 2. Redolfi (FRA), 3. Bauvin (FRA) – Gelb: Rossi
2. Reims – Gent (228 km): 1. Diederich (LUX), 2. Ockers (BEL), 3. De Mulder (BEL) – Gelb: Diederich
3. Gent – Le Treport (219 km): 1. Meunier (FRA), 2. Rossi (SUI), 3. Kemp (LUX) – Gelb: Diederich
4. Le Treport – Paris (188 km): 1. Leveque (FRA), 2. Baldassari (FRA), 3. Couvreur (BEL) – Gelb: Diederich
5. Paris – Caen (215 km): 1. Biagioni (ITA), 2. Blusson (FRA), 3. Magni (ITA) – Gelb: Biagioni
6. Caen – Rennes (182 km): 1. Muller (ESP), 2. Bauvin (FRA), 3. W. Van Est (HOL) – Gelb: Leveque
7. Rennes – Angers (ZF) (85 km): 1. Koblet (SUI), 2. L. Bobet (FRA), 3. Coppi (ITA) – Gelb: Leveque
8. Angers – Limoges (241 km): 1. Rosseel (BEL), 2. Lauredi (FRA), 3. Geminiali (FRA) – Gelb: Leveque
9. Limoges – Clermont-Ferrand (236 km): 1. Geminialdi (FRA), 2. Goldschmit (LUX), 3. Ockers (BEL) – Gelb: Leveque
10. Clermont-Ferrand – Brive (216 km): 1. Ruiz (ESP), 2. Verschueren (BEL), 3. Gauthier (FRA) – Gelb: Leveque
11. Brive – Agen (177 km): 1. Koblet (SUI), 2. Michel (FRA), 3. Peters (HOL) – Gelb: Leveque
12. Agen – Dax (185 km): 1. W. Van Est (HOL), 2. Caput (FRA), 3. Marinelli (FRA) – Gelb: W. Van Est
13. Dax – Tarbes (201 km): 1. Biagioni (ITA), 2. Bauvin (FRA), 3. Lauredi (FRA) – Gelb: Bauvin
14. Tarbes – Luchon (142 km): 1. Koblet (SUI), 2. Coppi (ITA), 3. Bartali (ITA) – Gelb: Koblet
15. Luchon – Carcassonne (213 km): 1. Rosseel (BEL), 2. De Cock (BEL), 3. Diot (FRA) – Gelb: Koblet
16. Carcassonne – Montpellier (192 km): 1. Koblet (SUI), 2. Marinelli (FRA), 3. Geminiani (FRA) – Gelb: Koblet
17. Montpellier – Avignon (224 km): 1. L. Bobet (FRA), 2. Barbotin (FRA), 3. Bartali (ITA) – Gelb: Koblet
18. Avignon – Marseille (173 km): 1. Magni (ITA), 2. Ockers (BEL), 3. Sciardis (FRA) – Gelb: Koblet
19. Marseille – Gap (208 km): 1. Baeyens (BEL), 2. Bartali (ITA), 3. Magni (ITA) – Gelb: Koblet
20. Gap – Briancon (165 km): 1. Coppi (ITA), 2. Buchonnet (FRA), 3. Koblet (SUI) – Gelb: Koblet
21. Briancon – Aix-les-Bains (201 km): 1. Ruiz (ESP), 2. Robic (FRA), 3. Cogan (FRA) – Gelb: Koblet
22. Aix-les-Baines – Geneve (ZF) (97 km): 1. Koblet (SUI), 2. De Cock (BEL), 3. Barbotin (FRA) – Gelb: Koblet
23. Geneve.- Dijon (197 km): 1. Derijcke (BEL), 2. Teisseire (FRA), 3. Deledda (FRA) – Gelb: Koblet
24. Dijon – Paris (322 km): 1. Deledda (FRA), 2. Magni (ITA), 3. Ockers (BEL) – Gelb: Koblet

Gesamtwertung: 1. Koblet (SUI) 142:20:14, 2. Geminiani (FRA) +22:00, 3. Lazarides (FRA) +24:16, 4. Bartali (ITA) +29:09, 5. Ockers (BEL) +32:53, 6. Barbotin (FRA) +36:40, 7. Magni (ITA) +39:14, 8. Bauvin (FRA) +45:53, 9. Ruiz (ESP) +45.55, 10. Coppi (ITA) +46:51 – Deutsche Fahrer: nicht am Start
Bergwertung: Geminiani (FRA)

39. TOUR 1952 – FAUSTO COPPI

Länge: 4898 Kilometer
Anzahl der Etappen: 23
Fahrer: 122 am Start, 78 im Ziel

1. Brest -Rennes (246 km): 1. Van Steenberger (BEL), 2. Blomme (BEL), 3. Pardoen (FRA) – Gelb: Van Steenbergen
2. Rennes – Le Mans (181 km): 1. Rosseel (BEL), 2. Ruiz (ESP), 3. Molineris (FRA) – Gelb: Van Steenbergen
3. Le Mans – Rouen (189 km): 1. Lauredi (FRA), 2. Gauthier (FRA), 3. Voorting (HOL) – Gelb: Lauredi
4. Rouen – Roubaix (232 km): 1. Molineris (FRA), 2. Dotto (FRA), 3. Rolland (FRA) – Gelb: Lauredi
5. Roubaix – Namur (197 km): 1. Diederich (LUX), 2. Coppi (ITA), 3. Vanderstockt (BEL) – Gelb: Lauredi
6. Namur – Metz (228 km): 1. Magni (ITA), 2. Sabbadini (FRA), 3. Weilenmann (SUI) – Gelb: Magni
7. Metz – Nancy (ZF) (60 km): 1. Coppi (ITA), 2. Decock (BEL), 3. Papazian (FRA) – Gelb: Lauredi
8. Nancy – Mulhouse (252 km): 1. Geminiani (FRA), 2. Magni (ITA), 3. Ockers (BEL) – Gelb: Magni
9. Mulhouse – Lausanne (238 km): 1. Diggelmann (SUI), 2. Marinelli (FRA), 3. Nolten (HOL) – Gelb: Carrea
10. Lausanne – Alpe d'Huez (266 km): 1. Coppi (ITA), 2. Robic (FRA), 3. Ockers (BEL) – Gelb: Coppi
11. Le Bourg d'Oisans – Sestriere (182 km): 1. Coppi (ITA), 2. Ruiz (ESP), 3. Ockers (BEL) – Gelb: Coppi
12. Sestriere – Monaco (251 km): 1. Nolten (HOL), 2. Dotto (FRA), 3. Molineris (FRA) – Gelb: Coppi
13. Monaco – Aix-en-Provence (214 km): 1. Remy (FRA), 2. Dotto (FRA), 3. Quentin (FRA) – Gelb: Coppi
14. Aix-en-Provence – Avignon (178 km): 1. Robic (FRA), 2. Bartali (ITA), 3. Geminiani (FRA) – Gelb: Coppi
15. Avignon – Perpignan (275 km): 1. Decaux (FRA), 2. Corrieri (ITA), 3. Kebaili (FRA-ALG) – Gelb: Coppi
16. Perpignan – Toulouse (200 km): 1. Rosseel (BEL), 2. Vivier (FRA), 3. Baroni (ITA) – Gelb: Coppi
17. Toulouse – Bagneres-de-Bigorre (204 km): 1. Geminiani (FRA), 2. Rolland (FRA), 3. Ockers (BEL) – Gelb: Coppi
18. Bagneres-de-Bigorre – Pau (149 km): 1. Coppi (ITA), 2. Ockers (BEL), 2. Robic (FRA) – Gelb: Coppi
19. Pau – Bordeaux (195 km): 1. Dekkers (HOL), 2. Voorting (HOL), 3. Pardoen (FRA) – Gelb: Coppi
20. Bordeaux – Limoges (228 km): 1. Vivier (FRA), 2. W. Van Est (HOL), 3. Decaux (FRA) – Gelb: Coppi
21. Limoges – Clermont-Ferrand (245 km): 1. Coppi (ITA), 2. Nolten (HOL), 3. Bartali (ITA) – Gelb: Coppi

22. Clermont-Ferrand – Vichy (ZF) (63 km): 1. Magni (ITA), 2. Ockers (BEL), 3. Carrea (ITA) – Gelb: Coppi
23. Vichy – Paris (354 km): 1. Rolland (FRA), 2. Weilenmann (SUI), 3. Faanhof (HOL) – Gelb: Coppi

Gesamtwertung: 1. Coppi (ITA) 151:27:20, 2. Ockers (BEL) +28:27, 3. Ruiz (ESP) +34.38, 4. Bartali (ITA) +35:25, 5. Robic (FRA) +35:36, 6. Magni (ITA) +38:25, 7. Close (BEL) +38:32, 8. Dotto (FRA) +48:01, 9. Carrea (ITA) +50:28, 10. Gelabert (ESP) +58:16 – Deutsche Fahrer: nicht am Start
Bergwertung: Coppi (ITA)

40. TOUR 1953 – LOUISON BOBET

Länge: 4476 Kilometer
Anzahl der Etappen: 22
Fahrer: 119 am Start, 76 im Ziel

1. Strasbourg – Metz (195 km): 1. Schaer (SUI), 2. Wagtmans (HOL), 3. Roks (HOL) – Gelb: Schaer
2. Metz – Liege (227 km): 1. Schaer (SUI), 2. Wagtmans (HOL), 3. Bartali (ITA) – Gelb: Schaer
3. Liege – Lille (221 km): 1. Bober (FRA), 2. Rolland (FRA), 3. Close (BEL) – Gelb: Schaer
4. Lille – Dieppe (188 km): 1. Voorting (HOL), 2. Mirando (FRA), 3. Lauredi (FRA) – Gelb: Schaer
5. Dieppe – Caen (200 km): 1. Mallejac (FRA), 2. Hassenforder (FRA), 3. De Bruyne (BEL) – Gelb: Hassenforder
6. Caen – Le Mans (206 km): 1. Van Geneugden (BEL), 2. Caput (FRA), 3. Deledda (FRA) – Gelb: Hassenforder
7. Le Mans – Nantes (181 km): 1. Isotti (ITA), 2. Quentin (FRA), 3. Quennehen (FRA) – Gelb: Hassenforder
8. Nantes – Bordeaux (345 km): 1. Nolten (HOL), 2. Vanderstockt (BEL), 3. Dierkens (LUX) – Gelb: Hassenforder
9. Bordeaux – Pau (197 km): 1. Magni (ITA), 2. Koblet (SUI), 3. Robic (FRA) – Gelb: Schaer
10. Pau – Cauterets (103 km): 1. Lorono (ESP), 2. Robic (FRA), 3. Astrua (ITA) – Gelb: Schaer
11. Cauterets – Luchon (115 km): 1. Robic, 2. L. Bobet (FRA), 3. Bauvin (FRA) – Gelb: Robic
12. Luchon – Albi (228 km): 1. Darrigade (FRA), 2. Van Geneugden (BEL), 3. Bastianelli (FRA) – Gelb: Mahe
13. Albi – Beziers (189 km): 1. Lauredi (FRA), 2. Geminiani (FRA), 3. L. Bobet (FRA) – Gelb: Mallejac
14. Beziers – Nimes (214 km): 1. Quennehen (FRA), 2. Tonello (FRA), 3. Le Guilly (FRA) – Gelb: Mallejac
15. Nimes – Marseille (173 km): 1. Quentin (FRA), 2. Voorting (HOL), 3. Forestier (FRA) – Gelb: Mallejac
16. Marseille – Monaco (236 km): 1. W. Van Est (HOL), 2. Molineris (FRA), 3. Van Genechten (BEL) – Gelb: Mallejac
17. Monaco – Gap (261 km): 1. Wagtmans (HOL), 2. Bartali (ITA), 3. Voorting (HOL) – Gelb: MallejaC
18. Gap – Briancon (165 km): 1. L. Bobet (FRA), 2. Nolten (HOL), 3. Lorono (ESP) – Gelb: L. Bobet
19. Briancon – Lyon (227 km): 1. Meunier (FRA), 2. Forestier (FRA), 3. Langarica (ESP) – Gelb: L. Bobet
20. Lyon – Saint Etienne (ZF) (70 km): 1. L. Bobet (FRA), 2. W. Van Est (HOL), 3. Schaer (SUI) – Gelb: L. Bobet
21. Saint Etienne – Montlucon (210 km): 1. Wagtmans (HOL), 2. Bauvin (FRA), 3. Nolten (HOL) – Gelb: L. Bobet
22. Montlucon – Paris (328 km): 1. Magni (ITA), 2. Baroni (ITA), 3. Forestier (FRA) – Gelb: Bobet

Gesamtwertung: 1. L. Bobet (FRA) 129:23:25, 2. Mallejac (FRA) +14:18, 3. Astrua (ITA) +15:01, 4. Close (BEL) +17:35, 5. Wagtmans (HOL) +18:05, 6. Schaer (SUI) +18:44, 7. Rolland (FRA) +23:03, 8. Lauredi (FRA) +26:03, 9. Geminiani (FRA) +27:18, 10. Mahe (FRA) +28:26 – Deutsche Fahrer: nicht am Start
Sprintwertung: Schaer (SUI)
Bergwertung: Lorono (ESP)

41. TOUR 1954 – LOUISON BOBET

Länge: 4906,4 Kilometer
Anzahl der Etappen: 24
Fahrer: 110 am Start, 69 im Ziel

1. Amsterdam – Brasschaat, Antwerpen (216 km): 1. Wagtmans (HOL), 2. Bauvin (FRA), 3. Ockers (BEL) – Gelb: Wagtmans
2. Antwerpen – Lille (255 km): 1. L. Bobet (FRA), 2. Kübler (SUI), 3. Koblet (SUI) – Gelb: Wagtmans
3. Lille – Rouen (219 km): 1. Dussault (FRA), 2. Meunier (FRA), 3. Van Genechten (BEL) – Gelb: Wagtmans
4. Rouen – Les Essarts (MZF) (10,4 km): 1. Team Schweiz, 2. Team Frankreich, 3. Team Frankreich-West – Gelb: L. Bobet
5. Les Essarts – Caen (131 km): 1. W. Van Est (HOL), 2. Gaul (LUX), 3. Nolten (HOL) – Gelb: L. Bobet
6. Caen – Saint Brieuc-Brest (179 km): 1. Forlini (FRA), 2. Koblet (SUI), 3. Kübler (SUI) – Gelb: L. Bobet
7. Brest – Vannes (211 km): 1. Vivier (FRA), 2. Mahe (FRA), 3. Forlini (FRA) – Gelb: L. Bobet
8. Vannes – Angers (224 km): 1. De Bruyne (BEL), 2. Wagtmans (HOL), 3. Meunier (FRA) – Gelb: Wagtmans
9. Angers – Bordeaux (343 km): 1. Faanhof (HOL), 2. Hendrickx (BEL), 3. Graf (SUI) – Gelb: Wagtmans
10. Bordeaux – Bayonne (202 km): 1. Bauvin (FRA), 2. Quentin (FRA), 3. Stablinski (FRA) – Gelb: Wagtmans
11. Bayonne – Pau (241 km): 1. Ockers (BEL), 2. Bauvin (FRA), 3. Kübler (SUI) – Gelb: Wagtmans
12. Pau – Luchon (168 km): 1. Bauvin (FRA), 2. Bahamontes (ESP), 3. Mallejac (FRA) – Gelb: Bauvin
13. Luchon – Toulouse (203 km): 1. de Bruyne (BEL), 2. Privat (FRA), 3. Stablinski (FRA) – Gelb: Bauvin
14. Toulouse – Millau (225 km): 1. Kübler (SUI), 2. L. Bobet (FRA), 3. Ockers (BEL) – Gelb: L. Bobet
15. Millau – Le Puy (197 km): 1. Forlini (FRA), 2. Voorting (HOL), 3. Ockers (BEL) – Gelb: L. Bobet
16. Le Puy – Lyon (194 km): 1. Forestier (FRA), 2. Van Breenen (HOL), 3. Vitetta (FRA) – Gelb: L. Bobet
17. Lyon – Grenoble (182 km): 1. Lazarides (FRA), 2. Schaer (SUI), 3. Kübler (SUI) – Gelb: L. Bobet
18. Grenoble – Briancon (216 km): 1. L. Bobet (FRA), 2. Kübler (SUI), 3. Bergaud (FRA) – Gelb: L. Bobet
19. Briancon – Aix-les-Bains (221 km): 1. Dotto (FRA), 2. Ruiz (ESP), 3. Alomar (ESP) – Gelb: L. Bobet
20. Aix-les-Bains – Besancon (243 km): 1. Teisseire (FRA), 2. Van Breenen (HOL), 3. Van Genechten (BEL) – Gelb: L. Bobet
21. Besancon – Epinal (134 km): 1. Mahe (FRA), 2. Hendrickx (BEL), 3. Darrigade (FRA) – Gelb: L. Bobet
22. Epinal – Nancy (ZF) (72 km): 1. L. Bobet (FRA), 2. Kübler (SUI), 3. Schaer (SUI) – Gelb: L. Bobet
23. Nancy – Troyes (216 km): 1. De Bruyne (BEL), 2. Croci-Torti (ITA), 3. Deledda (FRA) – Gelb: L. Bobet
24. Troyes – Paris (180 km): 1. Varnajo (FRA), 2. De Bruyne (BEL), 3. Faanhof (HOL) – Gelb: L. Bobet

Gesamtwertung: 1. L. Bobet (FRA) 140:06:05, 2. Kübler (SUI) +15:49, 3. Schaer (SUI) +21:46, 4. Dotto (FRA) +28:21, 5. Mallejac (FRA) +3:38, 6. Ockers (BEL) +36:02, 7. Bergaud (FRA) +37:55, 8. Vitetta (FRA) +41:14, 9. Brankart (BEL) +42:08, 10. Bauvin (FRA) +42:21 – Deutsche Fahrer: nicht am Start
Sprintwertung: Kübler (SUI)
Bergwertung: Bahamontes (ESP)

42. TOUR 1955 – LOUISON BOBET

Länge: 4494,5 Kilometer
Anzahl der Etappen: 22
Fahrer: 130 am Start, 69 im Ziel

1. Le Havre – Dieppe (102 km): 1. Poblet (ESP), 2. Caput (FRA), 3. Sorgeloos (BEL) – Gelb: Poblet
und Dieppe (MZF) (12,5 km): 1. Team Niederlande, 2. Team Frankreich, 3. Team Italien und Frankreich – Gelb: Wagtmans
2. Dieppe – Roubaix (204 km): 1. Rolland (FRA), 2. Wagtmans (HOL), 3. De Bruyne (BEL) – Gelb: Wagtmans
3. Roubaix – Namen (223 km): 1. L. Bobet (FRA), 2. Van Genechten (BEL), 3. Monti (ITA) – Gelb: Wagtmans
4. Namen – Metz (232 km): 1. Kemp (LUX), 2. Quentin (FRA), 3. Molineris (FRA) – Gelb: Rolland
5. Metz – Colmar (229 km): 1. Hassenforder (FRA), 2. Vitetta (ITA), 3. J.Bobet (FRA) – Gelb: Rolland
6. Colmar – Zürich (195 km): 1. Darrigade (FRA), 2. Kübler (SUI), 3. Molineris (ITA) – Gelb: Rolland
7. Zürich – Thonon-les-Bains (267 km): 1. Hinsen (HOL), 2. Fantini (ITA), 3. Caput (FRA) – Gelb: W. Van Est
8. Thonon-les-Bains – Briancon (253 km): 1. Gaul (LUX), 2. Kübler (SUI), 3. Coletto (ITA) – Gelb: Rolland
9. Briancon – Monaco (275 km): 1. Geminiani (FRA), 2. Bauvin (FRA), 3. Fornara (ITA) – Gelb: Rolland
10. Monaco – Marseille (241 km): 1. Lazarides (FRA), 2. Alomar (ESP), 3. Buchonnet (FRA) – Gelb: Rolland
11. Marseille – Avignon (198 km): 1. L. Bobet (FRA), 2. Brankart (BEL), 3. Fornara (ITA) – Gelb: Rolland
12. Avignon – Millau (236 km): 1. Fantini (ITA), 2. Ockers (BEL), 3. Lauredi (FRA) – Gelb: Rolland
13. Millau – Albi (207 km): 1. de Groot (HOL), 2. Darrigade (FRA), 3. Gay (FRA) – Gelb: Rolland
14. Albi – Narbonne (153 km): 1. Caput (FRA), 2. De Bruyne (BEL), 3. Benedetti (ITA) – Gelb: Rolland
15. Narbonne – Ax-les-Thermes (151 km): 1. Pezzi (ITA), 2. Nolten (HOL), 3. Poblet (ESP)
16. Ax-les-Thermes – Toulouse (123 km): 1. Van Steenbergen (BEL), 2. Benedetti (ITA), 3. Poblet (ESP) – Gelb: Rolland
17. Toulouse – Saint Gaudens (254 km): 1. Gaul (LUX), 2. L. Bobet (FRA), 3. Astrua (ITA) – Gelb: L. Bobet
18. Saint Gaudens – Pau (206 km): 1. Brankart (BEL), 2. L. Bobet (FRA), 3. Gaul (LUX) – Gelb: L. Bobet
19. Pau – Bordeaux (195 km): 1. Wagtmans (HOL), 2. Schellenberg (SUI), 3. Bauvin (FRA) – Gelb: L. Bobet
20. Bordeaux – Poitiers (243 km): 1. Forestier (FRA), 2. Bauvin (FRA), 3. W. Van Est (HOL) – Gelb: L. Bobet
21. Chatellerault – Tours (ZF) (67 km): 1. Brankart (BEL), 2. Fornara (ITA), 3. L. Bobet (FRA) – Gelb: L. Bobet
22. Tours – Paris (228 km): 1. Poblet (ESP), 2. Darrigade (FRA), 3. Fantini (ITA) – Gelb: L. Bobet

Gesamtwertung: 1. L. Bobet (FRA) 130:29:26, 2. Brankart (BEL) +4:53, 3. Gaul (LUX) +11:30, 4. Fornara (ITA) +12.44, 5. Rolland (FRA) +13:18, 6. Geminiani (FRA) +15:01, 7. Astrua (ITA) +18:13, 8. Ockers (BEL) +27:13, 9. Close (BEL) +31:10, 10. Mahe (FRA) +36:27 – Deutsche Fahrer: 37. Pankoke
Sprintwertung: Ockers (BEL)
Bergwertung: Gaul (LUX)

43. TOUR 1956 – R. WALKOWIAK

Länge: 4528 Kilometer
Anzahl der Etappen: 22
Fahrer: 120 am Start, 88 im Ziel

1. Reims – Luik (102 km): 1. Darrigade (FRA), 2. Schaer (SUI), 3. Robinson (GBR) – Gelb: Darrigade
2. Luik – Lille (217 km): 1. de Bruyne (BEL), 2. Pardoen (FRA), 3. Mallejac (FRA) – Gelb: Darrigade
3. Lille. Rouen (225 km): 1. Padovan (ITA), 2. Desmet (BEL), 3. Le Ber (FRA) – Gelb: Desmet
4. Rouen, Circuit (ZF) (15 km): 1. Gaul (LUX), 2. Brankart (BEL), 3. Bahamontes (ESP) – Gelb: Desmet
und Rouen – Caen (125 km): 1. Hassenforder (FRA), 2. Voorting (HOL), 3. Privat (FRA) – Gelb: Darrigade
5. Caen – Saint Malo-Lorient (192 km): 1. de Bruyne (BEL), 2. Thomin (FRA), 3. Caput (FRA) – Gelb: Darrigade
6. Lorient – Angers (244 km): 1. Fantini (ITA), 2. Voorting (HOL), 3. Van de Brekel (HOL) – Gelb: Walkowiak
7. Angers – La Rochelle (180 km): 1. Poblet (ESP), 2. Caput (FRA), 3. De Groot (HOL) – Gelb: Walkowiak
8. La Rochelle – Bordeaux (219 km): 1. Hassenforder (FRA), 2. Van der Pluym (HOL), 3. Le Ber (FRA) – Gelb: Walkowiak
9. Bordeaux – Bayonne (201 km): 1. De Bruyne (BEL), 2. Darrigade (FRA), 3. Desmet (BEL) – Gelb: Voorting (HOL)
10. Bayonne – Pau (255 km): 1. Defilippis (ITA), 2. Ockers (BEL), 3. Darrigade (FRA) – Gelb: Darrigade
11. Pau – Luchon (130 km): 1. Schmitz (LUX), 2. Picot (FRA), 3. Ruiz (ESP) – Gelb: Adriaensens
12. Luchon – Toulouse (176 km): 1. Defilippis (ITA), 2. Picot (FRA), 3. Ockers (BEL) – Gelb: Adriaensens
13. Toulouse – Montpellier (231 km): 1. Hassenforder (FRA), 2. de Groot (HOL), 3. Wagtmans (HOL) – Gelb: Adriaensens
14. Toulouse – Montpellier (231 km): 1. Hassenforder (FRA), 2. De Groot (HOL), 3. Wagtmans (HOL) – Gelb: Adriaensens
15. Montpellier – Aix-en-Provence (204 km): 1. Thomin (FRA), 2. Forestier (FRA), 3. Giudici (ITA) – Gelb: Wagtsmans
16. Aix-en-Provence – Gap (203 km): 1. Forestier (FRA), 2. Baffi (ITA), 3. Barbosa (POR) – Gelb: Wagtsmans
17. Gap – Turin (234 km): 1. Defilippis (ITA), 2. Ockers (BEL), 3. Bauvin (FRA) – Gelb: Wagtmans
18. Turin – Grenoble (250 km): 1. Gaul (LUX), 2. Ockers (BEL), 3. Nencini (ITA) – Gelb: Walkowiak
19. Grenoble – Saint Etienne (173 km): 1. Ockers (BEL), 2. Gaul (LUX), 3. Janssens (BEL) – Gelb: Walkowiak
20. Saint Etienne – Lyon (74 km): 1. Bover (ESP), 2. Adriaensens (BEL), 3. Le Ber (FRA) – Gelb: Walkowiak
21. Lyon – Montlucon (237 km): 1. Hassenforder (FRA), 2. Botella (ITA), 3. Ockers (BEL) – Gelb: Walkowiak
22. Montlucon – Paris (331 km): 1. Nencini (ITA), 2. Le Ber (FRA), 3. Mirando (FRA) – Gelb: Walkowiak

Gesamtwertung: 1. Walkowiak (FRA) 124:01:16, 2. Bauvin (FRA) +1:25, 3. Andriaensens (BEL) +3:44, 4. Bahamontes (ESP) +10:14,

5. Defilippis (ITA) +10:25, 6. Wagtmans (HOL) +10:59, 7. Lauredi (FRA) +14:01, 8. Ockers (BEL) +16:52, 9. Privat (FRA) +22:59, 10. Barbosa (POR) +26:03 – Deutsche Fahrer: nicht am Start
Sprintwertung: Ockers (BEL)
Bergwertung: Gaul (LUX)

44. TOUR 1957 – J. ANQUETIL

Länge: 4687 Kilometer
Anzahl der Etappen: 22
Fahrer: 120 am Start, 56 im Ziel

1. Nantes – Granville (204 km): 1. Darrigade (FRA), 2. Poblet (ESP), 3. Thomin (FRA) – Gelb: Darrigade
2. Granville – Caen (226 km): 1. Privat (FRA), 2. Thomin (FRA), 3. Picot (FRA) – Gelb: Privat
3. Caen (MZF) (15 km): 1. Team Frankreich, 2. Team Belgien, 3. Team Holland – Gelb: Privat
und Caen – Rouen (134 km): 1. Anquetil (FRA), 2. Gay (FRA), 3. Nencini (ITA) – Gelb: Privat
4. Rouen – Roubaix (232 km): 1. Janssens (BEL), 2. Schellenberg (SUI), 3. Bobet (FRA) – Gelb: Privat
5. Roubaix – Charleroi (170 km): 1. Bauvin (FRA), 2. Picot (FRA), 3. De Groot (HOL) – Gelb: Anquetil
6. Charleroi – Metz (248 km): 1. Trochut (FRA), 2. Groussard (FRA), 3. Bertolo (ITA) – Gelb: Anquetil
7. Metz – Colmar (223 km): 1. Hassenforder (FRA), 2. Voorting (HOL), 3. Mahe (FRA) – Gelb: Barone
8. Colmar – Besancon (192 km): 1. Baffi (ITA), 2. Hoorelbeke (FRA), 3. Tosato (ITA) – Gelb: Forestier
9. Besancon – Thonon (188 km): 1. Anquetil (FRA), 2. Schellenberg (SUI), 3. Lampre (FRA) – Gelb: Forestier
10. Thonon – Briancon (247 km): 1. Nencini (ITA), 2. Janssens (BEL), 3. Rohrbach (FRA) – Gelb: Anquetil
11. Briancon – Cannes (289 km): 1. Privat (FRA), 2 Lauredi (ITA), 3. W. Van Est (HOL) – Gelb: Anquetil
12. Cannes – Marseille (239 km): 1. Stablinski (FRA), 2. Friedrich (GER), 3. Bergaud (FRA) – Gelb: Anquetil
13. Marseille – Ales (160 km): 1. Defilippis (ITA), 2. Stablinski (FRA), 3. Darrigade (FRA) – Gelb: Anquetil
14. Ales – Perpignan (246 km): 1. Hassenforder (FRA), 2. Padovan (ITA), 3. Groussard (FRA) – Gelb: Anquetil
15. Perpignan – Barcelona (197 km): 1. Privat (FRA), 2. Darrigade (FRA), 3. Bauvin (FRA) – Gelb: Anquetil
16. Barcelona, Circuit (9,8 km): 1. Anquetil (FRA), 2. Forestier (FRA), 3. Lorono (ESP) – Gelb: Anquetil
und Barcelona – Ax-les-Thermes (220 km): 1. Bourles (FRA), 2. Queheille (FRA), 3. Padovan (ITA) – Gelb: Anquetil
17. Ax-les-Thermes – Saint Gaudens (236 km): 1. Defilippis (ITA), 2. Forestier (FRA), 3. Baffi (ITA) – Gelb: Anquetil
18. Saint Gaudens – Pau (207 km): 1. Nencini (ITA), 2. Gay (FRA), 3. Janssens (BEL) – Gelb: Anquetil
19. Pau – Bordeaux (194 km): 1. Baffi (ITA), 2. Darrigade (FRA), 3. Padovan (ITA) – Gelb: Anquetil
20. Bordeaux – Libourne (ZF) (66,2 km): 1. Anquetil (FRA), 2. Defilippis (ITA), 3. W. Van Est (HOL) – Gelb: Anquetil
21. Libourne – Tours (317 km): 1. Darrigade (FRA), 2. Padovan (ITA), 3. Keteleer (BEL) – Gelb: Anquetil
22. Tours – Paris (227 km): 1. Darrigade (FRA), 2. Padovan (ITA), 3. Forestier (FRA) – Gelb: Anquetil

Gesamtwertung: 1. Anquetil (FRA) 135:44:42, 2. Janssens (BEL) +14:56, 3. Christian (AUT) +17:26, 4. Forestier (FRA) +18:02, 5. Lorono (ESP) +20:17, 6. Nencini (ITA) +26:03, 7. Defilippis (ITA) +27:57, 8. W. Van Est (HOL) +28:10, 9. Adriaensens (BEL) +34:07, 10. Dotto (FRA) +36:31 – Deutsche Fahrer: nicht im Ziel
Sprintwertung: Forestier (FRA)
Bergwertung: Nencini (ITA)

45. TOUR 1958 – CHARLY GAUL

Länge: 4315,5 Kilometer
Anzahl der Etappen: 24
Fahrer: 120 am Start, 78 im Ziel

1. Gent – Brüssel (184 km): 1. Darrigade (FRA), 2. Hoevenaars (BEL), 3. Planckaert (BEL) – Gelb: Darrigade
2. Gent – Duinkerken (198 km): 1. Voorting (HOL), 2. Baffi (ITA), 3. Elliott (IRL) – Gelb: Hoevenaars
3. Duinkerken – Le Treport (177 km): 1. Bauvin (FRA), 2. Fore (BEL), 3. Favero (ITA) – Gelb: Van Est
4. Le Treport – Versailles (205 km): 1. Gainche (FRA), 2. Darrigade (FRA), 3. Graczyk (FRA) – Gelb: Van Est
5. Versailles – Caen (232 km): 1. Sabbadini (ITA), 2. Bobet (FRA), 3. Nencini (ITA) – Gelb: Bauvin
6. Caen – Saint Brieuc (223 km): 1. Van Geneughem (BEL), 2. Elliott (IRL), 3. Favero (ITA) – Gelb: Voorting
7. Saint Brieuc – Brest (170 km): 1. Robinson (GBR), 2. Padovan (ITA), 3. Dotto (ITA) – Gelb: Voorting
8. Chateaulin (ZF) (46 km): 1. Gaul (LUX), 2. Anquetil (FRA), 3. Planckaert (BEL) – Gelb: Voorting
9. Quimper – Saint Nazaire (206 km): 1. Darrigade (FRA), 2. Favero (ITA), 3. Lyten (BEL) – Gelb: Darrigade
10. Saint Nazaire – Royan (250 km): 1. Baffi (ITA), 2. Thomin (FRA), 3. Bolzan (LUX) – Gelb: Darrigade
11. Royan – Bordeaux (137 km): 1. Padovan (ITA), 2. Vlayen (BEL), 3. Rolland (FRA) – Gelb: Darrigade
12. Bordeaux – Dax (161 km): 1. Van Geneugden (BEL), 2. Gainche (FRA), 3. Hoevenaars (BEL) – Gelb: Darrigade
13. Dax – Pau (231 km): 1. Bergaud (FRA), 2. Damen (HOL), 3. Vlayen (BEL) – Gelb: Geminiani
14. Pau – Luchon (129 km): 1. Bahamontes (ESP), 2. Favero (ITA), 3. Bauvin (FRA) – Gelb: Favero
15. Luchon – Toulouse (176 km): 1. Darrigade (FRA), 2. Favero (ITA), 3. Padovan (ITA) – Gelb: Favero
16. Toulouse – Beziers (187 km): 1. Baffi (ITA), 2. Dacquay (FRA), 3. Graczyk (FRA) – Gelb: Favero
17. Beziers – Nimes (189 km): 1. Darrigade (FRA), 2. Groussard (FRA), 3. Botella (ITA) – Gelb: Favero
18. Mont Ventoux (BZF) (21,5 km): 1. Gaul (LUX), 2. Bahamontes (ESP), 3. Catalano (ITA) – Gelb: Geminiani
19. Carpentras – Gap (178 km): 1. Nencini (ITA), 2. Geminiani (FRA), 3. Anquetil (FRA) – Gelb: Geminiani
20. Gap – Briancon (165 km): 1. Bahamontes (ESP), 2. Catalano (ITA), 3. Nencini (ITA) – Gelb: Geminiani
21. Briancon – Aix-les-Bains (219 km): 1. Gaul (LUX), 2. Adriaensens (BEL), 3. Favero (ITA) – Gelb: Favero
22. Aix-les-Bains – Besancon (237 km): 1. Darrigade (FRA), 2. Nencini (ITA), 3. Voorting (HOL) – Gelb: Favero
23. Besancon – Dijon (ZF) (74 km): 1. Gaul (LUX), 2. Nencini (ITA), 3. Adriaensens (BEL) – Gelb: Gaul
24. Dijon – Paris (320 km): 1. Baffi (ITA), 2. Graczyk (FRA), 3. Nencini (ITA) – Gelb: Gaul

Gesamtwertung: 1. Gaul (LUX) 116:59:05, 2. Favero (ITA) +3:10, 3. Geminiani (FRA) +3:41, 4. Andriaensens (BEL) +7:16, 5. Nencini (ITA) +13:33, 6. Planckaert (BEL) +28:01, 7. Bobet (FRA) +31:39, 8. Bahamontes (ESP) +40:44, 9. Bergaud (FRA) +48:33, 10. Hoevenaars (BEL) +58:26 – Deutsche Fahrer: 12. Friedrich, 36. Reitz, 58. Tüller
Sprintwertung: Graczyk (FRA)
Bergwertung: Bahamontes (ESP)

46. TOUR 1959 – F. BAHAMONTES

Länge: 4391,5 Kilometer
Anzahl der Etappen: 21
Fahrer: 120 am Start, 65 im Ziel

1. Mulhouse – Metz (238 km): 1. Darrigade (FRA), 2. de Groot (HOL), 3. Meneghini (ITA) – Gelb: Darrigade
2. Metz – Namen (240 km): 1. Favero (ITA), 2. Gainche (FRA), 3. Dejouhannet (FRA) – Gelb:Darrigade
3. Namen – Roubaix (217 km): 1. Cazala (FRA), 2. Annaert (BEL), 3. Schellenberg (SUI) – Gelb: Cazala
4. Roubaix – Rouen (230 km): 1. Bruni (ITA), 2. Van Aerde (BEL), 3. Padovan (ITA) – Gelb: Cazala
5. Rouen – Rennes (288 km): 1. Graczyk (FRA), 2. Darrigade (FRA), 3. Favero (ITA) – Gelb: Cazala
6. Blain – Nantes (ZF) (45 km): 1. Riviere (FRA), 2. Baldini (ITA), 3. Anquetil (FRA) – Gelb: Cazala
7. Nantes – La Rochelle (190 km): 1. Hassenforder (FRA), 2. Van Geneugden (BEL), 3. Sabbadini (ITA) – Gelb: Cazala
8. La Rochelle – Bordeaux (201 km): 1. Dejouhannet (FRA), 2. Stablinski (FRA), 3. Elliott (IRL) – Gelb: Cazala
9. Bordeaux – Bayonne (207 km): 1. Queheille (FRA), 2. Manzaneque (ESP), 3. Nello (ITA) – Gelb: Pauwels
10. Bayonne – Bagneres-de-Bigorre (235 km): 1. Janssens (BEL), 2. Privat (FRA), 3. Mahe (FRA) – Gelb: Vermeulin (FRA)
11. Bagneres-de-Bigorre – Saint Gaudens (117 km): 1. Darrigade (FRA), 2. Saint (FRA), 3. Bobet (FRA) – Gelb: Vermeulin
12. Saint Gaudens – Albi (184 km): 1. Graf (SUI), 2. Vermeulin (FRA), 3. Elliott (IRL) – Gelb: Vermeulin
13. Albi – Aurillac (223 km): 1. Anglade (FRA), 2. Anquetil (FRA), 3. Bahamontes (ESP) – Gelb: Hoevenaars
14. Aurillac – Clermont-Ferrand (229 km): 1. LeDissez (FRA), 2. Saint (FRA), 3. Picot (FRA) – Gelb: Hoevenaars
15. Puy de Dome (BZF) (12,5 km): 1. Bahamontes (ESP), 2. Gaul (LUX), 3. Anglade (FRA) – Gelb: Hoevenaars
und Clermont-Ferrand – Saint Etienne (210 km): 1. Bruni (ITA), 2. Graf (SUI), 3. Pauwels (BEL) – Gelb: Pauwels
16. Saint Etienne – Grenoble (199 km): 1. Gaul (LUX), 2. Bahamontes (ESP), 3. Graczyk (FRA) – Gelb: Bahamontes
17. Grenoble – Aosta (276 km): 1. Baldini (ITA), 2. Gaul (LUX), 3. Saint (FRA) – Gelb: Bahamontes
18. Saint Vincent – Annecy (248 km): 1. Graf (SUI), 2. Saint (FRA), 3. Gaul (LUX) – Gelb: Bahamontes
19. Annecy – Chalon-sur-Saone (202 km): 1. Robinson (GBR), 2. Padovan (ITA), 3. Darrigade (FRA) – Gelb: Bahamontes
20. Seurre – Dijon (ZF) (69 km): 1. Riviere (FRA), 2. Anquetil (FRA), 3. Saint (FRA) – Gelb: Bahamontes
21. Dijon – Paris (331 km): 1. Groussard (FRA), 2. Padovan (ITA), 3. Bruni (ITA) – Gelb: Bahamontes

Gesamtwertung: 1. Bahamontes (ESP) 123:46:45, 2. Anglade (FRA) +4:01, 3. Anquetil (FRA) +5:05, 4. Riviere (FRA) +5:17, 5. Mahe (FRA) +8:22, 6. Baldini (ITA) +10:18, 7. Adriaensens (BEL) +10:18, 8. Hoevenaars (BEL) +11:02, 9. Saint (FRA) +17:40, 10. Brankart (BEL) +20:38 – Deutsche Fahrer: 18. Friedrich, 49. Reitz
Sprintwertung: Darrigade (FRA)
Bergwertung: Bahamontes (ESP)

47. TOUR 1960 – G. NENCINI

Länge: 4163,8 Kilometer
Anzahl der Etappen: 21
Fahrer: 128 am Start, 81 im Ziel

1. Lille – Brüssel (108 km): 1. Schepens (BEL), 2. Hoevenaars (BEL), 3. Nencini (ITA) – Gelb: Schepens
und Brüssel (ZF) (27,8 km): 1. Riviere (FRA), 2. Nencini (ITA), 3. Anglade (FRA) – Gelb: Nencini
2. Brüssel – Duinkerken (217 km): 1. Privat (FRA), 2. Graczyk (FRA), 3. Simpson (GBR) – Gelb: Nencini
3. Duinkerken – Dieppe (209 km): 1. Defilippis (ITA), 2. Cazala (FRA), 3. Groussard (FRA) – Gelb: Groussard
4. Dieppe – Caen (218 km): 1. Graczyk (FRA), 2. Anglade (FRA), 3. Baldini (ITA) – Gelb: Anglade
5. Caen – Saint Malo (189 km): 1. Darrigade (FRA), 2. Graczyk (FRA), 3. Planckaert (BEL) – Gelb: Anglade
6. Saint Malo – Lorient (191 km): 1. Riviere (FRA), 2. Nencini (ITA), 3. Adriaensens (BEL) – Gelb: Adriaensens
7. Lorient – Angers (244 km): 1. Battistini (ITA), 2. Darrigade (FRA), 3. Bruni (ITA) – Gelb: Adriaensens
8. Angers – Limoges (240 km): 1. Defilippis (ITA), 2. Battistini (ITA), 3. Pambianco (ITA) – Gelb: Adriaensens
9. Limoges – Bordeaux (225 km): 1. Van Geneugden (BEL), 2. Graczyk (FRA), 3. Beuffeuil – Gelb: Adriaensens
10. Mont-de-Marsan – Pau (228 km): 1. Riviere (FRA), 2. Nencini (ITA), 3. Adriaensens
11. Pau – Luchon (161 km): 1. Gimmi (SUI), 2. Pambianco (ITA), 3. Delberghe (BEL) – Gelb: Nencini
12. Luchon – Toulouse (176 km): 1. Graczyk (FRA), 2. Van Aerde (BEL), 3. Defilippis (ITA) – Gelb: Nencini
13. Toulouse – Millau (224 km): 1. Proost (BEL), 2. Eveaert (BEL), 3. Falaschi (ITA) – Gelb: Nencini
14. Millau – Avignon (217 km): 1. Van Geneugden (BEL), 2. Darrigade (FRA), 3. Graczyk (FRA) – Gelb: Nencini
15. Avignon – Gap (187 km): 1. Van Aerde (BEL), 2. Van den Borgh (BEL), 3. Simpson (GBR) – Gelb: Nencini
16. Gap – Briancon (172 km): 1. Battistini (ITA), 2. Massignan (ITA), 3. Planckaert (BEL) – Gelb: Nencini
17. Briancon – Aix-les-Bains (222 km): 1. Graczyk (FRA), 2. Battistini (ITA), 3. Wasko (FRA) – Gelb: Nencini
18. Aix-les-Bains – Thonon-les-Bains (215 km): 1. Manzaneque (ESP), 2. Graczyk (FRA), 3. Le Buhotel (FRA) – Gelb: Nencini
19. Pontarlier – Besancon (ZF) (83 km): 1. Graf (SUI), 2. Mastrotto (FRA), 3. Nencini (ITA) – Gelb: Nencini
20. Besancon – Troyes (221 km): 1. Beuffeuil (FRA), 2. Le Buhotel (FRA), 3. Bruni (ITA) – Gelb: Nencini
21. Troyes – Paris (200 km): 1. Graczyk (FRA), 2. Bruni (ITA), 3. Viot (FRA) – Gelb: Nencini

Gesamtwertung: 1. Nencini (ITA) 112:08:42, 2. Battistini (ITA) +5:02, 3. Adriaensens (BEL) +10:24, 4. Junkermann (GER) +11:21, 5. Planckaert (BEL) +13:05, 6. Mastrotto (FRA) +16:12, 7. Pambianco (ITA) +17:58, 8. Anglade (FRA) +19:17, 9. Rohrbach (FRA) +20:02, 10. Massignan (ITA) +23:28 – Deutsche Fahrer: 51. Friedrich, 56. Reinecke
Sprintwertung: Graczyk (FRA)
Bergwertung: Massignan (ITA)

48. TOUR 1961 – J. ANQUETIL

Länge: 4397 Kilometer
Anzahl der Etappen: 21
Fahrer: 132 am Start, 72 im Ziel

1. Rouen – Versailles (136,5 km): 1. Darrigade (FRA), 2. Minieri (ITA), 3. Gainche (FRA) – Gelb: Darrigade
und Versailles (ZF) (28,5 km): 1. Anquetil (FRA), 2. Bouvet (FRA), 3. Battistini (ITA) – Gelb: Anquetil
2. Pontoise – Roubaix (230,5 km): 1. Darrigade (FRA), 2. Daems (BEL), 3. Brugnami (ITA) – Gelb: Anquetil
3. Roubaix – Charleroi (197,5 km): 1. Daems (BEL), 2. Aerenhouts (BEL), 3. Van Aerde (BEL) – Gelb: Anquetil
4. Charleroi – Metz (237,5 km): 1. Novak (FRA), 2. Cazala (FRA), 3. Graf (SUI) – Gelb: Anquetil
5. Metz – Strasbowg (221 km): 1. Bergaud (FRA), 2. Dotto (FRA), 3. Lach (FRA) – Gelb: Anquetil
6. Strasbowg – Belfort (180,5 km): 1. Planckaert (BEL), 2. Battistini (ITA), 3. Perec-Frances (ESP) – Gelb: Anquetil
7. Belfort – Chalon-sur-Saone (214,5 km): 1. Stablinski (FRA), 2. Groussard (FRA), 3. Van Aerde (BEL) – Gelb: Anquetil
8. Chalon-sur-Saone – Saint Etienne (240 km): 1. Forestier (FRA), 2. Lach (FRA), 3. Everaert (FRA) – Gelb: Anquetil
9. Saint Etienne – Grenoble (230 km): 1. Gaul (LUX), 2. Anquetil (FRA), 3. Massignan (ITA) – Gelb: Anquetil
10. Grenoble – Turin (250,5 km): 1. Ignolin (FRA), 2. Busto (ITA), 3. Brugnami (ITA) – Gelb: Anquetil
11. Turin – Antibes (225 km): 1. Carlesi (ITA), 2. Anquetil (FRA), 3. Gainche (FRA) – Gelb: Anquetil
12. Antibes – Aix-en-Provence (199 km): 1. Anglade (FRA), 2. Anquetil (FRA), 3. Bahamontes (ESP) – Gelb: Hoevenaars
13. Aix-en-Provence – Montpellier (177,5 km): 1. Darrigade (FRA), 2. Kersten (HOL), 3. Aerenhouts (BEL) – Gelb: Anquetil
14. Montpellier – Perpignan (174 km): 1. Pauwels (BEL), 2. Picot (FRA) – Gelb: Anquetil
15. Perpignan – Toulouse (206 km): 1. Carlesi (ITA), 2. Claes (BEL), 3. Foucher (FRA) – Gelb: Anquetil
16. Toulouse – Superbagneres (208 km): 1. Massignan (ITA), 2. Carlesi (ITA), 3. Junkermann (GER) – Gelb: Anquetil
17. Luchon – Pau (197 km): 1. Pauwels (BEL), 2. Foucher (FRA), 3. Queheille (FRA) – Gelb: Anquetil
18. Pau – Bordeaux (207 km): 1. Van Geneugden (BEL), 2. Gainche (FRA), 3. Darrigade (FRA) – Gelb: Anquetil
19. Bergerac – Perigueux (ZF) (74,5 km): 1. Anquetil (FRA), 2. Gaul (LUX), 3. Carlesi (ITA) – Gelb: Anquetil
20. Perigueux – Tours (309,5 km): 1. Darrigade (FRA), 2. Viot (FRA), 3. Carlesi (ITA) – Gelb: Anquetil
21. Tours – Paris (252,5 km): 1. Cazala (FRA), 2. Anquetil (FRA), 3. Hoevenaars (BEL) – Gelb: Anquetil

Gesamtwertung: 1. Anquetil (FRA) 122:01:33, 2. Carlesi (ITA) +12:14, 3. Gaul (LUX) +12:16, 4. Massignan (ITA) +15:59, 5. Junkermann (GER) +16:09, 6. Manzaneque (ESP) +16:27, 7. Perez-Frances (ESP) +20:41, 8. Dotto (FRA) +21:44, 9. Pauwels (BEL) +26:57, 10. Adriaensens (BEL) – Deutsche Fahrer: 54. Puschel
Sprintwertung: Darrigade (FRA)
Bergwertung: Massignan (ITA)

49. TOUR 1962 – J. ANQUETIL

Länge: 4272 Kilometer
Anzahl der Etappen: 22
Fahrer: 150 am Start, 94 im Ziel

1. Nancy – Spa (253 km): 1. Altig (GER), 2. Darrigade (FRA), 3. Van Looy (BEL) – Gelb: Altig
2. Spa – Herentals (147 km): 1. Darrigade (FRA), 2. Melckenbeeck (BEL), 3. Vannitsen (BEL) – Gelb: Darrigade
und Herentals (MZF) (23 km): 1. Team Flandria, 2. Team Gitane-Leroux, 3. Team Saint Raphael – Gelb: Darrigade
3. Brüssel – Amiens (210 km): 1. Altig (GER), 2. Groussard (FRA), 3. Vannitsen (BEL) – Gelb: Altig
4. Amiens – Le Havre (196,5 km): 1. Vandenberghen (BEL), 2. Bruni (ITA), 3. Wolfshohl (GER) – Gelb: Altig
5. Pont L'Eveque – Saint Malo (215 km): 1. Daems (BEL), 2. Graczyk (FRA), 3. Benedetti (ITA) – Gelb: Altig
6. Dinard – Brest (235 km): 1. Cazala (FRA), 2. Vandenberghen (BEL), 3. Doom (BEL) – Gelb: Geldermans
7. Quimper – Saint Nazaire (201 km): 1. Zilverberg (HOL), 2. Maliepaard (HOL), 3. Baffi (ITA) – Gelb: Geldermans
8. Saint Nazaire – Luchon (155 km): 1. Minieri (ITA), 2. Benedetti (ITA), 3. Graczyk (FRA) – Gelb: Darrigade
9. Luchon – La Rochelle (ZF) (43 km): 1. Anquetil (FRA), 2. Baldini (ITA), 3. Altig (GER) – Gelb: Darrigade
10. La Rochelle – Bordeaux (214 km): 1. Bailetti (ITA), 2. Graczyk (FRA), 3. Magnani (ITA) – Gelb: Schroeders (BEL)
11. Bordeaux – Bayonne (184,5 km): 1. Vannitsen (BEL), 2. Benedetti (ITA), 3. Altig (GER) – Gelb: Schroeders
12. Bayonne – Pau (155 km): 1. Pauwels (BEL), 2. De Cabooter (BEL), 3. Minieri (ITA) – Gelb: Schroeders
13. Pau – Saint Gaudens (207,5 km): 1. Cazala (FRA), 2. Carlesi (ITA), 3. Desmet (BEL) – Gelb: Simpson
14. Luchon – Superbagneres (BZF) (18 km): 1. Bahamontes (ESP), 2. Planckaert (BEL), 3. Anquetil (FRA). Gelb: Planckaert
und Luchon – Carcassonne (215 km): 1. Stablinski (FRA), 2. Altig (GER), 3. Daems (BEL) – Gelb: Planckaert
15. Carcassonne – Montpellier (196,5 km): 1. Vannitsen (BEL), 2. Altig (GER), 3. Benedetti (ITA) – Gelb: Planckaert
16. Montpellier – Aix-en-Provence (185 km): 1. Daems (BEL), 2. Balletti (ITA), 3. Maliepaard (HOL) – Gelb: Planckaert
17. Aix-en-Provence – Antibes (201 km): 1. Altig (GER), 2. Hoevenaers (BEL), 3. Bihouee (FRA) – Gelb: Planckaert
18. Antibes – Briancon (241,5 km): 1. Daems (BEL), 2. Massignan (ITA), 3. Poulidor (FRA) – Gelb: Planckaert
19. Briancon – Aix-les-Bains (204,5 km): 1. Poulidor (FRA), 2. Anglade (FRA), 3. Bahamontes (ESP) – Gelb: Planckaert
20. Bourgoin – Lyon (ZF) (68 km): 1. Anquetil (FRA), 2. Baldini (ITA), 3. Pulidor (FRA) – Gelb: Anquetil
21. Lyon – Nevers (232 km): 1. Bruni (ITA), 2. Groussard (FRA), 3. Graczyk (FRA) – Gelb: Anquetil
22. Nevers – Paris (271 km): 1. Benedetti (ITA), 2. Ongenae (BEL), 3. Beuffeuil (BEL) – Gelb: Anquetil

Gesamtwertung: 1. Anquetil (FRA) 114:31:54, 2. Planckaert (BEL) +4:59, 3. Poulidor (FRA) +10:24, 4. Desmet (BEL) 13:01, 5. Geldermans (HOL) +14:04, 6. Simpson (GBR) +17:08, 7. Massignan (ITA) +17:50, 8. Baldini (ITA) +19:09, 9. Gaul (LUX) +19:11, 10. Pauwels (BEL) +23:04 – Deutsche Fahrer: 15. Wolfshohl, 28. Puschel, 31. Altig
Sprintwertung: Altig (GER)
Bergwertung: Bahamontes (ESP)

50. TOUR 1963 – J. ANQUETIL

Länge: 4210,6 Kilometer
Anzahl der Etappen: 23
Fahrer: 130 Fahrer am Start, 76 im Ziel

1. Paris – Epernay (152,5 km): 1. Pauwels (BEL), 2. Sorgeloos (BEL), 3. Ramsbottom (GBR) – Gelb: Pauwels
2. Reims – Jambes (185,5 km): 1. Van Looy (BEL), 2. Darrigade (FRA), 3. Melckenbeek (BEL) – Gelb: Pauwels
3. Jambes (MZF) (21,6 km): 1. Team Pelforth, 2. Team Faema-Flandria, 3. Team Peugeot – Gelb: Pauwels
4. Jambes – Roubaix (223,5 km): 1. Elliott (IRL), 2. Stablinski (FRA), 3. Van Aerde (BEL) – Gelb: Elliott
5. Roubaix – Rouen (235,5 km): 1. Melckenbeek (BEL), 2. Derboven (BEL), 3. Van Looy (BEL) – Gelb: Elliott
6. Rouen – Rennes (285 km): 1. Bailletti (ITA), 2. Ferrari (ITA), 3. Janssen (HOL) – Gelb: Elliott
7. Rennes – Angers (188,5 km): 1. de Breucker (BEL), 2. Vannitsen (BEL), 3. Van Looy (BEL) – Gelb: Elliott
8. Angers (ZF) (24,5 km): 1. Anquetil (FRA), 2. Poulidor (FRA), 3. Desmet (BEL) – Gelb: Desmet
9. Angers – Limoges (236 km): 1. Janssen (HOL), 2. Van Looy (BEL), 3. Fore (BEL) – Gelb: Desmet
10. Limoges – Bordeaux (231,5 km): 1. Van Looy (BEL), 2. Fore (BEL), 3. Van Aerde (BEL) – Gelb: Desmet
11. Bordeaux – Pau (202 km): 1. Cerami (BEL), 2. Darrigade (FRA), 3. Groussard (FRA) – Gelb: Desmet
12. Pau – Bagneres de Bigorre (148,5 km): 1. Anquetil (FRA), 2. Perec-Frances (ESP), 3. Poulidor (FRA) – Gelb: Desmet
13. Bagneres de Bigorre – Luchon (131 km): 1. Ignolin (FRA), 2. Mattio (FRA), 3. Epaud (FRA) – Gelb: Desmet
14. Luchon – Toulouse (172,5 km): 1. Darrigade (FRA), 2. Van Looy (BEL), 3. Van Aerde (BEL) – Gelb: Desmet
15. Toulouse – Aurillac (234 km): 1. Van Looy (BEL), 2. Anquetil (FRA), 3. Bahamontes (ESP) – Gelb: Desmet
16. Aurillac – Saint Etienne (236,5 km): 1. Ignolin (FRA), 2. Novak (FRA), 3. Gainche (FRA) – Gelb: Desmet
17. Saint Etienne – Grenoble (174 km): 1. Bahamontes (ESP), 2. Anglade (FRA), 3. Hoevenaars (BEL) – Gelb: Desmet
18. Grenoble – Val d'Isere (202 km): 1. Manzaneque (ESP), 2. Fontana (ITA), 3. Epaud (FRA) – Gelb: Bahamontes
19. Val d'Isere – Chamonix (227,5 km): 1. Anquetil (FRA), 2. Bahamontes (ESP), 3. Van Looy (BEL) – Gelb: Anquetil
20. Chamonix – Lons Le Saunier (225 km): 1. Brands (BEL), 2. Van Looy (BEL), 3. Beheyt (BEL) – Gelb: Anquetil
21. Arbois – Besancon (ZF) (54,5 km): 1. Anquetil (FRA), 2. Bracke (BEL), 3. Bahamontes (ESP) – Gelb: Anquetil
22. Besancon – Troyes (233,5 km): 1. de Breucker (BEL), 2. Van Geneugden (BEL), 3. Derboven (BEL) – Gelb: Anquetil
23. Troyes – Paris (185,5 km): 1. Van Looy (BEL), 2. Beheyt (BEL), 3. Lelangue (BEL) – Gelb: Anquetil

Gesamtwertung: 1. Anquetil (FRA) 113:30:05, 2. Bahamontes/ESP) +3;35, 3. Perez-Frances (ESP) +10:14, 4. Lebaube (FRA) +11:55, 5. Desmet (BEL) +15:00, 6. Soler (ESP) +15:04, 7. Fontana (ITA) +15:27, 8. Poulidor (FRA) +16:46, 9. Junkermann (GER) +18:53, 10. Van Looy (BEL) +19:24 – Deutsche Fahrer: 15. Puschel
Sprintwertung: Van Looy (BEL)
Bergwertung: Bahamontes (ESP)

51. TOUR 1964 – J. ANQUETIL

Länge: 4504,2 Kilometer
Anzahl der Etappen: 24
Fahrer: 132 am Start, 81 im Ziel

1. Rennes – Lisieux (215 km): 1. Sels (BEL), 2. Wright (GBR), 3. Beheyt (BEL) – Gelb: Sels
2. Lisieux – Amiens (208 km): 1. Darrigade (FRA), 2. Janssen (HOL), 3. Taccono (ITA) – Gelb: Sels
3. Amiens – Vorst (196,5 km): 1. Van de Kerckhove (BEL), 2. Stablinski (FRA), 3. Desmet (BEL) – Gelb: Van de Kerckhove
4. Vorst (MZF) (21,3 km): 1. Team Kas, 2. Team Pelforth, 3. Team Wiels – Gelb: Van de Kerckhove
und Vorst – Metz (291,5 km): 1. Altig (GER), 2. Nijdam (HOL), 3. Janssen (HOL) – Gelb: Van de Kerckhove
5. Metz – Freiburg (161,5 km): 1. Derboven (BEL), 2. Altig (GER), 3. Galera (ESP) – Gelb: Altig (GER)
6. Freiburg – Besancon (200 km): 1. Nijdam (HOL), 2. De Haan (HOL), 3. Janssen (HOL) – Gelb: Altig (GER)
7. Besancon – Thonon (195 km): 1. Janssen (HOL), 2. Bocklant (BEL), 3. Denson (GBR) – Gelb: Altig
8. Thonon – Briancon (248,5 km): 1. Bahamontes (ESP), 2. Poulidor (FRA), 3. Junkermann (GER) – Gelb: Groussard
9. Briancon – Monaco (239 km): 1. Anquetil (FRA), 2. Simpson (GBR), 3. Desmet (BEL) – Gelb: Groussard
10. Monaco – Hyeres (187,5 km): 1. Janssen (HOL), 2. Altig (GER), 3. Wright (GBR) – Gelb: Groussard
11. Hyeres – Toulon (ZF) (20,8 km): 1. Anquetil (FRA), 2. Poulidor (FRA), 3. Junkermann (GER) – Gelb: Groussard
12. Toulon – Montpellier (250 km): 1. Sels (BEL), 2. Wright (GBR), 3. Janssen (HOL) – Gelb: Groussard
13. Montpellier – Perpignan (174 km): 1. De Roo (HOL), 2. Epaud (FRA), 3. Nijdam (HOL) – Gelb: Groussard
14. Perpignan – Andorra (170 km): 1. Jimenez (ESP), 2. Beheyt (BEL), 3. Segu (ESP) – Gelb: Groussard
15. Andorra – Toulouse (186 km): 1. Sels (BEL), 2. Desmet (BEL), 3. Adorni (ITA) – Gelb: Groussard
16. Toulouse – Luchon (203 km): 1. Poulidor (FRA), 2. Gabica (ESP), 3. Desmet (BEL) – Gelb: Groussard
17. Luchon – Pau (197 km): 1. Bahamontes (ESP), 2. Janssen (HOL), 3. Desmet (BEL) – Gelb: Groussard
18. Peyrehorade – Bayonne (ZF) (42,6 km): 1. Anquetil (FRA), 2. Poulidor (FRA), 3. Altig (GER) – Gelb: Anquetil
19. Bayonne – Bordeaux (187 km): 1. Darrigade (FRA), 2. Hoban (GBR), 3. Sels (BEL) – Gelb: Anquetil
20. Bordeaux – Brive (215,5 km): 1. Sels (BEL), 2. Minieri (ITA), 3. Aerenhouts (BEL) – Gelb: Anquetil
21. Brive – Clermont-Ferrand, Puy de Dome (237,5 km): 1. Jimenez (ESP), 2. Bahamontes (ESP), 3. Poulidor (FRA) – Gelb: Anquetil
22. Clermont-Ferrand – Orleans (311 km): 1. Stablinski (FRA), 2. Battista (ESP), 3. Ferrer (FRA) – Gelb: Anquetil
23. Orleans – Versailles (118,5 km): 1. Beheyt (BEL), 2. Sels (BEL), 3. Janssen (HOL) – Gelb: Anquetil
24. Versailles – Paris (ZF) (27,5 km): 1. Anquetil (FRA), 2. Altig (GER), 3. Poulidor (FRA) – Gelb: Anquetil

Gesamtwertung: 1. Anquetil (FRA) 127:09:44, 2. Poulidor (FRA) +0:55, 3. Bahamontes (ESP) +4:44, 4. Anglade (FRA) +6:42, 5. Groussard (FRA) +10:34, 6. Foucher (FRA) +10:36, 7. Jimenez (ESP) +12:13, 8. Desmet (BEL) +12:17, 9. Junkermann (GER) +14:02, 10. Adorni (ITA) +14:19 – Deutsche Fahrer: 16. Kunde
Sprintwertung: Janssen (HOL)
Bergwertung: Bahamontes (ESP)

52. TOUR 1965 – FELICE GIMONDI

Länge: 4187,9 Kilometer
Anzahl der Etappen: 22
Fahrer: 130 am Start, 96 im Ziel

1. Koeln – Link (149 km): 1. Van Looy (BEL), 2. Vandenberghe (BEL), 3. Sels (BEL) – Gelb: Van Looy
2. Luik (MZF) (22,5 km): Team Ford, 2. Team Peugeot, 3. Team Solo-Superia – Gelb: Van Looy
und Luik – Roubaix (206,5 km): 1. Van de Kerckhove (BEL), 2. Gimondi (ITA), 3. Van Schil (BEL) – Gelb: Van de Kerckhove
3. Roubaix – Rouen (250 km): 1. Gimondi (ITA), 2. Wright (GBR), 3. Boucquet – Gelb: Gimondi
4. Caen – Saint Brieuc (227 km): 1. Sorgeloos (BEL), 2. Lute (HOL), 3. Monty (BEL) – Gelb: Gimondi
5. Saint Brieuc – Chateaulin (147 km): 1. Van Espen (HOL), 2. Van Dongen (HOL), 3. Van Aerde (BEL) – Gelb: Gimondi
6. Chateaulin (ZF) (26,7 km): 1. Poulidor (FRA), 2. Gimondi (ITA), 3. Motta (ITA) – Gelb: Gimondi
und Quimper – La Baule (210,5 km): 1. Reybrouck (BEL), 2. Swerts (BEL), 3. De Roo (HOL) – Gelb: Gimondi
7. La Baule – La Rochelle (219 km): 1. Sels (BEL), 2. Desmet (FRA), 3. Wolfshohl (GER) – Gelb: Van De Kerckhove (BEL)
8. La Rochelle – Bordeaux (197,5 km): 1. De Roo (HOL), 2. Pingeon (FRA), 3. Haelterman (BEL) – Gelb: Van De Kerckhove
9. Dax – Bagneres-de-Bigorre (226,5 km): 1. Jimenez (ESP), 2. Foucher (FRA), 3. Motta (ITA) – Gelb: Gimondi
10. Bagneres-de-Bigorre – Ax-les-Thermes (222,5 km): 1. Reybrouck (BEL), 2. Van Looy (BEL), 3. Verhaegen (BEL) – Gelb: Gimondi
11. Ax-les-Thermes – Barcelona (240,5 km): 1. Frances (ESP), 2. Vandenberghe (BEL), 3. Van Schil (BEL) – Gelb: Gimondi
12. Barcelona – Perpignan (219 km): 1. Janssen (HOL), 2. Brands (BEL), 3. Pingeon (FRA) – Gelb: Gimondi
13. Perpignan – Montpellier (164 km): 1. Durante (ITA), 2. Lute (HOL), 3. Wright (GBR) – Gelb: Gimondi
14. Montpellier – Mont Ventoux (173 km): 1. Poulidor (FRA), 2. Jimenez (ESP), 3. Anglade (FRA) – Gelb: Gimondi
15. Carpentras – Gap (167,5 km): 1. Fezzardi (ITA) 2. Desmet (FRA), 3. Verhaegen (BEL). – Gelb: Gimondi
16. Gab – Briancon (177 km): 1. Galera (ESP), 2. Motta (ITA), 3. Gimondi (ITA) – Gelb: Gimondi
17. Briancon – Aix-les-Bains (193,5 km): 1. Jimenez (ESP), 2. Brands (BEL), 3. Galera (ESP) – Gelb: Gimondi
18. Mont Revard (BZF) (26,9 km): 1. Gimondi (ITA), 2 Poulidor (FRA), 3. Pingeon (FRA) – Gelb: Gimondi
19. Aix-les-Bains – Lyon (165 km): 1. Van Looy (BEL), 2. Maliepaard (HOL), 3. Binggeli (SUI) – Gelb: Gimondi
20. Lyon -Auxerre (293,5 km): 1. Wright (GBR), 2. Grain (FRA), 3. Nijdam (HOL) – Gelb: Gimondi
21. Auxerre – Versailles (225,5 km): 1. Karstens (HOL), 2. Van Looy (BEL), 3. Reybrouck (BEL) – Gelb: Gimondi
22. Versailles – Paris (ZF) (37,8 km): 1. Gimondi (ITA), 2. Motta (ITA), 3. Poulidor (FRA) – Gelb: Gimondi

Gesamtwertung: 1. Gimondi (ITA) 116:42:06, 2. Poulidor (FRA) +2:40, 3. Motta (ITA) +9:18, 4. Anglade (FRA) +12:43, 5. Lebaube (FRA) +12:56, 6. Perez-Frances (ESP) +13:15, 7. De Rosso (ITA) +14:48, 8. Brands (BEL) +17:36, 9. Janssen (HOL) +17:52, 10. Gabica (ESP) +19:11 – Deutsche Fahrer: 11. Kunde, 25. Junkermann
Sprintwertung: Janssen (HOL)
Bergwertung: Jimenez (ESP)

53. TOUR 1966 – LUCIEN AIMAR

Länge: 4322,6 Kilometer
Anzahl der Etappen: 23
Fahrer: 130 am Start, 81 im Ziel

1. Nancy – Charleville (203 km): 1. Altig (GER), 2. Planckaert (BEL), 3. Vandenberghe (BEL) – Gelb: Altig
2. Charleville – Doornik (198 km): 1. Reybrouck (BEL), 2. Janssen (HOL), 3. Sels (BEL) – Gelb: Altig
3. Doornik (MZF) (20,8 km): 1. Team Televizier, 2. Team Romeo-Smiths, 3. Team Pelforth – Gelb: Altig
und Doornik – Duinkerken (131,5 km): 1. Karstens (HOL), 2. Boons (FRA), 3. Planckaert (BEL) – Gelb: Altig
4. Duinkerken – Dieppe (205 km): 1. Planckaert (BEL), 2. Van Looy (BEL), 3. Reybrouck (BEL) – Gelb: Altig
5. Dieppe – Caen (178,5 km): 1. Bitossi (ITA), 2. Sels (BEL), 3. Planckaert (BEL) – Gelb: Altig
6. Caen – Angers (216,5 km): 1. Sels (BEL), 2. Van Looy (BEL), 3. Huysmans (BEL) – Gelb: Altig
7. Angers – Royan (252,5 km): 1. Van Vlierberghe (BEL), 2. Bouquet (FRA), 3. Van der Vleuten (HOL) – Gelb: Altig
8. Royan -Bordeaux (137,5 km): 1. Planckaert (BEL), 2. Kerstens (HOL), 3.Janssen (HOL) – Gelb: Altig
9. Bordeaux – Bayonne (201 km): 1. Karstens (HOL), 2. Planckaert (BEL), 3. Janssen (HOL) – Gelb: Altig
10. Bayonne – Pau (234,5 km): 1. De Pra (ITA), 2. In Öt Ven (BEL), 3. Janssen (HOL) – Gelb: de Pra
11. Pau – Luchon (188 km): 1. Mugnaini (ITA), 2. Altig (GER), 3. Anquetil (FRA) – Gelb: Lebaube (FRA)
12. Luchon – Revel (218 km): 1. Altig (GER), 2. Simpson (GBR), 3. Spruyt (BEL) – Gelb: Kunde (GER)
13. Revel – Sete (191,5 km): 1. Vandenberghe (BEL), 2. Simpson (GBR), 3. De Rosso (ITA) – Gelb: Kunde
14. Montpellier – Aubenas (144 km): 1. De Roo (HOL), 2. Aimar (FRA), 3. Benet (FRA) – Gelb: Kunde
15. Vals-les-Bains (ZF) (20 km): 1. Poulidor (FRA), 2. Anquetil (FRA), 3. Altig (GER) – Gelb: Kunde
und Privas – Bourg D'Oisans (203,5 km): 1. Ocano (ESP), 2. Galera (ESP), 3. Jimenez (ESP) – Gelb: Kunde
16. Bourg D'Oisans – Briancon (148,5 km): Jimenez (ESP), 2. Anquetil (FRA), 3. Poulidor (FRA) – Gelb: Janssen
17. Briancon – Turin (160 km): 1. Bitossi (ITA), 2. Del Moral (ITA), 3. Fezzardi (ITA) – Gelb: Aimar
18. Ivrea – Chamonix (188 km): 1. Schutz (LUX), 2. Poulidor (FRA), 3. Janssen (HOL) – Gelb: Aimar
19. Chamonix – Saint Etienne (264 km): 1. Bracke (BEL), 2. Schutz (LUX), 3. Martin (ESP) – Gelb: Aimar
20. Saint Etienne – Montlucon (223,5 km): 1. Nijdam (HOL), 2. Boucquet (FRA), 3. Garcia (ESP) – Gelb: Aimar
21. Montlucon – Orleans (232,5 km): 1. Beuffeuil (FRA), 2. Van der Vleuten (HOL), 3. Vandenberghe (BEL) – Gelb: Aimar
22. Orleans – Rambouillet (111 km): 1. Sels (BEL), 2. Karstens (HOL), 3. Nijdam (HOL) – Gelb: Aimar
23. Rambouillet – Paris (ZF) (51,3 km): 1. Altig (GER), 2. Bracke (BEL), 3. Poulidor (FRA) – Gelb: Aimar

Gesamtwertung: 1. Aimar (FRA) 117:34:21, 2. Janssen (HOL) +1:07, 3. Poulidor (FRA) +2:02, 4. Momene (ESP) +5:19, 5. Mugnaini (ITA) +5:27, 6. Van Springel (BEL) +5:44, 7. Gabica (ESP) +6:25, 8. Pingeon (FRA) +8:22, 9. Kunde (GER) +9:06, 10. Van den Bossche (BEL) +9:57 – Deutsche Fahrer: 12. Altig, 39. Wolfshohl
Sprintwertung: Planckaert (BEL)
Bergwertung: Jimenez

54. TOUR 1967 – ROGER PINGEON

Länge: 4779,8 Kilometer
Anzahl der Etappen: 23
Fahrer: 130 am Start, 89 im Ziel

Prolog in Angers, Circuit (5,7 km): 1. Errandonea (ESP), 2. Poulidor (FRA), 3. Janssen (HOL) – Gelb: Errandonea
1. Angers – Saint Malo (185,5 km): 1. Godefroot (BEL), 2. Karstens (HOL), 3. Lemeteyer (FRA) – Gelb: Errandonea
2. Saint Malo – Caen (108 km): 1. Van Neste (BEL), 2. Aranzabal (ESP), 3. Grain (FRA) – Gelb: Polidori (ITA)
3. Caen – Amiens (248 km): 1. Basso (ITA), 2. Riotte (ITA), Spruyt (BEL) – Gelb: Polidori
4. Amiens – Roubaix (191 km): 1. Reybrouck (BEL), 2. Janssen (HOL), 3. Karstens (HOL) – Gelb: Spruyt
5. Roubaix – Jambes (172 km): 1. Pingeon (FRA), 2. Riotte (ITA), 3. Van der Fleuten (HOL) – Gelb: Pingeon
6. Jambes (MZF) (17 km): Team Belgien, 2. Team Frankreich, 3. Team Niederlande – Gelb: Pingeon
und Jambes – Metz (238 km): 1. Van Springel (BEL), 2. Bölke (GER), 3. Vandenberghe (BEL) – Gelb: Pingeon
7. Metz – Strasbowg (205 km): 1. Wright (GBR), 2. Vandenberghe (BEL), 3. Riotte (ITA) – Gelb: Riotte
8. Strasbowg – Ballon d'Alsace (215 km): 1. Aimar (FRA), 2. Balmanion (ITA), 3. Van Clooster (BEL) – Gelb: Pingeon
9. Belfort – Divonne-les-Bains (238,5 km): 1. Reybrouck (BEL), 2. Rodriguez (ESP), 3. Huysmans (BEL) – Gelb: Pingeon
10. Divonne-les-Bains – Briancon (243 km): 1. Gimondi (ITA), 2. Jimenez (ESP), 3. Poulidor (FRA) – Gelb: Pingeon
11. Briancon – Digne (197 km): 1. Samyn (FRA), 2. Foucher (FRA), 3. Schutz (LUX) -Gelb: Pingeon
12. Digne – Marseille (207,5 km): 1. Riotte (ITA), 2. Lemeteyer (FRA), 3. Schleck (LUX) – Gelb. Pingeon
13. Marseille – Carpentras (211,5 km): 1. Janssen (HOL), 2. Gimondi (ITA), 3. Pingeon (FRA) – Gelb: Pingeon
14. Carpentras – Sete (201,5 km): 1. Hoban (GBR), 2. Reybrouck (BEL), 3. Vandenberghe (BEL) – Gelb: Pingeon
15. Sete – Toulouse (230,5 km): 1. Wolfshohl (GER), 2. Zilverberg (HOL), 3. Lemeteyer (FRA) – Gelb: Pingeon
16. Toulouse – Luchon (188 km): 1. Manzaneque (ESP), 2. Jimenez (ESP), 3. Janssen (HOL) – Gelb: Pingeon
17. Luchon – Pau (250 km): 1. Mastrotto (FRA), 2. Van Springel (BEL), 3. Junkermann (GER) – Gelb: Pingeon
18. Pau – Bordeaux (206,5 km): 1. Basso (ITA), 2. Vandenberghe (BEL), 3. Durante (ITA) – Gelb: Pingeon
19. Bordeaux – Limoges (217 km): 1. Stablinski (FRA), 2. Grain (FRA), 3. Binggeli (ITA) – Gelb: Pingeon
20. Limoges – Clermont-Ferrand, Puy de Dome (222 km): 1. Gimondi (ITA), 2. Rabaute (FRA), 3. Jimenez (ESP) – Gelb: Pingeon
21. Clermont-Ferrand – Fontainebleau (359 km): 1. Lemeteyer (FRA), 2. Swerts (BEL), 3. Basso (ITA) – Gelb: Pingeon
22. Fontainebleau – Versailles (104 km): 1. Binggeli (SUI), 2. Wilde (GER), 3. Jacquemin (FRA) – Gelb: Pingeon
23. Versailles – Paris (ZF) (46,6 km): 1. Poulidor (FRA), 2. Gimondi (ITA), 3. Pingeon (FRA) – Gelb: Pingeon

Gesamwertung: 1. Pingeon (FRA) 136:53:50, 2. Jimenez (ESP) +3:40, 3. Balmamion (ITA) +7:23, 4. Letort (FRA) +8:18, 5. Janssen (HOL) 9:47, 6. Aimar (FRA) +9:47, 7. Gimondi (ITA) +10:14, 8. Huysmans (BEL) +16:45, 9. Poulidor (FRA) +18:18, 10. Manzaneque (ESP) +19:22 – Deutsche Fahrer: 11. Junkermann, 31. Wolfshohl, 52. Wiedemann, 63. Wilde
Sprintwertung: Janssen (HOL)
Bergwertung: Jimenez (ESP)

55. TOUR 1968 – JAN JANSSEN

Länge: 4684,1 Kilometer
Anzahl der Etappen: 24
Fahrer: 110 am Start, 63 im Ziel

Prolog in Vittel, Circuit (6,1 km): 1. Grosskost (FRA), 2. Janssen (HOL), 3. Poulidor (FRA) – Gelb: Grosskost
1. Vittel – Esch (189 km): 1. Grosskost (FRA), 2. Zilioli (ITA), 3. Van Springel (BEL) – Gelb: Grosskost
2. Arlon – Vorst (212,5 km): 1. de Vlaeminck (BEL), 2. Genet (FRA), 3. Pintens (BEL) – Gelb: Grosskost
3. Vorst (MZF) (22 km): 1. Team Belgien A, 2. Team Frankreich A, 3. Team Spanien – Gelb: Van Springel
und Vorst – Roubaix (112 km): 1. Godefroot (BEL), 2. Janssen (HOL), 3. Lemeteyer (FRA) – Gelb: Van Springel
4. Roubaix – Rouen (238 km): 1. Chappe (FRA), 2. Vandenberghe (BEL), 3. Bolley (FRA) – Gelb: Genet
5. Rouen – Bagnoles de l'Orne (165 km): 1. Desvages (FRA), 2. Den Hartog (HOL), 3. Vandenberghe (BEL) – Gelb: Vandenberghe
6. Bagnoles de l'Orne – Dinard (154,5 km): 1. Dumont (FRA), 2. Bitossi (ITA), 3. Vandenberghe (BEL) – Gelb: Vandenberghe
7. Dinard – Lorient (188 km): 1. Gonzales (ESP), 2. Godefroot (BEL), 3. Vandenberghe (BEL) – Gelb: Vandenberghe
8. Lorient – Nantes (190 km): 1. Bitossi (ITA), 2. Vianen (HOL), 3. Janssen (HOL) – Gelb: Georges
9. Nantes – Royan (223 km): 1. Van Rijckeghem (BEL), 2. Janssen (HOL), 3. Bitossi (ITA) – Gelb: Vandenberghe
10. Royan – Bordeaux (137,5 km): 1. Godefroot (BEL), 2. Hoban (GBR), 3. Van Rijckeghem (BEL) – Gelb: Vandenberghe
11. Bordeaux – Bayonne (200,5 km): 1. Bellone (ITA), 2. Janssen (HOL), 3. Hoban (GBR) – Gelb: Vandenberghe
12. Bayonne – Pau (207,5 km): 1. Van Rijckeghem (BEL), 2. Godefroot (BEL), 3. Passuello (ITA) -Gelb: Vandenberghe
13. Pau – Saint Gaudens (226,5 km): 1. Pintens (BEL), 2. Schiavon (ITA), 3. Gandarias (ESP) – Gelb: Vandenberghe
14. Saint Gaudens – Seo de Urgel (208,5 km): 1. Van Springel (BEL), 2. del Moral (ESP), 3. Wolfshohl (GER) – Gelb: Vandenberghe
15. Seo de Urgel – Perpignan-Canet-Plage (231,5 km): 1. Janssen (HOL), 2. Godefroot (BEL), 3. Van Rijckeghem (BEL) – Gelb: Vandenberghe
16. Font Romeu – Albi (250,5 km): 1. Pingeon (FRA), 2. Godefroot (BEL), 3. Wright (GBR) – Gelb: Vandenberghe
17. Albi – Aurillac (250 km): 1. Bitossi (ITA), 2. Wolfshohl (GER), 3. Godefroot (BEL) – Gelb: Wolfshohl
18. Aurillac – Saint Etienne (236,5 km): 1. Genet (FRA), 2. Chappe (FRA), 3. Spühler (SUI) – Gelb: Wolfshohl
19. Saint Etienne – Grenoble (235 km): 1. Pingeon (FRA), 2. Aimar (FRA), 3. Janssen (HOL) – Gelb: San Miguel (ESP)
20. Grenoble – Sallanches-Cordon (200 km): 1. Hoban (GBR), 2. Bitossi (ITA), 3. Van Springel (BEL) – Gelb: Van Springel
21. Sallanches – Besancon (242,5 km): 1. Huysmans (BEL), 2. Grain (FRA), 3. Gonzales (ESP) – Gelb: Van Springel

22. Besancon – Auxerre (242 km): 1. Leman (FRA), 2. Wright (GBR), 3. Lopez-Carrill (ESP) – Gelb: Van Springel
23. Auxerre – Melun (136 km): 1. Izier (FRA), 2. Wilde (GER), 3. Brand (SUI) – Gelb: Van Springel
24. Melun – Paris (ZF) (54,5 km): 1. Janssen (HOL), 2. Van Springel (BEL), 3. Pingeon (FRA) – Gelb: Janssen

Gesamtwertung: 1. Janssen (HOL) 133:49:42, 2. Van Springel (BEL) +0:38, 3. Bracke (BEL) +3:03, 4. San Miguel (ESP) +3:17, 5. Pingeon (FRA) +3:29, 6. Wolfshohl (GER) +3:46, 7. Aimar (FRA) +4:44, 8. Bitossi (ITA) +4:59, 9. Gandarias (ESP) +5:05, 10. Colombo (ITA) +7:55 – Deutsche Fahrer: 36. Puschel, 44. Wilde
Sprintwertung: Bitossi (ITA)
Bergwertung: Gonzales (ESP)

56. TOUR 1969 – EDDY MERCKX

Länge: 4117,1 Kilometer
Anzahl der Etappen: 23
Fahrer: 130 am Start, 86 im Ziel

Prolog in Roubaix (10,4 km): 1. Altig (GER), 2. Merckx (BEL), 3. Grosskost (FRA) – Gelb: Altig
1. Roubaix – Woluwe (147 km): 1. Basso (ITA), 2. Janssen (HOL), 3. De Vlaeminck (BEL) – Gelb: Altig
2. Woluwe (MZF) (15,6 km): 1. Team Faema, 2. Team Bic, 3. Team Salvarani – Gelb: Merckx
und Woluwe – Maastricht (181,5 km): 1. Stevens (BEL), 2. In t'Ven (BEL), 3. Harrisson(GBR) – Gelb: Stevens
3. Maastricht – Charleville (213,5 km): 1. Leman (BEL), 2. Basso (ITA), 3. Dancelli (ITA) – Gelb: Stevens
4. Charleville – Nancy (214 km): 1. Van Looy (BEL), 2. Stevens (BEL), 3. Zandegu (ITA) – Gelb: Stevens
5. Nancy – Mulhouse (193,5 km): 1. Agostinho (POR), 2. Altig (GER), 3. De Vlaeminck (BEL) – Gelb: Letort
6. Mulhouse – Ballon d'Alsace (133,5 km): 1. Merckx (BEL), 2. Galera (ESP), 3. Altig (GER) – Gelb: Merckx
7. Belfort – Divonne-les-Bains (241 km): 1. Diaz (ESP), 2. Momene (ESP), 3. Wagtsmans (HOL) – Gelb: Merckx
8. Divonne-les-Bains (ZF) (8,8 km): 1. Merckx (BEL), 2. Altig (GER), 3. Grosskost (FRA) – Gelb: Merckx
9. Divonne-les-Bains – Thonon-les-Bains (136,5 km): 1. Dancelli (ITA), 2. Gandarias(ESP), 3. Wagtsmans (HOL) – Gelb: Merckx
10. Thonon-les-Bains – Chamonix (111 km): 1. Pingeon (FRA), 2. Merckx (BEL), 3. Van Impe (BEL) – Gelb: Merckx
11. Chamonix – Briancon (220,5 km): 1. Van Springel (BEL), 2. Merckx (BEL), 3. Wagtsmans (HOL) – Gelb: Merckx
12. Briancon – Digne (198 km): 1. Merckx (BEL), 2. Gimondi (ITA), 3. Mascaro (ESP) – Gelb: Merckx
13. Digne – Aubagne (161,5 km): 1. Gimondi (ITA), 2. Gandarias (ESP), 3. Merckx (BEL) – Gelb: Merckx
14. Aubagne – La-Grande-Motte (195,5 km): 1. Reybrouck (BEL), 2. Janssen (HOL), 3. Leman (FRA) – Gelb: Merckx
15. La-Grande-Motte – Revel (234,5 km): 1. Agostinho (POR), 2. Beugels (FRA), 3. David (BEL) – Gelb: Merckx
16. Revel, Circuit (18,5 km): 1. Merckx (BEL), 2. Pingeon (FRA), 3. Poulidor (FRA) – Gelb: Merckx
und Revel – Luchon (199 km): 1. Delisle (FRA), 2. Janssen (HOL), 3. Panizza (ITA) – Gelb: Merckx
17. Luchon – Mourenx (214,5 km): 1. Merckx (BEL), 2. Dancelli (ITA), 3. Van den Bossche (BEL) – Gelb: Merckx
18. Mourenx – Bordeaux (201 km): 1. Hoban (GBR), 2. Ottenbros (HOL), 3. P.Guerra (ESP) – Gelb: Merckx
19. Bordeaux – Brive (192,5 km): 1. Hoban (GBR), 2. Dolman (HOL), 3. P.Guerra (ESP) – Gelb: Merckx
20. Brive – Puy de Dome (198 km): 1. Matignon (FRA), 2. Merckx (BEL), 3. Gutty (FRA) – Gelb: Merckx
21. Clermont-Ferrand – Montargis (329,5 km): 1. Van Springel (BEL), 2. Ottenbros (HOL), 3. Santambrogio (ITA) – Gelb: Merckx
22. Montargis – Creteil (11,5 km): 1. Spruyt (BEL), 2. Vandenberghe (BEL), 3. Karstens (HOL) – Gelb: Merckx
23. Creteil – Paris (ZF) (36,8 km): 1. Merckx (BEL), 2. Poulidor (FRA), 3. Pingeon (FRA) – Gelb: Merckx

Gesamtwertung: 1. Merckx (BEL) 116:16:02, 2. Pingeon (FRA) +17:54, 3. Poulidor (FRA) +22:13, 4. Gimondi (ITA) +29:24, 5. Gandarias (ESP) +33:04, 6. Wagtsmans (HOL) +33:57, 7. Vianelli (ITA) +42:40, 8. Agostinho (POR) +51:24, 9. Letort (FRA) +51:41, 10. Janssen (HOL) +52:56 – Deutsche Fahrer: 52. Peffgen
Sprintwertung: Merckx (BEL)
Bergwertung: Merckx

57. TOUR 1970 – EDDY MERCKX

Länge: 4366,8 Kilometer
Anzahl der Etappen: 22
Fahrer: 150 am Start, 100 im Ziel

Prolog in Limoges (7,4 km): 1. Merckx (BEL), 2. Grosskost (FRA), 3. Janssen (HOL) – Gelb: Merckx
1. Limoges – La Rochelle (224,5 km): 1. Guimard (FRA), 2. Janssen (HOL), 3. Merckx (BEL) – Gelb: Merckx
2. La Rochelle – Angers (200 km): 1. Zilioli (ITA), 2. Vandenberghe (BEL), 3. Godefroot (BEL) – Gelb: Zilioli
3. Angers (MZF) (10,7 km): 1. Team Faemino, 2. Team Willem, 3. Team Molteni – Gelb: Zilioli
und Angers – Rennes (140 km): 1. Basso (ITA), 2. Godefroot (BEL), 3. de Vlaeminck (BEL) – Gelb: Zilioli
4. Lisieux – Rouen (94,5 km): 1. Godefroot (BEL), 2. Van Rijckeghem (BEL), 3. de Vlaeminck (BEL) – Gelb: Zilioli
5. Rouen – Amiens (113 km): 1. Spruyt (BEL), 2. Duyndam (HOL), 3. de Vlaeminck (BEL) – Gelb: Zilioli
6. Amiens – Valenciennes (135,5 km): 1. de Vlaeminck (BEL), 2. Steevens (HOL), 3. Janssen (HOL) – Gelb: Merckx
7. Valenciennes – Vorst (119 km): 1. Merckx (BEL), 2. Van Impe (BEL), 3. Houbrechts (ITA) – Gelb: Merckx
und Vorst (ZF) (7,2 km): 1. Gonzales-Linares (ESP), 2. Merckx (BEL), 3. Grosskost (FRA) – Gelb: Merckx
8. Ciney – Felsberg (232,5 km): 1. Vasseur (FRA), 2. Godefroot (BEL), 3. Basso (ITA) – Gelb: Merckx
9. Saarlouis – Mulhouse (269,5 km): 1. Frey (DEN), 2. Agostinho (POR), 3. Basso (ITA) – Gelb: Merckx
10. Mulhouse – Divonnes-les-Bains (241 km): 1. Merckx (BEL), 2. Tosello (ITA), 3. Pintens (FRA) – Gelb: Merckx
11. Divonne-les-Bains – Thonon-les-Bains (139,5 km): 1. Basso (ITA), 2. Janssen (HOL), 3. Godefroot (BEL) – Gelb: Merckx
12. Grenoble – Gap (187,5 km): 1. Mori (ITA), 2. Wagtsmans (HOL), 3. Godefroot (BEL) – Gelb: Merckx
13. Gap – Mont Ventoux (170 km): 1. Merckx (BEL), 2. Van Den Bossche (BEL), 3. Van Impe (BEL) – Gelb: Merckx
14. Carpentras – Montpellier (144,5 km): 1. Wagtsmans (HOL), 2. Basso (ITA), 3. Nassen (BEL) – Gelb: Merckx
15. Montpellier – Toulouse (259,5 km): 1. Van Vlierberghe (BEL), 2. Benfatto (ITA), 3. Frey (DEN) – Gelb: Merckx
16. Toulouse – Saint Gaudens (190 km): 1. Ocana (ESP), 2. Guimard (FRA), 3. Basso (ITA) – Gelb: Merckx
17. Saint Gaudens – La Mongie (135,5 km): 1. Thevenet (FRA), 2. Van den Bossche (BEL), 3. Van Impe (BEL) – Gelb: Merckx
18. Bagneres-di-Bigorre – Mourenx-Ville-Nouvelle (185,5 km): 1. Raymond (FRA), 2. Godefroot (BEL), 3. Huysmans (BEL) – Gelb: Merckx
19. Mourenx – Bordeaux (231 km): 1. Wolfshohl (GER), 2. Mori (ITA), 3. Beugels (HOL) – Gelb: Merckx
20. Bordeaux (ZF) (8,2 km): 1. Merckx (BEL), 2. Pettersson (SWE), 3. Ocana (ESP) – Gelb: Merckx
und Ruffec – Tours (191,5 km): 1. Basso (ITA), 2. Janssen (HOL), 3. Godefroot (BEL) – Gelb: Merckx
21. Tours – Versailles (238,5 km): 1. Danguillaume (FRA), 2. Janssen (HOL), 3. P. Guerra (ITA) – Merckx
22. Versailles – Paris (ZF) (54 km): 1. Merckx (BEL), 2. Ocana (ESP), 3. Pettersson (SWE) – Gelb: Merckx

Gesamtwertung: 1. Merckx (BEL) 119:31:49, 2. Zoetemelk (HOL) +12:41, 3. Pettersson (SWE) +14:54, 4. Van den Bossche (BEL) +18:53, 5. Wagtsman (HOL) +19:54, 6. Van Impe (BEL) +20:34, 7. Poulidor (FRA) +20:35, 8. Houbrechts (ITA) +21:34, 9. Galdos (ESP) +21:45, 10. Pintens (FRA) +23:23 – Deutsche Fahrer: 37. Wolfshohl
Sprintwertung: Godefroot (BEL)
Bergwertung: Merckx (BEL)

58. TOUR 1971 – EDDY MERCKX

Länge: 3584,2 Kilometer
Anzahl der Etappen: 23
Fahrer: 130 am Start, 94 im Ziel

Prolog in Mulhouse (MZF) (11 km): 1. Team Molteni, 2. Team Ferretti, 3. Team Mars-Flandria – Gelb: Merckx
1. Mulhouse – Basel (59,5 km): 1. Leman (BEL); 2. Godefroot (BEL), 3. Reybrouck (BEL) – Gelb: Merckx
2. Basel – Freiburg (90 km): 1. Karstens (HOL), 2. De Vlaeminck (BEL), 3. Godefroot (BEL) – Gelb: Wagtmans
3. Freiburg – Mulhouse (74,5 km): 1. Van Vlierberghe (BEL), 2. De Vlaeminck (BEL), 3. Paolini (ITA) – Gelb: Merckx
4. Mulhouse – Strasbourg (144 km): 1. Merckx (BEL), 2. De Vlaeminck (BEL), 3. Van Springel (BEL) – Gelb: Merckx
5. Strasbourg – Nancy (165,5 km): 1. Wagtsman (HOL), 2. Hoban (GBR), 3. Jimenez (ESP) – Gelb: Merckx
6. Nancy – Marche-en-Famenne (242 km): 1. Genet (FRA), 2. Gomez-Lucas (ESP), 3. Guimard (FRA) – Gelb: Merckx
7. Dinant – Roubaix (208 km): 1. Guerra (ITA), 2. Stevens (BEL), 3. Bouloux (FRA) – Gelb: Merckx
8. Roubaix – Amiens (127,5 km): 1. Leman (BEL), 2. Karstens (HOL), 3. Guimard (FRA) – Gelb: Merckx
9. Amiens – Le Touquet (133,5 km): 1. Simonetti (ITA), 2. Francioni (ITA), 3. Mintjens (HOL) – Gelb: Merckx
10. Rungis – Nevers (257,5 km): 1. Leman (BEL), 2. Karstens (HOL), 3. Godefroot (BEL) – Gelb: Merckx
11. Nevers – Puy de Dome (221 km): 1. Ocana (ESP), 2. Zoetemelk (HOL), 3. Agostinho (POR) – Gelb: Merckx
12. Clermont-Ferrand – Saint Etienne (153 km): 1. Godefroot (BEL), 2. Francioni (ITA), 3. Spruyt (BEL) – Gelb: Merckx
13. Saint Etienne – Grenoble (188,5 km): 1. Thevenet (FRA), 2. Pettersson (SWE), 3. Zoetemelk (HOL) – Gelb: Zoetemelk
14. Grenoble – Orcieres-Merlette (134 km): 1. Ocana (ESP), 2. Van Impe (BEL), 3. Merckx (BEL) – Gelb: Ocana
15. Orcieres-Merlette – Marseille (251 km): 1. Armani (ITA), 2. Merckx (BEL), 3. Aimar (FRA) – Gelb: Ocana
16. Albi (ZF) (16,3 km): 1. Merckx (BEL), 2. Ocana (ESP), 3. Grosskost (FRA) – Gelb: Ocana
17. Revel – Luchon (214,5 km): 1. Fuente (ESP), 2. Merckx (BEL), 3. Van Impe (BEL) – Gelb: Merckx
18. Luchon – Superbagneres (19,6 km): 1. Fuente (ESP), 2. Van Impe (BEL), 3. Thevenet (FRA) – Gelb: Merckx
und Luchon – Gourette (145 km): 1. Labourdette (FRA), 2. Merckx (BEL), 3. Van Impe (BEL) – Gelb: Merckx
19. Gourette – Pau (57,5 km): 1. Van Springel (BEL), 2. Van Neste (BEL), 3. Guimard (FRA) – Gelb: Merckx
20. Mont-de-Marsan – Bordeaux (188 km): 1. Merckx (BEL), 2. Vandenberghe (BEL), 3. Swerts (BEL) – Gelb: Merckx
21. Bordeaux – Poitiers (244 km): 1. Dangauillaume (FRA), 2. Krekels (HOL), 3. Guyot (FRA) – Gelb: Merckx
22. Blois – Versailles (185 km): 1. Krekels (HOL), 2. Guimard (FRA), 3. Danguillaume (FRA) – Gelb: Merckx
23. Versaille – Paris (ZF) (53,8 km): 1. Merckx (BEL), 2. Agostinho (POR), 3. Wagtsman (HOL) – Gelb: Merckx

Gesamtwertung: 1. Merckx (BEL) 96:45:14, 2. Zoetemelk (HOL) +9:51, 3. Van Impe (BEL) +11:06, 4. Thevenet (FRA) +14:50, 5. Agostinho (POR) +21:00, 6. Mortensen (DEN) +21:38, 7. Guimard (FRA) +22:58, 8. Labourdette (FRA) +30:07, 9. Aimar (FRA) +32:45, 10. Lopez-Carril (ESP) +36:00 – Deutsche Fahrer: 71. Wolfshohl
Sprintwertung: Merckx (BEL)
Bergwertung: Van Impe (BEL)

59. TOUR 1972 – EDDY MERCKX

Länge: 3846,6 Kilometer
Anzahl der Etappen: 21
Fahrer: 132 am Start, 88 im Ziel

Prolog in Angers, Circuit (7,2 km): 1. Merckx (BEL), 2. Swerts (BEL), 3. Poulidor (FRA) – Gelb: Merckx
1. Angers – Saint Brieuc (235,5 km): 1. Guimard (FRA), 2. Wright (GBR), 3. Karstens (HOL) – Gelb: Guimard
2. Saint Brieuc – La Baule (206,5 km): 1. Van Linden (BEL), 2. Godefroot (BEL), 3. Van Ryckeghem (BEL) – Gelb: Guimard
3. Pornichet – Saint-Jean-de-Monts (161 km): 1. Gualazzini (ITA), 2. Van Clooster (BEL), 3. Peysens (BEL) – Gelb: Guimard
und Merlin-Plage (MZF) (16,2 km): 1. Team Molteni, 2. Team Peugeot, 3. Team Bic – Gelb: Guimard
4. Merlin-Plage – Royan (236 km): 1. Guimard (FRA), 2. Van Marcke (BEL), 3. Verbeeck (BEL) – Gelb: Guimard
5. Royan – Bordeaux (133,5 km): 1. Godefroot (BEL), 2. Basso (ITA), 3. Guimard (FRA) – Gelb: Guimard
und Bordeaux (ZF) (12,7 km): 1. Merckx (BEL), 2. Swerts (BEL), 3. Ocana (ESP) – Gelb: Guimard
6. Bordeaux – Bayonne (205 km): 1. Duyndam (HOL), 2. Castelletti (ITA), 3. G.Santy (FRA) – Gelb: Guimard
7. Bayonne – Pau (220,5 km): 1. Hezard (FRA), 2. Guimard (FRA), 3. Gimondi (ITA) – Gelb: Guimard
8. Pau – Luchon (163,5 km): 1. Merckx (BEL), 2. Van Impe (BEL), 3. Ocana (ESP) – Gelb: Merckx
9. Luchon – Colomiers-Toulouse (179 km): 1. Huysmans (BEL), 2. Wright (GBR), 3. Dangauillaume (FRA) – Gelb: Merckx
10. Castres – La Grande Motte (210 km): 1. Teirlinck (BEL), 2. Hoban (GBR), 3.Verbeeck (BEL) – Gelb: Merckx

11. Carnon-Plage – Mont Ventoux (207 km): 1. Thevenet (FRA), 2. Merckx (BEL), 3. Ocana (ESP) – Gelb: Merckx
12. Carpentras – Orcieres-Merlette (192 km): 1. Van Impe (BEL), 2. Merckx (BEL), 3. Ocana (ESP) – Gelb: Merckx
13. Orcieres-Merlette – Briancon (201 km): 1. Merckx (BEL), 2. Gimondi (ITA), 3. Guimard (FRA) – Gelb: Merckx
14. Briancon – Valloire-Galibier (51 km): 1. Merckx (BEL), 2. Zoetemelk (HOL), 3. Agostinho (POR) – Gelb: Merckx
und Valloire – Aux-les-Bains (151 km): 1. Guimard (FRA), 2. Merckx (BEL), 3. Gimondi (ITA) – Gelb: Merckx
15. Aix-les-Bains – Le Revard (28 km): 1. Guimard (FRA), 2. Merckx (BEL), 3. Van Impe (BEL) – Gelb: Merckx
16. Aix-les-Bains – Pontarlier (198,5 km): 1. Teirlinck (BEL), 2. Mortensen (DEN), 3. Verbeeck (BEL) – Gelb: Merckx
17. Pontarlier – Ballon d'Alsace (213 km): 1. Thevenet (FRA), 2. Zoetemelk (HOL), 3. Martinez (FRA) – Gelb: Merckx
18. Vesoul – Auxerre (257,5 km): 1. Wagtsmans (HOL), 2. Van Linden (BEL), 3. Verbeeck (BEL) – Gelb: Merckx
19. Auxerre – Versailles (230 km): 1. Bruyere (FRA), 2. Santamgrogio (ITA), 3. G. Santy (FRA) – Gelb: Merckx
20. Versailles (ZF) (42 km): 1. Merckx (BEL), 2. Gimondi (ITA), 3. Hezard (FRA) – Gelb: Merckx
21. Versailles – Paris (89 km): 1. Teirlinck (BEL), 2. Basso (ITA), 3. Van Linden (BEL) – Gelb: Merckx

Gesamtwertung: 1. Merckx (BEL) 108:17:18, 2. Gimondi (ITA) +10:41, 3. Poulidor (FRA) +11:34, 4. Van Impe (BEL) +16:45, 5. Zoetemelk (HOL) +19:09, 6. Martinez (FRA) +21:3', 7. Hezard (FRA) +21:52, 8. Agostinho (POR) +34:16, 9. Thevenet (FRA) +37:11, 10. Janssens (BEL) +42:33 – Deutsche Fahrer: 20. Kunde, 24. Wolfshohl, 42. Puschel, 45. Tschan, 52. Muddemann 63. Peffgen
Sprintwertung: Merckx (BEL)
Bergwertung: Van Impe (BEL)

60. TOUR 1973 – LUIS OCANA

Länge: 4150,2 Kilometer
Anzahl der Etappen: 26
Fahrer: 132 am Start, 87 im Ziel

Prolog in Scheveningen (7,1 km): 1. Zoetemelk (HOL), 2. Poulidor (FRA), 3. Manzaneque (ESP) – Gelb: Zoetemelk
1. Scheveningen – Rotterdam (84 km): 1. Teirlinck (BEL), 2. De Geest (BEL), 3. Mintkiewicz (FRA) – Gelb: Teirlinck
2. Rotterdam – Saint Niklaas (137,5 km): 1. Catieau (FRA), 2. Van Springel (BEL), 3. Aja (ESP) – Gelb: Van Springel
3. Saint Niklaas (MZF) (12,4 km): 1. Team Watney-Maes, 2. Team Peugeot, 3. Team Kas – Gelb: Van Springel
4. Saint Niklass – Roubaix (138 km): 1. Verstraeten (BEL), 2. Vianen (HOL), 3. Mendes (POR) – Gelb: Van Springe
5. Roubaix – Reims (226 km): 1. Guimard (FRA), 2. Van Roosbroeck (BEL), 3. Mourioux (FRA) – Gelb: Catieau
6. Reims – Nancy (214 km): 1. Zoetemelk (HOL), 2. Verbeeck (BEL), 3. Van Springel (BEL) – Gelb: Catieau
7. Nancy – Mulhouse (188 km): 1. Godefroot (BEL), 2. Guimard (FRA), 3. Krekels ((HOL) – Gelb: Catieau
8. Belfort – Divonnes-les-Bains (244,5 km): 1. Danguillaume (FRA), 2. Godefroot (BEL), 3. Hoban (GBR) – Gelb: Catieau
9. Divonne-les-Bains – Gaillard (86,5 km): 1. Ocana (ESP), 2. Martinez (ESP), 3. Van Impe (BEL) – Gelb: Ocana
10. Gaillard – Meribel-les-Allues (150,5 km): 1. Thevenet (FRA), 2. Zoetemelk (HOL), 3. Fuente (ESP) – Gelb: Ocana
11. Meribel-les-Allues – Moutiers-les Orres (237,5 km): 1. Ocana (ESP), 2. Fuente (ESP), 3. Martinez (ESP) – Gelb: Ocana
12. Embrun – Nice (234,5 km): 1. Lopez-Carril (ESP), 2. Verbeeck (BEL), 3. Dangauillaume (FRA) – Gelb: Ocana
13. Nice – Aubagne (222,5 km): 1. Wright (GBR), 2. Gonzales-Linares (ESP), 3. Rouxel (FRA) – Gelb: Ocana
14. Montpellier – Argeles-sur-Mer (238 km): 1. Hoban (GBR), 2. Esclassan, 3. Von Roosbroeck (BEL) – Gelb: Ocana
15. Perpignan – Thuir (ZF) (28,3 km): 1. Ocana (ESP), 2. Poulidor (FRA), 3. Agostinho (POR) – Gelb: Ocana
16. Thuir – Pyrenees 2000 (76 km): 1. Van Impe (BEL), 2. Zoetemelk (HOL), 3. Pollentier (FRA) – Gelb: Ocana
17. Bourg-Madame – Luchon (235 km): 1. Ocana (ESP), 2. Zoetemelk (HOL), 3. Pollentier (BEL) – Gelb: Ocana
18. Luchon – Pau (227,5 km): 1. Torres (ESP), 2. Ovion (FRA), 3. Perin (FRA) – Gelb: Ocana
19. Pau – Fleurance (137 km): 1. David (BEL), 2. Demeyer (BEL), 3. Vianen (HOL) – Gelb: Ocana
20. Fleurance – Bordeaux (210 km): 1. Godefroot (BEL), 2. Esclassan (FRA), 3. Ducreux (FRA) – Gelb: Ocana
21. Bordeaux (ZF) (12,4 km): 1. Agostinho (POR), 2. Thevenet (FRA), 3. Zoetemelk (HOL) – Gelb: Ocana
22. Sainte-Foy-La-Grande – Brive-La-Gaillarde (248 km): 1. Tollet (FRA), 2. Berland (FRA), 3. F. Mendes (POR) – Gelb: Ocana
23. Brive – Puy de Dome (216,5 km): 1. Ocana (ESP), 2. Van Impe (BEL), 3. Thevenet (FRA) – Gelb: Ocana
24. Bourges – Versailles (233,5 km): 1. Hoban (GBR), 2. Mourioux (FRA), 3. Ducreux (FRA) – Gelb: Ocana
25. Versailles (ZF) (16 km): 1. Ocana (ESP), 2. Thevenet (FRA), 3. Zoetemelk (HOL) – Gelb: Ocana
26. Versaille – Paris (89 km): 1. Thevenet (FRA), 2. Godefroot (BEL), 3. Krekels (HOL) – Gelb: Ocana

Gesamtwertung: 1. Ocana (ESP) 122:25:34, 2. Thevenet (FRA) +15:51, 3. Fuente (ESP) +17:15, 4. Zoetemelk (HOL) +26:22, 5. Van Impe (BEL) +30:20, 6. Van Springel (BEL) +32:01, 7. Perin (FRA) +33:02, 8. Agostinho (POR) +35:51, 9. Lopez-Carril (ESP) +36:18, 10. Ovion (FRA) +36:59 – Deutsche Fahrer: 37. Tschan, 81. Gaida
Sprintwertung: Van Springel (BEL)
Bergwertung: Torres (ESP)

61. TOUR 1974 – EDDY MERCKX

Länge: 4107,2 Kilometer
Anzahl der Etappen: 23
Fahrer: 130 am Start, 105 im Ziel

Prolog in Brest, Circuit (7,1 km): 1. Merckx (BEL), 2. Manzaneque (ESP), 3. Bruyere (BEL) – Gelb: Merckx
1. Brest – Saint Pol de Leon (144 km): 1. Gualazzini (ITA), 2. Bruyere (BEL), 3. Van Springel (BEL) – Gelb: Bruyere
2. Plymouth – Plymouth (163,7 km): 1. Poppe (HOL), 2. Esclassan (FRA), 3. Sercu (BEL) – Gelb: Bruyere
3. Morlaix – Saint Malo (190 km): 1. Sercu (BEL), 2. Delepine (FRA), 3. Van katwijk (HOL) – Gelb: Bruyere
4. Saint Malo – Caen (184,5 km): 1. Sercu (BEL), 2. Gualazzini (ITA), 3. Guimard (FRA) – Gelb: Merckx
5. Caen – Dieppe (165 km): 1. de Witte (BEL), 2. Sercu (BEL), 3. Guimard (FRA) – Gelb: Karstens
6. Dieppe – Harelbeke (239 km): 1. Molineris (FRAU), 2. Pollentier (BEL), 3. Bal (HOL) – Gelb: Sercu
7. Harelbeke (MZF) (9 km): 1. Team Molteni, 2. Team Kas, 3. Team Bic – Gelb: Karstens
und Mons – Chalons-sur-Marne (221,5 km): 1. Merckx (BEL), 2. Sercu (BEL), 3. Esclassan (FRA) – Gelb: Merckx
8. Chalons-sur-Marne – Chaumont (136 km): 1. Guimard (FRA), 2. De Witte (BEL), 3. Oliva (ESP) – Gelb: Merckx
9. Chaumont – Besancon (152 km): 1. Sercu (BEL), 2. Esclassan (FRA), 3. Karstens (HOL) – Gelb: Merckx
10. Besancon – Gaillard (241 km): 1. Sercu (BEL), 2. Esclassan (FRA), 3. Poulidor (FRA) – Gelb: Merckx
11. Gaillard – Aix-les-Bains (131,5 km): 1. Merckx (BEL), 2. Martinez (ESP), 3. Poulidor (FRA) – Gelb: Merckx
12. Aix-les-Bains – Serre-Chevalier (199 km): 1. Lopez-Carril (ESP), 2. Merckx (BEL), 3. Galdos (ESP) – Gelb: Merckx
13. Avignon – Montpellier (126 km): 1. Hoban (GBR), 2. Esclassan (FRA), 3. Sercu (BEL) – Gelb: Merckx
14. Lodeve – Colomiers (248,5 km): 1. Genet (FRA), 2. Delcroix (FRA), 3. Di Lorenzo (ITA) – Gelb: Merckx
15. Colomiers – Seo de Urgel (225 km): 1. Merckx (BEL), 2. Martinez (ESP), 3. Pollentier (BEL) – Gelb: Merckx
16. Seo de Urgel – Saint Lary-Soulan (209 km): 1. Poulidor (FRA), 2. Lopez-Carril (ESP), 3. Pollentier (BEL) – Gelb: Merckx
17. Saint Lary-Soulan – Tourmalet (119 km): 1. Dangauillaume (FRA), 2. Poulidor (FRA), 3. Martinez (ESP) – Gelb: Merckx
18. Bagneres-de-Bigorre – Pau (141,5 km): 1. Daugauillaume (FRA), 2. De Witte (BEL), 3. Oliva (ESP) – Gelb: Merckx
19. Pau – Bordeaux (195,5 km): 1. Campaner (FRA), 2. Sercu (BEL), 3. Hoban (GBR) – Gelb: Merckx
20. Bordeaux (ZF) (12,4 km): 1. Merckx (BEL), 2. Pollentier (BEL), 3. Knetemann (HOL) – Gelb: Merckx
und Saint Gilles-Croix- de Vie – Nantes (120 km): 1. Vianen (HOL), 2. Sercu (BEL), 3. Demeyer (BEL) – Gelb: Merckx
21. Vouvray – Orleans (112,5 km): 1. Merckx (BEL), 2. Sercu (BEL), 3. Hoban (GBR) – Gelb: Merckx
22. Orleans (ZF) (37,5 km): 1. Pollentier (BEL), 2. Merckx (BEL), 3. Manzaneque (ESP) -Gelb: Merckx
23. Orleans – Paris (146 km): 1. Merckx (BEL), 2. Roosbroeck (BEL), 3. Sercu (BEL) – Gelb: Merckx

Gesamtwertung: 1. Merckx (BEL) 116:16:58, 2. Poulidor (FRA) +8:04, 3. Lopez-Carril (ESP) +8:09, 4. Panizza (ITA) +10:59, 5. Aja (ESP) +11:24, 6. Agostinho (POR) +14:24, 7. Pollentier (BEL) +16:34, 8. Martinez (ESP) +18:33, 9. A.Santy (FRA) +19:55, 10. Van Springel (BEL) +24:11 – Deutsche Fahrer: keine am Start
Sprintwertung: Sercu (BEL); **Bergwertung:** Perurena (ESP)

62. TOUR 1975 – B. THEVENET

Länge: 3999,1 Kilometer
Anzahl der Etappen: 24
Fahrer: 140 am Start, 86 im Ziel

Prolog in Charleroi (6,2 km): 1. Moser (ITA), 2. Merckx (BEL), 3. De Witte (BEL) – Gelb. Moser
1. Charleroi – Molenbeek (94 km): 1. Priem (HOL), 2. Merckx (BEL), 3. De Witte (BEL) – Gelb. Moser
2. Molenbeek – Roubaix (108,5 km): 1. Van Linden (BEL), 2. Moser (ITA), 3. Godefroot (BEL) – Gelb: Moser
3. Roubaix – Amiens (121,5 km): 1. De Witte (BEL), 2. Vianen (FRA), 3. Van Linden (BEL) – Gelb: Moser
4. Amiens – Versailles (169,5 km): 1. Rottiers (BEL), 2. Moser (ITA), 3. Esclassan (FRA) – Gelb: Moser
5. Versailles – Le Mans (223 km): 1. Esclassan (FRA), 2. Van Linden (BEL), 3. Mintkiewicz (FRA) – Gelb: Moser
6. Sable-sur-Sarthe – Merlin-Plage (222,5 km): 1. Smit (HOL), 2. Van Linden (BEL), 3. Merckx (BEL) – Gelb: Moser
7. Merlin-Plage (ZF) (16 km): 1. Merckx (BEL), 2. Hezard (FRA), 3. Knudsen (NOR) – Gelb: Merckx
8. Saint Gilles-Croix-de-Vie – Angouleme (235,5 km): 1. Moser (ITA), 2. Van Linden (BEL), 3. Godefroot (BEL) – Gelb: Merckx
9. Angouleme – Bordeaux (134 km): 1. Hoban (GBR), 2. Van Linden (BEL), 3. Moser (ITA) – Gelb: Merckx
10. Langon – Fleurance (131 km): 1. Smit (HOL), 2. Van Linden (BEL), 3. Santambrogio (ITA) – Gelb: Merckx
11. Fleurance – Auch (ZF) (37,4 km): 1. Merckx (BEL), 2. Thevenet (FRA), 3. Knudsen (NOR) – Gelb: Merckx
12. Auch – Pau (206 km): 1. Gimondi (ITA), 2. Poggiali (ITA), 3. Danguillaume (FRA) – Gelb: Merckx
13. Pau – Saint Lary-Soulan (160 km): 1. Zoetemelk (HOL), 2. Thevenet (FRA), 3. Van impe (BEL) – Gelb: Merckx
14. Tarbes – Albi (242 km): 1. Knetemann (HOL), 2. Cavalcanti (ITA), 3. Karstens (HOL) – Gelb: Merckx
15. Albi – Super-Lioran (260 km): 1. Pollentier (BEL), 2. Merckx (BEL), 2. Van Impe (BEL) – Gelb: Merckx
16. Aurillac – Puy de Dome (217,5 km): 1. Van Impe (BEL), 2. Thevenet (FRA), 3. Merckx (BEL) – Gelb: Merckx
17. Nice-pra-Loup (217,5 km): 1. Thevenet (FRA), 2. Gimondi (ITA), 3. Zoetemelk (HOL) – Gelb: Thevenet
18. Barcelonette – Serre-Chevalier (107 km): 1. Thevenet (FRA), 2. Merckx (BEL), 3. Gimondi (ITA) – Gelb: Thevenet
19. Valloire – Morzine-Avoriaz (225 km): 1. Lopez-Carril (ESP), 2. Van Impe (BEL), 3. Merckx (BEL) – Gelb: Thevenet
20. Morzine – Chatel (BZF) (40 km): 1. Van Impe (BEL), 2. Ritter (DEN), 3. Merckx (BEL) – Gelb: Thevenet
21. Thonon-les-Bains – Chalon-sur-Saone (229 km): 1. Van Linden (BEL), 2. Mintkiewicz (FRA), 3. Hoban (GBR) – Gelb: Thevenet
22. Pouilly-en-Auxois – Melun (256 km): 1. Santambrogio (ITA), 2. Van Linden (BEL), 3. Karstens (HOL) – Gelb: Thevenet
23. Melun – Senlis (220,5 km): 1. Van Linden (BEL), 2. Karstens (HOL), 3. Hoban (GBR) – Gelb: Thevenet
24. Paris – Paris (163,5 km): 1. Godefroot (BEL), 2. Mintkiewicz (FRA), 3. Karstens (HOL) – Gelb: Thevenet

Gesamtwertung: 1. Thevenet (FRA) 114:35:31, 2. Merckx (BEL) +2:47, 3. Van Impe (BEL) +5:01, 4. Zoetemelk (HOL) +6:42, 5. Gimondi (ITA) +13:05, 6. Lopez-Carril (ESP) +19:29, 7. Moser (ITA) + 24:13, 8. Fuchs (SUI) +25:51, 9. Janssens (BEL) +32:01, 10. Torres (ESP) +35:38 – Deutsche Fahrer: keine am Start
Sprintwertung: Van Linden (BEL)
Bergwertung: Van Impe (BEL)

63. TOUR 1976 – LUCIEN VAN IMPE

Länge: 4016,5 Kilometer
Anzahl der Etappen: 25
Fahrer: 130 am Start, 87 im Ziel

Prolog in Saint Jean-de-Monts (8 km): 1. Maertens (BEL), 2. Manzaneque (ESP), 3. Thevenet (FRA) – Gelb: Maertens
1. Saint Jean-de-Monts – Angers (173 km): 1. Maertens (BEL), 2. Delepine (FRA), 3. Gualazzini (ITA) – Gelb: Maertens
2. Angers – Caen (236,5 km): 1. Battaglin (ITA), 2. Gavazzi (ITA), 3. Raas (HOL) – Gelb: Maertens
3. Le Touquet – Paris-Plage (ZF) (37 km): 1. Maertens (BEL), 2. Pollentier (BEL), 3. Schuiten (HOL) – Gelb: Maertens
4. Le Touquet – Bornem (258 km): 1. Kuiper (HOL), 2. Loder (SUI), 3. Gavazzi (ITA) – Gelb: Maertens

5. Leuven – Leuven (MZF) (4,3 km): 1. Team Raleigh, 2. Team Velda-Flandria, 3. Team Peugeot – Gelb: Maertens
und Leuven – Verviers (144 km): 1. Lasa (ESP), 2. Sibille (FRA), 3. Perin (FRA) – Gelb: Maertens
6. Bastogne – Nancy (209 km): 1. Parecchini (ITA), 2. Paolini (ITA), 3. Knetemann (HOL) – Gelb: Maertens
7. Nancy – Mulhouse (207,5 km): 1. Maertens (BEL), 2. Esclassan (FRA), 3. Gavazzi (ITA) – Gelb: Maertens
8. Valentigny – Divonne-les-Bains (220,5 km): 1. Esclassan (FRA), 2. Maertens (BEL), 3. Gavazzi (ITA) – Gelb: Maertens
9. Divonne-les-Bains – Alpe d'Huez (258 km): 1. Zoetemelk (HOL), 2. Van Impe (BEL), 3. Galdos (ESP) – Gelb: Van Impe
10. Bourg D'Oisans – Montgenevre (158 km): 1. Zoetemelk (HOL), 2. Thevenet (FRA), 3. Van Impe (BEL) – Gelb: Van Impe
11. Montgenevre – Manosque (224 km): 1. Viejo (ESP), 2. Karstens (HOL), 3. Maertens (BEL) – Gelb: Van Impe
12. Port Barcares – Pyrenees 2000 (205,5 km): 1. Delisle (FRA), 2. Menendez (ESP), 3. Panizza (ITA) – Gelb: Delisle
13. Font Romeu – Saint Gaudens (188 km): 1. Teirlinck (BEL), 2. Panizza (ITA), 3. nicht vergeben – Gelb: Delisle
14. Saint Gaudens – Saint-Lary-Soulan (139 km): 1. Van Impe (BEL), 2. Zoetemelk (HOL), 3. Riccomi (ITA) – Gelb: Van Impe
15. Saint-Lary-Soulan – Pau (195 km): 1. Panizza (ITA), 2. Paolini (ITA), 3. Pollentier (BEL) – Gelb: Van Impe
16. Pau – Fleurance (152 km): 1. Pollentier (BEL), 2. Maertens (BEL), 3. Karstens (HOL) – Gelb: Van Impe
17. Fleurance – Auch (BZF) (38,7 km): 1. Bracke (BEL), 2. Knudsen (NOR), 3. Maertens (BEL) – Gelb: Van Impe
18. Auch – Langon (86 km): 1. Maertens (BEL), 2. Karstens (HOL), 3. Gavazzi (ITA) – Gelb: Van Impe
19. Langon – Lacaneau-Ocean (123 km): 1. Maertens (BEL), 2. Esclassan (FRA), 3. Paolini (ITA) – Gelb: Van Impe
20. Lacaneau-Ocean – Bordeaux (70,5 km): 1. Karstens (HOL), 2. Maertens (BEL), 3. Paolini (ITA) – Gelb: Van Impe
21. Saint-Foy-la-Grande – Tulle (219,5 km): 1. Mathis (FRA), 2. Paolini (ITA), 3. Vianen (HOL) – Gelb: Van Impe
22. Tulle – Puy de Dome (220 km): 1. Zoetemelk (HOL), 2. Van Impe (BEL), 3. Galdos (ESP) – Gelb: Van Impe
23. Montargis – Versailles (145,5 km): 1. Maertens (BEL), 2. Gavazzi (ITA), 3. Paolini (ITA) – Gelb: Van Impe
24. Paris, Champs-Elysées (ZF) (6 km): 1. Maertens (BEL), 2. Zoetemelk (HOL), 3. Poulidor (FRA) – Gelb: Van Impe
25. Paris, Champs-Elysées (ZF) (90 km): 1. Karstens (HOL), 2. Maertens (BEL), 3. Gavazzi (ITA) – Gelb: Van Impe

Gesamtwertung: 1. Van Impe (BEL) 116:22:23, 2. Zoetemelk (HOL) +4:14, 3. Poulidor (FRA) +12:08, 4. Delisle (FRA) +12:17, 5. Riccomi (ITA) +12:39, 6. Galdos (ESP) +14:50, 7. Pollentier (BEL) +14:59, 8. Maertens (BEL) +16:06, 9. Bertoglio (ITA) +16:36, 10. Lopez-Carril (ESP) +19:28 – Deutsche Fahrer: keine am Start
Sprintwertung: Maertens (BEL)
Bergwertung: Martinez (FRA)

64. TOUR 1977 – B. THEVENET

Länge: 4098,6 Kilometer
Anzahl der Etappen: 25
Fahrer: 100 am Start, 53 im Ziel

Prolog in Fleurance (5 km): 1. Thurau (GER), 2. Knetemann (HOL), 3. Merckx (BEL) – Gelb: Thurau
1. Fleurance – Auch (237 km): 1. Villemiane (FRA), 2. Esclassan (FRA), 3. Wesemael (BEL) – Gelb: Thurau
2. Auch – Pau (253 km): 1. Thurau (GER), 2. Villemiane (FRA), 3. Merckx (BEL) – Gelb: Thurau
3. Oloron – Sainte-Marie-Vitoria (248,2 km): 1. Nazabal (ESP), 2. Van Linden (BEL), 3. Sercu (BEL) – Gelb: Thurau
4. Vitoria – Seignosse-le-Penon (256 km): 1. Delepine (FRA), 2. De Cauwer (BEL), 3. Castelletti (ITA) – Gelb: Thurau
5. Mourenx – Bordeaux (138,5 km): 1. Esclassan (FRA), 2. Karstens (HOL), 3. Sercu (BEL) – Gelb: Thurau
6. Bordeaux (ZF) (30,2 km): 1. Thurau (GER), 2. Merckx (BEL), 3. Knetemann (HOL) – Gelb: Thurau
7. Bordeaux – Limoges (225,5 km): 1. Raas (HOL), 2. Thaler (GER), 3. Santambrogio (ITA) – Gelb: Thurau (GER)
8. Jaunay-Clan – Angers (139,5): 1. Sercu (BEL), 2. Smit (HOL), 3. Thaler (GER) – Gelb: Thurau
9. Angers (MZF) (4 km): 1. Team Fiat, 2. Team Peugeot, 3. Team Raleigh – Gelb: Thurau
und Angers – Lorint (246,5 km): 1. Santambrogio (ITA), 2. Burreau (FRA), 3. Bruyere (BEL) – Gelb: Thurau
10. Lorint – Rennes (187 km): 1. Thaler (GER), 2. Santambrogio (ITA), 3. Teirlinck (BEL) – Gelb: Thurau
11. Bagnoles-de-l'Orne – Rouen (174 km): 1. den Hertog (HOL), 2. Danguillaume (FRA), 3. Chassang (FRA) – Gelb: Thurau
12. Rouen – Roubaix (242,5 km): 1. Danguillaume (FRA), 2. Schuiten (HOL), 3. Sercu (BEL) – Gelb: Thurau
13. Roubaix – Charleroi (192,5 km): 1. Sercu (BEL), 2. Esclassan (FRA), 3. Van Linden (BEL) – Gelb: Thurau
14. Freiburg im Breisgau (46 km): 1. Sercu (BEL), 2. Van Linden (BEL), 3. Thurau (GER) – Gelb: Thurau
15. Altkirch – Besancon (159,5 km): 1. Danguillaume (FRA), 2. Pronk (HOL), 3. Lopez-Carril (ESP) – Gelb: Thurau
16. Besancon – Thonon-les-Baines (230 km): 1. Quilfen (FRA), 2. Esclassan (FRA), 3. Thurau (GER) – Gelb: Thurau
17. Thonon-les-Baines – Morzine (105 km): 1. Wellen (BEL), 2. Santoni (ITA), 3. Santambrogio (ITA) – Gelb: Thurau
und Morzine – Avoriaz (BZF) (14 km): 1. Van Impe (BEL), 2. Thevenet (FRA), 3. nicht vergeben – Gelb: Thurau
18. Morzine – Chamonix (121 km): 1. Thurau (GER), 2. Zoetemelk (HOL), 3. nicht vergeben – Gelb: Thurau
19. Chamonix – Alpe d'Huez (184,5 km): 1. Kuiper (HOL), 2. Thevenet (FRA), 3. Van Impe (BEL) – Gelb: Thevenet
20. Rossignol-Voiron – Saint Etienne (199,5 km): 1. nicht vergeben, 2. nicht vergeben, 3. Merckx (BEL) – Gelb: Thevenet
21. Saint Trivier – Dijon (171,5 km): 1. Knetemann (HOL), 2. Bal (HOL), 3. Karstens (HOL) – Gelb: Thevenet
22. Dijon – Dijon (ZF) (50 km): 1. Thevenet (FRA), 2. Thurau (GER), 3. Kuiper (HOL) – Gelb: Thevenet
23. Montereau – Versailles (141,5 km): 1. Knetemann (HOL), 2. Zoetemelk (HOL), 3. Laurent (FRA) – Gelb: Thevenet
24. Paris, Champs-Elysées (ZF) (6 km): 1. Thurau (GER), 2. Knetemann (HOL), 3. Thevenet (FRA) – Gelb: Thevenet
25. Paris, Champs-Elysées (90,7 km): 1. Meslet (FRA), 2. Karstens (HOL), 3. Hoban (GBR) – Gelb: Thevenet

Gesamtwertung: 1. Thevenet (FRA) 115:38:30, 2. Kuiper (HOL) +0:48, 3. Van Impe (BEL) +3:32, 4. Galdos (ESP) +7:45, 5. Thurau (GER) +12:24, 6. Merckx (BEL) +12:38, 7. Laurent (FRA) +17:42, 8. Zoetemelk (HOL) +19:22, 9. Delisle (FRA) +21:32, 10. Meslet (FRA) -Deutsche Fahrer: 49. Singer
Sprintwertung: Esclassan (FRA)
Bergwertung: Van Impe (BEL)

65. TOUR 1978 – B. HINAULT

Länge: 3919,5 Kilometer
Anzahl der Etappen: 22
Fahrer: 110 am Start, 78 im Ziel

Prolog in Leiden, Circuit (5,2 km): 1. Raas (HOL), 2. Knetemann (HOL), 3. Zoetemelk (HOL) – Gelb: nicht vergeben
1. Leiden – Saint Willebrord (135 km): 1. Raas (HOL), 2. Maertens (BEL), 3. Esclassan (FRA) – Gelb: Raas
und Saint Willebrord – Brüssel (100 km): 1. Plankaert (BEL), 2. Maertens (BEL), 3. Pescheux (FRA) – Gelb: Raas
2. Brüssel – Saint Amand-les-Eaux (199 km): 1. Esclassan (FRA), 2. Bertin (FRA), 3. Maertens (BEL) – Gelb: Raas
3. Saint Amand-les-Eaux – Saint Germain-en-Laye (243,5 km): 1. Thaler (GER), 2. Bossis (ITA), 3. Friou (FRA) – Gelb: Bossis
4. Evreux – Caen (MZF) (153 km): 1. Team Raleigh, 2. Team C&A, 3. Team Miko-Mercier – Gelb: Thaler
5. Caen-Maze – Montgeoffroy (244 km): 1. Maertens (BEL), 2. Karstens (HOL), 3. Esclassan (FRA) – Gelb: Thaler
6. Montgeoffroy – Poitiers (162 km): 1. Kelly (IRL), 2. Knetemann (HOL), 3. Bittinger (FRA) – Gelb: Knetemann
7. Poitiers – Bordeaux (242 km): 1. Maertens (BEL), 2. Esclassan (FRA), 3. Planckaert (BEL) – Gelb: Knetemann
8. Saint Emilion – Saint Foye-la-Grande (ZGF) (59,3 km): 1. Hinault (FRA), 2. Bruyere (BEL), 3. Maertens (BEL) – Gelb: Bruyere
9. Bordeaux – Biarritz (233 km): 1. Lasa (ESP), 2. Raas (HOL), 3. Demeyer (BEL) – Gelb: Bruyere
10. Biarritz – Pau (191,5 km): 1. Lubberding (HOL), 2. Patritti (ITA), 3. Raas (HOL) – Gelb: Bruyere
11. Pau – Saint Lary-Soulan (161 km): 1. Martinez (ESP), 2. Hinault (FRA), 3. Pollentier (BEL) – Gelb: Bruyere
12. Valence d'Agen – Toulouse (96 km): 1. Esclassan (FRA), 2. Raas (HOL), 3. Maertens (BEL) – Gelb: Bruyere
13. Figeac – Super-Besse (221 km): 1. Wellens (BEL), 2. Laurent (FRA), 3. Agostinho (POR) – Gelb: Bruyere
14. Besse-en-Chandesse – Puy de Dome (BZF) (52,5 km): 1. Zoetemelk (HOL), 2. Pollentier (BEL), 3. Bruyere (BEL)
15. Saint Dier-d'Auvergne – Saint Etienne (196 km): 1. Hinault (FRA), 2. Kelly (IRL), 3. Maertens (BEL) – Gelb: Bruyere
16. Saint Etienne – Alpe d'Huez (240,5 km): 1. Kuiper (HOL), 2. Hinault (FRA), 3. Zoetemelk (HOL) – Gelb: Zoetemelk
17. Grenoble – Morzine (225 km): 1. Seznec (FRA), 2. Wellens (BEL), 3. Hinault (FRA) – Gelb: Zoetemelk
18. Morzine – Lausanne (137,5 km): 1. Knetemann (HOL), 2. Bruyere (BEL), 3. Wellens (BEL) – Gelb: Zoetemelk
19. Lausanne – Belfort (181,5 km): 1. Demeyer (BEL), 2. Raas (HOL), 3. Lasa (ESP) – Gelb: Zoetemelk
20. Metz – Nancy (ZF) (72 km): 1. Hinault (FRA), 2. Bruyere (BEL), 3. Knetemann (HOL) – Gelb: Hinault
21. Epernay – Senlis (207,5 km): 1. Raas (HOL), 2. Maertens (BEL), 3. Bertin (FRA) – Gelb: Hinault
22. Saint Germain-en-Laye – Paris (161,5 km): 1. Knetemann (HOL), 2. Martens (BEL), 3. Lubberding (HOL) – Gelb: Hinault

Gesamtwertung: 1. Hinault (FRA) 108:18:00, 2. Zoetemelk (HOL) +3:56, 3. Agostinho (POR) +6:54, 4. Bruyere (BEL) +9:04, 5. Seznec (FRA) +12:50, 6. Wellens (BEL) +14.38, 7. Galdos (ESP) +17:08, 8. Lubberding (HOL) +17:26, 9. Van Impe (BEL) +21:01, 10. Martinez (ESP) +22:58 – Deutsche Fahrer: 35. Thaler
Sprintwertung: Maertens (BEL)
Bergwertung: Martinez (ESP)

66. TOUR 1979 – B. HINAULT

Länge: 3720,3 Kilometer
Anzahl der Etappen: 24
Fahrer: 150 am Start, 90 im Ziel

Prolog in Fleurance, Circuit (5 km): 1. Knetemann (HOL), 2. Knudsen (NOR), 3. Zoetemelk (HOL) – Gelb: Knetemann
1. Fleurance – Luchon (225 km): 1. Bittinger (FRA), 2. Bernaudeau (FRA), 3. Battaglin (ITA) – Gelb: Bernaudeau
2. Luchon – Superbagneres (ZF) (23,8 km): 1. Hinault (FRA), 2. Agostinho (POR), 3. Zoetemelk (HOL) – Gelb: Hinault
3. Luchon – Pau (180,5 km): 1. Hinault (FRA), 2. Pevenage (BEL), 3. Baronchelli (ITA) – Gelb: Hinault
4. Captieux – Bordeaux (MZF) (86,6 km): 1. Team Raleigh, 2. Team Ijsboerke, 3. Team Peugeot – Gelb: Hinault
5. Neuville-de-Poitou – Angers (145,5 km): 1. Raas (HOL), 2. Esclassan (FRA), 3. Kelly (IRL) – Gelb: Hinault
6. Angers – Saint Brieuc (238,5 km): 1. Jacobs (BEL), 2. Hinault (FRA), 3. Raas (HOL) – Gelb: Hinault
7. Saint Hilaire-du-Harcouet – Deauville (158,2 km): 1. Van Vliet (HOL), 2. Levavasseur (FRA), 3. Poirier (FRA) – Gelb: Hinault
8. Deauville – Le Havre (MZF) (90,2 km): 1. Team Raleigh, 2. Team Renault-Gitane, 3. Team Ijsboeke – Gelb: Hinault
9. Amiens – Roubaix (201,2 km): 1. Delcroix (BEL), 2. Thurau (GER), 3. Pollentier (BEL) – Gelb: Zoetemelk
10. Roubaix – Brüssel (124 km): 1. Maas (HOL), 2. Verschuere (BEL), 3. Peeters (BEL) – Gelb: Zoetemelk
11. Brüssel – Brüssel (ZF) (33,4 km): 1. Hinault (FRA), 2. Knudsen (NOR), 3. Knetemann (HOL) – Gelb: Zoetemelk
12. Rochefort – Metz (193 km): 1. Seznec (FRA), 2. Borguet (FRA), 3. Donadello (ITA) – Gelb: Zoetemelk
13. Metz – Ballon d'Alsace (202 km): 1. Villemiane (FRA), 2. Pevenage (BEL), 3. Battaglin (ITA) – Gelb: Zoetemelk
14. Belfort – Evian (248,2 km): 1. Demeyer (BEL), 2. Kelly (IRL), 3. Esclassan (FRA) – Gelb: Zoetemelk
15. Evian-Morzine – Avoriaz (BZF) (54,2 km): 1. Hinault (FRA), 2. Zoetemelk (HOL), 3. Agostinho (POR) – Gelb: Hinault
16. Morzine – Les Menuires (201,3 km): 1. Van Impe (BEL), 2. Hinault (FRA), 3. Criquielion (FRA) – Gelb: Hinault
17. Les Menuires – Alpe d'Huez (166,5 km): 1. Agostinho (POR), 2. Alban (FRA), 3. Wellens (BEL) – Gelb: Hinault
18. Alpe d'Huez – Alpe d'Huez (118,5 km): 1. Zoetemelk (HOL), 2. Van Impe (BEL), 3. Hinault (FRA) – Gelb: Hinault
19. Alpe d'Huez – Saint Priest (162 km): 1. Thurau (GER), 2. Jacobs (BEL), 3. Demeyer (BEL) – Gelb: Hinault
20. Saint Priest – Dijon (239,6 km): 1. Parsani (ITA), 2. Knetemann (HOL), 3. Van Impe (BEL) – Gelb: Hinault
21. Dijon (ZF) (48,8 km): 1. Hinault (FRA), 2. Zoetemelk (HOL), 3. Knetemann (HOL) – Gelb: Hinault
22. Dijon – Auxerre (189 km): 1. Knetemann (HOL), 2. Battaglin (ITA), 3. Demeyer (BEL) – Gelb: Hinault
23. Auxerre – Nogent-sur-Marne (205 km): 1. Hinault (FRA), 2. Demeyer (BEL), 3. Van Calster (BEL) – Gelb: Hinault
24. Le Perreux-sur-Marne – Paris (180,3 km): 1. Hinault (FRA), 2. Zoetemelk (HOL), 3. Thurau (GER) – Gelb: Hinault

Gesamtwertung: 1. Hinault (FRA) 103:06:50, 2. Zoetemelk (HOL) +13:37, 3. Agostinho (POR) +26:53, 4. Kuiper (HOL)

+28:02, 5. Bernaudeau (FRA) +32:43, 6. Battaglin (ITA) +38:12, 7. Maas (HOL) +38:39, 8. Wellens (BEL) +39:06, 9. Criquielion (FRA) +40:38, 10. Thurau (GER) +44:35 – Deutsche Fahrer: keine weiteren
Sprintwertung: Hinault (FRA)
Bergwertung: Battaglin (ITA)

67. TOUR 1980 – JOOP ZOETEMELK

Länge: 3847,4 Kilometer
Anzahl der Etappen: 24
Fahrer: 130 am Start, 85 im Ziel

Prolog in Frankfurt am Main (7,6 km): 1. Hinault (FRA), 2. Knetemann (HOL), 3. Oosterbosch (HOL) – Gelb: Hinault
1. Frankfurt am Main – Wiesbaden (133 km): 1. Raas (HOL), 2. Packaert (BEL), 3. Kelly (IRL) – Gelb: Hinault
2. Wiesbaden – Frankfurt am Main (MZF) (45,8 km): 1. Team Raleigh, 2. Team Renault, 3. Team Peugeot – Gelb: Knetemann
3. Frankfurt am Main – Metz (276 km): 1. Pevenage (BEL), 2. Bazzo (ITA), 3. Bertin (FRA) – Gelb: Bertin
4. Metz – Luik (282,5 km): 1. Lubberding (HOL), 2. Claes (BEL), 3. Van Calster (BEL) – Gelb: Pevenage
5. Francorchamps (ZF) (34,6 km): 1. Hinault (FRA), 2. Zoetemelk (HOL), 3. Knetemann (HOL) – Gelb: Pevenage
6. Luik – Lille (249,3 km): 1. Hinault (FRA), 2. Kuiper (HOL), 3. Delcroix (FRA) – Gelb: Pevenage
7. Lille – Compiegne (215,8 km): 1. Gauthier (FRA), 2. Verlinden (BEL), 3. Bourreau (FRA) – Gelb: Pevenage
8. Compiegne – Beauvais (MZF) (65 km): 1. Team Raleigh, 2. Team Peugeot, 3. Team Usboerke – Gelb: Pevenage
9. Beauvais – Rouen (92 km): 1. Raas (HOL), 2. Van Vliet (HOL), 3. Osmont (FRA) – Gelb: Pevenage
10. Flers – Saint Malo (164,2 km): 1. Oosterbosch (HOL), 2. Kelly (IRL), 3. Tackaert (BEL) – Gelb: Pevenage
11. Saint Malo – Nantes (205,3 km): 1. Raas (HOL), 2. Tackaert (BEL), 3. Jacobs (BEL) – Gelb: Pevenage
12. Rochefort-sur-Mer – Bordeaux (163 km): 1. Priem (HOL), 2. Osmont (FRA), 3. Bertin (FRA) – Gelb: Pevenage
13. Damazan – La Plume (ZF) (51,7 km): 1. Zoetemelk (HOL), 2. Kuiper (HOL), 3. Agostinho (POR) – Gelb: Hinault
14. Agen – Pau (194,1 km): 1. Knetemann (HOL), 2. Peeters (BEL), 3. Vandenbroucke (BEL) – Gelb: Hinault
15. Pau – Bagneres-de-Luchon (200,4 km): 1. Martin (FRA), 2. Nilsson (SWE), 3. Seznec (FRA) – Gelb: Zoetemelk
16. Lezignan-Corbieres – Montpellier (189,5 km): 1. Peeters (BEL), 2. Van Vliet (HOL), 3. Bonnet (FRA) – Gelb: Zoetemelk
17. Montpellier – Martigues (160 km): 1. Vallet (FRA), 2. Thevenet (FRA), 3. Tosso (ITA) – Gelb: Zoetemelk
18. Trets-Pra-Lop (208,6 km): 1. Deschoenmaeker (BEL), 2. A.Fernandez (ESP), 3. Seznec (FRA) – Gelb: Zoetemelk
19. Serre-Chevalier – Morzine (242 km): 1. Martinez (FRA), 2. Levavasseur (FRA), 3. Van Impe (BEL) – Gelb: Zoetemelk
20. Morzine – Prapoutel-sept-Laux (198,8 km): 1. Loos (BEL), 2. Alban (FRA), 3. Agostinho (POR) – Gelb: Zoetemelk
21. Voreppe – Saint Etienne (139,7 km): 1. Kelly (IRL), 2. Lejarreta (ESP), 3. Jacobs (BEL) – Gelb: Zoetemelk
22. Saint Etienne (ZF) (34,4 km): 1. Zoetemelk (HOL), 2. Knetemann (HOL), 3. Agostinho (POR) – Gelb: Zoetemelk
23. Auxerre – Fontenay-sous-Bois (208 km): 1. Kelly (IRL), 2. Jacobs (BEL), 3. Thaler (GER) – Gelb: Zoetemelk
24. Fontenay-sous-Bois – Paris (186,1 km): 1. Verschuere (BEL), 2. Kelly (IRL), 3. Jacobs (BEL) – Gelb: Zoetemelk

Gesamtwertung: 1. Zoetemelk (HOL) 109:19:14, 2 Kuiper (HOL) +6:55, 3. Martin (FRA) +7:56, 4. De Muynck (BEL) +12:24, 5. Agostinho (POR) +15:37, 6. Seznec (FRA) +16:16, 7. Nilsson (SWE) +16:33, 8. Peeters (BEL) +20:45, 9. Bazzo (ITA) +21:03, 10. Lubberding (HOL) +21:10 – Deutsche Fahrer: 37. Thaler, 62. Jakst
Sprintwertung: Pevenage (BEL)
Bergwertung: Martin (FRA)

68. TOUR 1981 – B. HINAULT

Länge: 3759,1 Kilometer
Anzahl der Etappen: 24
Fahrer: 150 am Start, 121 im Ziel

Prolog in Nice (5,8 km): 1. Hinault (FRA), 2. Knetemann (HOL), 3. Willems (BEL) – Gelb: Hinault
1. Nice – Nice (97 km): 1. Maertens (BEL), 2. Kelly (IRL), 3. Bertin (FRA) – Gelb: Hinault
2. Nice – Antibes – Nice (MZF) (40 km): 1. Team Raleigh, 2. Team Capri-Sonne, 3. Team Miko-Mercier – Gelb: Knetemann
3. Nice – Martigues (254 km): 1. Van der Velde (HOL), 2. Didier (FRA), 3. Andersen (DEN) – Gelb: Knetemann
4. Martigues – Narbonne-Plage (232 km): 1. Maertens (BEL), 2. Freuler (SUI), 3. Jacobs (BEL) – Gelb: Knetemann
5. Narbonne – Carcassonne (MZF) (77,2 km): 1. Team Raleigh, 2. Team Peugeot, 3. Team Capri-Sonne – Gelb: Knetemann
6. Saint Gaudens – Saint Lary-Soulan (117,5 km): 1. Van Impe (BEL), 2. Hinault (FRA), 3. Anderson (AUS) – Gelb: Anderson
7. Nay – Pau (ZF) (26,7 km): 1. Hinault (FRA), 2. Knetemann (HOL), 3. Anderson (AUS) – Gelb: Hinault (FRA) – Gelb: Hinault
8. Pau – Bordeaux (227 km): 1. Freuler (SUI), 2. Maertens (BEL), 3. Planckaert (BEL) – Gelb: Hinault
9. Rochefort-sur-Mer – Nantes (182 km): 1. Wijnands (HOL), 2. J. Fernandez (ESP), 3. Maertens (BEL) – Gelb: Hinault
10. Nantes – Le Mans (196,5 km): 1. Martens (BEL), 2. Clere (FRA), 3. Duclos-Lassalle (FRA) – Gelb: Hinault
11. Le Mans – Aulnay-sous-Bois (264 km): 1. Wijnands (HOL), 2. Vandenbroucke (BEL), 3. Tackert (BEL) – Gelb: Hinault (FRA)
12. Compiegne – Roubaix (246 km): 1. Willems (BEL), 2. Duclos-Lassalle (FRA), 3. Agostinho (POR) – Gelb: Hinault (FRA)
13. Roubaix – Brüssel (107,3 km): 1. Maertens (BEL), 2. Freuler (SUI), 3. de Wolf (BEL) – Gelb: Hinault
14. Brüssel – Zolder (137,8 km): 1. Planckaert (BEL), 2. Maertens (BEL), 3. Bertin (FRA) – Gelb: Hinault
15. Beringen – Hasselt (157 km): 1. Maertens (BEL), 2. Planckaert (BEL), 3. de Wolf (BEL) – Gelb: Hinault
16. Mulhouse (ZF) (38,5 km): 1. Hinault (FRA), 2. Knetemann (HOL), 3. Willems (BEL) – Gelb: Hinault
17. Besancon – Thonon-les-Bains (231 km): 1. Kelly (IRL), 2. Rodriguez (FRA), 3. Van der Velde (HOL) – Gelb: Hinault
18. Thonon-les-Bains – Morzine (199,5 km): 1. Alban (FRA), 2. Nilsson (SWE), 3. Criquielion (FRA) – Gelb: Hinault
19. Morine – Alpe d'Huez (230,5 km): 1. Winnen (HOL), 2. Hinault (FRA), 3. Van Impe (BEL) – Gelb: Hinault
20. Bourg d'Oisans – Les Sept Laux-Le Pleynet (134 km): 1. Hinault (FRA), 2. Bernaudeau (FRA), 3. de Wolf (BEL) – Gelb: Hinault
21. Veury – Saint Priest (117,5 km): 1. Willems (BEL), 2. Hinault (FRA), 3. Peeters (BEL) – Gelb: Hinault
22. Saint Priest (ZF) (46,5 km): 1. Hinault (FRA), 2. Willems (BEL), 3. Knetemann (HOL) – Gelb: Hinault
23. Auxerre – Fontenay-sous-Bois (207 km): 1. Van der Velde (HOL), 2. Bazzo (ITA), 3. Peeters (BEL) – Gelb: Hinault
24. Fontenay – Paris (186,8 km): 1. Maertens (BEL), 2. de Wolf (BEL), 3. Thaler (GER) – Gelb: Hinault

Gesamtwertung: 1. Hinault (FRA) 96:19:38, 2. Van Impe (BEL) +14:34, 3. Alban (FRA) +17:04, 4. Zoetemelk (HOL) +18:21, 5. Winnen (HOL) +20:26, 6. Bernaudeau (FRA) +23:02, 7. De Muynck (BEL) +24:25, 8. Nilsson (SWE) +24:37, 9. Criquielion (FRA) +26:18, 10. Anderson (AUS) +27:00 – Deutsche Fahrer: 49. Thaler
Sprintwertung: Maertens (BEL)
Bergwertung: Van Impe (BEL)

69. TOUR 1982 – B. HINAULT

Länge: 3512 Kilometer
Anzahl der Etappen: 21
Fahrer: 169 am Start, 125 im Ziel

Prolog in Basel (7,4 km): 1. Hinault (FRA), 2. Knetemann (HOL), 3. Braun (GER) – Gelb: Hinault
1. Schupfart – Mohlin (207 km): 1. Peeters (BEL), 2. Kelly (IRL), 3. Raas (HOL) – Gelb: Peeters
2. Basel – Nancy (250 km): 1. Anderson (AUS), 2. Lubberding (HOL), 3. Vallet (FRA) – Gelb: Anderson
3. Nancy – Longwy (134 km): 1. Willems (BEL), 2. Demierre (FRA), 3. Kelly (IRL) – Gelb: Anderson
4. Beauraing – Moeskroen (219 km): 1. Knetemann (HOL), 2. Kelly (IRL), 3. Braun (GER) – Gelb: Anderson
5. Orchies – Fontaine-au-Pire (73 km): annuliert
6. Lille – Lille (233 km): 1. Raas (HOL), 2. Jacobs (BEL), 3. Le Bigaut (FRA) – Gelb: Anderson
7. Cancale – Concarneau (234,5 km): 1. Verschuere (BEL), 2. Wijnands (HOL), 3. Tackaert (BEL) – Gelb: Anderson
8. Concarneau – Chateaulin (200,8 km): 1. Hoste (BEL), 2. Leali (ITA), 3. Criquielion (FRA) – Gelb: Anderson
9. Lorient – Plumelec (MZF) (69 km): 1. Team Raleigh, 2. Team Renault, 3. Team Sunair – Gelb: Anderson
und Plumelec – Nantes (138,5 km): 1. Mutter (SUI), 2. Villemiane (FRA), 3. Raas (HOL) – Gelb: Anderson
10. Saintes – Bordeaux (147,2 km): 1. Villemiane (FRA), 2. Kelly (IRL), 3. Planckaert (BEL) – Gelb: Anderson
11. Valence d'Agen (ZF) (57,3 km): 1. Knetemann (HOL), 2. Hinault (FRA), 3. Willems (HOL) – Gelb: Hinault
12. Fleurance – Pau (249 km): 1. Kelly (IRL), 2. Anderson (AUS), 3. Van de Velde (HOL) – Gelb: Hinault
13. Pau – Pla d'Adet (122 km): 1. Breu (SUI), 2. Alban (FRA), 3. Fernandez (ESP) – Gelb: Hinault
14. Martigues (122 km): 1. Hinault (FRA), 2. van Houwelingen (BEL), 3. Gisiger (SUI) – Gelb: Hinault
15. Manosque – Orcieres-Merlette (208 km): 1. Simon (FRA), 2. Menteour (FRA), 3. Bernaudeau (FRA) – Gelb: Hinault
16. Orcieres-Merlette – Alpe d'Huez (123 km): 1. Breu (SUI), 2. Alban (FRA), 3. Fernandez (ESP) – Gelb: Hinault
17. Alpe d'Huez – Morzine (251 km): 1. Winnen (HOL), 2. Van de Velde (HOL), 3. Bernaudeau (FRA) – Gelb. Hinault
18. Morzine – Saint Priest (233 km): 1. van Houwelingen (BEL), 2. Kelly (IRL), 3. van Vliet (HOL) – Gelb: Hinault
19. Saint Priest (ZF) (48 km): 1. Hinault (FRA), 2. Knetemann (HOL), 3. Poisson (FRA) – Gelb: Hinault
20. Sens – Aulnay-sous-Bois (161 km): 1. Willems (BEL), 2. Kelly (IRL), 3. Vanoverschelde (FRA) – Gelb: Hinault
21. Fontenay-sous-Bois – Paris (186,8 km): 1. Hinault (FRA), 2. van der Poel (HOL), 3. Bertin (FRA) – Gelb: Hinault

Gesamtwertung: 1. Hinault (FRA) 92:08:46, 2. Zoetemelk (HOL) +6:21, 3. van der Velde (HOL) +8:59, 4. Winnen (HOL) +9:24, 5. Anderson (AUS) +12:16, 6. Breu (SUI) +13:21, 7. Willems (BEL) +15:33, 8. Martin (FRA) +15:35, 9. Kuiper (HOL) +17:01, 10. Fernandez (ESP) +17:09 – Deutsche Fahrer: 90. Thaler
Sprintwertung: Kelly (IRL)
Bergwertung: Vallet (FRA)

70. TOUR 1983 – LAURENT FIGNON

Länge: 3860,1 Kilometer
Anzahl der Etappen: 22
Fahrer: 140 am Start, 88 im Ziel

Prolog in Fontenay-sous-Bois (5,5 km): 1. Vanderaerden (BEL), 2. Oosterbosch (HOL), 3. Vanderbroucke (BEL) – Gelb: Vanderaerden
1. Nogent-sur-Marne – Creteil (163 km): 1. Pirard (HOL), 2. Gauthier (FRA), 3. Jules (FRA) – Gelb: Vanderaerden
2. Soissons – Fontane-au-Pire (100 km): 1. Team Coop-Mercier, 2. Team Peugeot, 3. Team Aernoudt – Gelb: Gauthier
3. Valenciennes – Roubaix (152 km): 1. Matthys (BEL), 2. Andersen (DEN), 3. Poisson (FRA) – Gelb: Andersen
4. Roubaix – Le Havre (300 km): 1. Demierre (SUI), 2. Kelly (IRL), 3. McKenzie (NZL) – Gelb: Andersen
5. Le Havre – Le Mans (257 km): 1. Gaigne (FRA), 2. Glaus (FRA), 3. de Wilde (BEL) – Gelb: Andersen
6. Chateaubriant – Nantes (ZF) (58,5 km): 1. Oosterbosch (HOL), 2. Willems (BEL), 3. Gorospe (FRA) – Gelb: Andersen
7. Nantes – Ile d'Oleron (216 km): 1. Magrini (ITA), 2. Vanderaerden (BEL), 3. Glaus (FRA) – Gelb: Andersen
8. La Rochelle – Bordeaux (222 km): 1. Oosterbosch (HOL), 2. Kuiper (HOL), 3. Bernaudeau (FRA) – Gelb: Andersen
9. Bordeaux – Pau (207 km): 1. Chevallier (FRA), 2. Veldscholten (HOL), 3. Kelly (IRL) – Gelb: Kelly
10. Pau – Luchon (201 km): 1. Millar (GBR), 2. Delgado (ESP), 3. Simon (FRA) – Gelb: Simon
11. Luchon – Fleurance (177 km): 1. Clere (FRA), 2. Jourdan (FRA), 3. Pirard (FRA) – Gelb: Simon
12. Fleurance – Roquefort (261 km): 1. Andersen (DEN), 2. Delgado (ESP), 3. Veldschoten (HOL) – Gelb: Simon
13. Roquefort – Aurillac (261 km): 1. Lubberding (HOL), 2. Linard (FRA), 3. Clere (FRA) – Gelb: Simon
14. Aurillac – Issoire (149 km): 1. Le Begaut (FRA), 2. de Rooy (HOL), 3. Arnaud (FRA) – Gelb: Simon
15. Clermont Ferrand – Puy de Dome (BZF) (15,6 km): 1. Arroyo (ESP), 2. Delgado (ESP), 3. Jimenez (COL) – Gelb: Simon
16. Issoire – Saint Etienne (144,5 km): 1. Laurent (FRA), 2. Lubberding (HOL), 3. Vandenbroucke (BEL) – Gelb: Simon
17. La Tour-du-Pin – Alpe d'Huez (223 km): 1. Winnen (HOL), 2. Bernaudeau (FRA), 3. Corredor (FRA) – Gelb: Fignon
18. Alpe d'Huez – Morzine (247 km): 1. Michaud (FRA), 2. Arroyo (ESP), 3. Corredor (FRA) – Gelb: Fignon
19. Morzine – Avoriaz (BZF) (15 km): 1. Van Impe (BEL), 2. Roche (IRL), 3. Winnen (HOL) – Gelb: Fignon
20. Morzine – Dijon (291 km): 1. Leleu (FRA), 2. Gauthier (FRA), 3. Kelly (IRL) – Gelb: Fignon

21. Dijon – Dijon (ZF) (50 km): 1. Fignon (FRA), 2. Arroyo (ESP), 3. Roche (IRL) – Gelb: Fignon
22. Alfortville – Paris (195 km): 1. Glaus (SUI), 2. Kelly (IRL), 3. Urbany (LUX) – Gelb: Fignon
Gesamtwertung: 1. Fignon (FRA) 105:07:52, 2. Arroyo (ESP) +4:04, 3. Winnen (HOL) +4:09, 4. Van Impe (BEL) +4:18, 5. Alban (FRA) +7:53, 6. Bernaudeau (FRA) +8:59, 7. Kelly (IRL) +12:09, 8. Madiot (FRA) +14:55, 9. Anderson (AUS) +16:56, 10. Lubberding (HOL) +18:55 – Deutsche Fahrer: keine am Start
Sprintwertung: Kelly (IRL)
Bergwertung: Van Impe (BEL)

71. TOUR 1984 – LAURENT FIGNON

Länge: 4020,9 Kilometer
Anzahl der Etappen: 23
Fahrer: 170 am Start, 124 im Ziel

Prolog in Montreux-Sous-Bois-Noisy-le-Sec (5,4 km): 1. Hinault (FRA), 2. Fignon (FRA), 3. Peiper (AUS) – Gelb: Hinault
1. Bondy – Saint Denis (148,5 km): 1. Hoste (BEL), 2. Rault (FRA), 3. Peiper (AUS) – Gelb: Peeters
2. Bobigny – Louvroil (249,5 km): 1. Madiot (FRA), 2. Andersen (DEN), 3. Roche (IRL) – Gelb: Hanegraaf
3. Louvroil – Valenciennes (MZF) (51 km): 1. Team Renault, 2. Team Panasonic, 3. Team Kwantum – Gelb: Hanegraaf
4. Valenciennes – Bethune (83 km): 1. Van den Haute (BEL), 2. De Jonckheere (BEL), 3. Van der Poel (HOL) – Gelb: Van der Poel
5. Bethune – Cergy-Pontoise (207 km): 1. Ferreira (POR), 2. Barteau (FRA), 3. Le Guilloux (FRA) – Gelb: Barteau
6. Cergy-Pontoise – Alencon (202 km): 1. Hoste (BEL), 2. Planckaert (BEL), 3. Glaus (SUI) – Gelb: Barteau
7. Alencon – Le Mans (ZF) (67 km): 1. Fignon (FRA), 2. Kelly (IRL), 3. Hinault (FRA) – Gelb: Barteau
8. Le Mans – Nantes (192 km): 1. Jules (FRA), 2. Peeters (BEL), 3. Leali (ITA) – Gelb: Barteau
9. Nantes – Bordeaux (338 km): 1. Raas (HOL), 2. Leali (ITA), 3. Madiot (FRA) – Gelb: Barteau
10. Bordeaux – Pau (198 km): 1. Vanderaerden (BEL), 2. Dierickx (BEL), 3. Kelly (IRL) – Gelb: Barteau
11. Pau – Guzet Neige (226,5 km): 1. Millar (GBR), 2. Herrera (COL), 3. Delgado (ESP) – Gelb: Barteau
12. Saint Girons – Blagnac (111 km): 1. Poisson (FRA), 2. Vanderaerden (BEL), 3. Van Vliet (HOL) – Gelb: Barteau
13. Blagnac – Rodez (220,5 km): 1. Mentheour (FRA), 2. Garde (FRA), 3. Andersen (DEN) – Gelb: Barteau
14. Rodez – Domaine du Rouret (227,5 km): 1. de Wolf (BEL), 2. Fignon (FRA), 3. Hinault (FRA) – Gelb: Barteau (FRA)
15. Domaine du Rouret – Grenoble (241,5 km): 1. Vichot (FRA), 2. Linard (FRA), 3. Fignon (FRA) – Gelb: Barteau
16. Les Echelles – La Ruchere (ZF) (22 km): 1. Fignon (FRA), 2. Herrera (COL), 3. Delgado (ESP) – Gelb: Barteau
17. Grenoble – Alpe d'Huez (151 km): 1. Herrera (COL), 2. Fignon (FRA), 3. Arroyo (ESP) – Gelb: Barteau
18. Alpe d'Huez – La Plagne (185 km). 1. Fignon (FRA), 2. Grezet (SUI), 3. LeMond (USA) – Gelb: Fignon
19. La Plagne – Morzine (186 km): 1. Arroyo (ESP), 2. Kelly (IRL), 3. Andersen (DEN) – Gelb: Fignon
20. Morzine – Crans Montana (140,5 km): 1. Fignon (FRA), 2. Arroyo (ESP), 3. Wilches (COL) – Gelb: Fignon
21. Crans Montana – Villefranche-en-Beaujolais (320,5 km): 1. Hoste (BEL), 2. Hanegraaf (HOL), 3. Kelly (IRL) – Gelb: Fignon
22. Villie Morgon – Villefranche-en-Beaujolais (ZF) (51 km): 1. Fignon (FRA), 2. Kelly (IRL), 3. Hinault (FRA) – Gelb: Fignon
23. Pantin – Paris (196,5 km): 1. Vanderaerden (BEL), 2. Jules (FRA), 3. Hoste (BEL) – Gelb: Fignon

Gesamtwertung: 1. Fignon (FRA) 112:03:40, 2. Hinault (FRA) +10:32, 3. LeMond (USA) +11:46, 4. Millar (GBR) +14:42, 5. Kelly (IRL) +16:35, 6. Arroyo (ESP) +19:22, 7. Simon (FRA) +21:17, 8. Munoz (ESP) +26:17, 9. Criquielion (FRA) +29:12, 10. Anderson (AUS) +29:16 – Deutsche Fahrer: 64. Dietzen
Sprintwertung: Hoste (BEL)
Bergwertung: Millar (GBR)

72. TOUR 1985 – B. HINAULT

Länge: 4107,3 Kilometer
Anzahl der Etappen: 23
Fahrer: 180 am Start, 144 im Ziel

Prolog in Plumelec (6,8 km): 1. Hinault (FRA), 2. Vanderaerden (BEL), 3. Roche (IRL) – Gelb: Hinault
1. Vannes – Lanester (256 km): 1. Matthijs (BEL), 2. Vanderaerden (BEL), 3. Kelly (IRL) – Gelb: Vanderaerden
2. Lorient – Vietre (242 km): 1. Matthijs (BEL), 2. Kelly (IRL), 3. Vanderaerden (BEL) – Gelb: Vanderaerden
3. Vitre – Fougeres (MZF) (73 km): 1. Team La Vie Claire, 2. Team Kwantum, 3. Team Panasonic – Gelb: Vanderaerden
4. Fougeres – Pont Audemer (239,5 km): 1. Solleveld (HOL), 2. Leali (ITA), 3. Haghedooren (BEL) – Gelb: Andersen
5. Neufchatel-en-Bray – Roubaix-Tourcoing (224 km): 1. Manders (HOL), 2. Kelly (IRL), 3. Anderson (AUS) – Gelb: Andersen
6. Roubaix-Tourcoing – Reims (221,5 km): 1. Castaing (FRA), 2. LeMond (USA), 3. Van Brabant (BEL) – Gelb: Andersen
7. Reims – Nancy (217,5 km): 1. Wijnants (BEL), 2. Herrera (COL), 3. Winnen (HOL) – Gelb: Andersen
8. Sarrebourg – Strasbourg (ZF) (75 km): 1. Hinault (FRA), 2. Roche (IRL), 3. Mottel (FRA) – Gelb: Hinault
9. Strasbourg – Epinal (173,5 km): 1. Ducrot (HOL), 2. Bittinger (FRA), 3. Madiot (FRA) – Gelb: Hinault
10. Epinal – Pontarlier (204,5 km): 1. Pedersen (DEN), 2. Lammerts (HOL), 3. Gaston (ESP) – Gelb: Hinault
11. Pontarlier – Morzine-Avoriaz (195 km): 1. Herrera (COL), 2. Hinault (FRA), 3. Delgado (ESP) – Gelb: Hinault
12. Morzine – Lans-en-Vercors (269 km): 1. Parra (COL), 2. Herrera (COL), 3. Kelly (IRL) – Gelb: Hinault
13. Villard de Lans – Villard (ZF) (31,8 km): 1. Vanderaerden (BEL), 2. Hinault (FRA), 3. Marie (FRA) – Gelb. Hinault
14. Autrans-Meaudre – Saint Etienne (179 km): 1. Herrera (COL), 2. Peeters (BEL), 3. LeMond (USA) – Gelb: Hinault
15. Saint Etienne – Aurillac (237,5 km): 1. Chozas (ESP), 2. Peeters (BEL), 3. Kelly (IRL) – Gelb: Hinault
16. Aurillac – Toulouse (247 km): 1. Vichot (FRA), 2. Mottet (FRA), 3. Bontempi (ITA) – Gelb: Hinault
17. Toulouse – Luz-Ardiden (209,5 km): 1. Delgado (ESP), 2. Herrera (COL), 3. Parra (ITA) – Gelb: Hinault
18. Luz-Saint-Sauveur – Col D'Augisque (52,5 km): 1. Roche (IRL), 2. Kelly (IRL), 3. Wellens (BEL) – Gelb: Hinault
19. Laruns – Pau (83,5 km): 1. Simon (FRA), 2. Pino (ESP), 3. Kelly (IRL) – Gelb: Hinault
20. Pau – Bordeaux (203,5 km): 1. Vanderaerden (BEL), 2. Kelly (IRL), 3. Castaing (FRA) – Gelb: Hinault
21. Montpon-Menestel – Limoges (225 km): 1. Lammerts (HOL), 2. Andersen (DEN), 3. Peeters (BEL) – Gelb: Hinault
22. Lac de Vassiviere (ZF) (45,7 km): 1. LeMond (USA), 2. Hinault (FRA), 3. Anderson (AUS) – Gelb: Hinault
23. Orleans – Paris (196 km): 1. Matthijs (BEL), 2. Kelly (IRL), 3. Castaing (FRA) – Gelb: Hinault

Gesamtwertung: 1. Hinault (FRA) 113:24:23, 2. LeMond (USA) +1:42, 3. Roche (IRL) +4:29, 4. Kelly (IRL) +6:26, 5. Anderson (AUS) +7:44, 6. Delgado (ESP) +11:53, 7. Herrera (COL) 12:53, 8. Parra (COL) +13.35, 9. Chozas (ESP) +13:56, 10. Bauer (CAN) +14:57 – Deutsche Fahrer: keine im Ziel
Sprintwertung: Kelly (IRL)
Bergwertung: Herrera (COL)

73. TOUR 1986 – GREG LEMOND

Länge: 4094 Kilometer
Anzahl der Etappen: 22
Fahrer: 210 am Start, 132 im Ziel

Prolog in Boulogne-Billancourt (4,6 km): 1. Marie (FRA), 2. Vanderaerden (BEL), 3. Hinault (FRA) – Gelb: Marie
1. Nanterre – Sceaux (85 km): 1. Verschuere (BEL), 2. Dernies (BEL), 3. Solleveld (HOL) – Gelb: Stieda
2. Meudon – St. Quentin-en-Yvelines (MZF) (56 km): 1. Team Systeme U, 2. Team Carrera, 3. Team Panasonic – Gelb: Marie
3. Levallois – Perret-Lievin (214 km): 1. Phinney (USA), 2. Boeve (HOL), 3. Dill-Bundi (SUI) – Gelb: Marie
4. Lievin – Evreux (243 km): 1. Ruiz-Cabestany (ESP), 2. Vanderaerden (BEL), 3. Hermans (HOL) – Gelb: Garde
5. Evreux – Villers-sur-Mer (124,5 km): 1. Van der Velde (HOL), 2. Pelier (FRA), 3. Planckaert (BEL) – Gelb: Van der Velde
6. Villers-sur-Mer – Cherbourg (200 km): 1. Bontempi (ITA), 2. Pagnin (ITA), 3. Bernaudeau (FRA) – Gelb: Van der Velde
7. Cherbourg – St. Hillaire-du-Harcouet (201 km): 1. Peeters (BEL), 2. Kiefel (USA), 3. Indurain (ESP) – Gelb: Pedersen
8. St. Hillaire-du-Harcouet – Nantes (204 km): 1. Planckaert (BEL), 2. Vanderaerden (BEL), 3. Lieckens (BEL) – Gelb: Pedersen
9. Nantes – Nantes (ZF) (61,5 km): 1. Hinault (FRA), 2. LeMond (USA), 3. Roche (IRL) – Gelb: Pedersen
10. Nantes – Futuroscope (183 km): 1. Sarrapio (ESP), 2. Bagot (FRA), 3. Vanderaerden (BEL) – Gelb: Pedersen
11. Poitiers – Bordeaux (258,3 km): 1. Dhaenens (BEL), 2. Hermans (HOL), 3. Biondi (ITA) – Gelb: Pedersen
12. Bayonne – Pau (217,5 km): 1. Delgado (ESP), 2. Hinault (FRA), 3. LeMond (USA) – Gelb: Hinault
13. Paul – Luchon (186 km): 1. LeMond (USA), 2. Millar (GBR), 3. Zimmermann (SUI) – Gelb: Hinault
14. Luchon – Blagnac (154 km): 1. Rüttimann (SUI), 2. Lavainne (FRA), 3. Poels (HOL) – Gelb: Hinault
15. Carcassonne – Nimes (225,5 km): 1. Hoste (BEL), 2. Contini (ITA), 3. Van Holen (BEL) – Gelb: Hinault
16. Nimes – Gap (247 km): 1. Bernard (FRA), 2. Lieckens (BEL), 3. Garde (FRA) – Gelb: Hinault
17. Gap – Serre-Chevalier (190 km): 1. Chozas (ESP), 2. Zimmermann (SUI), 3. LeMond (USA) – Gelb: LeMond
18. Brianon – Alpe d'Huez (162,5 km): 1. Hinault (FRA), 2. LeMond (USA), 3. Zimmermann (SUI) – Gelb: LeMond
19. Villard de Lans – St. Etienne (179,5 km). 1. Gorospe (ESP), 2. Anderson (AUS), 3. Garde (FRA) – Gelb: LeMond
20. St. Etienne – St. Etienne (ZF) (58 km): 1. Hinault (FRA), 2. LeMond (USA), 3. Gorospe (ESP) – Gelb: LeMond
21. St. Etienne – Sommet du Puy de Dome (190 km): 1. Mächler (SUI), 2. Peeters (BEL), 3. Van Calster (BEL) – Gelb: LeMond
22. Clermont-Ferrand – Nevers (194 km): 1. Bontempi (ITA), 2. Hoste (BEL), 3. Vanderaerden (BEL) – Gelb: LeMond

Gesamtwertung: 1. LeMond (USA) 110:35:19, 2. Hinault (FRA) +3:10, 3. Zimmermann (SUI) +10:54, 4. Hampsten (USA) +18:44, 5. Criquielion (BEL) +24:36, 6. Pensec (FRA) +25:59, 7. Rüttimann (SUI) +30:52, 8. Pino (ESP) +33:00, 9. Rooks (HOL) +33:22, 10. Madiot (FRA) +33:27 – Deutsche Fahrer: keine im Ziel
Sprintwertung: Vanderaerden (BEL)
Bergwertung: Hinault (FRA)

74. TOUR 1987 – STEPHEN ROCHE

Länge: 4231,1 Kilometer
Anzahl der Etappen: 25
Fahrer: 207 am Start, 135 im Ziel

Prolog in Berlin (6,1 km): 1. Nijdam (HOL), 2. Piasecki (POL), 3. Roche (IRL) – Gelb: Nijdam
1. Berlin – Berlin (105,5 km): 1. Verhoeven (HOL), 2. Bottoia (ITA), 3. Verschueren (BEL) – Gelb: Piasecki
2. Berlin – Berlin (MZF) (40,5 km): 1. Team Carrera, 2. Team Del Tongo, 3. Team Panasonic – Gelb: Piasecki
3. Karlsruhe – Stuttgart (219 km): 1. da Silva (POR), 2. Mächler (SUI), 3. Lauritzen (DEN) – Gelb: Mächler
4. Stuttgart – Pforzheim (79 km): 1. Frison (BEL), 2. Van Poppel (HOL), 3. Allochio (ITA) – Gelb: Mächler
5. Pforzheim – Strasbourg (112,5 km): 1. Sergeant (BEL), 2. Wojtinek (POL), 3. Kelly (IRL) – Gelb: Mächler
6. Strasbourg – Epinal (179 km): 1. Lavainne (FRA), 2. Alcala (MEX), 3. Dominguez (ESP) – Gelb: Mächler
7. Epinal – Troyes (211 km): 1. Dominguez (ESP), 2. Van Poppel (HOL), 3. Lieckens (BEL) – Gelb: Mächler
8. Troyes – Epinay, Sous, Senart (205,5 km): 1. Van Poppel (HOL), 2. Vermote (BEL), 3. Capiot (BEL) – Gelb: Mächler
9. Orleans – Renaze (260 km): 1. Van der Poel (HOL), 2. Amadio (ITA), 3. Peeters (BEL) – Gelb: Mächler
10. Saumur – Futuroscope (87,5 km): 1. Roche (IRL), 2. Mottet (FRA), 3. Skibby (DEN) – Gelb: 1. Mottet
11. Poitiers – Chaumeil (255 km): 1. Gayant (FRA), 2. Cubino (ESP), 3. Andersen (DEN) – Gelb: Gayant
12. Brive – Bordeaux (228 km): 1. Phinney (USA), 2. Van Poppel (HOL), 3. Elliot (GBR) – Gelb: Gayant
13. Bayonne – Pau (219 km): 1. Breukink (HOL), 2. Bernard (FRA), 3. Wilches (COL) – Gelb: Mottet
14. Pau – Luz Ardiden (219 km): 1. Lauritzen (NOR), 2. Herrera (COL), 3. Hampsten (USA) – Gelb: Mottet
15. Tarbes – Blagnac (164 km): 1. Gölz (GER), 2. LeClerc (FRA), 3. Earley (IRL) – Gelb: Mottet
16. Blagnac – Millau, Cade (216,5 km): 1. Clere (FRA), 2. Alcala (MEX), 3. Bernard (FRA) – Gelb: Mottet
17. Millau – Avignon (239 km): 1. Van Poppel (HOL), 2. Bontempi (ITA), 3. Dominguez (ESP) – Gelb: Mottet
18. Carpentras – Mont Ventoux (BZF) (36,5 km): 1. Bernard (FRA), 2. Herrera (COL), 3. Delgado (ESP) – Gelb: Bernard
19. Valreas – Villard de Lans (185 km): 1. Delgado (ESP), 2. Roche (IRL), 3. Lejarreta (ESP) – Gelb: Roche

20. Villard de Lans – Alpe d' Huez (201 km): 1. Echave (ESP), 2. Fuerte (ESP), 3. Lavainne (FRA) – Gelb: Delgado
21. Bourg D'Oisans – La Plagne (185,5 km): 1. Fignon (FRA), 2. Fuerte (ESP), 3. Parra (COL) – Gelb: Delgado
22. La Plagne – Morzine (186 km): 1. Chozas (ESP), 2. Roche (IRL), 3. Delgado (ESP) – Gelb: Delgado
23. St.Julien-en-Genevois – Dijon (224,5 km): 1 Clere (FRA), 2. Leclercq (FRA), 3. Achermann (SUI) – Gelb: Delgado
24. Dijon – Dijon (ZF) (38 km): 1. Bernard (FRA), 2. Roche (IRL), 3. Lejarreta (ESP) – Gelb: Roche
25. Creteil – Paris (192 km): 1. Pierce (USA), 2 Bauer (CAN), 3. Van Eynde (BEL) – Gelb: Roche

Gesamtwertung: 1. Roche (IRL) 115:27:42, 2. Delgado (ESP) +0:40, 3. Bernard (FRA) +2:13, 4. Mottet (FRA) +6:40, 5. Herrera (COL) +9:32, 6. Parra (COL) +16:53, 7. Fignon (FRA) 18:24, 8. Fuerte (ESP) +18:33, 9. Alcala (MEX) 21:49, 10. Lejarreta (ESP) 26:13 – Deutsche Fahrer: 49. Gölz, 90. Dietzer, 106. Hilse
Sprintwertung: Van Poppel (HOL)
Bergwertung: Herrera (COL)

75. TOUR 1988 – PEDRO DELGADO

Länge: 3281,5 Kilometer
Anzahl der Etappen: 22
Fahrer: 198 am Start, 151 im Ziel

Prolog in Pornichet-La Baule (1 km): 1. Bontempi (ITA), 2. Stevenhaagen (HOL), 3. Nijdam (HOL) – Gelb: Bontempi
1. Pontchateau – Machecoul (91,5 km): 1. Bauer (CAN), 2. Vanderaerden (BEL), 3. Planckaert (BEL) – Gelb: Bauer
2. La Haye Fouassiere – Ancenis (MZF) (48 km): 1. Team Panasonic, 2. Team Weinmann, 3. Team Hitachi – Gelb: van Vliet
3. Nantes – Le Mans (213,5 km): 1. Van Poppel (HOL), 2. Hermans (HOL), 3. Vanderaerden (BEL) – Gelb: van Vliet
4. Le Mans – Evreux (158 km): 1. da Silva (POR), 2. Rooks (HOL), 3. Kelly (IRL) – Gelb: van Vliet
5. Neufchatel-en-Bray – Lievin (147,5 km): 1. Nijdam (HOL), 2. Ghirotto (ITA), 3. Kelly (IRL) – Gelb: Lubberding
6. Lievin – Wasquehal (ZF) (52 km): 1. Yates (GBR), 2. Visentini (ITA), 3. Rominger (SUI) – Gelb: Nijdam
7. Wasquehal – Reims (225,5 km): 1. Tebaldi (ITA), 2. Casado (FRA), 3. Van Poppel (HOL) – Gelb: Nijdam
8. Reims – Nancy (219 km): 1. Gölz (GER), 2. De Wilde (BEL), 3. Bugno (ITA) – Gelb: Bauer
9. Nancy – Strasbowg (160,5 km): 1. Simon (FRA), 2. Leali (ITA), 3. Vichot (FRA) – Gelb: Bauer
10. Belfort – Besancon (149,5 km): 1. Van Poppel (HOL), 2. Bontempi (ITA), 3. Planckaert (BEL) – Gelb: Bauer
11. Besancon – Morzine (232 km): 1. Parra (COL), 2. Claveyrolat (FRA), 3. Rooks (HOL) – Gelb: Bauer
12. Morzine – Alpe d'Huez (227 km): 1. Rooks (HOL), 2. Theunisse (HOL), 3. Delgado (ESP) – Gelb: Delgado
13. Grenoble – Villard de Lans (BZF) (38 km): 1 Delgado (ESP), 2. Bernard (FRA), 3. Rooks (HOL) – Gelb: Delgado
14. Blagnac – Guzet Neige (163 km): 1. Ghirotto (ITA), 2. Millar (GBR), 3. Bouvatier (FRA) – Gelb: Delgado
15. St. Girons – Luz Ardiden (187,5 km): 1. Cubino (ESP), 2. Duclos-Lassalle (FRA), 3. Delgado (ESP) – Gelb: Delgado
16. Tarbes – Pau (38 km): 1. Van der Poel (HOL), 2. De Wilde (BEL), 3. Phinney (USA) – Gelb: Delgado
17. Pau – Bordeaux (210 km): 1. Van Poppel (HOL), 2. Hermans (HOL), 3. Planckaert (BEL) – Gelb: Delgado
18. Ruelle-sur-Touvre – Limoges (93,5 km): Bugno (ITA), 2. Nevens (BEL), 3. Gayant (FRA) – Gelb: Delgado
19. Limoges – Puy de Dome (188 km): 1. Weltz (DEN), 2. Gölz (GER), 3. Delgado (ESP) – Gelb: Delgado
20. Clermont-Ferrand – Chalon-sur-Salone (223,5 km): 1. Marie (FRA), 2. Van Poppel (HOL), 3. Heynderickx (BEL) – Gelb: Delgado
21. Santenay – Santeney (ZF) (46 km): 1. Martinez-Oliver (ESP), 2. Rominger (SUI), 3. Jurco (CZE) – Gelb: Delgado
22. Nemours – Paris (172,5 km): 1. Van Poppel (HOL), 2. Bontempi (ITA), 3. Hermans (HOL) – Gelb: Delgado

Gesamtwertung: 1. Delgado (ESP) 84:27:53, 2. Rooks (HOL) +7:13, 3. Parra (COL) +9:58, 4. Bauer (CAN) +12:15, 5. Bayer (FRA) +14:04, 6. Herrera (COL) +14:36, 7. Pensec (FRA +16:52, 8. Pino (ESP) +18:36, 9. Winnen (HOL) +19:12, 10. Roux (FRA) +20:08 – Deutsche Fahrer: 83. Dietzen, 91. Gölz, 110. Kappes, 140. Bölts
Sprintwertung: Planckaert (BEL)
Bergwertung: Rooks (HOL)

76. TOUR 1989 – GREG LEMOND

Länge: 3285,3 Kilometer
Anzahl der Etappen: 21
Fahrer: 198 am Start, 138 im Ziel

Prolog in Luxemburg (7,8 km): 1. Breukink (HOL), 2. Fignon (FRA), 3. Kelly (IRL) – Gelb: Breukink
1. Luxemburg – Luxemburg (135,5 km): 1. da Silva (POR), 2. Lilholt (DEN), 3.Le Clerc (FRA) – Gelb: da Silva
2. Luxemburg – Luxemburg (MZF) (46 km): 1. Team Super U, 2. Team Panasonic, 3. Team Superconfex – Gelb: da Silva
3. Luxemburg – Spa Francorchamps (241 km): 1. Alcala (MEX), 2. Skibby (DEN), 3. Tolhoek (HOL) – Gelb: da Silva
4. Luik – Wasquehal (255 km): 1. Nijdam (HOL), 2. Skibby (DEN), 3. Museeuw (BEL) – Gelb: da Silva
5. Dinard – Rennes (ZF) (73 km): 1. LeMond (USA), 2. Delgado (ESP), 3. Fignon (FRA) – Gelb: LeMond
6. Rennes – Futuroscope (259 km): 1. Pelier (FRA), 2. Schurer (HOL), 3. Vanderaerden (BEL) – Gelb: LeMond
7. Poittiers – Bordeaux (258,5 km): 1. De Wilde (BEL), 2. Colotti (ITA), 3. Tolhoek (HOL) – Gelb: LeMond
8. La Bastide D'Armagnac – Pau (157 km): 1. Earley (IRL, 2. Caritoux (FRA), 3. Wilson (AUS) – Gelb: LeMond
9. Pau-Cauterets – Cambasque (147 km): 1. Indurain (ESP), 2. Fuerte (ESP), 3. Delgado (ESP) – Gelb: LeMond
10. Cauterets – Luchon, Superbagneres (136 km): 1. Millar (GBR), 2. Delgado (ESP), 3. Mottet (FRA) – Gelb: Fignon
11. Luchon – Blagnac (158,5 km): 1. Hermens (HOL), 2. Fidanza (ITA), 3. Planckaert (BEL) – Gelb: Fignon
12. Toulouse – Montpellier (242 km): 1. Tebaldi (ITA), 2. Perini (ITA), 3. Arnaud (FRA) – Gelb: Fignon
13. Montpellier – Marseille (179 km): 1. Barteau (FRA), 2. Colotti (ITA), 3. Gayant (FRA) – Gelb: Fignon
14. Marseille – Gap (240 km): 1. Nijdam (HOL), 2. Poisson (FRA), 3. Planckaert (BEL) – Gelb: Fignon
15. Gap – Orcieres Merlette (BZF) (39 km): 1. Rooks (HOL), 2. Lajarreta (ESP), 3. Indurain (ESP) – Gelb: LeMond
16. Gap – Briancon (175 km): 1. Richard (SUI), 2. Cornillet (FRA), 3. Mottet (FRA) – Gelb: LeMond
17. Briancon – Alpe d'Huez (165 km): 1. Theunisse (HOL), 2. Delgado (ESP), 3. fignon (FRA) – Gelb: Fignon
18. Bourg d'Oisans – Villard de Lans (91,5 km): 1. Fignon (FRA), 2. Rooks (HOL), 3. Theunisse (HOL) – Gelb: Fignon
19. Villard de Lans – Aix les Bains (125 km): 1. LeMond (USA), 2. Fignon (FRA), 3. Delgado (ESP) – Gelb: Fignon
20. Aix les Bains – L'Isle d'Abeau (130 km): 1. Fidanza (ITA), 2. Nijdam (HOL), 3. Kelly (IRL) – Gelb: Fignon
21. Versailles – Paris, Champs-Elysées (ZF) (24,5 km): 1. LeMond (USA), 2. Marie (FRA), 3. Fignon (FRA) – Gelb: LeMond

Gesamtwertung: 1. LeMond (USA) 87:38:35, 2. Fignon (FRA) +0:08, 3. Delgado (ESP) ++3:34, 4. Theunisse (HOL) +7:30, 5. Lejarreta (ESP) +9:39, 6. Mottet (FRA) +10:06, 7. Rooks (HOL) +11:10, 8. Alcala (MEX) +14:21, 9. Kelly (IRL) +18:25, 10. Millar (GBR) +18:46 – Deutsche Fahrer: 96. Kappes
Sprintwertung: Kelly (IRL)
Bergwertung: Theunisse (HOL)

77. TOUR 1990 – GREG LEMOND

Länge: 3448,8 Kilometer
Anzahl der Etappen: 21
Fahrer: 198 am Start, 156 im Ziel

Prolog in Futuroscope (6,3 km): 1. Marie (FRA), 2. LeMond (USA), 3. Alcala (MEX) – Gelb: Marie
1. Futuroscope – Futuroscope (138,5 km): 1. Maassen (HOL), 2. Pensec (FRA), 3. Chiappucci (ITA) – Gelb: Bauer
2. Futuroscope – Futuroscope (MZF) (44,5 km): 1. Team Panasonic, 2. Team PDM, 3. Team Once -Gelb: Bauer
3. Poitiers – Nantes (233 km): 1. Argentin (ITA), 2. Lavainne (FRA), 3. Raab (GDR) – Gelb: Bauer
4. Nantes – Le Mont-St.Michel (203 km): 1. Museeuw (BEL), 2. Bontempi (ITA), 3. Ludwig (GDR) – Gelb: Bauer
5. Avranches – Rouen (301 km): 1. Solleveld (HOL), 2. Museeuw (BEL), 3. De Wilde (BEL) – Gelb: Bauer
6. Sarrebourg – Vittel (202,5 km): 1. Nijdam (HOL), 2. Skibby (DEN), 3. Museeuw (BEL) – Gelb: Bauer
7. Vittel – Epinal (ZF) (61,5 km): 1. Alcala (MEX), 2. Indurain (ESP), 3. Bugno (ITA) – Gelb: Bauer
8. Epinal – Besancon (181,5 km): 1. Ludwig (GDR), 2. Museeuw (BEL), 3. Kiefel (USA) – Gelb: Bauer
9. Besancon – Genf (196 km): 1. Ghirotto (ITA), 2. Chozas (MEX), 3. Lavainne (FRA) – Gelb: Bauer
10. Genf – St.Gervais, Mont Blanc (118,5 km): 1.Claveyrolat (FRA), 2. Ampler (GDR), 3. Mottet (FRAU) – Gelb: Pensec
11. St.Gervais, Mont Blanc – Alpe d'Huez (182,5 km): 1. Bugno (ITA), 2. LeMond (USA), 3. Breukink (HOL) – Gelb: Pensec
12. Fontaine – Villard de Lans (BZF) (33,5 km): 1. Breukink (HOL), 2. Delgado (ESP), 3. Indurain (ESP) – Gelb: Chiappucci (ITA)
13. Villard de Lans – Saint-Etienne (149 km): 1. Chozas (ESP), 2. Breukink (HOL), 3. Hampsten (USA) – Gelb: Chiappucci
14. Le Puy en Velay – Millau, Causse Noir (205 km): 1. Lejarreta (ESP), 2. Indurain (ESP), 3. Bugno (ITA) – Gelb: Chiappucci
15. Milla – Revel (170 km): 1. Mottet (FRAU), 2. Calcaterra (MEX), 3. Ekimov (RUS) – Gelb: Chiappucci
16. Blagnac – Luz Ardiden (215 km): 1. Indurain (ESP), 2. LeMond (USA), 3. Lejarreta (ESP) – Gelb: Chiappucci
17. Lourdes – Pau (150 km): 1. Konychev (RUS), 2. Bruyneel (BEL), 3. Bauer (USA) -Gelb: Chiappucci
18. Pau – Bordeaux (202 km): 1. Bugno (ITA), 2. Breukink (HOL), 3. Gusmeroli (ITA) – Gelb: Chiappucci
19. Castillon La Bataille – Limoges (182,5 km): 1. Bontempi (ITA), 2. Lauritzen (DEN), 3. Roes (DEN) – Gelb: Chiappucci
20. Lac de Vassiviere-en-Limousin (ZF) (45,5 km): 1. Breukink (HOL), 2. Alcala (MEX), 3. Lejarreta/ESP) – Gelb: LeMond
21. Bretigny sur Orge – Paris, Champs-Elysées (182,5 km): 1. Museeuw (BEL), 2. Baffi (ITA), 3. Ludwig (GDR) – Gelb: LeMond

Gesamtwertung: 1. LeMond (USA) 90:43:20, 2. Chiappucci (ITA) +2:16, 3. Breukink (HOL) +2:29, 4. Delgado (ESP) +5:01, 5. Lejarreta (ESP) +5:05, 6. Chozas (MEX) +9:14, 7. Bugno (ITA) +9:39, 8. Alcala (MEX) +11:14, 9. Criqueilion (FRA) +12:04, 10. Indurain (ESP) +12:47 – Deutsche Fahrer: 87. Raab, 88. Kummer, 105. Schur (GDR), 136. Kappes (GDR), 141. Ludwig (GDR)
Sprintwertung: Ludwig (GDR)
Bergwertung: Claveyrolat (FRA)

78. TOUR 1991 – M. INDURAIN

Länge: 3914,4 Kilometer
Anzahl der Etappen: 22
Fahrer: 198 am Start, 158 im Ziel

Prolog in Lyon (5,4 km): 1. Marie (FRA), 2. Breukink (HOL), 3. LeMond (USA) – Gelb: Marie
1. Lyon – Lyon (114,5 km): 1. Abdoujaparov (UZB), 2. Kelly (IRL), 3. LeMond (USA) – Gelb: LeMond
2. Bron – Chassieu Eurexpo (MZF) (36,5 km): 1. Team Ariostea, 2. Team Castorama, 3. Team Panasonic – Gelb: Sörensen
3. Villeurbanne – Dijon (210,5 km): 1. De Wilde (BEL), 2. Van Poppel (HOL), 3. Ludwig (GER) – Gelb: Sörensen
4. Dijon – Reims (286 km): 1. Abdoujaparov (UZB), 2. Ludwig (GER), 3. Kelly (IRL) – Gelb: Sörensen
5. Reims – Valenciennes (149,5 km): 1. Nijdam (HOL), 2. Stumpf (GER), 3. Ludwig (GER) – Gelb: Sörensen
6. Arras – Le Havre (259 km): 1. Marie (FRA), 2. Stumpf (GER), 3. Abdoujaparov (UZB) – Gelb: Marie
7. Le Havre – Argentan (167 km): 1. Van Poppel (HOL), 2. Museeuw (BEL), 3. Schur (GER) – Gelb: Marie
8. Argentan – Alencon (ZF) (73 km): 1. Indurain (ESP), 2. LeMond (USA), 3. Bernard (FRA) – Gelb: LeMond
9. Alencon – Rennes (161 km): 1. Ribeiro (BRA), 2. Jalabert (FRA), 3. Konychev (RUS) – Gelb: LeMond
10. Rennes – Quimper (207,5 km): 1. Anderson (AUS), 2. Edmonds (BEL), 3. Holm (DEN) – Gelb: LeMond
11. Quimper – Saint Herblain (246 km): 1. Mottet (FRA), 2. Museeuw (BEL), 3. Abdoujaparov (UZB) – Gelb: LeMond
12. Pau – Jaca (192 km): 1. Mottet (FRA), 2. Richard (CHI), 3. Leblanc (FRA) – Gelb: Leblanc
13. Jaca – Val Louron (232 km): 1. Chiappucci (ITA), 2. Indurain (ESP), 3. Bugno (ITA) – Gelb: Indurain
14. St. Gaudens – Castres (172,5 km): 1. Cenghialta (FRA), 2. Colotti (FRA), 3. Giovanetti (ITA) – Gelb: Indurain
15. Albi – Ales (235 km): 1. Argentin (ITA), 2. Wegmüller (CHI), 3. Ribeiro (BRA) – Gelb: Indurain
16. Ales – Gap (215 km): 1. Lietti (ITA), 2. LeMond (USA), 3. Fondriest (ITA) – Gelb: Indurain
17. Gap – Alpe d'Huez (125 km): 1. Bugno (ITA), 2. Indurain (ESP), 3. Leblanc (FRA) – Gelb: Indurain
18. Bourg d'Olsans – Morzine (255 km): 1. Claveyrolat (FRA), 2. Bourguignon (FRA), 3. Chiappucci (ITA) – Gelb: Indurain

19. Morzine – Aix-les-Bains (177 km): 1. Konychev (RUS), 2. Richard (CHI), 3. Chozas (EST) – Gelb: Indurain
20. Aix-les-Bains – Macon (160 km): 1. Ekimov (RUS), 2. Abdoujaparov (UZB), 3. Ludwig (GER) – Gelb: Indurain
21. Lugny – Macon (ZF) (57 km): 1. Indurain (ESP), 2. Bugno (ITA), 3. LeMond (USA) – Gelb: Indurain
22. Melun – Paris (178 km): 1. Konychev (RUS), 2. Ludwig (GER), 3. Jalabert (FRA) – Gelb: Indurain

Gesamtwertung: 1. Indurain (ESP) 101:01:20, 2. Bugno (ITA) +3:36, 3. Chiappucci (ITA) +5:56, 4. Mottet (FRA) +7:37, 5. Leblanc (FRA) +10:10, 6. Fignon (FRA) +11:27, 7. LeMond (USA) +13:13, 8. Hampsten (USA) +13:40, 9. Delgado (ESP) +20:10, 10. Rue (FRA) +20:13.– Deutsche Fahrer: 32. Ampler, 63. Krieger, 65. Kappes, 79. Gölz, 114. Ludwig, 139. Schur, 156. Barth
Sprintwertung: Abdoujaparov (UZB)
Bergwertung: Chiappucci (ITA)

79. TOUR 1992 – M. INDURAIN

Länge: 3983 km
Anzahl der Etappen: 21
Fahrer: 198 am Start, 130 im Ziel

Prolog in San Sebastian (8 km): 1. Indurain (ESP), 2. Zülle (SUI), 3. Marie (FRA) – Gelb: Indurain
1. San Sebastian – San Sebastian (194,5 km): 1. Arnould (FRA), 2. Museeuw (BEL), 3. Sciandri (ITA) – Gelb: Zülle
2. San Sebastian – Pau (255 km): 1. Murguialdy (ESP), 2. Virenque (FRA), 3. Bugno (ITA) – Gelb: Virenque
3. Pau – Bordeaux (218 km): 1. Harmeling (HOL), 2. Moreels (BEL), 3. Ghirotto (ITA) – Gelb: Lino
4. Libourne – Libourne (MZF) (63,5 km): 1. Panasonic (FRA), 2. Carrera (ITA), 3. Gatorade (ITA) – Gelb: Lino
5. Nogent-sur-Oise – Wasquehal (196 km): 1. Bontempi (ITA), 2. Konychev (RUS), 3. Ludwig (GER) – Gelb: Lino
6. Roubaix – Brüssel (167 km): 1. Jalabert (FRA), 2. Chiappucci (ITA), 3. Holm (DEN) – Gelb: Lino
7. Brüssel – Valkenburg (196,5 km): 1. Delion (FRA), 2. Roche (IRL), 3. Jaermann (SUI) – Gelb: Lino
8. Valkenburg – Koblenz (206,5 km): 1. Nevens (BEL), 2. Skibby (DEN), 3. Ghirotto (ITA) – Gelb: Lino
9. Luxemburg – Luxemburg (ZF) (65 km): 1. Indurain (ESP), 2. de las Cuevas (FRA), 3. Bugno (ITA) – Gelb: Lino
10. Luxemburg – Strasbourg (217 km): 1. Van Poppel (HOL), 2. Abdoujaparov (UZB), 3. Jalabert (FRA) – Gelb: Lino
11. Strasbourg – Mulhouse (249,5 km): 1. Fignon (FRA), 2. Dufaux (FRA), 3. Pedersen (DEN) – Gelb: Lino
12. Dole – Saint Gervais (267,5 km): 1. Jaermann (SUI), 2. Delgado (ESP), 3. Roche (IRL) – Gelb: Lino
13. Saint Gervais – Sestrieres (254,5 km): 1. Chiappucci (ITA), 2. Vona (ITA), 3. Indurain (ESP) – Gelb: Indurain
14. Sestrieres – Alpe d'Huez (186,5 km): 1. Hampsten (USA), 2. Vona (ITA), 3. Boyer (FRA) – Gelb: Indurain
15. Bourg d'Olsans – Saint Etienne (198 km): 1. Chioccioli (ITA), 2. Konychev (RUS), 3. Perini (ITA) – Gelb: Indurain
16. Saint Etienne – La Bourboule (212 km): 1. Roche (IRL), 2. Ekimov (RUS), 3. Unzaga (ESP) -Gelb: Indurain
17. La Bourboule – Montlucon (189 km): 1. Colotti (FRA), 2. Maassen (HOL), 3. Sergeant (BEL) – Gelb: Indurain
18. Montlucon – Tours (212 km): 1. Marie (FRA), 2. Nijdam (HOL), 3. Museeuw (BEL) – Gelb: Indurain
19. Tours – Blois (ZF) (64 km): 1. Indurain (ESP), 2. Bugno (ITA), 3. Zhdanov (UKR) – Gelb: Indurain
20. Blois – Nanterre (222 km): 1. De Clercq (BEL), 2. Vanzella (ITA), 3. Laurent (FRA) – Gelb: Indurain
21. La Defense – Paris (141 km): 1. Ludwig (GER), 2. Van Poppel (HOL), 3. Museeuw (BEL) – Gelb: Indurain

Gesamtwertung: 1. Indurain (ESP) 100:49:30, 2. Chiappucci (ITA) +4:35, 3. Bugno (ITA) +10:49, 4. Hampsten (USA) +13:40, 5. Lino (FRA) +14:37, 6. Delgado (ESP) +15:16, 7. Breukink (HOL) +18:51, 8. Perini (ITA) +19:16, 9. Roche (IRL) +20:23, 10. Heppner (GER) – Deutsche Fahrer: 35. Bölts, 53. Krieger, 78. Kummer, 96. Ludwig, 128. Kappes
Sprintwertung: Jalabert (FRA)
Bergwertung: Chiappucci (ITA)

80. TOUR 1993 – M. INDURAIN

Länge: 3714,3 Kilometer
Anzahl der Etappen: 20
Fahrer: 180 am Start, 136 im Ziel

Prolog in Le Puy du Fou (6,8 km): 1. Indurain (ESP), 2. Zülle (SUI), 3. Marie (FRA) – Gelb: Indurain
1. Lucon – Les Sables d'Olonne (215 km): 1. Cipollini (ITA), 2. Nelissen (BEL), 3. Jalabert (FRA) – Gelb: Indurain
2. Les Sables d'Olonne – Vannes (227,5 km): 1. Nelissen (BEL), 2. Abdoujaparov (UZB), 3. Cipollini (ITA) – Gelb: Nelissen
3. Vannes – Dinard (189,5 km): 1. Abdoujaparov (UZB), 2. Nelissen (BEL),.3. Cipollini (ITA) – Gelb: Nelissen
4. Dinard – Avranches (MZF) (81 km): 1. Team MG (GBR), 2. Team Once (ESP), 3. Team Motorola (ITA) – Gelb: Cipollini
5. Avranches – Evreux (225,5 km): 1. Skibby (DEN), 2. Nelissen (BEL), 3. Ferrigato (ITA) – Gelb: Nelissen
6. Evreux – Amiens (158 km): 1. Bruyneel (BEL), 2. Cipollini (ITA), 3. Abdoujaparov (UZB) – Gelb: Cipollini
7. Peronne – Chalons sur Marne (199 km): 1. Riis (DEN), 2. Sciandri (ITA), 3. Museeuw (BEL) – Gelb: Museeuw
8. Chalons sur Marne – Verdun (184,5 km): 1. Armstrong (USA), 2. Alcala (MEX), 3. Pensec (FRA) – Gelb: Museeuw
9. Lac de Madine (ZF) (59 km): 1. Indurain (ESP), 2. Bugno (ITA), 3. Breukink (HOL) – Gelb: 1. Indurain
10. Villard de Lans – Serre Chevalier (203 km): 1. Rominger (SUI), 2. Mejia (COL), 3. Breukink (HOL) – Gelb: Indurain
11. Serre Chevalier – Isola (179 km): 1. Rominger (SUI), 2. Indurain (ESP), 3. Chiappucci (ITA) – Gelb: Indurain
12. Isola – Marseille (286,5 km): 1. Roscioli (ITA), 2. Ghirotto (ITA), 3. Poulnikov (UKR) – Gelb: Indurain
13. Marseille – Montpellier (181,5 km): 1. Ludwig (GER), 2. Abdoujaparov (UZB), 3. Museeuw (BEL) – Gelb: Indurain
14. Montpellier – Perpignan (223 km): 1. Lino (FRA), 2. Perini (ITA), 3. Bruyneel (BEL) – Gelb: Indurain
15. Perpignan – Andorra (231,5 km): 1. Rincon (COL), 2. Rominger (SUI), 3. Riis (DEN) – Gelb: Indurain
16. Andorra – St. Lary-Soulan (230 km): 1. Jaskula (POL), 2. Rominger (SUI), 3. Indurain (ESP) – Gelb: Indurain
17. Tarbes – Pau (190 km): 1. Chiappucci (ITA), 2. Ghirotto (ITA), 3. Unzaga (ESP) – Gelb: Indurain
18. Orthez – Bordeaux (199,5 km): 1. Abdoujaparov (UZB), 2. Andreu (USA), 3. Sörensen (D≠N) – Gelb: Indurain
19. Bretigny sur Orge – Monthiery (ZF) (48 km): 1. Rominger (SUI), 2. Indurain (ESP), 3. Jaskula (POL) – Gelb: Indurain
20. Viry Chatillon – Paris (Champs-Elysées) (196,5 km): 1. Abdoujaparov (UZB), 2. Moncassin (FRA), 3. Colage (ITA) – Gelb: Indurain

Gesamtwertung: 1. Indurain (ESP) 95:57:09, 2. Rominger (SUI) +4:59, 3. Jaskula (POL) +5:48, 4. Mejia (COL) +7:29, 5. Riis (DEN) +16:26, 6. Chiappucci (ITA) +17:18, 7. Bruyneel (BEL) +18:04, 8. Hampsten (USA) +20:14, 9. Delgado (ESP) +23:57, 10. Poulnikov (UKR) +25:29 – Deutsche Fahrer: 25. Bölts, 56. Aldag, 62. Heppner, 87. Henn, 98. Raab, 99. Audehm, 111. Kummer
Sprintwertung: Jalabert (FRA)
Bergwertung: Abdoujaparov (UZB)

81. TOUR 1994 – M. INDURAIN

Länge: 3915,2 Kilometer
Anzahl der Etappen: 21
Fahrer: 189 am Start, 117 im Ziel

Prolog Lille – Euralille (7,2 km): 1. Boardman (GBR), 2. Indurain (ESP), 3. Rominger (SUI) – Gelb: Boardman
1. Euralille – Armentieres (234 km): 1. Abdoujaparov (UZB), 2. Ludwig (GER), 3. Museeuw (HOL) – Gelb: Boardman
2. Roubaix – Boulogne-sur-Mer (203,5 km): 1. Van Poppel (HOL), 2. Ludwig (GER), 3. Martinello (ITA) – Gelb: Boardman
3. Calais – Eurotunnel (MZF) (66,5 km): 1. Team MG Moyenne 2. Team Motorola, 3. Team Banesto – Gelb: Museeuw
4. Dover – Brighton (204 km): 1. Cabello (ESP), 2. Magnien (ITA), 3. Vanzella (ITA) – Gelb: Vanzella
5. Portsmouth – Portsmouth (187 km): 1. Minali (ITA), 2. Ludwig (GER), 3. Martinello (ITA) – Gelb: Vanzella
6. Cherbourg – Rennes (207,5 km): 1. Bortolami (ITA), 2. Abdoujaparov (UZB), 3. Zberg (SUI) – Gelb: Yates
7. Rennes – Futuroscope (259,5 km): 1. Svorada (SVK), 2. Abdoujaparov (UZB), 3. Ludwig (GER) – Gelb: Museeuw
8. Poitiers – Trelissac (218,5 km): 1. Hamburger (DEN), 2. Camargo (ESP), 3. Aldag (GER) – Gelb: Museeuw
9. Perigueux – Bergerac (ZF) (64 km): 1. Indurain (ESP), 2. Rominger (SUI), 3. De Las Cuevas (FRA) – Gelb: Indurain
10. Bergerac – Cahors (160,5 km): 1. Durand (FRA), 2. Serpellini (ITA), 3.Hodge (USA) – Gelb: Indurain
11. Cahors-Lourdes – Hautacam (263,5 km): 1. Leblanc (FRA), 2. Indurain (ESP), 3. Pantani (ITA) – Gelb: Indurain
12. Lourdes-Luz – Ardiden (204,5 km): 1. Virenque (FRA), 2. Pantani (ITA), 3. Pellicioli (ITA) – Gelb
13. Bagneres-de-Bigorre – Albi (223 km): 1. Riis (DEN), 2. Svorada (SVK), 3. Abdujaparov (UZB) – Gelb: Indurain
14. Castres – Montpellier (202 km): 1. Sörensen (DEN), 2. Stephens (AUS), 3. Jaermann (SUI) – Gelb: Indurain
15. Montpellier – Carpentras (231 km): 1.Poli (ITA), 2. Elli (ITA), 3. Lino (FRA) – Gelb: Indurain
16. Valreas – Alpe d'Huez (224,5 km): 1. Conti (ITA), 2. Buenahora (COL), 3. Bölts (GER) – Gelb: Indurain
17. Bourg d'Oisans – Val Thorens (149 km): 1. Rodriguez (COL), 2. Ugrumov (LVA), 3. Pantani (ITA) – Gelb: Indurain
18. Moutiers – Cluses (174,5 km): 1. Ugrumov (LVA), 2. Indurain (ESP), 3. Virenque (FRA) – Gelb: Indurain
19. Cluses – Morzine Avoriaz (BZF) (47,5 km): 1. Ugrumov (LVA), 2. Pantani (ITA), 3. Indurain (ESP) – Gelb: Indurain
20. Morzine – Lac Saint-Point (208,5 km): 1. Abdoujaparov (UZB), 2. Svorada (SVK), 3. Martinello (ITA) – Gelb: Indurain
21. Eurodisney – Paris (175 km): 1. Seigneur (FRA), 2. Andreu (USA), 3. Hamburger (DEN) – Gelb: Indurain

Gesamtwertung: 1. Indurain (ESP) 103:38:38, 2. Ugrumov (LVA) +5:39, 3. Pantani (ITA) +7:19, 4. Leblanc (FRA) +10:03, 5. Virenque (FRA) +10:10, 6. Conti (ITA) +12:29, 7. Elli (ITA) +20:17, 8. Zülle (SUI) 20:35, 9. Bölts (GER) 25:19, 10. Poulnikov (RUS) 25:28 – Deutsche Fahrer: 28. Audehm, 38. Aldag, 60. Heppner, 84. Raab, 97. Kummer, 105. Ludwig, 106. Henn
Sprintwertung: Abdoujaparow (UZB)
Bergwertung: Virenque (FRA)

82. TOUR 1995 – M. INDURAIN

Länge: 3635 Kilometer
Anzahl der Etappen: 20
Fahrer: 189 am Start, 115 im Ziel

Prolog in Saint-Brieuc (7,3 km): 1. Durand (FRA), 2. Laurent (FRA), 3. Moreau (FRA) – Gelb: Durand
1. Dinan – Lannion (233,5 km): 1. Baldato (ITA), 2. Jalabert (FRA), 3. Abdoujaparov (UZB) – Gelb: Durand
2. PerrosGuirec – Vitre (235,5 km): 1. Cipollini (ITA), 2. Lombardi (ITA), 3. Abdoujaparov (UZB) – Gelb: Jalabert
3. Mayenne – Alencon (MZF) (67 km): 1. Team Gewiss, 2. Team Once, 3. Team Banesto – Gelb: Jalabert
4. Alencon – Le Havre (162 km): 1. Cipollini (ITA), 2. Zabel (GER), 3. Moncassin (FRA) – Gelb: Gotti
5. Fecamp – Duinkerken (261 km): 1. Blijlevens (HOL), 2. Svorada (SVK), 3. Zabel (GER) – Gelb: Gotti
6. Duinkerken – Charleroi (202 km): 1. Zabel (GER), 2. Jalabert (FRA), 3. Abdoujaparov (UZB) – Gelb: Riis
7. Charleroi – Luik (203 km): 1. Bruyneel (BEL), 2. Indurain (ESP), 3. Skibby (DEN) – Gelb: Bruyneel
8. Huy – Seraing (ZF) (54 km): 1. Indurain (ESP), 2. Riis (DEN), 3. Rominger (SUI) – Gelb: Indurain
9. Le Grand Bornand – La Plagne (160 km): 1. Zülle (SUI), 2. Indurain (ESP), 3. Tonkov (RUS) – Gelb: Indurain
10. Aime La Plagne – Alpe d'Huez (162,5 km): 1. Pantani (ITA), 2. Indurain (ESP), 3. Zülle (SUI) – Gelb: Indurain
11. Bourg d'Oisans – Saint-Etienne (199 km): 1. Sciandri (GBR), 2. Buenahora (COL), 3. Aldag (GER) – Gelb: Indurain
12. Saint-Etienne – Mende (245 km): 1. Outchakov (UKR), 2. Armstrong (USA), 3. Cenghialta (ITA) – Gelb: Indurain
13. Mende – Revel (245 km): 1. Outchakov (UKR), 2. Armstrong (USA), 3. Cenghialta (ITA) – Gelb: Indurain
14. Saint Orens de Gameville – Guzet Neige (164 km): 1. Pantani (ITA), 2. Madouas (FRA), 3. Indurain (ESP) – Gelb: Indurain
15. Saint Girons – Cauterets (206 km): 1. Virenque (FRA), 2. Chiappucci (ITA), 3. Buenahora (COL) – Gelb: Indurain
16. Tarbes – Pau (229 km): neutralisiert
17. Pau – Bordeaux (246 km): 1. Zabel (GER), 2. Abdoujaparov, 3. Colage (ITA) – Gelb: Indurain
18. Montpon Menesterol – Limoges (166,5 km): 1. Armstrong (USA), 2. Ferrigato (ITA), 3. Ekimov (RUS) – Gelb: Indurain
19. Lac de Vassiviere en Limousin (ZF) (46,5 km): 1. Indurain (ESP), 2. Riis (DEN), 3. Rominger (SUI) – Gelb: Indurain

20. Sainte Genevieve des Bois – Paris (155 km) 1. Abdoujaparov (UZB), 2. Fagnini (ITA), 3. Lombardi (ITA) – Gelb: Indurain
Gesamtwertung: 1. Indurain (ESP) 92:44:59, 2. Zülle (SUI) +4:35, 3. Riis (DEN) +6:47, 4. Jalabert (FRA) +8:24, 5. Gotti (ITA) +11:33, 6. Mauri (ESP) +15:20, 7. Escartin (ESP) +15:49, 8. Rominger (SUI) +16:46, 9. Virenque (FRA) +17:31, 10. Buenahora (COL) +18:50 – Deutsche Fahrer: 38. Bölts, 58. Aldag, 66. Heppner, 90. Zabel
Sprintwertung: Jalabert (FRA)
Bergwertung: Virenque (FRA)

83. TOUR 1996 – BJARNE RIIS

Länge: 3764,9 Kilometer
Anzahl der Etappen: 21
Fahrer: 197 am Start, 129 im Ziel

Prolog in Hertogenbosch (9,4 km): 1. Zülle (SUI), 2. Boardman (GBR), 3. Berzin (RUS) – Gelb: Zülle
1. Hertogenbosch – Hertogenbosch (209 km): 1. Moncassin (FRA), 2. Blijlevens (HOL), 3. Svorada (CZE) – Gelb: Zülle
2. Hertogenbosch – Wasquehal (247,5 km): 1 Cipollini (ITA), 2. Blijlevens (HOL), 3. Svorada (SVK) – Gelb: Zülle
3. Wasquehal – Nogent-sur-Oise (195 km): 1. Zabel (GER), 2. Cipollini (ITA), 3. Moncassin (FRA) – Gelb: Moncassin
4. Soissans – Lac de Madine (232 km): 1. Saugrain (FRA), 2. Nelissen (BEL), 3. Jaermann (SUI) – Gelb: Heulot (FRA)
5. Lac de Madine – Besancon (242 km): 1. Blijlevens (HOL), 2. Moncassin (FRA), 3. Zabel (GER) – Gelb: Heulot
6. Arc-et-Senans – Aix-les-Bains (207 km): 1. Boogerd (HOL), 2. Zabel (GER), 3. Jalabert (FRA) – Gelb: Heulot
7. Chambery – Les Arcs (199 km): 1. Leblanc (FRA), 2. Rominger (SUI), 3. Luttenberger (AUT) – Gelb: Berzin
8. Bourg-Saint-Maurice – Val d'Isere (BZF) (30,5 km): 1.Berzin (RUS), 2. Riis (DEN), 3. Olano (ESP) – Gelb: Berzin
9. Val d'Isere – Sestrieres (46 km): 1. Riis (DEN), 2. Leblanc (FRA), 3. Virenque (FRA) – Gelb: Riis
10. Torino – Gap (208,5 km): 1. Zabel (GER), 2. Abdoujaparov (UZB), 3. Ferrigato (ITA) – Gelb: Riis
11. Gap – Valence (202 km): 1. Gonzalez (COL), 2. Gines (COL), 3. Elli (ITA) – Gelb: Riis
12. Valence – Le Puy en Velay (143,5 km): 1. Richard (SUI), 2. Skibby (DEN), 3. Gualdi (ITA) – Gelb: Riis
13. Le Puy en Velay – Superbesse (177 km): 1. Sörensen (DEN), 2. Rodriguez (COL), 3. Virenque (FRA) – Gelb: Riis
14. Besse – Tulle (186,5 km): 1. Abdoujaparov (UZB), 2. Gualdi (ITA), 3. Madouas (FRA) – Gelb: Riis
15. Brive-la-Gaillarde – Villeneuve-sur-Lot (176 km): 1. Podenzana (ITA), 2. Guerini (ITA), 3. Van Petegem (HOL) – Gelb: Riis
16. Agen-Lourdes – Hautacam (199 km): 1. Riis (DEN), 2. Virenque (FRA), 3. Dufaux (SUI) – Gelb: Riis
17. Argeles-Gazost – Pamplona (262 km): 1. Dufaux (SUI), 2. Riis (DEN), 3. Virenque (FRA) – Gelb: Riis
18. Pamplona – Hendaye (154,5 km): 1. Voskamp (HOL), 2. Henn (GER), 3. Elli (ITA) – Gelb: Riis
19. Hendaye – Bordeaux (226,5 km): 1. Moncassin (FRA), 2. Zabel (GER), 3. Baldato (ITA) – Gelb: Riis
20. Bordeaux – Saint Emilion (ZF) (63,5 km): 1. Ullrich (GER), 2. Indurain (ESP), 3. Olano (ESP) – Gelb: Riis
21. Palaiseau – Paris (147,5 km): 1. Baldato (ITA), 2. Moncassin (FRA), 3. Blijlevens (HOL) – Gelb: Riis

Gesamtwertung: 1. Riis (DEN) 95:57:16, 2. Ullrich (GER) +1:41, 3. Virenque (FRA) +4:37, 4. Dufaux (SUI) +5:53, 5. Luttenberger (AUT) +7:07, 6. Leblanc (FRA) +10:03, 7. Ugrumov (LVA) +10:04, 8. Escartin (ESP) +10:26, 9. Olano (ESP) +11:00, 10. Rominger (SUI) +11:53 – Deutsche Fahrer: 14. Bölts, 76. Henn, 82. Zabel, 83. Aldag, 88. Heppner, 113. Steinhauser
Sprintwertung: Zabel (GER)
Bergwertung: Virenque (FRA)

84. TOUR 1997 – JAN ULLRICH

Länge: 3943,8 Kilometer
Anzahl der Etappen: 21
Fahrer: 198 am Start, 139 im Ziel

Prolog in Rouen (7,3 km): 1. Boardman (GBR), 2. Ullrich (GER), 3. Berzin (RUS) – Gelb: Boardman
1. Rouen – Forges-Les-Eaux (192 km): 1.Cipollini (ITA), 2. Steels (BEL), 3. Moncassin (FRA) – Gelb: Cipollini
2. Saint-Valery-en-Caux – Vire (262 km): 1. Cipollini (ITA), 2. Zabel (GER), 3. Blijlevens (HOL) – Gelb: Cipollini
3. Vire – Plumelec (224 km): 1. Zabel (GER), 2. Vandenbroucke (BEL), 3. Riis (DEN) – Gelb: Cipollini
4. Plumelec – Le-Puy-du-Fou (223 km): 1. Minali (ITA), 2. Moncassin (FRA), 3. Zabel (GER) – Gelb: Cipollini.
5. Chantonnay – La Chatre (261,5 km): 1. Vasseur (FRA), 2. O'Grady (AUS), 3. Capello (ESP) – Gelb: Vasseur
6. Le Blanc – Marennes (215,5 km): 1. Blijlevens (HOL), 2. Abdoujaparov (UZB), 3. Traversoni (ITA) – Gelb: Vasseur
7. Marennes – Bordeaux (194 km): 1. Zabel (GER), 2. Kirsipuu (EST), 3. Blijlevens (HOL) – Gelb: Vasseur
8. Sauternes – Pau (161,5 km): 1. Zabel (GER), 2. Minali (ITA), 3. Blijlevens (HOL) – Gelb: Vasseur
9. Pau – Loudenvielle (182 km): 1. Brochard (FRA), 2. Virenque (FRA), 3. Pantani (ITA) – Gelb: Vasseur
10. Luchon – Andorra Arcalis (252,5 km): 1. Ullrich (GER), 2. Pantani (ITA), 3. Virenque (FRA) – Gelb: Ullrich
11. Andorra – Perpignan (192 km): 1. Desbiens (FRA), 2. Finco (ITA), 3. Outchakov (UKR) – Gelb: Ullrich
12. Saint-Etienne – Saint Etienne (ZF) (55 km) 1. Ullrich (GER), 2. Virenque (FRA), 3. Riis (DEN) – Gelb: Ullrich
13. Saint-Etienne – Alpe d'Huez (203,5 km): 1. Pantani (ITA), 2. Ullrich (GER), 3. Virenque (FRA) – Gelb: Ullrich
14. Bourg d'Oisans – Courchevel (148 km): 1. Virenque (FRA), 2. Ullrich (GER), 3. Escartin (ESP) – Gelb: Ullrich
15. Courchevel – Morzine (208,5 km): 1. Pantani (ITA), 2. Virenque (FRA), 3. Ullrich (GER) – Gelb: Ullrich
16. Morzine – Freiburg (181 km): 1. Mengin (FRA), 2. Vandenbroucke (BEL), 3. Virenque (FRA) – Gelb: Ullrich (GER)
17. Freiburg – Colmar (218,5 km): 1. Stephens (AUS), 2. Camenzind (SUI), 3. Ekimov (RUS) – Gelb: Ullrich (GER)
18. Colmar – Montbeliard (175,5 km): 1. Rous (FRA), 2. Herve (FRA), 3. Julich (USA) – Gelb: Ullrich
19. Montbeliard – Dijon (172 km): 1. Traversoni (ITA), 2. Simon (FRA), 3. Saligari (ITA) – Gelb: Ullrich
20. Eurodisney – Eurodisney (ZF) (63 km): 1. Olano (ESP), 2. Ullrich (GER), 3. Gaumont (FRA) – Gelb: Ullrich
21. Eurodisney – Paris (149,5 km): 1. Minali (ITA), 2. Zabel (GER), 3. Vogels (AUS) – Gelb: Ullrich

Gesamtwertung: 1. Ullrich (GER) 100:30:35, 2. Virenque (FRA) +9:09, 3. Pantani (ITA) +14:03, 4. Olano (ESP) +15:55, 5. Escartin (ESP) +20:32, 6. Casagrande (ITA) +22:47, 7. Riis (DEN) +26:34, 8. Jimenez (ESP) +31:17, 9. Dufaux (SUI) +31:55, 10. Conti (ITA) +32:26. – Deutsche Fahrer. 25. Bölts, 56. Aldag, 62. Heppner, 87. Henn, 98. Raab, 99. Audehm, 111. Kummer
Sprintwertung: Zabel (GER)
Bergwertung: Virenque (FRA)

85. TOUR 1998 – MARCO PANTANI

Länge: 3711,6 Kilometer
Anzahl der Etappen: 21
Fahrer: 189 am Start, 96 im Ziel

Prolog in Dublin (5,6 km): 1. Boardman (GBR), 2. Olano (ESP), 3. Jalabert (FRA) – Gelb: Boardman
1. Dublin – Dublin (180,5 km): 1. Steels (BEL), 2. Zabel (GER), 3. McEwen (AUS) – Gelb: Boardman
2. Enniscorthy – Cork (205,5 km): 1. Svorada (SVK), 2. McEwen (AUS), 3.Cipollini (ITA) – Gelb: Zabel
3. Roscoft – Lorient (169 km): 1. Heppner (GER), 2. Jan (FRA), 3. Hincaple (USA) – Gelb: Hamburger
4. Ptousy – Cholet (252,5 km): 1. Blijlevens (HOL), 2. Minali (ITA), 3. Svorada (SVK) – Gelb: O'Grady
5. Cholet – Chateauroux (228,5 km): 1. Cipollini (ITA), 2. Zabel (GER), 3. Mengin (FRA) – Gelb: O'Grady
6. La Chatre – Briva-la-Gaillarde (204,5 km): 1. Cipollini (ITA), 2. Minali (ITA), 3. Svorada (SVK) – Gelb: O'Grady
7. Meyrignac l'Eglise – Correze (ZF) (58 km): 1. Ullrich (GER), 2. Hamilton (USA), 3. Julich (USA) – Gelb: Ullrich
8. Brive-la-Gaillarde – Montauban (190,5 km): 1. Durand (FRA), 2. Tafi (ITA), 3. Sacchi (ITA) – Gelb: Desblens
9. Montauban – Pau (210 km): 1. Van Bon (HOL), 2. Voigt (GER), 3. Lelli (ITA) – Gelb: Desbles
10. Pau – Luchon (196,5 km): 1. Massi (ITA), 2. Pantani (ITA), 3. Boogaard (HOL) – Gelb: Ullrich
11. Luchon – Plateau de Beille (170 km): 1. Pantani (ITA), 2. Meier (SUI), 3. Julich (USA) – Gelb: Ullrich
12. Tarascon-sur-Arlega – Le Cap d'Agde (206 km): 1. Steels (BEL), 2. Simon (FRA), 3. Barthe (FRA) – Gelb: Ullrich
13. Frontignan la Peyrade – Carpentras (198 km): 1. Nardello (ITA), 2. Garcia (ESP), 3. Tafi (ITA) – Gelb: Ullrich
14. Valreas – Grenoble (186,5 km): 1. O'Grady (AUS), 2. Rodrigues (POR), 3. Van Bon (HOL) – Gelb: Ullrich
15. Grenoble – Les Deux Alpes (189 km): 1. Pantani (ITA), 2. Massi (ITA), 3. Escartin (ESP) – Gelb: Pantani
16. Vizille – Albertville (204 km): 1. Ullrich (GER), 2. Pantani (ITA), 3. Julich (USA) – Gelb: Pantani
17. Albertville – Aix-les-Bains: annuliert
18. Aix-les-Bains – Neuchatel (218,5 km): 1. Steels (BEL), 2. Zabel (GER), 3. O'Grady (AUS) – Gelb: Pantani
19. Le Chaux de Fonds – Autun (242 km): 1. Backstedt (SWE), 2. Den Bakker (HOL), 3. Mazzoleni (ITA) – Gelb: Pantani
20. Montceau-les-Mines – Le Crausot (ZF) (52 km): 1. Ullrich (GER), 2. Julich (USA), 3. Pantani (ITA) – Gelb: Pantani
21. Melun – Paris, Champs-Elysées (147,5 km): 1. Steels (BEL), 2. Zanini (ITA), 3. O'Grady (AUS) – Gelb: Pantani
Gesamtwertung: 1. Pantani (ITA) 92:49:46, 2. Ullrich (GER) +3:21, 3. Julich (USA) +4:08, 4. Rinero (FRA) +9:16, 5. Boogard (HOL) +11:26, 6. Robin (FRA) +14:57, 7. Meier (SUI) +15:13, 8. Nardello (ITA) +16:07, 9. Di Grande (ITA) +17:35, 10. Merckx (BEL) +17:39 – Deutsche Fahrer: 18. Jaksche, 21. Bölts, 43. Aldag, 56. Heppner, 62. Zabel, 80. Henn, 83. Voigt
Sprintwertung: Zabel (GER)
Bergwertung: Rinero (FRA)

86. TOUR 1999 – LANCE ARMSTRONG

Länge: 3690,3 Kilometer
Anzahl der Etappen: 20
Fahrer: 180 am Start, 141 im Ziel

Prolog in Puy du Fou (6,8 km): 1. Armstrong (USA), 2. Zülle (SUI), 3. Olano (ESP) – Gelb: Armstrong
Montaigu – Challans (208 km): 1. Kirsipuu (EST), 2. Steels (BEL), 3. Zabel (GER) – Gelb: Armstrong
Challans – Saint-Nazaire (176 km): 1. Steels (BEL), 2. Kirsipuu (EST), 3. Cipollini (ITA) – Gelb: Kirsipuu
Nantes – Laval (194,5 km): 1. Steels (BEL), 2. Zabel (GER), 3. O'Grady (AUS) – Gelb: Kirsipuu
Laval – Blois (194,5 km): 1. Cipollini (ITA), 2. Zabel (GER), 3. O'Grady (AUS) – Gelb: Kirsipuu
Bonneval – Amiens (233,5 km): 1. Cipollini (ITA), 2. Steels (BEL), 3. Kirsipuu (EST) – Gelb: Kirsipuu
Amiens – Maubeuge (171,5 km): 1. Cipollini (ITA), 2. Zabel (GER), 3. Kirsipuu (EST) – Gelb: Kirsipuu
Avesnes-sur-Helpe – Thionville (227 km): 1. Cipollini (ITA), 2. O'Grady (AUS), 3. Kirsipuu (EST) – Gelb: Kirsipuu
Metz – Metz (ZF) (56,5 km): 1. Armstrong (USA), 2. Zülle (SUI), 3. Moreau (FRA) – Gelb: Armstrong
Le-Grand-Bornand – Sestrières (213,5 km): 1. Armstrong (USA), 2. Zülle (SUI), 3. Escartin (ESP) – Gelb: Armstrong
Sestrières – Alpe d'Huez (220,5 km): 1. Guerini (ITA), 2. Tonkov (RUS), 3. Escartin (ESP) – Gelb: Armstrong
Le Bourg d'Oisans – Saint-Etienne (198,5 km): 1. Dierckxens (BEL), 2. Konyshev (RUS), 3. Vinokourov (KAZ) – Gelb: Armstrong
Saint-Galmier – Saint-Flour (201,5 km): 1. Etxebarria (ESP), 2. Simon (FRA), 3. Elli (ITA) – Gelb: Armstrong
Saint-Flour – Albi (236,5 km): 1. Commesso (ITA), 2. Serpellini (ITA), 3. Piccoli (ITA) – Gelb: Armstrong
Castres – Saint-Gaudens (199 km): 1. Konyshev (RUS), 2. Faresin (ITA), 3. Lelli (ITA) – Gelb: Armstrong
Saint-Gaudens – Piau-Engaly (173 km): 1. Escartin (ESP), 2. Zülle (SUI), 3. Virenque (FRA) – Gelb: Armstrong
Lannemezan – Pau (192 km): 1. Etxebarria (ESP), 2. Contreras (COL), 3. Elli (ITA) – Gelb: Armstrong
Montreux – Bordeaux (200 km): 1. Steels (BEL), 2. McEwen (AUS), 3. Zabel (GER) – Gelb: Armstrong
Jonzac – Futuroscope (187 km): 1. Mondini (ITA), 2. Robin (FRA), 3. Vinokourov (KAZ) – Gelb: Armstrong
Futuroscope – Futuroscope (ZF) (57 km): 1. Armstrong (USA), 2. Zülle (SUI), 3. Hamilton (USA) – Gelb: Armstrong
Arpajon – Paris, Champs-Elysées (143,5 km): 1. McEwen (AUS), 2. Zabel (GER), 3. Martinello (ITA) – Gelb: Armstrong

Gesamtwertung: 1. Armstrong (USA) 91:32:16, 2. Zülle (SUI) +7:37, 3. Escartin (ESP) +10:26, 4. Dufaux (SUI) +14:43, 5. Casero (ESP) +15:11, 6. Olano (ESP) +16:47, 7. Nardello (ITA) +17:02, 8. Virenque (FRA) +17:28, 9. Belli (ITA) +17:37, 10. Peron (ITA) +23:10 – Deutsche Fahrer: 40. Bölts, 60. Voigt, 73. Wesemann, 80. Jaksche, 89. Zabel, 110. Hundertmark, 136. Schaffrath
Sprintwertung: Zabel (GER)
Bergwertung: Virenque (FRA)

87. TOUR 2000 – LANCE ARMSTRONG

Länge: 3652,5 Kilometer
Anzahl der Etappen: 21
Fahrer: 177 am Start, 127 im Ziel

1. Futuroscope (ZF) (16,5 km): 1. Millar (GBR), 2. Armstrong (USA), 3. Jalabert (FRA) – Gelb: Millar
2. Futuroscope – Loudon (194 km): 1. Steels (BEL), 2. O'Grady (AUS), 3. Zabel (GER) – Gelb: Millar
3. Loudon – Nantes (161,5 km): 1. Steels (BEL), 2. Wüst (GER), 3. Zabel (GER) – Gelb: Millar
4. Nantes – Saint-Nazaire (MZF) (69 km): 1. ONCE, 2. US Portal, 3. Telekom – Gelb: Jalabert
5. Vannes – Vitre (202 km): 1. Wust (GER), 2. Zabel (GER), 3. Zanini (ITA) – Gelb: Jalabert
6. Vitre – Tours (189,5 km): 1. Van Bon (HOL), 2. Zberg (SUI), 3. Magnien (FRA) – Gelb: Elli (ITA)
7. Tours – Limoges (205,5 km): 1. Agnolutto (FRA), 2. Wüst (GER), 3. Zabel (GER) – Gelb: Elli
8. Limoges – Villeneuve-sur-Lot (203,5 km): 1. Dekker (HOL), 2. Xavier (FRA), 3. Garcia-Acosta (ESP) – Gelb: Elli
9. Agen – Dax (181 km): 1. Bettini (ITA), 2. Verheyen (BEL), 3. Vidal (ESP) – Gelb: Elli
10. Dax – Hantacam (205 km): 1. Ochoa (ESP), 2. Armstrong (USA), 3. Jimenez (ESP) – Gelb: Armstrong
11. Bagneres-de-Bigorre – Revel (218,5 km): 1. Dekker (HOL), 2. Botero (COL), 3. Verbrugghe (BEL) – Gelb: Armstrong
12. Carpentras – Mont Ventoux (149 km): 1. Pantani (ITA), 2. Armstrong (USA), 3. Beloki (ESP) – Gelb: Armstrong
13. Avignon – Dragnignan (185,5 km): 1. Garcia-Acosta (ESP), 2. Jalabert (FRA), 3. Herve (FRA) – Gelb: Armstrong
14. Dragnignan – Briancon (249,5 km): 1.Botero (COL), 2. Savoldelli (ITA), 3. Pantani (ITA) – Gelb: Armstrong
15. Briancon – Courchevel (173,5 km): 1. Pantani (ITA), 2. Jimenez (ESP), 3. Heras (ESP) – Gelb: Armstrong
16. Couchevel – Morzine (196,5 km): 1. Virenque (FRA), 2. Ullrich (GER), 3. Heras (ESP) – Gelb: Armstrong
17. Evian-les-Bains – Lausanne (155 km): 1. Dekker (HOL), 2. Zabel (GER), 3. Rodriguez (USA) – Gelb: Armstrong
18. Lausanne – Freiburg (246,5 km): 1. Commesso (ITA), 2. Vinokourov (KZK), 3. Durand (FRA) – Gelb: Armstrong
19. Freiburg – Mulhouse (ZF) (58,5 km): 1. Armstrong (USA), 2. Ullrich (GER), 3. Moreau (FRA) – Gelb: Armstrong
20. Belfort – Troyes (254,5 km): 1. Zabel (GER), 2. McEwen (AUS), 3. Blijlevens (HOL) – Gelb: Armstrong
21. Paris – Paris, Champs-Elyssées (138 km): 1. Zanini (ITA), 2. Zabel (GER), 3. Vainsteins (LVA) – Gelb: Armstrong

Gesamtwertung: 1. Armstrong (USA) 92:33:08, 2. Ullrich (GER) +6:02, 3. Beloki (ESP) +10:04, 4. Moreau (FRA) +10:34, 5. Heras (ESP) +11:50, 6. Virenque (FRA) +13:26, 7. Botero (COL) +14:18, 8. Escartin (ESP) +17:21, 9. Mancebo (ESP) +18:09, 10. Nardello (ITA) +18:25 – Deutsche Fahrer: 24. Niermann, 40. Heppner, 42. Bölts, 60. Voigt, 61. Zabel
Sprintwertung: Zabel (GER)
Bergwertung: Botero (COL)

88. TOUR 2001 – LANCE ARMSTRONG

Länge: 3458,2 km
Anzahl der Etappen: 20
Fahrer: 189 am Start, 144 im Ziel

Prolog in Dünkirchen (8,2 km): 1. Moreau (FRA), 2. Gonzalez de Galdeano (ESP), 3. Armstrong (USA) – Gelb: Moreau
1. Saint-Omer – Boulogne-sur-Mer (194,5 km): 1. Zabel (GER), 2. Vainsteins (LVA), 3. Casper (FRA) – Gelb: Moreau
2. Calais – Antwerpen (218,5 km): 1. Wauters (BEL), 2. Pretot (FRA), 3. Hunter (ZA) – Gelb: Wauters
3. Antwerpen – Seraing (198,5 km): 1. Zabel (GER), 2. Magnien (FRA), 3. Garzelli (ITA) – Gelb: O'Grady
4. Huy – Verdun (215 km): 1. Jalabert (FRA), 2. Dierckxens (BEL), 3. Nazon (FRA) – Gelb: O'Grady
5. Verdun – Bar-le-Duc (MZF) (67 km): 1. Credit Agricole, 2. Once, 3. Festina – Gelb: O'Grady
6. Commercy – Strasbourg (211,5 km): 1. Kirsipuu (EST), 2. Nazon (FRA), 3. Svorada (TCH) – Gelb: O'Grady
7. Strasbourg – Colmar (162,5 km): 1. Jalabert (FRA), 2. Voigt (GER), 3. Roux (FRA) – Gelb: Voigt
8. Colmar – Pontarlier (222,5 km): 1. Dekker (HOL), 2. Gonzales (ESP), 3. Knaven (HOL) – Gelb: O'Grady
9. Pontarlier – Aix-les-Bains (185 km): 1. Ivanov (RUS), 2. Etxebarria (ESP), 3. McGee (AUS) – Gelb: O'Grady
10. Aix-les-Bains – Alpe d'Huez (209 km): 1. Armstrong (USA), 2. Ullrich (GER), 3. Beloki (ESP) – Gelb: Simon
11. Grenoble – Chamrousse (ZF) (32 km): 1. Armstrong (USA), 2. Ullrich (GER), 3. Beloki (ESP) – Gelb: Simon
12. Perpignan – Ax-les-Thermes (166,5 km): 1. Cardenas (COL), 2. Laiseka (ESP), 3. Armstrong (USA) – Gelb: Simon
13. Foix – Saint-Lary-Soulan (194 km): 1. Armstrong (USA), 2. Ullrich (GER), 3. Beloki (ESP) – Gelb: Armstrong
14. Tarbes – Luz Ardiden (144,5 km): 1. Laiseka (ESP), 2. Belli (ITA), 3. Ullrich (GER) – Gelb: Armstrong
15. Pau – Lavaur (232,5 km): 1. Verbrugghe (BEL), 2. Pinotti (ITA), 3. Petacchi (ITA) – Gelb: Armstrong
16. Castelsarrasin – Sarran (229,5 km): 1. Voigt (GER), 2. McGee (AUS), 3. Botcharov (RUS) – Gelb: Armstrong
17. Brive-la-Gaillarde – Montlucon (194 km): 1. Baguet (BEL), 2. Piil (DEN), 3. Lelli (ITA) – Gelb: Armstrong
18. Montlucon – Saint-Amand-Montrond (ZF) (61 km): 1. Armstrong (USA), 2. Gonzalez de Galdeano (ESP), 3. Ullrich (GER) – Gelb: Armstrong
19. Orleans – Evry (149,5 km): 1. Zabel (GER), 2. O'Grady (AUS), 3. Vainsteins (LVA) – Gelb: Armstrong
20. Corbeil-Essonnes – Paris, Champs-Elysées (160,5 km): 1. Svorada (TCH), 2. Zabel (GER), 3. O'Grady (AUS) – Gelb: Armstrong

Gesamtwertung: 1. Armstrong (USA) 86:17:28, 2. Ullrich (GER) +6:44, 3. Beloki (ESP) +9:05, 4. Kivilev (KAZ) +9:53, 5. Gonzalez de Galdeano (ESP) +13:28, 6. Simon (FRA) +17:22, 7. Sevilla (ESP) +18:30, 8. Botero (COL) +20:55, 9. Serrano (ESP) +21:45, 10. Boogerd (HOL) +22:38 – Deutsche Fahrer: 26. Klöden, 29. Jaksche, 46. Voigt, 51. Bölts, 80. Teutenberg, 96. Zabel
Sprintwertung: Zabel (GER)
Bergwertung: Jalabert (FRA)

89. TOUR 2002 – LANCE ARMSTRONG

Länge: 3277,5 km
Anzahl der Etappen: 20
Fahrer: 189 am Start, 153 im Ziel

Prolog in Luxemburg (7 km): 1. Armstrong (USA), 2. Jalabert (FRA), 3. Rumsas (LIT) – Gelb: Armstrong
1. Luxemburg – Luxemburg (192,5 km): 1. Bertogliatti (SUI), 2. Zabel (GER), 3. McEwen (AUS) – Gelb: Bertogliatti
2. Luxemburg – Saarbrücken (181 km): 1. Freire (ESP), 2. McEwen (AUS), 3. Zabel (GER) – Gelb: Bertogliatti
3. Metz – Reims (174,5 km): 1. McEwen (AUS), 2. Zabel (GER), 3. Cooke (AUS) – Gelb: Zabel
4. Epernay – Chateau-Thierry (MZF) (67,5 km): 1. Once, 2. US Postal, 3. CSC Tiscali – Gelb: Gonzalez de Galdeano
5. Soissons – Rouen (195 km): 1. Kirsipuu (EST), 2. Sandstöd (DEN), 3. Dierckxens (BEL) – Gelb: Gonzalez de Galdeano
6. Forges-les-Eaux – Alencon (199,5 km): 1. Zabel (GER), 2. Freire (ESP), 3. McEwen (AUS) – Gelb: Gonzales de Galdeano
7. Bagnoles-de-l'Orne – Avranches (176 km): 1. McGee (AUS), 2. Kirsipuu (EST), 3. Horillo (ESP) – Gelb: Gonzales de Galdeano
8. Saint-Martin-de-Landelles – Plouay (217,5 km): 1. Kroon (HOL), 2. Knaven (HOL), 3. Dekker (HOL) – Gelb: Gonzalez de Galdeano
9. Lanester – Lorient (ZF) (52 km): 1. Botero (COL), 2. Armstrong (USA), 3. Gontchar (UKR) – Gelb: Gonzalez de Galdeano
10. Bazas – Pau (147 km): 1. Halgand (FRA), 2. Pineau (FRA), 3. O'Grady (AUS) – Gelb: Gonzalez de Galdeano
11. Pau – La Mongie (158 km): 1. Armstrong (USA), 2. Beloki (ESP), 3. Heras (ESP) – Gelb: Armstrong
12. Lannemezan – Plateau de Beille (199,5 km): 1. Armstrong (USA), 2. Heras (ESP), 3. Beloki (ESP) – Gelb: Armstrong
13. Lavelanet – Béziers (171 km): 1. Millar (GBR), 2. Etxebarria (ESP), 3. Boogerd (HOL) – Gelb: Armstrong
14. Lodève – Mont Ventoux (221 km): 1. Virenque (FRA), 2. Botcharov (RUS), 3. Armstrong (USA) – Gelb: Armstrong
15. Vaison-la-Romaine – Les Deux Alpes (226,5 km): 1. Botero (COL), 2. Aerts (BEL), 3. Merckx (BEL) – Gelb: Armstrong
16. Les Deux Alpes – La Plagne (179,5 km): 1. Boogerd (HOL), 2. Sastre (ESP), 3. Armstrong (USA) – Gelb: Armstrong
17. Aime – Cluses (142 km): 1. Frigo (ITA), 2. Aerts (BEL), 3. Guerini (ITA) – Gelb: Armstrong
18. Cluses – Bourg-en-Bresse (176,5 km): 1. Hushovd (NOR), 2. Mengin (FRA), 3. Piil (DEN) – Gelb: Armstrong
19. Regnié-Durette – Macon (ZF) (52 km): 1. Armstrong (USA), 2. Rumsas (LIT), 3. Bodrogi (HUN) – Gelb: Armstrong
20. Melun – Paris, Champs-Elysees (144 km): 1. McEwen (AUS), 2. Cooke (AUS), 3. Nazon (FRA) – Gelb: Armstrong

Gesamtwertung: 1. Armstrong (USA) 82:05:12, 2. Beloki (ESP) +7:17, 3. Rumsas (LIT) +8:17, 4. Botero (COL) +13:10, 5. Gonzalez de Galdeano (ESP) +13:54, 6. Azevedo (ESP) +15:44, 7. Mancebo (ESP) +16:05, 8. Leipheimer (USA) +17:11, 9. Heras (ESP) +17:12, 10. Sastre (ESP) + 19:05 – Deutsche Fahrer: 31. Jaksche, 48. Bölts, 51. Niermann, 72. Aldag, 82. Zabel, 99. Wesemann, 104. Hondo, 110. Voigt
Sprintwertung: McEwen (AUS)
Bergwertung: Jalabert (FRA)

90. TOUR 2003 – LANCE ARMSTRONG

Länge: 3472 km
Anzahl der Etappen: 20
Fahrer: 198 am Start, 147 im Ziel

Prolog in Paris (6,5 km): 1. McGee (AUS), 2. Millar (GBR), 3. Zubeldia (ESP) – Gelb: McGee
1. Saint-Denis-Montgeron – Meaux (168 km): 1. Petacchi (ITA), 2. McEwen (AUS), 3. Zabel (GER) – Gelb: McGee
2. La Ferté-sous-Jouarre – Sedan (204,5 km): 1. Cooke (AUS), 2. Nazon (FRA), 3. Kirsipuu (EST) – Gelb: McGee
3. Charleville-Mézières – Saint-Dizier (167,5 km): 1. Petacchi (ITA), 2. Vainsteins (LET), 3. Freire (ESP) – Gelb: Nazon
4. Joinville – Saint-Dizier (MZF) (69 km): 1. US Postal, 2. Once, 3. Bianchi – Gelb: Peña
5. Troyes – Nevers (196,5 km): 1. Petacchi (ITA), 2. Kirsipuu (EST), 3. Cooke (AUS) – Gelb: Peña
6. Nevers – Lyon (230 km): 1. Petacchi (ITA), 2. Cooke (AUS), 3. Guidi (ITA) – Gelb: Peña
7. Lyon – Morzine (230,5 km): 1. Virenque (FRA), 2. Aldag (GER), 3. Chavanel (FRA) – Gelb: Virenque
8. Sallanches – Alpe d'Huez (219 km): 1. Mayo (ESP), 2. Vinokourov (KAS), 3. Armstrong (USA) – Gelb: Armstrong
9. Bourg d'Oisans – Gap (184,5 km): 1. Vinokourov (KAS), 2. Bettini (ITA), 3. Mayo (ESP) – Gelb: Armstrong
10. Gap – Marseille (220,5 km): 1. Piil (DEN), 2. Sacchi (ITA) 3. de Groot (HOL) – Gelb: Armstrong
11. Narbonne – Toulouse (153,5 km): 1. Flecha (ESP), 2. de Groot (HOL), 3. Nozal (ESP) – Gelb: Armstrong
12. Gaillac – Cap Découverte (ZF) (47 km): 1. Ullrich (GER), 2. Armstrong (USA), 3. Vinokourov (KAS) – Gelb: Armstrong
13. Toulouse – Plateau de Bonascre (197,5 km): 1. Sastre (ESP), 2. Ullrich (GER), 3. Zubeldia (ESP) – Gelb: Armstrong
14. Saint-Girons – Loudenvielle (191,5 km): 1. Simoni (ITA) 2. Dufaux (SUI), 3. Virenque (FRA) – Gelb: Armstrong
15. Bagnères-de-Bigorre – Luz-Ardiden (159,5 km): 1. Armstrong (USA), 2. Mayo (ESP), 3. Ullrich (GER) – Gelb: Armstrong
16. Pau – Bayonne (197,5 km): 1. Hamilton (USA), 2. Zabel (GER), 3. Krivtsov (RUS) – Gelb: Armstrong
17. Dax – Bordeaux (181 km): 1. Knaven (HOL), 2. Bossoni (ITA), 3. Mengin (FRA) – Gelb: Armstrong
18. Bordeaux – Saint-Maixent-l'Ecole (203,5 km): 1. Lastras (ESP), 2. da Cruz (FRA), 3. Nardello (ITA) – Gelb: Armstrong
19. Pornic – Nantes (ZF) (49 km): 1. Millar (GBR), 2. Hamilton (USA), 3. Armstrong (USA) – Gelb: Armstrong
20. Ville d'Avray – Paris (152 km) : 1. Nazon (FRA), 2. Cooke (AUS), 3. McEwen (AUS) – Gelb : Armstrong

Gesamtwertung: 1. Armstrong (USA) 83:41:12, 2. Ullrich (GER) +1:01, 3. Vinokourov (KAS) +4:14, 4. Hamilton (USA) +6:17, 5. Zubeldia (ESP) +6:51, 6. Mayo (ESP) +7:06, 7. Basso (ITA) +10:12, 8. Moreau (FRA) +12:28, 9. Sastre (ESP) +18:49, 10. Mancebo (ESP) +19:15 – Deutsche Fahrer: 17. Jaksche, 28. Niermann, 38. Ludewig, 48. Kessler, 61. Bölts, 94. Aldag, 107. Zabel, 135. Liese, 145. Becke
Sprintwertung: Cooke (AUS)
Bergwertung: Virenque (FRA)

HIGHLIGHTS IN DER STATISTIK

Die Rekordsieger (Gesamt)

Jaques Anquetil (FRA)	1957,1961,1962,1963,1964
Eddy Merckx (BEL)	1969,1970,1971,1972,1974
Bernard Hinault (FRA)	1978,1979,1981,1982,1985
Miguel Indurain (ESP)	1991,1992,1993,1994,1995
Lance Armstrong (USA)	1999, 2000, 2001, 2002, 2003

Die schnellsten Sieger (Gesamt)

Lance Armstrong (USA)	2003	**40,940 km/h**
Lance Armstrong (USA)	1999	**40,276 km/h**
Lance Armstrong (USA)	2001	**40,070 km/h**
Marco Pantani (ITA)	1998	**39,983 km/h**
Lance Armstrong (USA)	2002	**39,920 km/h**
Lance Armstrong (USA)	2000	**39,569 km/h**

Die knappsten Siege (Gesamt)

LeMond(USA) – Fignon (FRA)	1989	**8 Sekunden**
Janssen (HOL) – Van Springel (BEL)	1968	**38 Sekunden**
Roche (IRL) – Delgado (ESP)	1987	**40 Sekunden**
Thevenet (FRA) – Kuiper (HOL)	1977	**48 Sekunden**
Anquetil (FRA) – Poulidor (FRA)	1964	**55 Sekunden**
Armstrong (USA) – Ullrich (GER)	2003	**61 Sekunden**

Die Nationalitäten der Tour-Sieger (Gesamt)

Frankreich	**36**	(1./1903 – 36./1985)
Belgien	**18**	(1./1912 – 18./1976)
Italien	**9**	(1./1924 – 9./1998)
Spanien	**8**	(1./1959 – 8./1995)

Die ältesten Tour-Sieger

Firmin Lambot (BEL)	**36 Jahre**	1922
Henri Pelissier (FRA)	**34 Jahre**	1923
Gino Bartali (ITA)		1948
Joop Zoetemelk (HOL)	**33 Jahre**	1980
Fausto Coppi (ITA)	**32 Jahre**	1952
Bjarne Riis (DEN)		1996
Miguel Indurain (ESP)	**31 Jahre**	1995
Lance Armstrong (USA)		2002

Die jüngsten Tour-Sieger

Henri Cornet (FRA)	**20 Jahre**	1904
Octave Lapize (FRA)	**21 Jahre**	1910
Francois Faber (LUX)	**22 Jahre**	1909
Romain Maes (BEL)		1935
Felice Gimondi (ITA)		1965
Laurent Fignon (FRA)		1983
Jacques Anquetil (FRA)	**23 Jahre**	1957
Bernard Hinault (FRA)		1978
Jan Ullrich (GER)		1997

Die Rekordsieger (Etappen)

Eddy Merckx (BEL)	**34**
Bernard Hinault (FRA)	**27**
Andre Leducq (FRA)	**25**
André Darrigade (FRA)	**22**
Francois Faber (LUX)	**20**
Lance Armstrong (USA)	**16**

Die meisten Etappensiege in Folge

5 Faber (1909)
4 Pottier (1906), H. Pelissier (1930), Cipollini (1999)
3 Trousselier (1903), Christophe (1912), Berthelemy (1919), Thys (1922), Alavoine (1922), Bartali (1948)

Die meisten Etappensiege bei einer Tour

8 Charles Pelissier (1930), Eddy Merckx (1970 und 1974), Freddy Maertens (1976)

Die meisten Teilnahmen

16 Joop Zoetemelk (HOL)
15 Lucien van Impe (BEL)
14 Sean Kelly (IRL), André Darrigade (FRA), Raymond Poulidor (FRA)
12 Udo Bölts (GER)

Die schnellsten Etappen

50,355	Laval – Blois (194,5 km)	Cipollini	1999
49,938	Bordeaux – St. Maixent (203 km)	Lastras	2003
49,417	Evreux – Amiens (158 km)	Bruyneel	1993
48,932	Bazas – Pau (147 km)	Halgand	2002
48,927	Tarbes – Pau (38 km)	Van der Poe	1988
48,764	Tarascon – Cap d'Agde (205 km)	Steels	1998
48,677	Friboug – Fribourg (46 km)	Sercu	1977
48,532	Vouvray – Orleans (112 km)	Merckx	1974

Die längsten Etappen

482 km Les Sables d'Olonne – Bayonne (1919–1924)
480 km Marseille – Toulon (1906)
471 km Nantes – Paris (1903 und 1904)
470 km La Rochelle – Brest (1911–1914)
468 km Metz – Dünkirchen (1919)
467 km Paris – Lyon (1903–1904)
359 km Clermont-Ferrand – Fontainebleau (1967)
345 km Vichy – Paris (1952)
343 km Angers – Bordeaux (1954)
338 km Nantes – Bordeaux (1984)

Der größte Vorsprung bei Etappen (seit 1947)

22'50	José-Luis Viejo	1976	Montgenevre – Manosque
21'48	Pierino Baffi	1957	Pau – Bordeaux
20'31	Daan de Groot	1955	Millau – Albi
20'06	Brian Robinson	1959	Annecy – Chalon-sur-Saone
17'40	Fons de Wolf	1984	Rodez – Domaine

Die klarsten Siege im Zeitfahren

J. Ullrich (GER)	1997 in Saint Etienne vor Virenque	**3:04**
M. Indurain (ESP)	1992 in Luxemburg vor de las Cuevas	**3:00**
J. Anquetil (FRA)	1962 in Lyon vor Baldini	**2:59**
B. Hinault (FRA)	1979 in Avoriaz vor Zoetemelk	**2:38**
E. Merckx (BEL)	1971 in Paris vor Agostinho	**2:36**

Die schnellsten Zeitfahren

54,545 km/h	G. LeMond (USA)	1989	Versailles – Paris
54,305 km/h	D. Miller (GBR)	2003	Pornic – Nantes
53,986 km/h	L. Armstrong (USA)	2000	Freiburg – Mulhouse
52,349 km/h	M. Indurain (ESP)	1992	Tours – Blois
50,539 km/h	M. Indurain (ESP)	1994	Periguex – Bergerac
50,495 km/h	T. Rominger (SUI)	1993	Bretigny – Monthlery
50,443 km/h	J. Ullrich (GER)	1996	Bordeaux – Libourne

Die meisten Tage im Gelben Trikot

111 Eddy Merckx (BEL)
79 Bernard Hinault (FRA)
60 Miguel Indurain (ESP)
52 Jacques Anquetil (FRA)
46 Lance Armstrong (USA)
41 Antonin Magne (FRA)

Von der ersten bis zur letzten Etappe im Gelben Trikot

1903 Maurice Garin (FRA)
1914 Philippe Thys (BEL)
1924 Ottavio Bottecchia (ITA)
1928 Nicolas Frantz (LUX)
1935 Romain Maes (BEL)

Aufgabe im Gelben Trikot

1927 Francis Pelissier (FRA) wegen Krankheit
1929 Victor Fontan (FRA) wegen eines Sturzes nach Rahmenbruch
1937 Sylvère Maes (BEL) wegen aggressiver Zuschauer
1950 Fiorenzo Magni (ITA) wegen aggressiver Zuschauer
1951 Wim van Est (HOL) nach Sturz am Aubisque
1965 Bernard van de Kerckhove (BEL) wegen Erschöpfung beim Anstieg zum Aubisque
1971 Luis Ocana (ESP) wegen eines Sturzes am Col de Mente
1978 Michel Pollentier (BEL) wegen Verweigerung einer Doping-Kontrolle
1980 Bemard Hinault (FRA) wegen Knieproblemen
1983 Pascal Simon (FRA) wegen eines gebrochenen Schulterblattes
1991 Rolf Sörensen (DEN) wegen eines gebrochenen Schlüsselbeins
1996 Stephane Heulot (FRA) wegen Knieproblemen und Magenschmerzen
1998 Christopher Boardman (GBR) wegen Gehirnerschütterung nach einem Sturz

Die längsten Alleinfahrten

253 km Albert Bourlon (FRA) 1947 zwischen Carcassonne und Luchon
234 km Thierry Marie (FRA) 1991 zwischen Arras und Le Havre
223 km José Perez Frances (ESP) 1963 zwischen Ax-les-Thermes und Barcelona
222 km Bernard Quilfen (FRA) 1977 zwischen Besancon und Thonon-les-Bains
214 km Maurice Blomme (BEL) 1950 zwischen Saint Gaudens und Perpignan

Preisgelder für die Sieger

1903	3.000 Francs
1909	5.000 Francs
1921	15.000 Francs
1922	10.000 Francs
1933	30.000 Francs
1937	200.000 Francs
1947	500.000 Francs
1949	1.000.000 Francs
1953	2.000.000 Francs
1960	20.000 Francs
1974	30.000 Francs
1976	Appartements in Merlin-Plage
1988	Peugeot »M 16«
1990	2.000.000 Francs
1998	2.200.000 Francs
2003	400.000 Euro

Starts der Tour im Ausland

1954 Amsterdam (Niederlande)
1958 Brüssel (Belgien)
1965 Köln (Deutschland)
1973 Scheveningen (Niederlande)
1975 Charleroi (Belgien)
1978 Leiden (Niederlande)
1980 Frankfurt/Main (Deutschland)
1982 Basel (Schweiz)
1987 Berlin (Deutschland)
1989 Luxemburg
1992 San Sebastian (Spanien)
1996 s'Hertogenbosch (Niederlande)
1998 Dublin (Irland)
2002 Luxemburg

Etappenorte in Deutschland

Berlin	1987 (Start der Tour)
Felsberg	1970
Frankfurt	1980 (Start der Tour)
Freiburg	1964, 1971, 1977, 2000
Karlsruhe	1987
Koblenz	1992
Köln	1965 (Start der Tour)
Pforzheim	1987
Saarbrücken	2002
Saarlouis	1970
Stuttgart	1987
Wiesbaden	1980

Die häufigsten Pässe

72 Tourmalet (2.115 m)
66 Aspin (1.489 m)
64 Ausbisque (1.709 m)
56 Peyresourde (1.569 m)
50 Galibier (2.645 m)
46 Portet d'Aspet (1.059 m)

Die Tour-Direktoren

Henri Desgrange	1903–1936
Jacques Goddet	1936–1988
Jean-Marie Leblanc	seit 1988

Die Streiks bei der Tour

1905 gegen Sabotageakte der Zuschauer wie Schuhnägel auf der Straße
1966 gegen die Einführung von Dopingkontrollen
1968 gegen die schlechte Behandlung der Journalisten durch die Tour-Direktion
1978 gegen lange und zeitraubende Reisen zwischen den Etappen
1982 gegen Entlassungen der Stahlarbeiter der Usine Nord in Denain
1987 gegen die schlechten Arbeitsbedingungen für Fotografen
1998 gegen die Behandlung der Fahrer durch die Dopingpolizei

ABKÜRZUNGEN

ALG-FRA	Algerien-Frankreich
AUS	Australien
AUT	Österreich
BEL	Belgien
BRA	Brasilien
CAN	Kanada
CHI	Chile
COL	Kolumbien
CZE	Tschechien
DEN	Dänemark
ESP	Spanien
EST	Estland
FRA	Frankreich
GBR	Großbritannien
GDR	Deutsche Demokratische Republik
GER	Bundesrepublik Deutschland
HOL	Niederlande
HUN	Ungarn
IRL	Irland
ITA	Italien
KZK	Kasachstan
LVA	Lettland
LUX	Luxemburg
MEX	Mexiko
NOR	Norwegen
POL	Polen
POR	Portugal
RUS	Rußland
SUI	Schweiz
SVK	Slowakei
SWE	Schweden
TCH	Tschechien
UKR	Ukraine
USA	Vereinigte Staaten von Amerika
UZB	Usbekistan
ZA	Südafrika
ZF	Zeitfahren
MZF	Mannschaftszeitfahren
BZF	Bergzeitfahren

LITERATUR/QUELLENVERZEICHNIS

Augendre, Jacques: L'histoire les archives, Issy-les-Moulineaux 1998

Blickensdörfer, Hans: Tour de France, Künzelsau 1997

Boelsen, Helmer: Unvergeßliche Rennen und ihre Helden, München 1997

Chany, Pierre: La Légende du Tour de France, Genève 1995

ders.: La fabuleuse histoire du Tour de France, Paris 1998

Encyclopédie du Tour de France, Band 1 und 2, Paris 1998

Graunke, Kurt; Walter Lemke, Wolfgang Rupprecht: Giganten von einst bis heute, München 1993

Hinault, Bernard; Paul Rembert: Bernard Hinault – Eine Radsportkarriere, Aachen 1989

Krämer, Harald: Das Tour de France Buch, Reinbek bei Hamburg 1998

Kroll, Ekkehard: Radsportlexikon, Stuttgart 1993

Ludwig, Olaf: Höllenritt auf der Himmelsleiter, Arnstadt & Weimar 1997

Melenkovitch, Michel: Cyclisme – 50 histoires du Tour de France, Paris 1997

Nelissen, Jean: De bijbel van de Tour de France, Amsterdam 1998

Paturle Hervé; Guillaume Rebière: Un siècle de cyclisme, Paris 1997

Righi, Lamberto: Almanacco del Ciclismo, San Lazarro 1999

Rottiers, Walter: Die großen Radsport-Stars, München, 1991

Sergent, Pascal: Encyclopédie illustrée des coureurs Français, Eeklo 1998

Sudres, Claude: Dictionnaire international du cyclisme, Strasbourg 1993

Ullrich, Jan; Hagen Boßdorf: Mein Tour-Tagebuch, München 1998

dies.: Große Schleife die Zweite, Berlin 1997

Van den Bremt, Harry: Velo 99, Oudegem 1999

DANKSAGUNG

Die Autoren bedanken sich besonders bei Fred D'Hont (Brüssel), Philippe Le Gars (Paris) und Herbert Watterrott (Köln)

IMPRESSUM

Der Sportverlag ist ein Unternehmen der Ullstein Heyne List GmbH & Co. KG, München.

©2003 Ullstein Heyne List GmbH & Co. KG, München.

Alle Rechte vorbehalten. Nachdruck – auch auszugsweise – nur mit Genehmigung des Verlags.

Lektorat: Julia Niehaus
Statistik: Hans-Jürgen Zeume
Umschlaggestaltung: Prill Partners producing, Berlin unter Verwendung eines Entwurfs von Christian Weiß, München
Fotos: dpa, sportimage und Archiv Sportverlag
Herstellung: Norbert Wollentarski, Berlin
Satz und Repro: LVD GmbH, Berlin
Druck und Bindung: Westermann Druck Zwickau GmbH
Printed in Germany 2003
ISBN 3-517-06681-8

Gedruckt auf alterungsbeständigem Papier mit chlorfrei gebleichtem Zellstoff

91